Zu diesem Buch

«Die Geschichte hat einerseits eine gewisse Kontinuität, und anderseits wird die Kontinuität ständig von neuhinzukommenden Menschen unterbrochen, deren Schicksal bereits vor ihrer Geburt von der Gesellschaft und den Eltern vorgeprägt wurde und die allen Grund haben, dieses nicht von ihnen gewählte, sondern aufgezwungene Schicksal – also die Familie, die Institution, die Produktionsverhältnisse – in Frage zu stellen. So kann es geschehen, daß die Jugendlichen, weil sie einen neuen Start versuchen und gleichzeitig die Unterdrückung ihres Eigenlebens spüren, gewisse Dinge in Frage stellen, die ihre Väter mit großer Mühe erworben haben und als Fortschritt ansehen», sagt Sartre in diesem Band. Diese Situation des in-Frage-gestellten Vaters, der sich Sartre erstmals im Mai 68 ausgesetzt sah, hat er seither immer wieder reflektiert – so hier im Gespräch mit dem dreißigjährigen Maoistenführer Pierre Victor und dem fünfunddreißigjährigen Journalisten Philippe Gavi. In den Gesprächen geht es um die Ziele einer neuen Gesellschaft und um die Wege, die dorthin führen, es geht um ein neues Verständnis vom Menschen, um neudefinierte Begriffe von Macht und Autorität, um die Rolle der aktiven Minderheiten und um die Notwendigkeit, ein neues politisches Vokabular zu finden, das dem politischen Menschen seine verkümmerte Sensibilität zurückgibt.

Alle drei Gesprächspartner gestehen ein, daß sich ihre Position im Laufe dieser Gespräche geändert hat, und Sartre zieht für sich das folgende Fazit: «Als ich achtzehn war, huldigte ich einem idealistischen Irrealismus, den ich, als ich 45 war, zugunsten eines amoralischen Realismus aufgab, und jetzt finde ich – aber diesmal in materieller Form – die Moralität als Fundament des Realismus wieder oder – wenn man so will – einen materialistischen und moralischen Realismus.»

Jean-Paul Sartre wurde am 21. Juni 1905 in Paris geboren. Seine ersten Veröffentlichungen waren psychologische Studien über die Einbildungskraft und Essays. Bald wurde er zum meistdiskutierten Vertreter des geistigen Frankreich im 20. Jahrhundert. Die Gesamtauflage seiner Werke in den rororo-Taschenbüchern beträgt über 2,1 Millionen Exemplare. 1964 lehnte Sartre die Annahme des Nobelpreises für Literatur ab.

Ein Verzeichnis der Werke von Jean-Paul Sartre bei Rowohlt und rororo findet der Leser auf Seite 286.

Jean-Paul Sartre
Philippe Gavi
Pierre Victor

Der Intellektuelle als Revolutionär

Streitgespräche

Deutsch von
Annette Lallemand

rororo

Rowohlt

Die Originalausgabe dieses Buches erschien unter dem Titel «On a raison de se révolter» in der von Jean-Paul Sartre herausgegebenen Reihe «La France Sauvage» im Verlag Gallimard, Paris
Umschlagentwurf Werner Rebhuhn

DEUTSCHE ERSTAUSGABE

Veröffentlicht im Rowohlt Taschenbuch Verlag GmbH, Reinbek bei Hamburg, November 1976

Satz Aldus (Linotron 505 C)
Gesamtherstellung Clausen & Bosse, Leck/Schleswig
Printed in Germany
880-ISBN 3 499 11994 3

Inhalt

1 Weggenosse der Kommunistischen Partei 16
2 Die Paranoia in den Institutionen 27
3 1968: Mai. Prag
Bruch mit der Kommunistischen Partei 45
4 Von Flaubert zu den Maoisten 54
5 Illegalismus und Gauchismus 64
6 Die Maoisten und die Intellektuellen 72
7 Sammlung und Randexistenz 81
8 Die neuen Werte 93
9 Mohameds Geste 105
10 «Wir haben recht, uns aufzulehnen» 113
11 Was bewirkt, daß ein Kleinbürger
oder ein Arbeiter revoltiert? 123
12 Das militante Opfer 136
13 «Gleiche Arbeit, gleicher Lohn!» 152
14 Juni 1973: Protest und Repression 171
15 Die Macht 186
16 Der Putsch in Chile 199
17 Politik und Aufrichtigkeit 213
18 Der israelisch-arabische Krieg 225
19 Der Revolutionär 228
20 «Welche Entscheidung hättest du getroffen?» 242
21 Die wiedergefundene Freiheit 256
Schluß
Ein Dreiecks-Kräfteverhältnis 270

Soweit ich daran beteiligt bin,
widme ich diese Seiten Hélène Lassithiotakis

JEAN-PAUL SARTRE

Ein Abenteuer, das an irgendeinem Tag begann und an irgendeinem andern endete – mit Gedanken, die nicht mehr ganz die gleichen sind . . .
(November 1972–März 1974)

Philippe Gavi: Wir begannen unsere Gespräche im November 1972 und beendeten sie im März 1974. In diesen anderthalb Jahren ist vieles geschehen, hat sich vieles ereignet. Beim Durchlesen des Manuskripts stellt man fest, daß sich manche unserer Vorstellungen gewandelt haben; nicht nur, weil sie im Laufe dieser Gespräche mit anderen Vorstellungen, sondern auch mit Ereignissen, z. B. denen bei Lip, konfrontiert wurden. Es erscheint mir wichtig, daß jeder von uns diesen Wandel in seinem Denken kurz charakterisiert. Vielleicht sollten wir darauf hinweisen, daß der Anlaß zu diesen Gesprächen die Gründung der Zeitschrift *Libération* war – damals, im Winter 72, noch im Planungsstadium; am 5. Februar 1973 sollte die erste Nummer erscheinen; tatsächlich kam sie aber erst am 22. Mai 1973 auf den Markt. Es ging um die Finanzierung, und mit diesem Buch wollten wir das nötige Geld für *Libération* verdienen. Für mich persönlich war das der Hauptgrund, in das Unternehmen einzuwilligen. Allerdings spreche ich in diesem Buch sowenig wie Sartre – im Namen der Redaktion von *Libération*. Wir waren lediglich beauftragt, unsere persönlichen Ansichten darzulegen. Der gesamte Erlös sollte der Zeitschrift zufließen, die dringend Geld brauchte. Sicher, es ist merkwürdig, wenn drei Personen miteinander diskutieren und daraus ein Buch machen, mit ihren Namen auf dem Umschlag; aber wir haben nicht hinter geschlossenen Türen geredet. Jeder brachte seine «Praxis» mit. Im übrigen sollten sich auch andere, viele andere Menschen zu solchen Gesprächsgruppen zusammenfinden. Man sollte auch noch hinzufügen, daß wir anfangs nicht ahnten, wie wichtig uns diese Gespräche werden sollten.

Jean-Paul Sartre: Ich bin mit allem einverstanden, was Gavi gesagt hat. Das heißt, es ist dies einer in der Politik so häufigen Fälle, wo der Zufall letztlich Wirklichkeit wird und eine Richtung einschlägt, die mit dem gesuchten Weg zusammenläuft. Hier ging es zum Beispiel um *Libération* und um die maoistische Bewegung – darüber wollten wir sprechen. Nach und nach hat sich dann das Ziel dieser Gespräche herauskristallisiert. Letzten Endes haben wir sie geführt, weil wir ohnehin zusammenkamen, uns sympathisch fanden und auf ähnliche Weise an die Probleme herangingen, die uns beschäftigten. Sie waren anfangs also gewissermaßen ein zufälliges Zusammentreffen, ein Zufall. Durch die Entwicklung der Zeitung und die gesellschaftlichen Ereignisse wurde uns dann aber bewußt, daß dieses ursprünglich rein zufällige Unternehmen tatsächlich ein sinnvolles Unternehmen war. So ist es also die Transformation von Zufall in Notwendigkeit, was die Entwicklung dieser Gespräche repräsentiert.

Bist du nicht auch dieser Ansicht, Victor?

PIERRE VICTOR: Unbedingt. Ich für mein Teil kann vielleicht klarer noch als ihr sagen, daß sich im Laufe der Gespräche mein Standpunkt geändert hat. Es haben sich nicht nur Vorstellungen weiterentwickelt – sogar meine Position hat sich geändert: anfangs war ich hier ein Führer der maoistischen Bewegung, und als solchen habt ihr mich auch angesehen ...

SARTRE: Wir haben dich angesehen als jemanden, der als «Führer der maoistischen Bewegung» hierher kam ...

VICTOR: Ja, aber dann, gegen Ende der Gespräche, fühlte ich mich gar nicht mehr wie ein Führer. Als wir im November 1972 unsere Gespräche begannen, stand hinter allem, was ich sagte, die maoistische Bewegung mit ihrer großen Erfahrung in revolutionären Aktionen und ihrem belastenden Image. Es ist ganz normal, daß dieses Image sich auf den Führer ganz besonders belastend auswirkt. Während des gesamten ersten Teils unserer Gespräche habt ihr mich provoziert; ihr wolltet euch ständig an den Grenzen der maoistischen Bewegung placieren, was übrigens sehr interessant war; ihr habt mich ständig nach dem gefragt, was die maoistische Bewegung nicht getan hat und nicht tun konnte, was sie gar nicht oder nur ungenügend bedacht hat. Eure Fragen konzentrierten sich im wesentlichen auf das Problem des Kampfes gegen die ideologischen Institutionen, auf das Problem der Minderheiten, der sexuellen Minderheiten, und man kann sagen, daß ich in dieser ersten Hälfte unserer Gespräche ständig provoziert wurde. Ich glaube aber, daß diese Methode von einer gewissen Wirksamkeit war. Sie ist einer der entscheidenden Faktoren meiner ideologischen Entwicklung. Ich möchte betonen: es gab hier eine Effizienz des «Gesprächs» – im Unterschied zu traditionellen Debatten, aus denen man genauso hervorgeht, wie man in sie eingetreten ist, Debatten mit starrer Rollenverteilung. Das war hier ganz anders. Der Hauptfaktor für mich war, daß ich in diesen Gesprächen umdenken lernte, weil meine Gesprächspartner mir die Schwächen und Grenzen aufzeigten, die korrigiert werden könnten oder sich nicht korrigieren ließen. Wichtig dabei ist, sie in die richtige Perspektive zu rücken, um weiter sehen zu können. Es gab aber noch einen zweiten Faktor bei der

Entwicklung der Position des politischen Maoistenführers. Dieser zweite Faktor ist die Entwicklung der maoistischen Bewegung selbst. Unsere Gespräche erstrecken sich über einen Zeitraum, in dem der Widerspruch zwischen der Organisation in ihrer spezifischen Struktur, also ihrem Denken, und der Realität immer stärker zutage tritt und sich einer Explosion nähert. Mit anderen Worten: ein «schlechtes Jahr». Aber wir *wollen* ja kritisch sein. Dieser Widerspruch zwischen der Organisation und den gesellschaftlichen Strömungen führt schließlich – auch wenn er im Augenblick zu falschen Positionen verleitet – zur Explosion und zu einer grundlegenden Umwälzung des Denkens. Die Entwicklung dieses Widerspruchs ist letztlich ein positiver Faktor. Sie ist der zweite Faktor meiner Entwicklung. Der dritte Faktor ist eigentlich der wichtigste, obwohl ich ihn zuletzt nenne: das Geschehen bei Lip. Ich spreche nur von mir, weil das Geschehen bei Lip mit einer Änderung meiner Position zusammenfällt. Als ich meine Gedanken über die Vorgänge bei Lip hier darlegte, befand ich mich, was Theorie und tatsächlichen Zustand der maoistischen Bewegung betraf, in einer schiefen Position und damit in einer persönlichen Situation, die gewissermaßen . . . So ganz stimmt das nicht, weil natürlich die durch fünfjährige Erfahrung gewonnene Autorität eine Rolle spielte. Die Ereignisse bei Lip waren der entscheidende Faktor. Es gab gewisse konservative Aspekte der traditionellen marxistischen Theorie in meinem Denken, die ich auch im Mai 68 noch nicht kritisch zu sehen vermocht hatte; dazu gehörte insbesondere das massive und beängstigende Organisationskonzept, das uns die angeblichen Erben des Leninismus überliefert haben. Im Mai war es mir nicht gelungen, es wirklich in Frage zu stellen. Solange die Arbeiterklasse nicht über die Organisation spricht, ist man immer wieder versucht, auf eine sehr alte, sehr konservative marxistische Sprache zurückzugreifen und sie als Sprache der Arbeiterklasse auszugeben, was sie nur in begrenztem Maße ist. Erst das Handeln der Arbeiter bei Lip veranlaßte mich, gewisse grundlegende Probleme der Organisation – also auch Fragen der Theorie und der Macht – neu zu überdenken. Ich hatte wieder festen Boden unter den Füßen und überdachte nun auch meine Führungsposition. Das Zusammenwirken dieser drei Faktoren hat bei mir im Laufe unserer Gespräche eine Entwicklung bewirkt.

Sartre: Eine sehr klare Aussage. Jetzt muß der Leser beurteilen, in welchem Maße sich unsere Positionen verändert haben.

Victor: Habt ihr eure auch verändert?

Gavi: In unseren Gesprächen gab es zwei Phasen: in der ersten haben zwei von uns, zwei Individuen, Sartre und ich, den Vertreter einer Organisation befragt, der wir bei allem kritischen Abstand doch nahestehen. Zu der Zeit damals war die maoistische Bewegung existent, man konnte sie an dem, was sie sagte und tat, messen, und man sah deutlich, was einen von ihr trennte – zum Beispiel die Schlagzeile in *La Cause du Peuple*, wo es hieß: «Ja zur Guillotine – aber für Touvier!»[1] Das Fehlen jedes kritischen Nachdenkens über die Widersprüche im Volk, der Mangel der Organisation an Transparenz. Wir wiesen beharrlich auf die Bedeutung von Kämpfen hin, die ihr für Randprobleme hieltet oder deren Wichtigkeit ihr noch nicht eingesehen hattet, zum Beispiel auf den Kampf der Frauen, der Homosexuellen . . . Wir griffen eure Vorstellungen von Organisation an, und Sartre erläuterte sein Verhältnis zur Kommunistischen Partei und zu den Maoisten.

In einer zweiten Phase, etwa vom Frühjahr an, hatte sich zweierlei grundlegend geändert:

1. Die maoistische Bewegung hatte praktisch aufgehört zu bestehen. Sie war zersplittert, in Auflösung begriffen. Nun waren wir plötzlich drei Einzelpersonen: jeder von uns war auf eine unterschiedliche und gleichzeitig verbindende Weise in die revolutionäre Bewegung verwickelt. Victor war nicht mehr der Vertreter einer Bewegung, er wirkte jetzt eher wie ein noch einmal Davongekommener. Von da an sprachen wir weniger über die Maoisten als über die Gegenwart und die Zukunft, im Zusammenhang mit den jeweiligen Tagesereignissen.

2. Dann erschien *Libération*, und damit hatte ich plötzlich eine tägliche Verantwortung . . .

VICTOR: . . . und Macht . . .

GAVI: Ja – und Macht. Das stimmt. Die Zeitung ist ein Machtinstrument. Die Redakteure, die Produzenten, diejenigen, die die Zeitung machen, schreiben über das, was gerade geschieht – sie haben also Einfluß auf das, was geschieht, haben politische Macht. So hatte sich die Situation gewissermaßen umgekehrt: zu Beginn unserer Gespräche hatte Victor auf Grund seiner täglichen Praxis mehr politische Macht, und gegen Ende der Gespräche hatte ich sie, als Journalist von *Libération*. Am Anfang stellte ich Victor Fragen, dann stellte er mir Fragen. Und Sartre, immer er selbst, befragte uns beide. Auch wenn sein Name nicht oft in der Zeitschrift genannt wurde, spielte er für ihre Entwicklung eine sehr bedeutende Rolle, denn seine Kritiken fanden doppelten Widerhall: einmal durch Victor bei Maoisten, die bei *Libération* arbeiteten – ungefähr die Hälfte der Mitarbeiter –, und zum anderen durch mich, den Journalisten. Die Entwicklung der Maoisten und auch die von Sartre traten dabei in den Hintergrund. Viele Fragen stellen sich uns ganz konkret bei der Zeitungsarbeit: wir müssen uns mit Fragen des Syndikalismus beschäfti-

1 Chef der Miliz von Lyon; Angehöriger der Gestapo; ursprünglich zum Tode verurteilt und schließlich von Pompidou begnadigt. (Anm. d. Ü.)

gen, mit den jeweiligen Kräfteverhältnissen, mit der Union der Linken – kurz: ich bin gezwungen, unsere Überlegungen über Organisation, Autorität und Sozialismus zu konkretisieren. Gegenwärtig halte ich eine Revolution – ohne gleichzeitige Umwälzung der wirtschaftlichen und ideologischen Verhältnisse – nicht für möglich. Und genau das ist das Interesse und der Beitrag der chinesischen Kulturrevolution. Antikapitalistisch und antiautoritär – das ist die Richtung unserer gegenwärtigen Bemühungen, das ist die Realität dessen, was man den «gauchisme» nennt, der nach fünf Jahren noch immer auf der Suche nach seiner Identität ist. Innerhalb der Linken sind wir Vertreter einer Minderheit, und wir haben auch die Probleme jeder Minderheit. Stellen wir uns vor, die Linke übernähme eines Tages die Regierung, dann wären wir innerhalb dieser Linken natürlich auch in der Minderheit, und es bliebe uns nichts anderes übrig, als entweder mitzumachen – wenn auch kritisch – oder voll und ganz auf Provokations- und Abenteurerkurs zu gehen. Wir wären entweder blasse, gesichtslose Weggenossen oder wir würden dem Faschismus Tür und Tor öffnen, wenn wir eine Radikalisierung bewirkten, und würden, da das Kräfteverhältnis für uns ungünstig ist, aus einem bewaffneten Zusammenstoß als Besiegte hervorgehen. Anders ausgedrückt: solange wir in der Minderheit sind und unsere Vorstellungen nur einen marginalen Einfluß haben, kann jede Linksregierung im Grunde nur zu einem dreifachen Fiasko führen: das erste ist der Faschismus – aus einem sehr einfachen Grunde: eine solche Regierung würde nicht begreifen, daß man die Macht nicht wie eine Blume pflückt und daß die Bourgeoisie zu allem bereit ist. Sie ist daher auf einen Zusammenstoß nicht vorbereitet. Sie hielte es für möglich, den Übergang zum Sozialismus auf friedlichem Wege zu vollziehen. Genau das ist in Chile geschehen: KP und Linksextremisten wurden in gleicher Weise liquidiert. Das zweite Fiasko wäre die Sozialdemokratie. Um einen Zusammenstoß zu vermeiden, würde die Linksregierung der Bourgeoisie so viele Zugeständnisse machen, daß man sich in die Vierte Republik zurückversetzt fühlte – mit sozialistischen Ministern, die – nicht viel anders als die UDR – die Interessen der Bourgeoisie verwalten und die Volksbewegung unterdrücken. Das dritte wäre die autoritäre Bürokratie sowjetischer Prägung, und zwar als Reaktion auf eine gewaltsame Auseinandersetzung. Da die autoritäre Linke es versäumt hat, die bürgerlichen Klassen ideologisch zu «bearbeiten», ist es ihr auch nie gelungen, sie mit ökonomischen Mitteln, die immer inadäquat sein müssen, für sich zu gewinnen. Die bürgerlichen Klassen nehmen daher wieder faschistische Züge an. Der unvermeidliche Zusammenstoß entsteht entweder durch den Faschismus oder durch die autoritäre Bürokratie. Wenn wir weder Faschismus noch Sozialdemokratie wollen, müssen wir gegen die Rechte, gegen den Kapitalismus kämpfen, indem wir mit der Linken eine gemeinsame Front bilden, danach müssen wir die Kräfteverhältnisse innerhalb der Linken umstürzen und den Kampf gegen die Arbeitsteilung, gegen die Hierarchie, gegen alle autoritären Verhältnisse aufnehmen. Wir müssen einen politischen Kampf führen, keine intellektuellen Hirngespinste verbreiten. Unser Kampf wird seine eigenen Aktionsformen haben, grundlegend demokratische Praktiken, und Bereiche auf dem Wege zur Befreiung schaffen, wo die direkte Demokratie und die Kontrolle aller über alles in konkreter Form das Alltagsleben bestimmen: Kommunen, Volkstribunale, Untersuchungsausschüsse, Besetzungen, Gegen-Presse, Legitimität der Illegalität, Diskussionsgruppen, Aufgabenverteilung im Rotationsverfahren, Netze von Hilfskomitees. Und in jedem Bereich, in dem wir ein wenig Macht gewinnen und lernen, was neue Demokratie ist, werden wir die Frage nach der «ganzen Macht» stellen, bis zu dem Tag, an dem wir, nach einer Folge von Zusammenstößen, auf die wir aber vorbereitet sein werden, alle Bereiche vereint haben.

VICTOR: Und du, Sartre, was hast du bei diesen Gesprächen gelernt?

SARTRE: Ich habe etwas wiedergelernt, wenn du so willst ...

VICTOR: Also eine Reminiszenz ...

SARTRE: Ja, die Reminiszenz an *meine* Theorie der Freiheit. Ich glaube, daß jeder Mensch frei ist. Ich habe im Laufe der Gespräche erklärt, was ich damit meine. Bis 1968 schien mir diese Freiheit im politischen Bereich nicht klar erkennbar, das muß ich sagen, und meine Beziehungen zur KPF waren eher dazu angetan, mir den Appetit zu verderben. KPF und Freiheit – das geht nicht zusammen.

VICTOR: Daher «Die schmutzigen Hände» ...

SARTRE: Ja, daher die «Schmutzigen Hände»; und jetzt sehe ich, jetzt entdecke ich erneut die Möglichkeit eines auf Freiheit ausgerichteten politischen Kampfes. Für mich bedeutet es sehr viel, etwas wiederzuentdecken, was ich vor fünfundzwanzig Jahren dachte, auf anderen Wegen, auf höchst merkwürdigen und gewundenen Wegen, aber ich finde es hier, und das möchte ich hier erklären. Während unserer Gespräche habe ich über die Freiheit gesprochen, aber jetzt ziehen wir ein Resümee, und in diesem Resümee möchte ich über die Rolle der Freiheit in der aktuellen Praxis der von uns zu schaffenden Organisation sprechen. Ich für mein Teil habe die realistische Wahrheit wiedergefunden, während ich mich mit eurer Hilfe wieder dem Wirklichen näherte. Das scheint mir wichtig, da ein Intellektueller für gewöhnlich den Kontakt zur Wirklichkeit verliert; und ich habe mit Freuden festgestellt, daß unsere Vorstellungen von Freiheit am Schluß gar nicht so unterschiedlich waren. Am Anfang, meine ich, waren sie es, aber am Ende der Gespräche hatten sich unsere Standpunkte angenähert; das scheint mir deshalb so wichtig, weil für mich unsere Gespräche von Anfang bis Ende das immer präzisere, immer progressivere Herausarbeiten des Freiheitsgedankens ist. Wenn er auch nicht überall in den Diskussionen sichtbar wird, leitete er mich doch bei allem, was ich sagte, und zwar durch seine Renaissance, durch seine Klarheit. Mit dir, Victor, habe ich noch wichtigere Gespräche über die Freiheit geführt, die leider hier nicht veröffentlicht werden. Man kann nicht sagen, Freiheit gebe es nur dort, wo nicht über sie gesprochen werde – es sei denn, sie wäre das Gegenteil von dem, was ich sagte. Das möchte ich hier bekräftigen. Dort, wo ihr in bestimmten Bereichen – wenn auch unter anderen Namen als dem der Freiheit – meiner Position recht nahekommt, scheint ihr mir doch von diesen Freiheitsgedanken stark beeindruckt. Deshalb würde ich sogar, ohne weiter insistieren zu wollen, als Titel «Gespräche über die Freiheit» vorschlagen, wenn diese Frage etwas deutlicher zum Ausdruck gekommen wäre. Es ging um die «Freiheit in der Organisation». Mir scheint im Augenblick die Freiheit des Militanten in Frage zu stehen und nicht eine unbestimmte Freiheit des einzelnen, des Individuums, sondern die Freiheit des Militanten. Ich würde vorschlagen, daß wir sie in der Schlußbetrachtung zu definieren versuchen, da dieser Gesichtspunkt nicht außer acht gelassen werden darf.

VICTOR: Vielleicht kann ich dazu noch etwas sagen: Mir scheint, daß diese spürbare Veränderung im Verlauf der Gespräche, diese Art eines, wenn auch nicht vollständigen, Rollentausches, nicht nur uns drei betrifft. Ich glaube, darin spiegelt sich eine tiefgreifende Veränderung wider, die in den letzten Gesprächen über die Position des politischen Menschen angeschnitten wurde, ein Umsturz des Denkens, des traditionellen marxistischen Denkens, wenn man so will, der nicht von drei hier versammelten Intellektuellen ausgeht, sondern ein Massenvorgang ist.

GAVI: Einverstanden. Fünf Jahre nach dem Mai 68 wird ein ungeheuer wichtiger Vorgang spürbar. Die bisher so marginale, ja «idealistische» Konzeption von Freiheit beginnt sich politisch zu konkretisieren. Sie ist in allen Konflikten gegenwärtig. Die Arbeiter haben sie sich wieder angeeignet. Ein neues Kräfteverhältnis bildet sich heraus. Wir haben das Stadium der aktionsbereiten Minderheit überschritten, und die Arbeiterklasse ist an die Stelle des Kleinbürgertums getreten. Es gibt ein kleines «Lip» in den Köpfen von Menschen, was auf die Entwicklung der Produktionsverhältnisse zurückzuführen ist, auf die Zusammenstöße . . . und nicht zuletzt auf die seit Jahren in der revolutionären Bewegung entwikkelten, zunächst nur marginalen Ideen. Es sind keine neuen Ideen, aber sie haben eine neue Kraft erlangt; lange Zeit wurden sie entweder von «Grüppchen» verbreitet, die noch nicht zur Selbstfindung gelangt waren und sich daher noch mehr zersplitterten oder gar liquidieren ließen, oder von einigen Intellektuellen, die keinen Bezug zur Realität hatten, die von der Realität abgeschnitten waren, deren Stimme erstickt oder von der Bourgeoisie benutzt wurde; jetzt erhalten sie eine neue Tragweite, und daher glaube ich, daß wir in einem dritten Stadium der revolutionären Bewegung angelangt sind: nach der religiösen Bewegung, nach der marxistischen Religion, ist die Freiheit tägliche Praxis geworden.

SARTRE: Bleibt uns noch eine Schlußfolgerung aus dieser Einleitung zu ziehen.

GAVI: Was schlägst du vor?

SARTRE: Wenn der Leser dieses Buch wirklich verstehen will, muß er, mit uns gemeinsam, den Weg vom ersten bis zum letzten Gespräch zurücklegen. Mit anderen Worten: es geht nicht darum, von Erfahrungen zu lesen, die irgendwelche Menschen auf einer fernen Insel, in einem fremden Erdteil gemacht haben; es geht vielmehr darum, Menschen zu sehen, die mit ihm, dem Leser, identisch sind, und in Zusammenhang mit den gegenwärtigen Kämpfen den Übergang zu vollziehen von einer allgemeinen Notwendigkeit des Kampfes zu der Idee anarchischer Form. Es geht um ein Handeln, denn beim Lesen nimmt der Leser das, was wir sagen, in sich auf; es sind mehrere nebeneinander und oft im Wettstreit zueinander stehende Themen, die in den Gesprächen behandelt werden, und es sind seine eigenen Gedankenabläufe, und als solche muß er sie sehen. Er muß sich identifizieren mit der Idee, die Gavi vertritt, dann mit der Idee, die Victor vertritt, und mit der Idee, die ich vertrete. Es gibt Gedankenabläufe, die einander widersprechen, und es ist nötig, daß er sieht, in welchem Maße wir uns schließlich Schritt für Schritt einander nähern. Mit anderen Worten, das Lesen solcher Texte ist Arbeit und erfordert Zeit. Man darf nicht irgendeine Seite aufschlagen und annehmen, das dort Gesagte sei für die Ewigkeit gesagt. Was dort steht, wird vielleicht auf Seite 150 oder auf Seite 200 wieder verworfen. Der Leser muß das Temporäre der Aussage erkennen. Das scheint mir bei diesen Gesprächen am wichtigsten – und genau das geschieht bei politischen oder philosophischen Gesprächen: Leute setzen sich zusammen und reden, und wenn das Gespräch gut geführt wird, kann es sie verändern, und das zeigt sich in ihrem Dialog, und nach und nach nimmt er eine temporäre Form an. Wir haben es hier also mit etwas Temporärem zu tun, nicht mit dem geschriebenen Text eines Autors, der die Zeit aufhebt und ein Werk schafft, ein Werk mit festen Grundsätzen und Schlußfolgerungen. Aber der Gedanke ist eine Form, der in der Zeit entsteht. Die Zeit spielt eine äußerst wichtige Rolle in diesem Buch, die Zeit, in der wir anfingen, im Herbst 1972, und die Zeit, in der wir aufhören: in der Zwischenzeit ist Chile Opfer eines Staatsstreichs geworden, und inzwischen fanden die Ereignisse bei Lip statt und noch viele andere Dinge, der

Nahostkrieg etc. Und all das hat uns beeinflußt, auch wenn wir nicht immer davon sprachen; aber man spürt den Einfluß. Wenn uns also so unbedingt daran gelegen ist, daß der Leser dieses Buch als die temporäre Einheit nimmt, die es ist, dann dürfen wir die Ereignisse, die dahinterstehen, nicht aus dem Blick verlieren. Der Leser muß bei der Lektüre die Daten erkennen und sich darüber klar werden, daß an der Stelle in Chile alles schiefging, daß an der Stelle der Nahostkrieg ausgebrochen war und daß die Gesprächspartner im übrigen zu all diesen Vorgängen unterschiedliche Ansichten haben, daß aber jede dieser Ansichten jetzt offener ist als die Ansichten, die sie vorher hatten. Ich rate also dem Leser, dieses Buch zu lesen, als wäre es eine Begebenheit, ein Abenteuer, das an irgendeinem Tag begann und an irgendeinem andern endete – mit Gedanken, die nicht mehr ganz die gleichen sind innerhalb der temporären Entwicklung, aber am Ende doch in einen kohärenten Gedanken münden, der heute seinerseits in einem «Zweiten Gespräch» entwickelt werden müßte etc., den wir aber nun im Stadium von 1974 belassen. In diesen Gesprächen gibt es also einen vierten Gesprächspartner, und das ist der Leser. Man muß unsere Gespräche als einen Dialog zwischen uns und dem Leser betrachten, und wenn der Leser zu Ende gelesen hat, zieht er, hoffe ich, die Schlußfolgerung, die wir uns wünschen und die auch wir gezogen haben – eine Schlußfolgerung über den Text und über die Gedanken, die im Laufe des Unternehmens selbst eine Weiterentwicklung und eine Wandlung erfuhren. Das wär's . . .

26. Februar 1974

1

Weggenosse der Kommunistischen Partei

> Ich hatte mit Menschen zu tun, die nur Leute ihrer Partei als Freunde betrachteten, für die es nur Weisungen und Verbote gab und die mich für einen unsicheren Weggenossen hielten . . .

SARTRE: Ich glaube, ich muß bis zum Jahre 1936 zurückgehen. Damals beschäftigte ich mich nicht mit Politik. Ich war ein liberaler Intellektueller in der «Professorenrepublik», wie man die Französische Republik auch nannte. Zwar bejahte ich die Volksfront, aber mir wäre nie der Gedanke gekommen zu wählen und somit aus meiner Einstellung eine Entscheidung zu machen. Rational betrachtet, ist das kaum entschuldbar. Aber selbst wenn die Ideologie brüchig wird, bleiben einem noch Überzeugungen, die dem Denken magische Aspekte verleihen: so hielt ich noch an den Prinzipien des Individualismus fest. Ich fühlte mich zu den Massen, die die Volksfront bildeten, hingezogen, aber ich begriff nicht richtig, daß ich dazugehörte, daß mein Platz in ihrer Mitte war; ich sah mich abseits. Das Positive dabei war eine unbestimmte Abneigung gegen das allgemeine Wahlrecht und die vage Vorstellung, daß eine Wahl niemals Ausdruck des konkreten Denkens eines Menschen sein kann. Erst viel später wurde mir klar, was mich am allgemeinen Wahlrecht störte: es konnte lediglich der *indirekten* Demokratie dienen, und die ist Betrug.

So enthielt ich mich bis 1939 jeder politischen Betätigung und beschränkte mich aufs Schreiben; aber meine ganze Sympathie galt der Linken. Der Krieg öffnete mir die Augen: Die Zeit zwischen 1918 und 1939 war mir wie der Beginn eines dauerhaften Friedens vorgekommen, und nun sah ich, daß sie in Wirklichkeit der Vorbereitung eines neuen Krieges gedient hatte. Das nette kleine Atom, als das ich mich fühlte, wurde von starken Kräften gepackt und – ohne nach seiner Meinung gefragt zu werden – mit anderen Atomen an die Front geschickt. Während des Krieges und vor allem während meiner Gefangenschaft in Deutschland* (der ich entkam, indem ich mich als Zivilist ausgab) hatte ich Gelegenheit, ausgiebig in die Menge einzutauchen, aus der herausgehoben zu sein ich glaubte, die ich aber in Wirklichkeit niemals verlassen hatte. Der Sieg der Nazis hatte mich verstört und brachte meine noch

* Juni 1940 bis April 1941 (Anm. d. Übers.)

vom Liberalismus geprägten Ansichten völlig durcheinander. Überdies sahen wir uns alle im Gefangenenlager vor eine politische Aufgabe gestellt: es gab da Leute, Gefangene wie wir, die für später einen französischen Faschismus aufbauen wollten; in diesem Augenblick standen wir einer politischen Realität gegenüber, der wir immer hatten entkommen wollen. Im Namen der Demokratie mußten unsere Feinde – die deutschen und die französischen – bekämpft werden. Aber die Demokratie, die wir verteidigten, war nicht mehr die liberale Demokratie. Als ich nach neunmonatiger Gefangenschaft nach Paris zurückkam, machte ich mich daran – noch immer überzeugt von den unumschränkten Rechten des Individuums –, eine Widerstandsgruppe zu gründen, deren Name, «Sozialismus und Freiheit», zwar das Hauptanliegen charakterisierte, die aber – wie viele andere kleine Gruppen der damaligen Zeit – nur aus kleinbürgerlichen Intellektuellen bestand. Wirkliche Arbeit leisteten wir kaum: wir verfaßten hauptsächlich Flugblätter. Als die UdSSR in den Krieg eintrat, suchten wir das Bündnis mit den Kommunisten. Einer von uns nahm an der Universität Kontakt mit ihnen auf – wieder Intellektuelle. Sie setzten sich mit den oberen Parteiinstanzen in Verbindung und überbrachten uns folgende Antwort: «Keinerlei Zusammenarbeit mit diesen Leuten: Sartre ist von den Nazis freigelassen worden, um sich in Widerstandskreise einzuschleichen und sie im Auftrag der Deutschen zu bespitzeln.» Dieses Mißtrauen der Kommunisten ekelte uns an und machte uns unsere Ohnmacht bewußt. Kurz danach – eine von uns war von den Deutschen festgenommen worden und starb später im Konzentrationslager – löste sich unsere Gruppe auf. Achtzehn Monate lang unternahm ich gar nichts; ich unterrichtete nur am Lycée Condorcet. Eines Tages traten ehemalige kommunistische Freunde an mich heran und schlugen mir vor, in das C.N.E.[1] (Nationales Schriftstellerkomitee) einzutreten, das eine Untergrundzeitschrift, *Les Lettres Françaises*, herausgab. Ich tat dort genau die Sorte Arbeit, die man erwarten kann von Schriftstellern, die durch die KPF von Widerstandskämpfern und dem bewaffneten Widerstand abgeschnitten sind. Anfang 1943 begann also mein erstes gemeinsames Unternehmen mit der KPF. Ich hatte gefragt, ob sie nicht Angst hätten, einen Spion in das C.N.E. aufzunehmen, der von den Nazis freigelassen worden ist, um Namen von Widerstandskämpfern zu liefern. Sie lachten und sagten, das sei ein Mißverständnis gewesen, und alles würde sich regeln. Plötzlich gab es in ganz Paris keinen einzigen Kommunisten mehr, der Verleumdungen über mich in die Welt setzte. Aber im nichtbesetzten Frankreich ließen die Kommunisten eine schwarze Liste zirkulieren, mit Namen von Schriftstellern, die

1 Comité National des Écrivains

als Kollaborateure bezeichnet wurden. Auf dieser Liste stand auch mein Name. Als ich mich beklagte, versicherte man mir, das sei ein Irrtum, und in Zukunft würde mein Name nicht mehr auf der Liste erscheinen, was – glaube ich – auch eingehalten wurde. Aus dieser Zeit der ersten gemeinsamen Arbeit mit den Kommunisten habe ich noch die regelmäßigen Zusammenkünfte bei Edith Thomas[1] in Erinnerung. Sonst ist nicht viel dazu zu sagen; wir redigierten die *Lettres Françaises*, die von Jean Paulhan herausgegeben wurden und in denen ich ein paar Artikel schrieb. Praktische Arbeit leisteten wir nicht. Ich erinnere mich vor allem an das Gefühl, daß man uns isolierte, was besonders spürbar wurde bei den Befreiungskämpfen: viele von uns hatten sich freiwillig zur Teilnahme gemeldet, und so schickte man uns als Wachtposten zur *Comédie Française*, die selbstverständlich nie angegriffen wurde. Nur an einem einzigen Tage fand in der näheren Umgebung des Theaterplatzes ein Kampf statt, an dem wir jedoch auch nicht beteiligt waren, weil man uns als Sanitäter eingeteilt hatte.

Nach der Befreiung Frankreichs schlug die Haltung der KPF mir gegenüber völlig um: die *Lettres Françaises* sowie auch *Action* griffen mich an (letztere weniger leidenschaftlich, dafür aber um so heimtückischer). Ich erkläre mir diesen Bruch daraus, daß ich – was ihnen nur mißfallen konnte – langsam bekannt wurde, vor allem als Autor von *Das Sein und das Nichts*. Ein Parteiführer sagte mir damals, ich sei ein Bremsklotz für die Bestrebungen der Partei, junge Intellektuelle für die Partei zu gewinnen. Jetzt war ich ehrlich verwirrt: das war die Zeit, in der ich Schlußfolgerungen ziehen konnte aus dem, was ich bei der Résistance gelernt hatte, die – was ja kein Geheimnis ist – sich mehr und mehr nach links orientiert hatte und gerade zu diesem Zeitpunkt Stück für Stück von de Gaulle demontiert wurde. Ich persönlich war ein überzeugter Sozialist geworden, aber ein Sozialist, der jede Hierarchie ablehnte und libertär war, das heißt die direkte Demokratie forderte. Ich wußte sehr wohl, daß meine Ziele nicht mit denen der KPF übereinstimmten, aber ich glaubte, wir könnten ein Stück Weges gemeinsam zurücklegen. Dieser unvermittelte Bruch verwirrte mich sehr.

Und dann war da meine Zeitschrift *Les Temps Modernes*.[2] Sie war noch nicht militant, aber ich versuchte damals schon, verschiedene Ermittlungsmethoden anzuwenden, mit deren Hilfe sich zeigen ließ, daß alle gesellschaftlichen Fakten, welcher Ebene auch immer, gleichermaßen die Strukturen der Gesellschaft widerspiegeln, deren Produkte sie

1 Jahrgang 1909, Journalistin (Reportagen über den spanischen Bürgerkrieg). Von 1942–49 Mitglied der KPF.

2 Die erste Nummer erschien am 1. 10. 45. (Anm. d. Übers.)

sind, und daß unter diesem Gesichtspunkt eine Lokalnachricht ebenso bedeutsam ist wie ein dem damaligen Sinne nach rein politisches Faktum. Heute würde ich es folgendermaßen ausdrücken: alles ist politisch, das heißt, alles bezieht die Gesellschaft in ihrer Gesamtheit mit ein und läuft auf ihre Infragestellung hinaus. Das war der Ausgangspunkt für *Les Temps Modernes*. Natürlich setzte das eine politische Stellungnahme voraus (nicht im parteipolitischen Sinne, sondern im Hinblick auf die Orientierung jener Ermittlungen), und für die Formulierung der politischen Einstellung hatte ich Merleau-Ponty völlige Freiheit gelassen. Er hatte eine Position bezogen, die mit der vieler Franzosen übereinstimmte und die darin bestand, sich in dieser Dreiparteienepoche auf die Sozialistische Partei und manchmal sogar auf die Republikanische Volksbewegung (M.R.P.)[1] zu stützen, um einen Versuch der Annäherung an die Kommunisten zu unternehmen. So war er zum Beispiel der Meinung, daß in unserer bürgerlichen Republik die Menschenrechte etwas Abstraktes und Sinnentleertes seien, weswegen er auf die Anziehungskraft der KPF auf die beiden anderen Parteien setzte, um diese zu zwingen, sich einen sozialen Inhalt zu geben. Ich selbst war politisch kaum aktiv, aber ich unterstützte ihn. Das war die Haltung der Zeitschrift in den Jahren 1945–50. Es stellte sich heraus, daß die Kommunisten Merleau-Ponty, obwohl sie auch ihn beargwöhnten, besser behandelten als mich. Allerdings war diese Form von Annäherung schon im Ansatz zweifelhaft, da sie eine Dreiparteienregierung voraussetzte. Aber der erste Einbruch geschah, als die Streikwelle ausbrach, die den Rücktritt der KPF aus der Regierung nach sich zog. Von diesem Zeitpunkt an verhärtete sich die in die Opposition zurückkehrende KPF, wohingegen die Sozialistische Partei, in einer Art Gegenbewegung, so etwas wie die Linke der Rechten wurde, so daß Leute wie wir, die zu einem Brückenschlag zwischen der KPF und den Regierungsparteien beitragen wollten, plötzlich zwischen zwei Stühlen saßen. Unsere Position war fast unhaltbar geworden. Merleau-Ponty wollte der KPF im übrigen nur die Hand reichen, sofern er von rechts unterstützt wurde. Nach dem Bruch gab es drei Möglichkeiten: sich der KPF wieder annähern, sich auf die Seite der Sozialistischen Partei und der Republikanischen Volksbewegung, die die Regierung stellten, schlagen oder aber die Politik ganz aufgeben. Zumal um diese Zeit ein erster ernsthafter Krieg ausbrach, nämlich in Korea . . . Merleau-Ponty war sehr betroffen und sagte mir: «Jetzt haben die Kanonen das Wort, und wir können nur noch den Mund halten.» Er hielt die Informationen der amerikanischen Presseagenturen für wahr, hatte sich

1 *Mouvement des Républicains Populaires*: bildete als Partei das Scharnier zwischen den parlamentarischen Konstellationen der IV. Republik.

von der Partei distanziert und die zweite Möglichkeit gewählt. Seitdem entfernte er sich immer weiter von uns. Ich hingegen hatte die erste gewählt: *ich* bezweifelte die Nachrichten, die er ernst nahm. Vor allem meinte ich damals, die KPF sei der natürliche Repräsentant der Arbeiterklasse. Tatsächlich schien es keine andere Linkspartei zu geben als sie. Ich erkannte nicht, daß der demokratische Zentralismus und die hierarchische Struktur des KPF-Apparates eins waren: auch wenn sie die Stimmen und die Unterstützung der Arbeiter zu gewinnen suchte, wurde über ihre Politik nie an der Basis, sondern immer von oben herab entschieden.

Aber es mußten erst die Voraussetzungen für die Annäherung an die KPF geschaffen werden. Davon wollte er nichts wissen. Ich war in den vorangegangenen Jahren Mitglied des R.D.R.[1] gewesen, einer von David Rousset gegründeten politischen Gruppierung. Merleau schloß sich ihm erst später an und dann auch nur, um mich nicht im Stich zu lassen. Das war meine erste und, wie ich gestehe, nicht sehr glückliche politische Tat. Das R.D.R. legte keinen Wert darauf, daß seine Anhänger parteilos waren, sondern versuchte auch Kommunisten und Sozialisten zu gewinnen, ohne indessen darauf zu verzichten, die KPF und die Sozialistische Partei zu bekämpfen. Das war eine große Dummheit. Solange Merleau-Ponty und ich nur an den *Temps Modernes* arbeiteten, einer von 10000 Menschen gelesenen Zeitschrift, war unsere Kritik den Kommunisten nicht lästig, sondern im Gegenteil interessant, da sie von keiner Partei inspiriert war. Die KPF ließ sich sogar manchmal zu Entgegnungen herbei. In dem Moment aber, als wir uns anschickten, ihre Kämpfer für das R.D.R. anzuwerben (wobei diesen selbstverständlich zugestanden wurde, Kommunisten zu bleiben, aber das war eine reine Stilfrage), beschoß uns die KPF mit schwerem Kaliber. Wir waren nicht sehr zahlreich, vielleicht zehn- bis zwanzigtausend Leute. Aber das spielte keine Rolle; wir waren der Keim einer Partei, und deshalb griff man uns an. Tatsächlich ist das R.D.R. über diese erste Phase nie hinausgekommen. Unsere Ideen waren höchst unklar; insgesamt, wie mir scheint, eine neue Version der dritten Kraft, die so viele Leute in Frankreich schaffen wollten. Wir wollten den Versuch unternehmen, unsere Regierung dazu zu bringen, sich mit anderen europäischen Regierungen zusammenzuschließen, um eine Mittlerrolle zwischen der Sowjetunion und den Vereinigten Staaten einnehmen zu können.

Victor: Waren auch Arbeiter dabei?

Sartre: Ja, schon, aber nicht viele. Ich habe sie bei dem Kongreß

1 Rassemblement Démocratique Révolutionnaire (Anm. d. Übers.)

kennengelernt, bei dem die R.D.R. begraben wurde. Tatsächlich war unsere Lage seit einem Jahr schon schlecht gewesen, als wir feststellten, daß wir kein Geld mehr hatten. Rousset sagte: Wir müssen die amerikanischen Gewerkschaften um Geld angehen. Und er fuhr nach Amerika. Er brachte etwas Geld mit zurück und die Forderung, Leute aus verschiedenen Nationen zu internationalen Gesprächen nach Paris einzuladen, die ein Gegengewicht sein sollten zum kommunistisch inspirierten Kongreß der Friedensbewegung, der soeben in Paris abgehalten worden war. Diese Gespräche fanden auch statt; Hauptthema war der nächste Krieg. Und man sprach nicht darüber, wie man ihn verhindern wollte, sondern mit welchen Mitteln man ihn gewinnen konnte. Die Amerikaner hatten bekannte Antikommunisten geschickt, zum Beispiel Sidney Hook. Leute, die die Atombombe preisen. Merleau-Ponty, Richard Wright und ich begriffen, daß man uns hereingelegt hatte und weigerten uns, an diesen Gesprächen teilzunehmen und forderten die dringende Einberufung eines Kongresses, der einen Monat später in Paris stattfand. Bei diesem Kongreß kam es zum Zusammenstoß: die Teilnehmer, ehemalige Kommunisten und Trotzkisten, machten Rousset Vorwürfe wegen der Verpflichtungen, die er in den USA eingegangen war und wegen der – so kriegerischen – Tagung für den Frieden. Das R.D.R. zerfiel. Eine große Mehrheit wollte mit den Kommunisten arbeiten, und eine kleine Minderheit erklärte sich amerikafreundlich. Nach diesem Kongreß hörte man nichts mehr vom R.D.R.

Während dieser Zeit überlegte ich mir, was ich im Falle eines Konflikts zwischen Amerikanern und Sowjets tun würde. Ich sagte schon, daß die KPF mir das Proletariat zu repräsentieren schien und es mir unvorstellbar war, nicht auf seiten des Proletariats zu stehen. Außerdem hatte ich aus der Geschichte des R.D.R. meine Lehre gezogen. Ein Mikro-Organismus, der eine Mittlerrolle hatte spielen wollen, zerfiel rapide in zwei Gruppen: pro-amerikanisch die eine, pro-sowjetisch die andere. Angesichts der drohenden Kriegsgefahr, die in den Jahren 1950–52 täglich zunahm, glaubte ich, es gebe nur eine Wahl: entweder USA oder UdSSR. Ich entschied mich für die UdSSR. Natürlich war diese Entscheidung weitgehend von internationalen Problemen bestimmt, doch ging sie vor allem auf die Kommunistische Partei zurück, die mir, wie vielen anderen Menschen, die Bestrebungen und Forderungen des Proletariats auszudrücken schien. Es war die Zeit, als General Ridgway Paris besuchte und es zu einer violenten Demonstration kam (seitens der KPF) und als Duclos verhaftet wurde. Der Antikommunismus unserer Regierung manifestierte sich bei der Brieftaubenaffäre.[1] Ich machte meiner Empörung

1 Im Anschluß an die erwähnten Demonstrationen war Jacques Duclos am 28. Mai

in drei Artikeln Luft, die ich «Die Kommunisten und der Frieden» betitelte und in den *Temps Modernes* veröffentlichte. In ihnen erklärte ich mich offen zum Weggenossen der KPF. Wenn ich heute darüber nachdenke, glaube ich, daß eher mein Abscheu vor dem Verhalten der Bourgeoisie als die Anziehungskraft der Partei mich zu diesen Artikeln veranlaßt hat. Wie dem auch sei, der Schritt war getan. Einige Zeit später schickte die Partei Claude Roy zu mir, der damals noch Kommunist war, und einen anderen Intellektuellen, dessen Namen ich vergessen habe (sie kommen immer zu zweit, wie die Flics). Sie forderten mich auf, mich einer Gruppe von Intellektuellen anzuschließen (Kommunisten und Nichtkommunisten), die die Freilassung von Henri Martin[1] forderten, einem jungen Seemann, der in Toulon Propaganda gegen den Krieg in Indochina gemacht hatte . . . Ich akzeptierte: Viele von uns arbeiteten an der Herausgabe eines Buches, eines Rechenschaftsberichtes über die Aktivitäten Henri Martins und die repressiven Maßnahmen der Regierung.

Ich übernahm die Redaktion dieses letzten, polemischen Teils. In gewisser Weise war es eine bourgeoise Kritik an einer bourgeoisen Regierung, der ich vorwarf, die bourgeoise Legalität verletzt zu haben. Wenn man will, dann war es sozusagen der Bruch eines Bourgeois mit seiner Klasse. Bei Dr. Dalsace traf ich Farge, der mich nach Wien einlud, wo der nächste Kongreß der Friedensbewegung stattfinden sollte. Da ich nun Weggenosse der Kommunisten war, stand mir noch so mancher Bruch bevor, insbesondere mit der liberalen Linken (Streit mit dem *Observateur*, mit *Le Monde* etc.). Merleau-Ponty verließ die Zeitschrift, und damit hatte ich eine neue Aufgabe: die politische, bei der mir eine neue, wesentlich jüngere Mannschaft zur Seite stand (Péju, Lanzmann etc.), die ein kritisches, aber freundschaftliches Verhältnis zur KPF suchten. Damals, 1952, und dann bis 1956 hin gewann ich neue und umfassendere Erfahrung in der Zusammenarbeit mit den Kommunisten. Das erste, was mir auffiel, war, wie starr und übertrieben korrekt sie sich an die Abmachungen hielten. Du bist nicht in der Partei, aber du bist in dieser Sache mit ihr einverstanden. Als ob du einen Vertrag unterzeichnet hättest: du verpflichtest dich, irgend etwas im gemeinsamen Interesse zu tun, und sie verpflichten sich, dir dabei zu helfen – und tun es, so gut wie möglich. Und gleichzeitig lassen sie dich in allen anderen Fragen, wo du nicht mit ihnen einverstanden bist, ganz selbstverständlich in Ruhe.

1952 «in flagranti» festgenommen worden: man hatte in seinem Wagen angeblich zwei Brieftauben gefunden, in Wirklichkeit zwei bereits geschlachtete, zum Verzehr bestimmte Tauben. (Anm. d. Übers.)

1 Militanter Kommunist, der wegen seiner Kampagne gegen den Indochina-Krieg verhaftet wurde.

Victor: Sie sind also loyal?

Sartre: Ja. Aber es ist ein schwerfälliger Apparat. Und manchmal kommt es doch zu Pannen. In der Angelegenheit Henri Martin zum Beispiel hatten wir darum nachgesucht, daß eine Delegation, zu der auch ich gehörte, von Vincent Auriol[1], dem damaligen Präsidenten, empfangen werde. Er antwortete – und zwar mir –, daß er nicht bereit sei, die Delegation zu empfangen, mich aber gerne sprechen wolle. Da meine Zusage oder Ablehnung die ganze Gruppe betraf, konnte ich nicht allein entscheiden. Ich rief Dr. Dalsace an und bat ihn, die oberen Instanzen der Partei zu konsultieren. Er tat es und gab mir kurz darauf Bescheid, daß ich hingehen solle. Besser, wenigstens einer geht zum Präsidenten als überhaupt niemand. Ich ging also hin, aber wie du dir denken kannst, kam nichts dabei raus. Und am nächsten Morgen las ich dann in der *Humanité*, Vincent Auriol sei nicht bereit gewesen, ehrbare Schriftsteller und Intellektuelle zu empfangen, sondern habe es vorgezogen, sich mit einer zwielichtigen Figur (mir) zu unterhalten. Daraufhin gingen unzählige Entschuldigungen bei mir ein, es handle sich um einen Übermittlungsfehler etc. . . . Ich habe es geschluckt. Solche Pannen sind in der Tat bedeutungslos, dennoch zeigen sie, daß die Militanten, solange der Vertrag mit dir auch währt, die ihnen ursprünglich oktroyierte Meinung über dich beibehalten. Sie ließen es sich nur nicht anmerken, das war alles. Für sie war ich Dreck; man nutzte mich eine Zeitlang aus und sprach solange nicht über mich. Das war es, was meine Beziehungen zu ihnen prägte. Zunächst einmal wollten sie keinen *kritischen* Weggenossen akzeptieren: warum sollte ich sie kritisieren, da sie mich doch auch nicht kritisierten? Aus dem gleichen Grunde hatten wir keinerlei Kontakt zu den kommunistischen Arbeitern. Und man will doch gerade mit den Arbeitern in Kontakt kommen, wenn man Beziehungen zur größten Arbeiterpartei Frankreichs, wie es damals hieß, aufnimmt. Man traf kommunistische Intellektuelle – die ich eher bürgerliche Kommunisten nennen würde – oder Parteifunktionäre, selten jedoch Arbeiter, und wenn, dann waren sie – wie beim Friedenskongreß in Wien – sorgfältigst ausgesucht. Den Arbeitern dort hatte man Mißtrauen gegen uns eingeimpft. Sie begannen damit, daß sie sagten: «Ich bin kein Intellektueller, sondern Arbeiter» oder so ähnlich und ließen dann eine schrecklich intellektuelle kleine Rede vom Stapel. Damals habe ich begriffen, daß außerhalb des beruflichen Bereichs diese Unterscheidung zwischen manuellen und intellektuellen Arbeitern nicht viel zu bedeuten hatte und daß Mittel gefunden werden mußten, damit sie am Ende *auch* im beruflichen Bereich keine Rolle mehr spielten. Dieses Mißtrauen führte dazu,

1 1947–54 war er Präsident der Republik. (Anm. d. Übers.)

daß man uns wie Marionetten behandelte. Man setzte uns auf ein Podium, an einen Tisch, wir durften unsere kleine Rede halten und setzten uns wieder – das war alles. Und manchmal unterschrieben wir ein Manifest.

Victor: Wurde die Vereinbarung immer respektiert?

Sartre: Ja. Wenn man von den Pannen absieht, immer. Das ist nicht das Problem. Natürlich sprach man nicht vom Trennenden, sondern vom Verbindenden. Nur ist das, wenn du bitte richtig verstehst, ja gerade das Gegenteil von Gegenseitigkeit . . . Ich weiß sehr wohl, daß eine solche Gegenseitigkeit immer schwierig ist, wenn der eine eine Partei vertritt und der andere nur sich selbst. Aber bei ihnen war das System. Da war Argwohn gut. Aber nicht nur das: Ich hatte mit Menschen zu tun, die nur Leute ihrer Partei als Freunde betrachteten, für die es nur Weisungen und Verbote gab und die mich für einen unsicheren Weggenossen hielten und die sich schon auf den Moment einrichteten, da ich wieder von der Bildfläche verschwinden und aufs neue von den Kräften der Rechten vereinnahmt werden würde. Für sie war ich nicht ein unabhängiger Mensch, sondern ein Abtrünniger auf Widerruf. Mit solchen Leuten ist keine Gegenseitigkeit möglich. Und auch keine gegenseitige Kritik, obwohl sie durchaus wünschenswert wäre. Man verlangte von mir nicht mehr als das, wozu ich mich verpflichtet hatte, aber nie stand eine weiterreichende Abmachung auch nur zur Debatte. Ich sprach bei Versammlungen, ja. Und meine Zuhörer dachten: das ist Sartre, ein Freund der KPF. Aber von allen Seiten erfuhr ich, daß die Militanten mich zu benutzen gedachten, ohne mich zu akzeptieren.

Victor: Du warst ein «übelriechender» Verbündeter.

Sartre: Ja, das stimmt.

Victor: Konntest du weiterhin schreiben, was du wolltest?

Sartre: Ich habe es versucht. Ich wollte, allem zum Trotz, meine Rolle als kritischer Weggenosse beibehalten. In den *Temps Modernes* schrieb ich gegen Jean Kanapa, äußerte mich zu Lecœur, den sie zusammengeschlagen hatten, weil er aus der Partei ausgetreten war, und veröffentlichte eine Besprechung des Buches von Hervé [1], das viel Staub aufgewirbelt hatte.

Victor: Lecœur war aber auch ein übles Subjekt.

Sartre: Mag sein, aber meiner Ansicht nach kann es sich eine Arbeiterpartei nicht leisten, ein Schlägerkommando zu einer Arbeiterversammlung zu schicken.

Victor: War das denn damals eine Arbeiterversammlung?

1 Dabei muß es sich wohl um das Pamphlet «La Révolution et les Fétiches» handeln. Pierre Hervé wurde daraufhin 1956 aus der KPF ausgestoßen. (Anm. d. Übers.)

Sartre: Ja. Im Norden. Lecœur sprach zu den Arbeitern der sozialistischen Bewegung. Du weißt ja, solche Reibereien sind typisch für die französische KP. Ich bin mit Leuten anderer kommunistischer Parteien zusammengekommen, in Italien zum Beispiel. Die italienische KP ist ziemlich streng, aber viel offener. Ihre Mitglieder können mit Nicht-Kommunisten Freundschaft halten. Wobei es allerdings gelegentlich zu Trübungen kommt. Als ich mit der KPF schlecht stand, sagte man mir nur beiläufig «guten Tag», doch sobald ich mich der KPF wieder näherte, fand ich auch meine italienischen Freunde wieder, die tatsächlich einen weiten Horizont hatten. Den Abend vor dem Einmarsch der sowjetischen Truppen in Budapest verbrachte ich in Rom mit einem italienischen Kommunisten. Er war verzweifelt, und wir konnten offen und vertrauensvoll miteinander sprechen. Die französische KP ist sonderbar: Sie scheint mir sehr stark von der «Krankheit des Denkens» befallen. Oft ist es nur ein Denken in Analogien oder – wenn du so willst – ein amalgamierendes Denken. Neulich hat Duclos im Fernsehen Lecanuet attakkiert. Zugegeben: das Programm der «Réformateurs» ist schlecht; also muß man das *Programm* angreifen. Statt dessen erging er sich in Verdächtigungen. So sagte er zum Beispiel: «Sie wollen natürlich Minister werden.» Ich als Zuhörer habe keine Ahnung, ob Lecanuet Minister werden will oder nicht, und es ist mir auch gleichgültig. Es geht um sein Programm. Duclos sagt kein Wort darüber. Statt dessen attackiert er J.-J. S.-S.[1], der nicht da ist und nicht antworten kann, und läßt durchblicken, daß Lecanuet, sein augenblicklicher Verbündeter, verantwortlich sei. So etwas hat nichts mit Denken zu tun, sondern ist bestenfalls Rhetorik. Ihr seht, wie leicht man von schludrigem Denken zur Verleumdung gelangt. In den Jahren von 1945 bis 52 war die Verleumdung die meistgebrauchte Waffe der KP. Das beste Beispiel dafür ist Nizan[2], der die Partei um 1939/40 verlassen hat und sofort zum Verräter erklärt wird: als Beweis wird angeführt, daß in einem seiner Romane ein Verräter vorkommt, Pluvinage.[3] Außerdem bekam er angeblich Geld vom Innenministerium, wo man seine Unterschrift gesehen hatte (. . .von einem anderen Schriftsteller, der tatsächlich aus der Partei ausgetreten war: «Er war gezwungen, alles zu tun, was die Polizei wollte, da er eine polizeilich registrierte Nutte geheiratet hatte.») Von Marty[4] hieß es, daß er seit der Episode im

1 Jean-Jacques Servan-Schreiber

2 Nizan trat nach Unterzeichnung des dt.-sowjet. Paktes aus der KPF aus und meldete sich freiwillig an die Front. Er fiel 1940. (Anm. d. Übers.)

3 In dem Roman «La Conspiration», Paris 1938 (Dt.: Die Verschwörung, München 1975)

4 Marineoffizier, der eines der französischen Kriegsschiffe befehligte, die 1918/19 im Schwarzen Meer lagen. Als an Bord der Wein ausging, kam es zu einer Meuterei,

Schwarzen Meer die Revolutionäre bespitzelte. Man lebte in einer vergifteten Atmosphäre – vergiftet durch Verdächtigungen, die keiner Prüfung standhielten, aber auch wohlweislich keiner Prüfung ausgesetzt wurden. In dieser verpesteten Situation konnte man nie sicher sein, ob wir nicht irgendwo heimlich verleumdet wurden.

November 1972

die Marty anführte, was ihm die Sympathie der KPF einbrachte, in der er schließlich eine hohe Funktion bekleidete. Seit seinem Bruch mit der Partei wurde er als Verräter bezeichnet. (Anm. d. Übers.)

2

Die Paranoia in den Institutionen

> Die Institution wird Selbstzweck, entwickelt ihre eigene Moral. Sie repräsentiert die Zukunft. Sie *ist*, was entsteht. Alles was sich ihr entgegenstellt, wird als Provokation empfunden, als zutiefst unmoralisch, denn die Institution ist die Moral . . .

VICTOR: Aus allem, was du erzählst, wird deutlich, wie stark ihr vom politischen Denken der KP beherrscht wart. Andererseits bemühtest du dich doch seit den Tagen der Résistance, über den Zusammenhang zwischen Sozialismus und Freiheit nachzudenken; so kamst du dazu, die Grundbegriffe der direkten Demokratie, einer neuen Beziehung zwischen dem einzelnen und der Gruppe gedanklich zu erarbeiten. Ihr hattet also die nötigen Mittel, um ein anderes Denken zu definieren. Warum dann dieser ständige Umweg über die KP? Mit anderen Worten: warum suchtet ihr nicht den *direkten* Kontakt mit den Arbeitern?

SARTRE: Zunächst einmal war es nicht leicht, außerhalb der KP mit Arbeitern zusammenzutreffen. Nicht alle Arbeiter waren Kommunisten, und in den Kreisen, in denen ich verkehrte, gab es wenig Trotzkisten.

VICTOR: Gleichzeitig gab es aber doch auch bei den kommunistischen oder den von der KP beeinflußten Arbeitern eine wenn auch undefinierte Opposition gegen die Orientierung der KP. Bestand denn nicht die Möglichkeit eines Zusammenschlusses zwischen den kritischen Intellektuellen und bestimmten Arbeitern?

SARTRE: Dazu hätte die Zeit eine andere sein müssen, zum Beispiel so wie 1968. Zwischen 1945 und 50 waren die Arbeiter fasziniert von der KP, der Partei der Helden, der Partei der Hingerichteten.[1] Und uns war das ganz recht, denn wir waren klassische Intellektuelle. Wir standen den von Lenin in *Was tun?*[2] formulierten Theorien nicht ablehnend gegenüber: das Denken war unser Gewerbe. Wir fanden es natürlich, daß professionelle Kämpfer die Arbeiterklasse «zum Denken veranlaßten». Ja, die Partei, so schien uns, hatte das Denken des Proletariats freigelegt, zusammengefaßt und systematisiert. Wie du weißt, bin ich heute gegenteiliger Ansicht. Aber damals waren wir geneigt zu glauben, das Denken

1 Die KPF nannte sich eine Partei der «fusillés», da zahlreiche ihrer Mitglieder von den Deutschen erschossen worden waren.

2 W. I. Lenin: Was tun? Brennende Fragen unserer Bewegung.

der Partei sei, trotz mancher Abweichungen, das gestaltete Denken der Arbeiterklasse. Wie Merleau-Ponty und andere hatte auch ich nicht begriffen, daß die Strukturen des Parteiapparates das Denken der Partei bestimmen und daß die verknöcherten, bürokratisierten, stark hierarchisierten Strukturen der Partei hierarchische und bürokratische und dem Denken des Volkes gänzlich entgegengesetzte Gedanken hervorbringen mußten. Da nun aber das Denken des Volkes nicht zur Geltung kam und sich nicht von den Richtlinien der Partei befreite, was konnten wir da tun? Es wäre eine Bewegung links von der Partei nötig gewesen.

Victor: War da nicht auch die Idee von einer «natürlichen» Trennung von Intellektuellen und Arbeitern? Und habt ihr nicht die Arbeitsteilung von diesem Gesichtspunkt aus kritisiert?

Sartre: Mehr oder weniger. Aber ich glaube, wir hatten nicht genug darüber nachgedacht. Unmittelbar nach dem Kriege war es auch gar nicht möglich, darüber nachzudenken; doch gerade das möchte ich meine Entwicklung nennen – und die vieler anderer: Wir haben fast dreißig Jahre gebraucht, um zu begreifen. Damals erfüllte die Partei – die einzige auf der Linken – die Funktion einer Linksbewegung und offenbar auch die einer linksradikalen Bewegung. So sah ich die Dinge bis Budapest. In diesem Moment brach ich dann mit meinen sowjetischen Freunden und mit der französischen KP. Aber nicht aus den soeben genannten Gründen. Grob gesagt: in den Jahren 1950 bis 52 glaubte ich, daß die Sowjetunion wirklich den Frieden wollte. 1956 begriff ich dann, daß sie die Länder Zentraleuropas militärisch unterworfen hatte und sie auch weiterhin politisch und ökonomisch unterwarf. Diese imperialistische Diktatur hatte nichts gemein mit den normalen Beziehungen sozialistischer Länder untereinander. Du siehst, es gab wenig Zusammenhänge zwischen diesen Tatsachen und der internen Situation in Frankreich. Später bin ich der französischen KP wegen des Algerienkrieges wieder etwas nähergekommen; aber wirklich gut war das Verhältnis nie. Trotzdem bin ich auch noch mehrmals in der Sowjetunion gewesen. Und dann, nach der Invasion in der Tschechoslowakei, kam es zum endgültigen Bruch. Ich hatte zwei Dinge begriffen, die eng miteinander verknüpft sind: die Krankheit des Denkens in der Partei konnte man Manichäismus oder Paranoia nennen; zum anderen hat mir das Verhalten der Partei im Algerienkrieg bei de Gaulles Staatsstreich und später unter dem gaullistischen Regime und dann im Mai 68 bewiesen, daß diese revolutionäre Partei fest entschlossen war, keine Revolution zu machen. Zu meinem endgültigen Bruch mit der KP im Jahre 1968 kam es wegen des Verhaltens der Partei im Mai und wegen des Einmarschs der sowjetischen Truppen in die ČSSR. Merkwürdigerweise existiert diese virulente Art der Paranoia nur in der französischen KP; in der italienischen KP habe ich sie nicht angetroffen. Meiner Meinung nach liegt das daran, daß die italienische KP sehr bald in den Untergrund ging und daß viele ihrer Mitglieder zusammengenommen eine beeindruckende Zahl von Jahren im Gefängnis gesessen haben. Im Untergrund hatten sie nur wenig Verbindung mit den Russen. Sie waren also in erster Linie Mitglieder einer Untergrundpartei, die gegen die Diktatur im eigenen Lande kämpfte. In den Jahren des Faschismus nahm die KPI eine grundlegend andere Entwicklung als die KPF. Für die italienischen Kommunisten stand die Erfahrung einer mißglückten Revolution am Anfang; dann folgte die Erfahrung der Arbeit im Untergrund und in der Gefangenschaft – lauter Erfahrungen, die – wenn man von der Zeit zwischen 1939 bis 45 absieht – der französischen KP gefehlt haben.

GAVI: Mussolinis Faschismus hatte eine Basis im Volk. Hat die faschistische Bewegung nicht eine Menge Leute angezogen, die sich unter anderen Umständen der kommunistischen Bewegung angeschlossen hätten?

SARTRE: Ganz sicher; die Nazibewegung ebenfalls.

GAVI: Aber in Frankreich haben wir eine so starke faschistische Bewegung nicht gehabt.

SARTRE: Nein, das stimmt. Und die Paranoia scheint mir vor allem eine Reaktion auf die Entwicklung einer vielgehaßten, aber nicht verbotenen Partei. Die militanten Kräfte der Partei sind überall von Leuten umgeben, die nicht zu den Vorkämpfern der Partei zählen. Sie sind ständig isoliert voneinander, durch die anderen getrennt. Wenn direkte Kontakte fehlen, muß die Partei, um ihre Festigkeit aufrechtzuerhalten, sich noch weiter verhärten. Sie muß *a priori* alle anderen zurückweisen und absolutes Vertrauen fordern. Auf solche Weise entwickeln sich Hochmut und Verfolgungswahn, die schließlich zur Paranoia führen. Und so entsteht ein gewisser Typ des kommunistischen Kämpfers, für den es nur Weisungen und Verbote gibt und der manichäistische und treuherzige Geschichten kolportiert, die andere Kommunisten ihm erzählt haben. Man kann nicht einmal sagen, daß er lügt. Oder vielmehr: er lügt, aber er glaubt, was er sagt.

VICTOR: Nehmen wir ein aktuelles Beispiel für die Paranoia der KP: ihr Verhalten bei der Ermordung von Pierre Overney. Für die Partei ist dieser Mord Teil eines Komplotts zwischen den Gauchisten und der Macht. Ein Jahr zuvor, beim Streik der O.S. (*ouvriers spécialisés*)[1] in Le Mans, bezeichnete die KP die «Spontaneität der Arbeiterschaft» als ein Komplott. Sollte man den Grund der Paranoia nicht vielmehr hier suchen: für die Partei ist das Denken der Arbeiter das Denken der KP. Jedes

1 angelernter Arbeiter im Gegensatz zum O.P. (*ouvrier professionnel*), dem Facharbeiter (Anm. d. Übers.)

andersgeartete Denken der Arbeiter, ob «spontan» oder «gauchistisch», ist notwendigerweise ein gegen die KP gerichtetes Denken, ist von vornherein als Opposition gegen die KP angelegt: ein Komplott. Durch ihre Paranoia verwahrt sich die KP gegen den Gedanken, die Arbeiter könnten ein autonomes Denken hervorbringen. Dazu eine Frage, Sartre: Habt ihr, die Weggenossen, nicht auch das Postulat «die Arbeiter denken nicht» übernommen?

SARTRE: Nein. Und es ist sogar eine der Vorstellungen innerhalb der Partei, die mich am meisten schockiert haben, daß kämpferische Funktionäre das Denken der Arbeiterklasse formen müssen, weil die Massen von sich aus bestenfalls ein reformistisches Konzept entwerfen könnten. Das setzt eine kindliche Vorstellung vom Denken voraus, die der meinen, nach der man mit den Händen und den Augen denkt, völlig entgegengesetzt ist. Das Denken ist ein Moment der Praxis, und die Spezialisten dafür (professionelle Kämpfer) können es nur von der Praxis ableiten, abstrahieren und in eine *Ideologie* des Proletariats umwandeln. Aber bis zu einem gewissen Grade hast du natürlich recht. Wir waren tatsächlich geneigt, wenn auch auf eine andere Art, die Ideologie der KP für das Denken der Arbeiter zu halten, weil es eben in den Jahren 1950/55 kein anderes gab.

VICTOR: Aber es gab doch ein autonomes Denken der Arbeiter, wenn auch latent und sehr vereinzelt.

SARTRE: Wie konnten wir das wissen? Dazu hätten wir schon eine größere Gruppe von Intellektuellen, Arbeitern, Politikern etc. sein müssen ...

VICTOR: Wir waren anfangs auch nur eine kleine Gruppe von Intellektuellen ...

SARTRE: Ihr wart in einer anderen Situation. Du verfälschst die Geschichte, wenn du annimmst, daß man 1950 schon so hätte denken können wie 1968. 1968, das war nach der chinesischen Kulturrevolution. Auf der anderen Seite war da der Gaullismus, von dem die Bevölkerung eindeutig genug hatte und den die KPF auf ziemlich dümmliche Weise sogar indirekt zu unterstützen suchte. Seit 1965 war außerdem ein starkes Unbehagen bei den Studenten spürbar geworden. Wir damals verlangten nur eins: wir wollten direkt, ohne Mittler, mit den Arbeitern in Kontakt kommen. Aber wenn du glaubst, das wäre möglich gewesen, dann verstehst du weder die damalige Situation noch die damalige Stellung der KPF. Es war noch zu früh. Hast du dich jemals gefragt, warum Leute, die innerhalb der KPF linksradikal waren und wegen ihres Linksradikalismus ausgeschlossen wurden, plötzlich rechts von der KPF, bei den Sozialisten oder Schlimmerem, wieder auftauchten? Eben weil es links von der KPF einfach *nichts* gab. Damals war die Situation verfahren.

Die Arbeiterklasse machte eine Art Rückwärtsbewegung durch bis etwa 1965, und die KPF verhärtete und blockierte sich immer stärker. Wir hatten den Eindruck, einem Niedergang der Arbeiterklasse und der KPF beizuwohnen.

VICTOR: Gut. In welcher Weise hat sich denn das Denken der KPF auf dein Denken ausgewirkt?

SARTRE: Es hat mich veranlaßt, erneut den Marxismus zu studieren. Das marxistische Denken fehlt nicht in der KPF, selbst wenn es fehlgeleitet ist. Die Kommunisten lehren einen gewissen Marxismus: wenn sie vom Nutzwert, Handelswert oder Mehrwert sprechen, stimmt das, was sie sagen, so einigermaßen. Nach und nach fand ich aus meiner Neurose heraus, die darin bestand, mein Heil im Schreiben zu suchen. Die Kommunisten zeigten mir, daß Schreiben eine Arbeit ist wie jede andere auch. Und so begann ich plötzlich, *Die Wörter* zu schreiben, wo ich das schwarz auf weiß darzulegen versuchte: ein klassischer Intellektueller – und der war ich noch – schreibt seine Erfahrungen in einem Buch nieder. Aber kehren wir nochmals zur Paranoia zurück. Warum fühlt sich die Partei genötigt, auf jedes Ereignis oder auf jede geschichtliche Entwicklung mit den Gedanken eines Paranoikers zu reagieren? Warum mußte die KPF behaupten, daß imperialistische Kräfte in Budapest eingedrungen seien, obwohl doch keine zu finden waren. Warum haben die Kommunisten – nach dem Einmarsch in Prag – in Karlsbad Waffen versteckt, die sie selbstverständlich anschließend «entdeckten» und die nach ihren Aussagen von Westdeutschen dort deponiert worden waren? Warum konnten sie in beiden Fällen nicht einfach zugeben, daß die Arbeiter und Intellektuellen die Situation nicht mehr ertragen konnten, daß sie unbedingt verändert werden mußte? Zumal sie das in Ungarn dann getan haben, nachdem Kádár die Macht übernommen hatte. Habt ihr darüber nachgedacht?

GAVI: Und warum findet man diese «Paranoia» in fast allen Institutionen? Auch in der Kirche, zum Beispiel. Gibt es etwas Paranoideres als die Inquisition?

SARTRE: Ja, aber heute gibt es keine Inquisition mehr, und mehr als eine Bewegung innerhalb der Kirche stellt die Kirche als Institution in Frage. Die KP existiert erst seit gut fünfzig Jahren; sie ist eine noch sehr junge Partei, die man leicht bis zu ihren Ursprüngen zurückverfolgen kann. Nun scheint es aber so, daß die nationalen kommunistischen Parteien in verschiedenen Ländern, so zum Beispiel in Frankreich, eher dazu da sind, um den revolutionären Massen klarzumachen, daß die Revolution noch nicht unmittelbar bevorstehe. Wieweit das richtig oder falsch ist, darüber werden wir noch sprechen. Anders ausgedrückt: die KPF ist keine revolutionäre Partei. Sie ist eine Partei, die zur Geduld mahnt, da die Revolution ihrer Meinung nach *sine die* aufgeschoben ist. Wann hat die französische KP denn je gesagt: Los, Leute, jetzt wird Revolution gemacht? Niemals. Statt dessen sagte sie: In der UdSSR hat man die Revolution gemacht. Seht mal, wie schön es jetzt dort ist. Das war alles. Der einzige, der in einer Versammlung erklärte: «Wir werden den Sozialismus *mit eigenen Augen* sehen, war Lecœur, und man weiß ja, was mit ihm geschehen ist. Die kommunistischen Parteien haben sich nach dem Ersten Weltkrieg konstituiert, in einer Zeit also, als die Arbeiterklasse eine ungünstige Entwicklung durchmachte. In Frankreich war zum Beispiel die Revolution, so wie die Partei sie sich vorstellte, in den Nachkriegsjahren nicht möglich. Dann kamen die Jahre des beginnenden Konflikts Stalin–Trotzki. Stalin sagte: «Die Revolution wird in einem einzigen Land gemacht.» Das sollte heißen, daß die UdSSR sich des Proletariats der westlichen Länder bedienen wollte, ohne sich indessen dadurch zu kompromittieren, daß sie ihnen half, ihre bürgerlichen Regierungen zu stürzen. Trotzki dagegen wollte überall die Revolution. Die UdSSR konnte nur das Proletariat anderer Länder unterstützen. Trotzki hat verloren. Das führt zu jener merkwürdigen Situation, wenn wir die KPF als Beispiel nehmen, daß sie gleichzeitig sagen müssen: «Unser einziges Ziel ist die Revolution, da nur aus ihr die klassenlose Gesellschaft entstehen kann» und «Die Revolution kann weder jetzt noch in absehbarer Zukunft gemacht werden.» Einerseits wollen sie nichts von Reformisten wissen, weil Reformen, wenn sie Erfolg hätten, die Gesellschaft erträglicher machen würden, ohne die Grundprobleme zu tangieren. Für sie ist die kapitalistische Gesellschaft eine Hölle, aus der man sich nur retten kann, indem man sie zerstört. Und was die Theorie der Verelendung betrifft, die eine absurde Idee ist, so braucht man zum Beweis ihrer Haltlosigkeit nur den Lebensstandard der Arbeiter von 1848 mit dem der Arbeiter von 1972 zu vergleichen. Die Kommunistische Partei kann also nicht reformistisch sein, und zugleich kann sie nur – wenn auch nur heimlich, indem sie sich hinter der Sozialistischen Partei versteckt – reformistisch sein oder aber gar nichts tun.

Gavi: Ja, und jede Organisation, die sich institutionalisiert, muß eine Verzögerungstaktik betreiben. Vor allem jetzt, da man immer weniger an das Paradies oder das gelobte Land glaubt. So werden den Menschen ihre Lebensbedingungen zum Gefängnis, und sie sind gezwungen, Dinge zu akzeptieren, von denen sie spüren, daß sie eigentlich unannehmbar sind: das Leben, die Arbeit, die zwischenmenschlichen Beziehungen . . . Jeder von uns befindet sich im Zwiespalt zwischen dem Wunsch zu akzeptieren, sich zu fügen, und dem Wunsch abzulehnen, sich zu verweigern. Die äußeren Zwänge unterjochen uns, aber gleichzeitig entwickelt sich das Verlangen zu protestieren, das so übermächtig werden kann, daß es eines Tages aus einem beliebigen, meist harmlosen, banalen Grund, zu einer Explosion und zu einer Annahmeverweigerung kommt. Die Institutionen sind nichts anderes als der gesellschaftliche Ausdruck des Wunsches – und zwingen zugleich, sich zu fügen. Was du von der Kommunistischen Partei sagst, gilt für jede Institution: 1. Was jetzt nicht realisiert werden kann, ist anderswo realisiert worden, im Himmelreich, in der UdSSR, in China; 2. Geduld, wir können nicht gleich alles schaffen. Mit anderen Worten: Das Unerklärbare wird später verstanden und bewältigt werden. Die Institution dient dazu, den Wunsch der Menschen, irgend etwas sofort zu verwirklichen, zu blockieren. Deshalb verinnert sie den Wunsch nach Veränderung, ersetzt ihn und *ist* schließlich selber Veränderung. Dieser Ersatz ist banal. Wie viele Paare lieben sich wirklich? Recht wenige. Also ersetzt man die Liebe durch einen ganzen Apparat, eine Zeremonie: Hochzeitsfeier, Heirat und Festbankett, dann Silber- und goldene Hochzeit und Sonntagsessen. Oder ein Todesfall: wie viele Menschen sind wirklich innerlich getroffen? Zum Glück gibt es die Trauer als Ersatz für den Schmerz: Bestattung, Trauerkleidung, Trauerflor, Kondolenzbezeugung, vielleicht sogar ein Mausoleum oder das Pantheon. Wie oft muß man erleben, daß die Menge sich über einen an sich tragischen Unglücksfall «freut», etwa über den Brand im Lycée Edouard Pailleron, denn endlich passiert mal etwas. Die Aufregung ist groß. Man posiert für die Presse. Und dann, sobald sich der Reporter nähert, wird das Gesicht zu einer schmerzverzerrten Maske. Der Leichenzug kommt vorbei, und die Menge versinkt in Schweigen und trauert, als habe man sie gelehrt, sich korrekt zu verhalten, als rekonstruiere sie eine alte, strengen Riten folgende Zeremonie. Die Eltern blicken ihre Kinder streng an; sie halten sie an der Hand und verlangen, daß sie still sind. Die Kommunistische Partei macht es nicht anders: ihre Heuchelei ist normal, alltäglich. Gestern hast du, Victor, eine Formulierung gebraucht, die ich ungeheuerlich finde: «Das autonome Denken der Arbeiterklasse.» Du verwechselst Klasse mit dem Denken der Klasse. Jede Klasse bringt eigene Ideen hervor, aber die Arbeiterklasse ist den herrschenden Ideen unterworfen. Sie hat kein autonomes Denken. Politisch gesehen hat sie sogar einen rechten und einen linken Flügel sowie ein Zentrum. Ihre historische Rolle leitet sich her aus der Entwicklung der Produktionsverhältnisse und des Kapitalismus, nicht aber aus einer eigenen, natürlichen Moral. Jedesmal wenn ich *La cause du peuple* lese, habe ich den Eindruck, daß für euch alles, was ein Arbeiter sagt, richtig ist. Das ist Augenwischerei, ist Religion. Im ersten Manifest von *Libération*, im Oktober 1972, habt ihr übrigens ganz unbekümmert geschrieben: «Je höher man in der sozialen Hierarchie aufsteigt, desto wenigèr Moralität trifft man an.»

SARTRE: Das Problem der Moralität spielt dennoch eine Rolle. Die KPF hat sie auf einen Überbau reduziert. Für sie reduziert sich der Klassenkampf auf ein antagonistisches Kräftespiel, das im Triumph der Arbeiterklasse enden wird ... Aber dabei vergißt man, daß auch die Moralität zu den am Kampf beteiligten Kräften gehört. Wenn die Revolution gemacht worden ist, wird es andere Produktionsverhältnisse geben und folglich einen anderen moralischen Überbau – das ist alles. Für mich beginnt die Moral schon auf der Ebene der Produktion. Und daher bin ich mit den Maoisten einverstanden, die die Frage erneut gestellt haben. Für mich ist ein Arbeiter moralisch auf Grund der Tatsache, daß er ein entfremdeter Mensch ist, der für sich und alle anderen die Freiheit fordert.

GAVI: Für die Kommunisten sind Moral und Partei identisch.

SARTRE: Das bedeutet, daß man sich der Moral entfremdet, daß man ein Gebäude von äußerlichen Vorschriften daraus macht. Das gleiche gilt für die christliche Kirche: außerhalb der Kirche keine Moral. Aber das hat mit wirklicher Moral nichts zu tun: sie ist eine dem ausgebeuteten Menschen eigene Dimension. Eine Partei hat sich nicht als Morallieferant anzusehen: sie muß sie vielmehr daher beziehen, wo sie zu finden ist. Natürlich gibt es Widersprüche in der Moralität des Volkes, aber man braucht sie nur offen darzulegen und thesenhaft einander gegenüberzustellen. Die Lösung wird von denen gefunden werden, die die eine oder andere, oder manchmal beide Thesen vertreten. Diesem Ziel dient *Libération*. Wegen faktischer Probleme bringt man die Massen noch nicht in Bewegung. Nicht das Faktum, daß zum Beispiel die Löhne zu niedrig sind, mobilisiert sie, sondern nur das moralische Empfinden, daß ihnen Unrecht geschieht. Auf einer Polizeistation in Versailles hat im Dezember 1972 ein rassistischer Polizist Mohammed Diab[1] getötet. Am Samstag darauf kam es zu einer ziemlich heftigen Demonstration, die in eine Schlägerei ausartete. Arbeitsemigranten und französische Intellektuelle waren daran beteiligt. Warum wohl? Natürlich nicht, um Diab wieder zum Leben zu erwecken oder irgendeinem Interesse zu dienen. Man ging auf die Straße, weil man diesen Mord als *zu* verabscheuenswürdig empfand. Und auch diejenigen, die am 20. Januar vor der amerikanischen Botschaft demonstrierten, hatten kein unmittelbares Interesse zu verteidigen: sie bekundeten ihre moralische Entrüstung über die Bombenangriffe auf Haiphong und Hanoi. Ihr, die Maoisten, habt zwar nicht erklärt, was die moralische Kraft ist, aber ihr habt sie erkannt und versteht es, an sie zu appellieren.

1 Ein Algerier, der wegen Randalierererei festgenommen worden war und von dem wachhabenden Robert Marquet «aus Notwehr» erschossen wurde. Der Vorfall hat die Diskussion über den Rassismus in Frankreich erneut entfacht. (Anm. d. Übers.)

Gavi: Und das erklärt auch die kommunistische Theorie vom Komplott: Wenn keine Entwicklung stattfindet, wird die Institution Selbstzweck, entwickelt ihre eigene Moral. Sie repräsentiert die Zukunft. Sie *ist*, was entsteht. Alles was sich ihr entgegenstellt, wird als Provokation empfunden, als zutiefst unmoralisch – denn die Institution ist die Moral. Und zugleich als konterrevolutionär – denn die Institution ist das revolutionäre Werden.

Sartre: Einverstanden.

Gavi: Die Partei reduziert damit also die Revolution auf sakrosankte Formeln, auf Zeremonien ... Die Partei, die wie die Kirche und andere Institutionen Selbstzweck geworden ist, gestattet denen, die ihr Leben verändern möchten, es aber nicht von heute auf morgen können, diese Veränderung in ihrer Parteizugehörigkeit zu verinnern.

Sartre: Ein Beispiel: Eine bestimmte literarische Zeitschrift brauchte schon vor 68 ein politisches Alibi. Das bedeutete für die Mitarbeiter, daß sie an Zeremonien teilnehmen mußten, die ihren Sprachforschungen einen nicht klar zu lokalisierenden, leicht revolutionären Beigeschmack verliehen. Zunächst wandten sie sich der KPF zu, da sie sicher waren, von dieser hierarchischen Partei der Ordnung und Moralität in ihren Sprachstudien nicht behindert zu werden. Und doch mußten einige von ihnen im Verlauf des Jahres 68 erkennen, daß die KPF ihr revolutionäres Image verloren hatte und eine Institution geworden war. In der UdSSR und Jugoslawien spricht man von der «historischen Partei». Das bedeutet, daß man die Geschichte resorbiert hat in der Partei, die sich in all ihren Taten bemühen muß, der teils mystischen Geschichte, auf die sie sich beruft, zu entsprechen. Die Intellektuellen jener Zeitschrift, von der ich sprach, setzten sich daraufhin mit den Maoisten in Verbindung, da sie trotz allem nicht wollten, daß die Revolution nur ein Wort auf ihrer Visitenkarte war. Sie zumindest haben sich von der KP entfernt. Aber es ist ein seltsames Phänomen, daß nach den Ereignissen im Mai 68, in denen sich anti-hierarchische Bestrebungen andeuteten und die folglich eine Herausforderung an die kommunistische Partei waren, die KPF sogar Studenten anwarb und so schließlich die Zahl ihrer Militanten vergrößern konnte. Ich glaube, daß es unter den jungen Leuten, die 68 auf die Barrikaden gingen, etliche gab, die den Sinn ihrer Aktionen nicht erfaßten und die Revolution gern auf Zeremonien reduziert gesehen hätten. Die KP war ihnen lieber als jene Bewegung ohne bestimmte Ansprüche vom Mai 68, vor allem als dann 1969 die vorübergehende Niederlage die verschiedenen Tendenzen in den einander befehdenden Grüppchen erstarren ließ. Die jungen Leute, die in die KP eintraten, bevorzugten das klare Bild von der Revolution gegenüber den sich selbst noch unklaren Kräften, die sich im Mai 68 manifestiert hatten.

Gavi: Das alles gilt keineswegs nur für die Intellektuellen. Ich bin Arbeitern begegnet, die pro-chinesisch eingestellt und ebenso dogmatisch sind.

Sartre: Es ist wichtig, zu zeigen, daß die KP eine Institution ist. Eine Institution ist eine an abstrakte und atomisierte Individuen gerichtete Forderung; denn eine wirkliche *Praxis* kann es erst im Augenblick eines konkreten Zusammenschlusses geben. Wenn eine revolutionäre Partei heute Bestand haben will, muß sie darauf achten, daß sie so wenig wie möglich einer Institution ähnelt. Im übrigen muß sie draußen und vor allem innerhalb der eigenen Reihen alles Institutionalisierte in Frage stellen. Es geht nicht darum, den Respekt vor einer angeblich revolutionären Ordnung zu entwickeln, sondern den Geist der Revolte gegenüber jeder Ordnung.

Victor: Hinsichtlich der KP haben wir uns eine Frage gestellt; ich glaube nicht, daß sie wirklich geklärt ist.

Sartre: Ich habe sie dir teilweise beantwortet. Erstens habe ich gesagt, daß die KP in den 20er Jahren entstand, im Anschluß an eine Revolution in der UdSSR und einen Rückschlag, den die Arbeiterklasse in den westlichen Ländern erlitt. Dieses doppelte Phänomen stellt sich folgendermaßen dar: *in weiter Ferne* findet eine Revolution statt, die wie ein Sinnbild – heute würde man Modell sagen – gefeiert wird; aber es ist damit wie mit dem Paradies: die Realität liegt außerhalb unserer Reichweite. Die Partei ist – wie die frühe Kirche – dazu da, uns warten zu lehren. Und zweitens setzt die Kommunistische Partei in der UdSSR, im Verlauf so dramatischer Kämpfe wie die bei der Niederschlagung der Bauernaufstände, wieder eine hierarchische und nationale Ordnung ein. Dieser Gegenschlag wirkte sich auch auf die KPF aus, die ihrerseits wieder national und repressiv wurde.

Gavi: Und die KP stützt sich auf die Lehre Lenins. Nur gehört diese Sache in einen ganz bestimmten historischen Kontext. Sie drückt sich in polemischen Texten, in kämpferischen Texten aus. Jedesmal ging es für Lenin darum, diese oder jene Taktik – je nach seiner Einschätzung der Kräfteverhältnisse – durchzusetzen. Es kam dazu, daß die Bolschewiken die Macht ergriffen. Ist das ein Grund, Lenins Lehre zu glorifizieren? Was damals möglich war, braucht nicht notwendigerweise anderswo und unter anderen Umständen zu funktionieren.

Sartre: Damit bin ich völlig einverstanden. Man darf auch nicht vergessen, daß es in den ersten Jahren nach der russischen Revolution zwei Machtblöcke gab: einen demokratischen, die Sowjets, und einen zentralistischen und autoritären, die Partei. Schon zu Lenins Zeit, nicht erst unter Stalin, hat die Partei sich den Sowjets aufgezwungen, zunächst als Kontrollorgan, und dann immer umfassender. Der Kronstadter Aufstand war der Versuch eines Sowjets, zur Demokratie zurückzukehren. Die Matrosen sagten: der Sowjet darf nicht von einer Partei beherrscht werden. Aber sie wurden besiegt, und die Partei setzte die Diktatur des Proletariats durch: sie wurde institutionell, und die Diktatur des Proletariats wurde ebenfalls zur Institution. So kam es zur Diktatur *über* das Proletariat.

VICTOR: Soweit es um die Anfänge der KP geht, hast du sicher recht. Aber die KP hat eine Entwicklung durchgemacht. In mancher Hinsicht hat sie sich durch die Résistance *erneuert*.

SARTRE: Während der Zeit der Résistance habe ich viele junge Leute getroffen, die in die KPF eintraten. Manche traten wieder aus, die anderen blieben. Sie kamen nicht mit der Forderung nach Demokratie: im Gegenteil, sie verlangten, daß die KP autoritär sei. Ihre Väter waren mehr oder weniger Kollaborateure oder waren indifferent. Als alles um sie zusammenfiel, bot ihnen die KPF die Möglichkeit, als Patrioten Widerstand zu leisten. Sie sind nicht in die Partei gegangen, um Revolution zu machen, sondern um die Nazis aus Frankreich zu vertreiben. Die KPF stellte sich vor allem als nationale Partei dar und steckte mit ihren revolutionären Forderungen zurück.

VICTOR: Ich wollte von den militanten Arbeitern sprechen, die die Partei praktisch von Grund auf wiederaufbauen mußten. Die Direktiven der Zentrale kamen sehr sporadisch. Alles in allem waren die Kämpfer der KPF in den 40er Jahren in einer ähnlichen Lage wie die chinesischen Kommunisten in den 30er Jahren: weit entfernt vom Zentrum der kommunistischen Macht und daher zwangsläufig autonom. Warum war die KPF in diesem Augenblick – genau wie zur Zeit ihrer Gründung – nicht in der Lage, den Zusammenschluß der Volksmassen zu lenken?

SARTRE: Im Jahre 1936 war das möglich, nicht aber . . .

VICTOR: Im Jahre 1936 . . . Ich bin bei der Résistance . . .

GAVI: Es gibt Erklärungen für dieses «Warum?»: Die Partei war eine Institution.

VICTOR: Das ist keine Antwort. Meine Frage bleibt bestehen: Warum?

SARTRE: Ich sage dir ja, daß die Sowjets zu jener Zeit keine Revolution in Europa wollten. Es war die Zeit des Sozialismus in einem einzigen Land. Stalin wollte die Massen in den anderen Ländern nur zur Unterstützung heranziehen.

VICTOR: Du weichst wieder aus.

SARTRE: Nein, und ich wiederhole: Stalin wollte die Revolution nicht.

VICTOR: Aber woher kommt denn dieser Widerspruch, daß die KP einerseits die Revolution verkündet und sie andererseits immer wieder aufschiebt?

SARTRE: Ich sagte ja, 1920 definierte die Partei sich objektiv als revolutionäre Partei im Wartezustand. Nach und nach stellte sie die Leute an ihre Spitze, die ihren Strukturen entsprachen. Und dabei blieb es dann. Thorez[1] hat die Revolution nie gewollt.

VICTOR: Wie konnten sich dann die besten Elemente der Arbeiterklasse in der KPF zusammenfinden?

SARTRE: Eben wegen dieses Doppelcharakters der KP; die KP sagt: Wir arbeiten für die Revolution.

VICTOR: Aber wie sieht die Praxis der KP aus?

SARTRE: Sie hat kein Programm, da sie weder reformistisch noch revolutionär sein kann. Welche Rolle spielte denn die KP, seitdem sie 1945 eine große nationale Partei wurde? Was hat sie getan? Hat sie die Lebensbedingungen der Arbeiter verbessert? Hat sie de Gaulles Machtergreifung verhindert? Hat sie dem Indochinakrieg oder dem Krieg in Algerien ein Ende gesetzt? Sie hat alle bürgerlichen Regierungen gewähren lassen. Sie hat dafür gestimmt, Guy Mollet alle Vollmachten zu geben.[2]

GAVI: Revolution heißt nicht, einen Apparat durch einen anderen ersetzen. Das hieße doch nur, daß man seinerseits die Werte der Bourgeoisie übernimmt und vor allem den Horror vor der Revolte. Die Partei ist die Revolte. Sie hat die Revolte konfisziert und in eine Zeremonie verwandelt. Du brauchst nur noch die Internationale abzusingen.

VICTOR: Jetzt kommen wir schon etwas weiter. Es gibt eine ganz wesentliche Manifestation des Zeremoniellen in der KP: den Mythos vom «großen Tag». Man redet von der Revolution, aber sie wird aufgeschoben. Also muß man einen Mythos schaffen: den Mythos vom «großen Tag», an dem die Revolution stattfinden wird. Die Analyse dieses Mythos ist entscheidend: Die KP identifiziert die Machtübernahme mit dem Aufstand vom Oktober 1917. Aber dieser Aufstand läßt sich von der KPF nicht wiederholen. Die Machtübernahme ist unmöglich: sie wird zum «großen Tag». Was tritt an die Stelle dieses Mythos?

SARTRE: Im Augenblick nichts.

VICTOR: Mit Hilfe dieses Mythos konnte man den Militanten das Unerträgliche erträglich machen und sich mit Blum oder Moch verbünden. Aber gleichzeitig sagte man: mach dir keine Sorgen, dieses Bündnis ist nur nach außen hin von Bedeutung, alles Weitere wirst du schon noch sehen.

SARTRE: Genau das habe ich am eigenen Leibe erfahren. Die KP-Führer

1 Maurice Thorez (1900–64) von 1930–64 Generalsekretär der KPF. (Anm. d. Übers.)

2 Das Votum der Linken im Jahre 1956, das den totalen Krieg gegen die Algerier ermöglichte. (Anm. d. Übers.)

benutzten mich als Aushängeschild, aber in den Zellen wurde ich nicht akzeptiert.

Victor: Genau. Wie hätte die KP den Militanten denn sonst das Unannehmbare annehmbar machen sollen? Nur mit dem Revolutionsmythos. Die KP hat aus dem Aufstand einen Mythos gemacht, nachdem sie die Theorie des Aufstandes in einen Kult verwandelt hatte.

Sartre: Was darauf hinausläuft, daß man die bürgerliche Demokratie akzeptiert, daß man eines Tages auf bürgerliche Weise, das heißt durch Wahlen, die Macht übernehmen wird.

Victor: Was hat im Gegensatz dazu die chinesische KP getan? Nach dem Scheitern des Aufstandes in den Städten hat sie die Theorie des Aufstandes neu gefaßt. Das Dogma kam dort teuer zu stehen: Tausende von Toten bei den Aufständen in den Städten. Gestützt auf die Geschichte der Volksaufstände, hat die KP die Theorie des Aufstandes in die Theorie des Volkskrieges umgewandelt. In den Kommunen war die chinesische KP dezimiert, aber in den Bergen wurde sie neu aufgebaut.

Gavi: Einverstanden. Aber stellen wir doch einmal die naive Frage: Wie kommt es, daß die Massen sich plötzlich gegen etwas auflehnen, was sie vorher hingenommen haben? Ich glaube, daß wir die Geschichte oft falsch interpretieren. Wir sprechen von der «chinesischen Revolution». Aber die chinesischen Bauern waren anfangs von der Idee, Revolution zu machen, gar nicht begeistert. Heimgesucht wurden sie von den Japanern, von Ausländern, die in ihre Felder eindrangen, von Kriegsherren, die ihren Besitz plünderten. Das war unerträglich. Genauer gesagt: diese zweifache Unterdrückung war nicht mehr zu ertragen. Das Eindringen der Fremden in ihren Alltag brachte das Faß zum überlaufen.

Victor: Das ist nicht richtig.

Sartre: Auch wir hatten fremde Eindringlinge auf französischem Boden, aber wir haben nur sie bekämpft. Die KPF glaubte allerdings, daß die Résistance sich radikalisieren und nach links schwenken würde. Das war auch so, aber diese Radikalisierung hat nicht viel gebracht. De Gaulle und die Bourgeoisie haben wieder Ordnung geschaffen.

Gavi: Ja, wir haben eine Besatzung erlebt, aber keine Feudalherren. In China kam beides zusammen. Ein Feudalsystem führt notgedrungen zu Revolten, aus dem einfachen Grunde, weil die, die unter ihm leiden, nur ihre Ketten zu verlieren haben – wie Marx sagen würde. Das französische Mittelalter beispielsweise ist eine Kette von Bauernaufständen, Revolten und Volkserhebungen. Gleichzeitig war es eine Epoche imperialistischer Invasionen aller Art, von einer Provinz in die andere und aus fremden Ländern . . . Während der Besatzung hatten wir zwar die Deutschen auf unserem Boden, aber ökonomisch gesehen, existierte das Volk nicht zwischen Leben und Tod. Bisher hat kein Land eine Revolution zustande gebracht, ohne daß die eine oder die andere Bedingung erfüllt war. Meistens sogar beide: das Elend (meist Folge von feudalistischer Ausbeutung) und die Intervention von außen. Und wenn wir erreichen wollen, daß das Volk in Frankreich aufsteht, daß es sich an unserer Revolte beteiligt, dann muß es erst einmal entdecken, daß das, was es erträgt, unerträglich ist, das heißt, es muß sein Elend, sein Mittelalter entdecken, und es muß auch die fremden Kräfte entdecken, die sich bei ihm eingenistet haben.

SARTRE: Einverstanden. Man muß ihnen genau zeigen, was sie nicht ertragen, aber für unabänderlich halten: die Realität nämlich, weil sie sie nur ändern können, wenn sie sich zusammenschließen.

GAVI: Eine weitere wesentliche Aufgabe der heutigen revolutionären Bewegung ist es, die Institutionen zu demaskieren, die das Unerträgliche kaschieren: die politischen, familiären, ehelichen Zeremonien, die Riten, die Apparate . . .

SARTRE: Ich meine, *Libération* sollte eine Kritik aller Institutionen in Angriff nehmen; wie konnte zum Beispiel die Gerechtigkeit, die ein bei den Ausgebeuteten echtes ethisches Gefühl ist, die Institution Justiz hervorbringen, mit Richtern, Staatsanwälten etc., die doch in den meisten Fällen zum Gerechtigkeitsstreben des Volkes in Widerspruch steht?

VICTOR: Ich komme nochmals auf die Institution KPF zurück. Der Mythos vom «großen Tag» funktionierte, weil es bis zur Résistance möglich war, den Aufstand als eine Utopie hinzustellen. Aber dann hätte es doch anders werden müssen.

SARTRE: Aber der Mythos vom «großen Tag» ist keine Erfindung der Kommunisten. Sie haben ihn dem Anarcho-Syndikalismus entlehnt.

VICTOR: Von 1921 bis zur Résistance baut die KPF sich im Kampf gegen die Reformisten auf, verkündet sie die Revolution. Auch den Kampfgeist der Arbeiter gewinnt sie für sich. Aber sie kann ihm kein Ziel bieten (die Übernahme der Macht). Und so ist sie gezwungen, den Kampfgeist zu *verwalten*, zu kanalisieren und zu unterdrücken. Als Ersatz muß sie einen ideellen Trost liefern. Warum war sie dazu verdammt, den Kampfgeist der Arbeiterklasse zu verwalten? Weil sie nicht fähig ist, für den Kampf der Arbeiter das gesamte Volk zu aktivieren. Ohne diesen großen Zusammenschluß mußte aber jeder Versuch einer Machtübernahme eine Episode bleiben. Wäre ein solcher Zusammenschluß möglich gewesen? Gegen Ende des Ersten Weltkriegs beispielsweise gab es die Revolte der Intellektuellen. Warum verbündeten sich diese revoltierenden Intellektuellen nicht mit den revoltierenden Arbeitern? Das einzige Ergebnis war eine literarische Bewegung.

SARTRE: Die sich aber auch darin zeigte, daß viele Intellektuelle von dieser Partei fasziniert waren. Für sie war die Partei die Revolution. Man konnte nicht gegen die Partei sein.

GAVI: Und dann begann man nach und nach, *in* der Partei Karriere zu machen.

VICTOR: Was stand denn dagegen, daß eine Arbeiterpartei die Aktionen der Surrealisten zu ihrer Sache machte?

SARTRE: Nichts. Das hat ja Trotzki gesagt.

VICTOR: Die Revolte dieser Intellektuellen war eine Herausforderung, die für den Kampf der Arbeiterklasse durchaus nützlich gewesen wäre, da sie dazu beitrug, die bürgerliche Ordnung zu erschüttern. Die KP hat das nicht zur Kenntnis genommen. Genauso war es bei den Bauernaufständen. Das Schlimmste blieb uns erspart: Daß die Faschisten sich diese Revolte zunutze machten. Wie aber hat die KPF reagiert? Mit bürgerlicher Volkswirtschaft! Man denke beispielsweise an das «Getreideamt», jene von der Volksfrontregierung beschlossene Maßnahme. In den 30er Jahren hätten sich die Revolutionäre der intermediären Klassen mit der Arbeiterschaft zusammentun können. Aber die KPF hat die Voraussetzungen für diesen Zusammenschluß nicht bereitet. Die KPF hatte keine klare Vorstellung von einer Revolte, oder genauer, von einer ideologischen Revolution, die man als Verbreitung von Aufstandsideen in den verschiedenen Klassen der Bevölkerung definieren könnte. So verkannte die KPF zum Beispiel die Revolte der Bauern und die Ideen, die sie hervorbrachte (Antiparlamentarismus, direkte Aktion u. a.) und hatte nur die Radikale Partei, die parlamentarische Vertretung der bäuerlichen Klassen im Blick. Um die intermediären Klassen zu gewinnen, verbündete die KPF sich mit der Radikalen Partei, statt sich mit den Bauernaufständen zu identifizieren. Die KPF, die nicht auf die Revolte baute, konnte nichts anderes tun, als den Kampfgeist der Arbeiter zu verwalten, da sie ihn nicht für die Revolten anderer Klassen der Bevölkerung zu nutzen vermochte. Aber dieses «Verwalten» wird in gewissen Augenblicken zur Unterdrückung des Kampfgeistes. Eine Partei, die die Revolution verkündet, braucht eine Sprache, eine Methode, die erträglich macht, was nicht erträglich sein kann. Kurz: die KPF schob die Revolution auf, da es ihr nicht gelang, eine Volksbewegung zu formieren. Die Bedingungen für einen Zusammenschluß waren gegeben – und der Nazismus hat sie genutzt. Die Existenz des Faschismus als einer vom Großkapital vereinnahmten Volksbewegung war es, was Theorie und Programm der KP zwischen den Kriegen mit einem Fluch belegte.

GAVI: Darin gebe ich dir recht. Aber warum haben zwischen den beiden Kriegen nur so wenig Leute sich danach gefragt, was heute so vielen evident erscheint? Warum blieb das Konzept einer ideologischen Revolution marginal? Die Idee vom «großen Tag» ist ja keine Zufallserscheinung. Kann man nicht einfach sagen, daß die Revolution auf Grund objektiver Bedingungen unmöglich war und daß die Revolutionäre sich dieser Realität anzupassen suchten? Sie übten sich im Verwalten der Situation bis zu einem möglichen Wahlsieg, oder vielmehr zu einem Wahlkompromiß, denn dies war der einzige ihnen erreichbar scheinende Sieg, da sie sich ja daran gewöhnt hatten, die Revolution auf den Umsturz des Staatsapparates zu reduzieren. Daraus erklären sich viele ihrer Verhaltensweisen: ihre Kunst, Kompromisse zu schließen, ihr Geschick, die unmittelbar bevorstehende Revolte zu bremsen und sie nach einer bestimmten Strategie, zu bestimmten Augenblicken, wiederaufleben zu lassen, und ihre Art, sich die Werte ihrer Verbündeten, der Sozialisten und der Radikalen, zu eigen zu machen, um sie nicht vor den Kopf zu stoßen: Eigentum, Nationalismus etc., eine Menge von Werten, die . . .

Victor: Ja. Du kannst diese Werte übernehmen, aber du darfst dich nicht von ihnen vereinnahmen lassen.

Gavi: Aber man wird unweigerlich von ihnen vereinnahmt. Nehmen wir doch nur die Einstellung zum Eigentum. Was ist denn Eigentum? Jedes Eigentum hat eine doppelte Bedeutung: eine possessive und zugleich restriktive. Es ist zugleich das, was man besitzt und was die anderen nicht haben. Sagt man: «Das gehört mir», so meint man gleichzeitig: «Das gehört dir nicht.» In seiner Einstellung zum Eigentum bestätigt man also gleichzeitig seine Identität wie das Ausschließen einer Kollektivität. Das gleiche gilt für alle anderen Werte. Nehmen wir die Familie: Wenn du eine Familie hast, ist es nicht die der anderen. Ebenso ist die Liebe gleichzeitig Erweiterung und Einschränkung. Man geht nur über zu gemeinsamem Eigentum. Man sagt ja auch: das ist «meine» Frau oder «mein» Macker. Ob man es will oder nicht: der Wert definiert sich immer in Opposition zu den anderen, zum Kollektiv. So bringt die Bourgeoisie eine gewisse Anzahl von Werten hervor, die auf den ersten Blick recht verführerisch scheinen – besitzen, lieben, leben –, aber in Wirklichkeit hat sie dich damit nur – ohne daß du es merkst – in eine Philosophie einbezogen, in ein restriktives Denken, das seine Identität in der Negation der anderen findet, das nur auf Trennung ausgerichtet ist und somit den Geist einer kollektiven Revolte erstickt. Wenn ein Kommunist – vielleicht wegen zukünftiger Wahlaussichten – diese Werte übernimmt, dann muß er sich darüber im klaren sein, daß er ein Nessusgewand anlegt, das seinen Tod bedeuten wird. Statt die Notwendigkeit eines Kompromisses mit einer anderen Notwendigkeit in Einklang zu bringen, herrscht der Zustand der permanenten Auflehnung.

Victor: Sofern permanente Auflehnung «permanente ideologische Auflehnung» bedeutet.

Gavi: Ja, natürlich. Viele engagierte Genossen in der KP haben heutzutage eine Verwaltermentalität. Jeder Bürokrat kann auf eine Stelle im

Generalsekretariat hoffen. Du hast sie doch erlebt, diese Lecœurs und Doriots. Wenn du die Eigenschaften eines dynamischen jungen Kaders hast, kannst du auf eine Karriere rechnen. Was das Denken anbetrifft, so genügen Formeln und für die Praxis ein paar Zeremonien.

Sartre: Ein militanter Kommunist ist einer, der teilweise «aufgebaut» wurde. Das Problem des Glaubens ist an den Mythos vom «großen Tag» gebunden. Kommunistische Journalisten wohnen dem Prozeß von Rajk oder einem anderen bei, der nach dem Schisma Jugoslawiens stattfand, und sagen hinterher einstimmig: «Anfangs hatte ich ja meine Zweifel, aber jetzt habe ich doch gesehen und erkannt, daß sie schuldig sind.» Da haben wir diese Pseudo-Institutionen, die in den Bereich des Glaubens gehören. Du glaubst an den «großen Tag», und schon kann man deinen Glauben für etwas anderes mobilisieren. Im Namen des «großen Tages» glaubst du, daß Rajk schuldig ist. Der Glaube hat kapitale Bedeutung. Es heißt nicht: «Macht die Revolution *jetzt*, wenn ihr könnt; wenn sie scheitert, versuchen wir's noch einmal», sondern man sagt: «Glaub an die Revolution. Sie wird kommen, aber erst später.»

Victor: Wir sagen nicht: «Macht die Revolution, so gut ihr könnt . . .»

Sartre: Das ist nur ein Beispiel, mit dem ich nicht auf die Maoisten anspielen wollte. Ich wollte nur sagen: Die Idee, die der KP fehlt, ist die Idee, daß die Revolution in jedem Augenblick gemacht werden muß.

Gavi: Das geht so weit, daß die KP-Führer mehr Ehrfurcht haben vor der Vergangenheit, den Denkmälern, den Werten, der Fabrik, den Produktionsmitteln als irgend jemand sonst. Sie haben einen Horror vor allen Zweiflern. Wenn sie beispielsweise mit Katholiken diskutieren wollen, wenden sie sich mit Sicherheit an die Unbeirrbaren, nie an die großen Zweifler unter den Christen.

Victor: Die Forderung nach Ehrfurcht ist das, was Gläubige und Polizisten gemeinsam haben.

Gavi: All diese Probleme sind nicht neu, nur werden sie heute nicht mehr von ein paar einzelnen, sondern von den Massen aufgegriffen. Ideologische Revolution, die Beziehungen zwischen dem einzelnen und der Gruppe. Diese Ideen werden zwar nach wie vor nur von Minderheiten vertreten, sind aber kollektive Werte für den Kampf geworden. Warum war das nicht schon *vor* dem Mai 68 so?

Sartre: Falsch war vor allem die Sprache in der KPF. Sie war scharf, aber starr, diese Sprache, weil sie zahlreiche Kompromisse kaschierte. Wenn ich bei einer kommunistischen Versammlung sprach, hatte ich immer nur ein paar Notizen bei mir. Aber die Kommunisten lasen ihre ganzen Reden ab. Es waren scharfe Reden. Aber die vorgelesene Schärfe verlor drei Viertel ihrer Überzeugungskraft.

VICTOR: Die Wende in der Weltrevolution trat ein, als in der Kulturrevolution der Grundsatz bekräftigt wurde: «Wir haben recht, uns aufzulehnen.» Aber kehren wir zu deiner politischen Entwicklung zurück, Sartre.

(Dezember 1972)

3

1968: Mai. Prag
Bruch mit der Kommunistischen Partei

> Auf dem Tisch, an meinem Platz, lag ein Zettel für mich: «Sartre, fasse dich kurz.» Ich sagte mir: Das fängt ja gut an . . .

SARTRE: Ich habe also, nach der sowjetischen Intervention in Budapest, 1956, mit der Partei gebrochen. Eine Zeitlang hielt ich mich von der Politik fern. Von Zeit zu Zeit erhielt ich einen Brief von einem meiner sowjetischen Freunde. Den Intellektuellen gegenüber, die – wie ich – die Intervention mißbilligten, hatte die UdSSR eine ziemlich listige Position bezogen: Sie nahm unsere Proteste einfach nicht zur Kenntnis und lud uns nach Moskau ein, als sei nichts gewesen. Mein Empfang jedoch fiel wesentlich anders aus als bei meiner ersten Reise: niemand erwähnte meinen Besuch in der Öffentlichkeit, dagegen hatten viele Intellektuelle mir allerlei mitzuteilen. Zwischen 1962 und 65 bin ich jedes Jahr in der UdSSR gewesen. 1962, anläßlich des Friedenskongresses, zu dem die Russen und nicht die Franzosen mich eingeladen hatten, versuchte ich, das kulturelle Problem zu formulieren: es war unbestreitbar, daß Ost und West einen kulturellen Kampf führten, aber man mußte ihn demilitarisieren. Es ging nicht an, daß Schriftsteller und Künstler wie Kanonenkugeln zwischen beiden Lagern hin- und hergeschossen wurden. Der kulturelle Kampf mußte zwischen Intellektuellen ausgetragen werden, in harten, aber auf keinen Fall kriegerischen Diskussionen. Ich trat dem europäischen Schriftstellerverband bei, der 1958 in Italien gegründet worden war. Diese Organisation, deren Präsident Ungaretti und deren Sekretär Vigorelli war, versuchte, Schriftsteller aus der Sowjetunion oder den Volksrepubliken mit Schriftstellern aus westlichen Ländern zu Gesprächen zusammenzubringen. Man hätte es gern gesehen – wir wenigstens –, wenn die Intellektuellen des Verbandes sich als Intellektuelle gegen die Regierungen, von denen sie angegriffen wurden, verwahrt hätten. Anfangs ging das allem Anschein nach recht gut, solange wir westlichen Schriftsteller unsere Angriffe gegen unsere kapitalistischen Gesellschaftssysteme richteten, was unseren russischen Kollegen natürlich nur recht sein konnte. Als es aber zu der Affäre Daniel/Sinjawskij kam, sah alles plötzlich ganz anders aus. Nicht wegen der Affäre selbst, sondern weil die meisten der russischen Schriftsteller, die zur Diskussion über den Fall in den Westen kamen, sich weigerten, uns eine von der offiziellen Version abweichende Darstellung der Vorfälle zu geben und es vor allem ablehnten, die beiden Schriftsteller zu verteidigen, wie es in unseren Statuten vorgesehen war. Hier wurde offenkundig, daß zwischen Schriftstellern aus Ost und West keinerlei Solidarität möglich war. Wir im Westen urteilten als Personen, wohingegen die östlichen Schriftsteller stets ihre Regierung oder ihre Partei repräsentierten. In dieser Angelegenheit verhielten sie sich also repressiv, während wir für die Freiheit eintraten. Das war das Ende der europäischen Kulturgemeinschaft. Wir sahen ein, daß ihre Position schwierig war – ich vor allem, da ich damals eng mit Ehrenburg befreundet war. Aber es hatte sich gezeigt, daß wir nichts füreinander tun konnten. Außerdem spürten wir zur gleichen Zeit, daß die sowjetischen Schriftsteller sich eher zum Pen Club, einer eindeutig reaktionären Organisation, als zum europäischen Schriftstellerverband hingezogen fühlten. Der Pen Club faszinierte sie, weil sie in ihm einen Klassenfeind sahen. Zunächst einmal drangen sie mit ihrem Eintritt dort ein wenig in die westliche Festung ein. Und dann brauchten sie sich auch nicht zu beunruhigen wegen der Kritik, die dort an ihnen geübt wurde, weil sie von der feindlichen Seite kamen. Dann waren wir im europäischen Schriftstellerverband gegen unsere westlichen Regierungen eingestellt, was die Sowjets nicht schätzten, denn sie waren für Ordnung. Trotz allem wäre es nicht zu einem endgültigen Bruch gekommen ohne die Ereignisse in Prag. Ich war im Herbst 1963 in Prag gewesen, und ich fuhr 1968 wieder dorthin.

Victor: Du warst also vor und nach der Okkupation dort?

Sartre: Davor und danach. Aber Dubček war noch an der Macht. Ich hatte 1963 dort Freunde gewonnen, die ich wiedersehen wollte. Man führte in Prag zwei Stücke von mir auf: *Die Fliegen* und *Die schmutzigen Hände*. Meine Freunde sagten: Sie werden zu einer der letzten Aufführungen der *Fliegen* eingeladen. Nach der Vorstellung sollten Sie zu den Zuschauern sprechen; im Saal werden Studenten und Arbeiter sein. Sagen Sie offen Ihre Meinung. Sie brauchen keine Angst zu haben, Sie könnten Ihre Hörer oder sich selbst kompromittieren. In meinen Augen war das Verbrechen von Prag eine Wiederholung dessen von Budapest, nur noch schwerwiegender. Solange das Problem auf die Partei beschränkt geblieben war, auf die leitenden Funktionäre und die Bürokraten, hatten die Sowjets abgewartet und auf eine friedliche Regelung gehofft. Die Truppen der UdSSR griffen in dem Moment ein, als unter den Arbeitern Unruhen ausbrachen. Die Arbeiter hatten sich neu organisiert, die Gewerkschaften hatten einen anderen Kurs eingeschlagen, die Mitarbeiter ausgetauscht, ihre repressive Rolle als Transmissionsriemen aufgegeben und sich zu Vertretern der Forderungen der Arbeiter gemacht. Nach der Aufführung der *Fliegen* wurde ich gefragt, was ich als Mitglied des Russell-Tribunals von der sowjetischen Intervention halte. Ich antwortete: sie ist ein Verbrechen gegen den Frieden. Sie pflichteten mir bei und berichteten mir von den neuesten Ereignissen, insbesondere von den Bemühungen um ein Bündnis zwischen Arbeitern und Studenten – worum ihr euch zum gleichen Zeitpunkt vergeblich bemühtet. Später ließ man mich in leicht gemäßigter Form im Fernsehen noch einmal wiederholen, was ich nach der Aufführung der *Fliegen* gesagt hatte. Überall stieß ich auf offene oder verhaltene Empörung, zumindest bei den Kommunisten. Das war mein endgültiger Bruch mit der UdSSR, wo ich sehr gute Freunde habe – aber ich werde nie wieder dorthin fahren.

Vor Mai 68 gab es in Frankreich eine Linke, die teilweise aus der «Jeunesse communiste» hervorgegangen war, mit der ich schon früher Kontakt gehabt hatte. Es gab in ihr zwei Tendenzen: eine maoistische und eine pro-italienische. Ich meinerseits entschied mich weder für die eine noch für die andere. Da beide gegen die KPF waren, hielt ich naiverweise eine Annäherung beider Richtungen für möglich. Die pro-italienische konnte sich nicht behaupten, die andere trug den Sieg davon. Aber anfangs beunruhigte mich meine Freundschaft zu den Italienern. Und außerdem hatte ich die Haltung der Maoisten in den Basisgruppen kennengelernt. Das waren Gruppen, die Vietnam helfen wollten. Mit einigen von ihren Leuten, darunter auch Puig, war ich befreundet. Damals erschienen sie mir als Vorboten einer antihierarchischen und libertären Bewegung, die im Mai zum Ausbruch gelangen sollte. Eine zentrale Leitung gab es nicht, nur ab und zu kristallisierte sich eine Gruppe mit beschränkten Machtbefugnissen heraus, die die Koordination zu besorgen hatte. Im übrigen entschied jede Gruppe über die ihr gemäße Kampfform. In diesen Gruppen wurde direkte Demokratie praktiziert, bis zu dem Tag, als die Maoisten das Koordinationskomitee an sich rissen und die Basisgruppen ihre Autonomie verloren und über ihre Initiativen nicht mehr frei beschließen konnten. Jetzt mußten sie Plakate und Flugblätter verteilen, während sie sie anfangs selbst verfaßt hatten. So hat man es mir erzählt. Ist es so gewesen?

Victor: Gegen Ende, nach den heftigen Demonstrationen vom Februar 68, mag es so gewesen sein.

Sartre: Dann hättet ihr also eine Art unkontrollierter Macht übernommen?

Victor: Das glaube ich nicht. Es ging einfach um eine verstärkte Koordinierung der einzelnen Komitees.

Sartre: Nun gut. Wir werden vielleicht noch darauf zurückkommen. Mein Bruch mit der Partei war jedenfalls seit den Prager Ereignissen endgültig.

VICTOR: Moment.

GAVI: Prag, das war ja August 68. Ich hätte deinen Bruch mit der Partei eher auf Mai 68 datiert.

SARTRE: Nein. Zur französischen KP hatte ich schon seit Budapest keinen echten Kontakt mehr. Aber Prag: das war der Bruch mit der sowjetischen KP; das ist etwas ganz anderes. Im Mai 68 wurde ich mir nicht zuletzt der starken Strömungen links von der französischen KP bewußt. Das konnte die Kluft zwischen den französischen Kommunisten und den Intellektuellen wie mir nur vertiefen, bedeutete jedoch nicht notwendigerweise eine Überprüfung der sowjetischen Außenpolitik, die Ereignisse in Prag aber ja. Jetzt mußte man wählen: entweder man akzeptierte alles, oder man lehnte ab. Wir entschieden uns für die Ablehnung.

VICTOR:
GAVI: Ja, aber im Mai 68!!

SARTRE: Ich war auf seiten der Studentenbewegung. Ich schrieb Artikel, sprach für sie im Rundfunk und im Fernsehen und verhandelte mit den Besetzern der Sorbonne. Im Grunde aber verstand ich sie nicht. Ich sah junge Leute vor mir, die in aller Härte revoltierten. Ich kannte ihre Forderungen, die sie selbst als sekundär bezeichneten. Ich war froh, daß de Gaulles Macht erschüttert wurde, denn ich verabscheute ihn ebenso wie ich Pétain zur Zeit der Okkupation verabscheut hatte. Was mir aber immer unklarer wurde, war, worum es bei dieser globalen Bewegung und vor allem bei den dann folgenden Streiks der Arbeiter eigentlich ging. Ich habe übrigens den Eindruck, daß ihr im Mai 68 gar nicht so großartig gewesen seid. Erst vom Herbst an habt ihr gut gearbeitet. Wenige Tage vor dem Einmarsch der sowjetischen Truppen in die Tschechoslowakei war ich in Italien und wurde von Studenten in Bologna nach der Bedeutung des Mai 68 gefragt. Ich begann, darüber nachzudenken und fand einige Erklärungen. Sehr berühmt war das jedoch noch nicht.

VICTOR: In deinem Interview mit Daniel Cohn-Bendit im *Observateur* beharrtest du auf der Wiederentdeckung des Begriffs Souveränität.

SARTRE: Es ist vielleicht ein bißchen übertrieben zu sagen, daß ich nichts verstand. Ich erkannte, was sie suchten, ich erkannte es bestenfalls so gut wie sie, aber sicher nicht besser als sie. Um wirklich etwas zu begreifen, brauchte ich noch das ganze Jahr 1969. Und ich will dir sagen, warum: bis zu diesem Zeitpunkt verurteilten die Intellektuellen im Namen einer gewissen Universalität, die sie aus ihren beruflichen Aktivitäten herleiteten, den praktischen und partikularen Gebrauch, den die Regierungen und die herrschende Klasse von diesem Universalen machten. Sie lebten in diesem Widerspruch und wiesen unaufhörlich darauf hin: bei Zusammenkünften, durch Unterzeichnung von Manifesten, Geldspenden, und manchmal – wie im Zweiten Weltkrieg oder im Algerienkrieg – bezahlten sie mit ihrem Leben. Aber ihren Status stellte niemand in Frage, am allerwenigsten sie selbst. Im Mai 1968 nun war dies nicht das Hauptcharakteristikum der Bewegung, wohl aber für die Intellektuellen ein Ansatzpunkt zum Verständnis, denn jetzt wurde der klassische Intellektuelle von Grund auf in Frage gestellt. Ich hatte einen Freund, einen Linksintellektuellen, der mit den Trotzkisten sympathisierte. Während des Algerien- und des Indochinakrieges hatte er gute Arbeit geleistet. Aber als Lehrer, in dem Fach, das er unterrichtete, erwies er sich als Selektionist. Aus rein technischen Gründen, wie er meinte. Da er aber eine der Hauptforderungen der Studenten, nämlich die Abschaffung jeder Selektion, nicht begriffen hatte, wurde er in seiner Persönlichkeit von ihnen in Frage gestellt, ohne Rücksicht auf die gute politische Arbeit, die er leistete. Das Infragestellen der eigenen Person war also der erste Schritt zum Verständnis des Mai 68. Aber wie ihr wißt, ist es ein langwieriger Prozeß, sich in seinem eigenen Sein in Frage zu stellen. Außerdem wurden wir ja nicht alle gleichzeitig angegriffen. Gewisse Professoren waren die ersten, die kritisiert wurden, aber die Schriftsteller zum Beispiel wurden anfangs geschont.

VICTOR: Hast du dich nicht durch den Mai 68 in Frage gestellt gefühlt?

SARTRE: Nein. Die Studenten sind mir freundschaftlich begegnet. Das kam erst nach und nach, im Jahre 69. Hier kamen zwei Dinge ins Spiel: zum einen bewies der Mai 68 Intellektuellen wie mir, daß es nun links von der KPF eine starke Kraft gab, die, wenn auch noch unsicher, sich zu entfalten versprach. Und genau darauf hatten viele von uns immer gehofft. Der andere Aspekt aber war, daß diese linke Kraft uns nicht so, wie wir waren, akzeptieren konnte. Es erschien uns anfangs ungeheuerlich, daß gerade die Bewegung, die wir immer herbeigesehnt hatten, uns als klassische Intellektuelle in Frage stellte. Das mußten wir erst verarbeiten. Ich persönlich sah mich ab Mai 68 dadurch indirekt in Frage gestellt, daß die Leute ebenso die Starprofessoren wie den Vorlesungsbetrieb ablehnten. Als ich mit ihnen an der Sorbonne sprechen wollte, mußte ich hören: «Scheiße, was will denn der hier? Er ist ein Star. Und Stars können wir hier nicht brauchen.» Das war zum Teil auf die Ungeschicklichkeit des Ordnungsdienstes zurückzuführen, der mir zur Aula Zutritt verschafft hatte, eben weil ich ein «Star» war. So mußte ich mich fragen: richtet sich die Feindseligkeit der jungen Leute wirklich gegen *mich*, oder gegen den Pomp, mit dem andere mich umgeben. Das war natürlich kein guter Ausgangspunkt für meine Selbstprüfung. Es war zu unklar. Vor allem weil später, als wir erst einmal ins Gespräch gekommen waren, alles sehr gut ging. Und außerdem, wenn die Bourgeoisie mich zum Star gemacht hat – in Wirklichkeit entspreche ich diesem Starbild gar nicht. Später, im Jahre 69, klärten sich die Dinge dann. Ich erinnere mich an einen Vorfall, der für mich mehr als eine Anekdote, nämlich der Ausgangspunkt für meine Entwicklung war. Studenten und einige Professoren der Sorbonne waren in der *Mutualité* zu einer großen Versammlung zusammengekommen, um über eine Aktion zu beschließen, die als Antwort auf eine Provokation seitens der Regierung gedacht war. Es ging um eine Straßendemonstration. Studenten einer bestimmten Gruppe sagten zu mir: Du mußt dort unbedingt reden. Ich sagte: «Warum nicht, obwohl ich nicht recht weiß, was ich dort zu suchen habe.» Ich ging also hin. Der Saal war voll besetzt, und auch neben mir am Tisch saßen Studenten und Professoren. Für mich war es eine neuartige Versammlung: hier ging es darum, etwas zu beschließen, nicht nur darum, etwas zu sagen, wie zu Zeiten des Algerienkrieges: «Es leben die Algerier! Nieder mit der Politik der französischen Regierung!» Auf dem Tisch, an meinem Platz, lag ein Zettel für mich: «Sartre, fasse dich kurz.» Ich sagte mir: Das fängt ja gut an. Als ich aufstand, um zu reden, riefen die Palästinenser und ihre Freunde im Saal: «Palästina wird siegen!» Das richtete sich gegen mich: meine Position in der Nahostfrage wurde von den meisten mißbilligt. Ich sprach. Nicht zum Thema. Ich konnte nicht sagen: Macht diese oder jene Demonstration. Dazu war ich nicht qualifiziert, denn es ging um ein Universitätsproblem. Mit welchem Recht hätte ich sagen können: tut dies oder jenes nicht? Ich war weder Student noch Professor. Also sprach ich kurz über die Probleme der Jugend im allgemeinen, was dort schlecht ankam und die jungen Leute auch völlig kalt ließ. Sie hörten nicht genau zu, machten ein bißchen Lärm und applaudierten zum Schluß höflich, zurückhaltender jedoch als bei meiner Ankunft. An diesem Tag begann ich zu begreifen. Zunächst einmal wurde mir klar, daß ich in dieser Versammlung, wo es um praktische Dinge ging, nichts zu suchen gehabt hatte, da die Demonstration mich nichts anging. Außerdem hatte schon meine Anwesenheit Anstoß erregen müssen, denn ich war weder Professor noch Student und war von denen, die mich eingeladen hatten, ungeschickterweise als Starredner angekündigt worden. Da ich ihnen außerdem keine präzisen Vorschläge machen konnte, hatte ich als klassischer Intellektueller zu ihnen gesprochen, indem ich das Allgemeine dem Besonderen gegenübergestellt hatte. Und das konnten sie nicht ertragen. Ein Intellektueller hatte als Intellektueller in den Hintergrund zu treten und nur das Wort zu ergreifen, wenn er gemeinsame Aktionen vorzuschlagen hatte. Vor allem aber mußte er aufhören, sein Ich zur Schau zu stellen, und er sollte nicht mehr über die Beziehung zwischen dem Allgemeinen und dem Besonderen reden, sondern sich dem Volk anschließen um einer gewissen Allgemeinheit willen. Bei den Versammlungen der Kommunisten, an denen ich teilgenommen hatte, war es nicht um Aktionen gegangen. Dort kleideten die Redner nur in Worte, was die Zuhörer dachten. Und zum Schluß waren sich alle darin einig, daß zum Beispiel die Amerikaner getadelt oder die Vietnamesen gelobt werden mußten; oder aber es wurde einstimmig über einen Antrag abgestimmt, und damit war das Spiel, beziehungsweise die Zeremonie beendet. An jenem Tag im Jahre 1969 aber lernte ich eine neue Form der Versammlung mit einem unzähmbaren Publikum kennen, das praktische Vorschläge forderte und selbst darüber entschied. Um das zu begreifen, brauchte ich Zeit – fast das ganze Jahr 69.

GAVI: Trotzdem war das Verhalten der KPF im Mai 68 klar.

SARTRE: Das hatte ich durchaus begriffen. Ich sagte dir ja, seit der Sinjawskij-Affäre hatte ich mich von der französischen KP entfernt.

GAVI: Ja, aber du sagst, den Bruch habest du erst nach Prag vollzogen.

SARTRE: Meinen Bruch mit der sowjetischen KP. Aber schon lange vorher, schon gegen Ende des Algerienkrieges, hatte ich mich mehr und mehr von der französischen KP distanziert, der ich mich zu Beginn des Algerienkrieges erneut verbunden hatte. Aber sie tat nicht viel und lehnte es ab, sich radikal und vorbehaltlos auf die Seite der FLN zu stellen. Daraufhin kühlten sich unsere Beziehungen ab. Und dabei fällt mir eine Geschichte ein, die mich empört hat. Die französischen Intellektuellen hatten eine Front gegen die OAS bilden wollen – die FAC, wie sie hieß –, deren Mitglieder aber unserer Meinung nach nicht ausschließlich Intellektuelle sein sollten. Wir wollten uns an die gesamte Bevölkerung wenden. Um darüber zu beraten, luden wir die Verantwortlichen der Partei ein. Sie kamen und sagten: die FAC wird eine Front von Intellektuellen sein, gut, aber sie darf nicht Mitglieder in anderen Kreisen anwerben. Sie wollten uns in einem Getto isolieren. Natürlich hat uns das verärgert. Aber da sie die Stärkeren waren, blieb es dann dabei. Obwohl wir bereits Kontakte mit verschiedenen Kreisen aufgenommen hatten und mit Gewißheit sagen konnten, daß es, wenn man uns freie Hand ließ, eine breite Bewegung werden würde.

VICTOR: Da sieht man wieder, wie die KPF mit dir umging. Aber im Mai erkennst du eine Bewegung links von der KPF. Vorher, solange es links von der KPF noch keine solche Bewegung gab, warst du allen Manipulationen ausgeliefert.

SARTRE: Das ist richtig.

VICTOR: Wie erklärt es sich dann, daß dich diese Bewegung nicht zu einem grundsätzlichen Überdenken deiner Position brachte?

SARTRE: Ich sagte schon: dazu braucht man Zeit. Man muß auch das sogenannte Trägheitsmoment der Geschichte berücksichtigen.

VICTOR: Wo warst du im Mai 68?

SARTRE: Hier. Aber kann man davon ausgehen, daß alle am Mai 68 aktiv Beteiligten genau verstanden, was sie taten? Ihr habt euch kopfüber hineingestürzt, auch ihr. Es ist sogar heute noch zu früh für eine Analyse der Ereignisse. Bedenke, es gab Studenten, die demonstriert haben. Wogegen? Gegen wen? Gegen jede Kultur? Für eine Gegen-Kultur? Und dann die Arbeiter: Millionen traten in den Streik. Aber in den meisten der besetzten Fabriken weigerte man sich, mit den Studenten zu reden. Warum? Es hat damals zwei Bewegungen gegeben. Muß man sie als völlig getrennte Bewegungen sehen? Oder hat die eine die andere hervorgebracht? Was hatten sie gemeinsam? Im August 68 war ich in Rom bei den italienischen Freunden von mir, die die Zeitschrift *Manifesto* gemacht haben. Sie kannten Frankreich sehr gut und versuchten die Ereignisse zu deuten. Aber es kam absolut nichts dabei heraus.

GAVI: Ich hatte den Eindruck, daß du im Mai 68 von der Realität abgeschnitten und auf die Entwicklung nicht vorbereitet warst.

SARTRE: Ich hatte immerhin schon die *Kritik der dialektischen Vernunft* geschrieben.

GAVI: Aber hattest du nicht das Gefühl, daß du danach von dem Geleisteten gezehrt hast?

SARTRE: Mit 67 Jahren ist es schwierig, nicht vom Geleisteten zu zehren. Das ist genau das, was Deutscher das ideologische Interesse nannte. Man hat ein Werk hinter sich, etwas Materielles: Berge von Papier, mit Schriftzeichen darauf, die den inerten Anspruch erheben, verteidigt zu werden. Ich hatte zwar weniger ideologisches Interesse als andere, aber ich hatte es durchaus. Und außerdem war da noch etwas anderes: im Jahre 1968 war ich gänzlich anders orientiert. Politisch auf Null, da hast du recht. Ich hatte mit den Kommunisten gebrochen, wollte nicht gegen sie arbeiten, fand nichts weiter links von ihnen und war vor allem ganz damit beschäftigt, über Flaubert zu schreiben. Mit diesem Buch wollte ich, wenn es mir gelang, den marxistischen Kritikern und Biographen eine Technik zum Verständnis der Menschen geben. Ich befand mich in einem provisorischen Elfenbeinturm, aus dem die Ereignisse des Mai 68 mich im Laufe eines Jahres hervorgelockt haben. Ich fühlte mich herausgefordert von den Tausenden von jungen Leuten, die rufend durch die Straßen zogen. Aber verstehst du, ich mußte mich erst einmal angesprochen fühlen, da ihre Parolen ja nicht gegen mich, sondern gegen andere gerichtet waren. Ich mußte erst begreifen, daß diese Parolen eines Tages auch gegen mich gerichtet sein würden. 1969/70 war es dann soweit. Damals, als ich als Zeuge für Roland Castro aussagte, habt ihr, die Maoisten, euch doch lustig über mich gemacht. Und plötzlich kam es dann zu der Affäre mit *La Cause du Peuple*.

VICTOR: Über eine lange Zeit hin fühlst du, daß der KPF eine Dimension fehlt, und wirst trotzdem nach wie vor vom politischen System der KPF beherrscht. Diese Zeit erfuhr dann durch den Mai 68 ein jähes Ende.

Es entsteht eine Massenbewegung, die der Kontrolle der KPF entgleitet. Die Bewegung greift vor allem gerade diese Trennung an, die den Intellektuellen in seinem Elfenbeinturm und die Arbeiter unter dem lenkenden Einfluß der KPF läßt, ohne Kontakt zu den Intellektuellen.

SARTRE: Was absurd ist.

VICTOR: Und trotzdem fühlst du dich durch diese Bewegung nicht in Frage gestellt.

SARTRE: Glaubst du etwa, daß so etwas in fünf Minuten geht? Ihr Maoisten seid immer zu schnell bei der Hand – deshalb verpfuscht und verpatzt ihr auch immer so viel. Überleg doch: glaubst du wirklich, man kann im Handumdrehen eine ganze Anzahl von Schemata einfach verwerfen, die ein Marxismus kommunistischer Prägung einem eingepflanzt hat und von dem man doch beeinflußt bleibt, auch wenn man sich von den Kommunisten entfernt hat? Man braucht auch Zeit zum Umdenken, vor allem wenn die neue Art des Denkens anfangs nicht eindeutig ist und erst aus den Ereignissen abgeleitet werden muß. Gewiß, ich hatte dieses neue Denken mein Leben lang gefordert, aber glaubt ihr denn, daß man lange Ersehntes auch sogleich erkennt?

(Dezember 1972)

4

Von Flaubert zu den Maoisten

> Mir wäre es lieber gewesen – aber das hing nicht von mir ab –, wenn die Ereignisse vom Mai 68 bereits 55 oder 60 stattgefunden hätten. Sie machten deutlich, daß es links von der KPF eine Bewegung gab, was leider vor 68 nicht der Fall war . . .

Victor: Im Grunde hast du also immer aus eigener Initiative dein Denken revidiert?

Sartre: Mein Denken aus eigener Initiative revidiert, was soll das heißen? Was mein eigentliches Denken betrifft, das, was mein *Sein* als Intellektueller ausdrückt, so stimmt es, daß ich es änderte, bevor ich durch *direkte* Kritik dazu aufgefordert wurde. Aber diese Kritik mußte kommen, das wußte ich. Sagen wir also, es sieht so aus, als ob ich aus eigener Initiative mein Denken revidiere, weil ich es entweder etwas später oder etwas früher revidiere, als man es erwartet. Es ist nur eine kleine Zeitverschiebung. Aber in Wirklichkeit sind es die gleichen Gründe wie bei anderen, die mich dazu veranlassen. Ich hatte im Mai noch nicht angefangen, mich zu verändern. Und so trafen mich die Ereignisse nicht so unmittelbar. Aber wenn ich noch länger so geblieben wäre, wie ich war, dann hättet ihr mich schließlich angegriffen. Mich haben der Mai 68 und Prag zu einer Änderung bewogen. Für mich gehört das beides zusammen, und deshalb fandet ihr mich bereit, als ihr mich auffordertet, *La Cause du Peuple* herauszugeben. Was aber die Gedanken in meinen philosophischen Schriften betrifft, so will ich nicht, daß irgend jemand sie mir revidiert.

Victor: Nicht irgend jemand, sondern die gesellschaftlichen Bewegungen.

Sartre: Na gut, man muß sehen, was das heißen soll. Meine Flaubert-Forschungen und die sozialen Strömungen überschneiden sich. Schon seit langem studiere ich Flaubert mit Techniken und Methoden, die ich zu ändern versucht habe. Und ich glaube nicht, daß dies alles so mir nichts, dir nichts von den Massen in Frage gestellt werden kann. Eines Tages wird eine neue Kultur entstehen, für alle, und die Menschen werden alle intellektuell und manuell tätig sein. Dann wird man von meinen Büchern über Flaubert sagen: sie sind überholt. Oder aber: man findet einiges Nützliche darin. Aber so weit sind wir noch nicht.

Victor: Du weichst dem Problem aus. Wäre es zum Beispiel nicht nützlicher, wenn du einen volkstümlichen Roman schreiben würdest?

SARTRE: Ich sage dir ja, das ist das ideologische Interesse. Du sagst einfach: warum gibst du deinen Flaubert nicht auf? Und ich antworte dir: weil die drei schon geschriebenen Bände einen vierten verlangen. Ich habe sie kürzlich noch einmal gelesen und dabei fast auf jeder Seite gespürt, daß sie nach einem Schluß verlangen.

VICTOR: Aber ließe sich dieses ideologische Interesse nicht mit den Forderungen der ideologischen Revolution verschmelzen?

SARTRE: Das ist bloß gar nicht so einfach. Damit, daß ihr von mir verlangt, ich solle einen volkstümlichen Roman schreiben, ist nichts getan. Ich muß erst einmal wissen, was das überhaupt ist. Und ob so etwas 1972 von Nutzen sein kann. Sind die volkstümlichen Romane des 19. Jahrhunderts nützlich gewesen? Haben sie je bei ihren Lesern auch nur die geringste revolutionäre Regung hervorgerufen? Und wie kommt man an das Volk heran? Ein revolutionärer volkstümlicher Roman dürfte nicht von jedem im stillen Kämmerlein gelesen werden. Man müßte ihn *gemeinsam* lesen.

VICTOR: Gesetzt den Fall, das Initialthema des Romans wäre eine Fabrikbesetzung. Du müßtest eine Zeit unter Arbeitern leben.

SARTRE: Großartig! Du empfiehlst mir die Methode der sowjetischen Schriftsteller, die daran schuld ist, daß sie so schlechte Romane schreiben! Wenn in einer Fabrik irgend etwas passiert, rennen sie hin. Sie sprechen mit den Leitern und manchmal sogar – stell dir vor – mit richtigen Arbeitern . . . Aber das sind vornehme Herren, verstehst du. Ob sie sich einen Kittel oder einen Overall anziehen, echten Kontakt kriegen sie nicht.

VICTOR: Aber du könntest ihn kriegen!

SARTRE: Hoffentlich. Und dann, weißt du, es ist auch eine Frage des Alters. Ich kann von Glück reden, wenn ich meinen Flaubert noch zu Ende bringe. Dann, danach, einen volkstümlichen Roman? Könnte man versuchen . . . wenn ihr mir Zeit laßt. Da ihr mich immer wieder einspannt, komme ich nicht genug zum Arbeiten. Ihr haltet einen schon in Trab . . . Und die Zeitung kommt auch noch dazu. Wann ich fertig sein werde? Schriftsteller interessieren sich für die Zukunft ihrer Figuren, solange sie selbst noch Zukunft vor sich haben. Wenn du 35 bist und siehst auf der Straße ein Paar vor dir hergehen, das offensichtlich verliebt ist, dann träumst du von ihrer Zukunft, verleihst ihnen eine Zukunft, die du mit Hilfe der deinen konstruierst. Aber mit meinen 67 Jahren kann ich höchstens davon träumen, daß mir noch ein paar Jahre bleiben, um den Anfang der Revolution mitzuerleben. Die Zukunft ist verschlossen. Und du verlangst von mir, daß ich in diesem Alter noch eine zweite literarische Laufbahn beginne . . .

Gavi: In einem Gespräch findet immer eine Reduzierung der Person statt, mit der man sich unterhält: man reduziert sie auf die Funktion, die man von ihr erwartet. Letzten Endes sind alle Fragen, die wir dir stellen, politische Fragen. Seit Beginn dieses Gesprächs fragen wir immer wieder nach der politischen Funktion, ohne sie je in den Kontext deines Lebens zu stellen. Du hast vom Mai 68 nur in politischen Begriffen gesprochen. Und es wird schwierig, deine Haltung zu verstehen. Es sei denn, du wolltest am Ende doch noch andere Gegebenheiten einführen: dein Ich zum Beispiel. Diese Gegebenheiten sind um so wichtiger, als der Mai 68 auch das Hervorbrechen des Ich bedeutete und man heute nicht mehr zu zögern braucht, «ich» zu sagen. Und ich habe den Eindruck, daß es für dich irgendwie schwierig ist, auf unsere Fragen zu antworten, weil wir eine politische Kontinuität bei dir suchen. Lassen wir zum Beispiel die Altersfrage einmal beiseite, der Mai 68 kam also . . .

Sartre: Für mich kam er etwas spät. Ich hätte ihn lieber mit 50 erlebt. Denn für alles, was ich jetzt mit euch tue, müßte man eigentlich 50 sein. Um einem bekannten Intellektuellen wirklich alles abverlangen zu können, dürfte er nicht älter sein als 45 bis 50 Jahre. Ich kann beispielsweise nicht einmal die Demonstrationen bis zum Schluß mitmachen, weil mein eines Bein nicht mehr will. Bei Overneys Beerdigung konnte ich deshalb nur ein kurzes Stück mitgehen. So gesehen, ist Foucault besser dran als ich, was nicht heißen soll, daß ich mit ihm tauschen möchte. Ich muß bis zum Ende gehen. Es ist mir nur manchmal unangenehm, die Pariser Bevölkerung zu Demonstrationen aufzurufen, wie ihr es recht oft von mir verlangt, wenn ich weiß, daß ich selbst nur kurz mitgehen kann.

Victor: Das ist kein unüberwindliches Hindernis. Was für einige von uns ein Problem ist, ist vielmehr der Umstand, daß du keine Texte von unmittelbarem Nutzen für die aus dem Mai hervorgegangene Bewegung mehr schreiben kannst; statt dessen arbeitest du an deinem Flaubert weiter.

Sartre: Das hängt damit zusammen, daß ich im Laufe der Jahre gewisse Vorstellungen gewonnen habe, die ich nicht so einfach ausdrükken kann. Aber du weißt, daß ich – unabhängig vom ideologischen Interesse – dieses Werk als ein sozialistisches Werk ansehe – in dem Sinne, daß das Buch – wenn es mir gelingt – einen Fortschritt im Verstehen der Menschen in sozialistischer Sicht ermöglichen würde. So gesehen meine ich, daß ich für später, für die sozialistische Gesellschaft arbeite. Ich hoffe, daß es so ist, daß diese Bücher Teil einer langfristigen Arbeit sind, daß sie Bestandteil einer neuen Kultur, einer Volkskultur sein könnten. Wenn ich mich dennoch der Praxis widme, dann deshalb, weil ich der Bewegung am besten zu helfen glaube, wenn ich meine Rolle als «Star» ausnutze. Du äußerst dich sehr vage über den volkstümlichen

Roman – du siehst ihn nicht, und ich sehe ihn auch nicht. Aber da ist ja noch die Zeitung, der ich mich voll widmen will. Ich werde meinen Flaubert erst einmal drei Monate lang im Stich lassen. Aber erzähl mir nicht, daß die Bewegung des Mai 68 für mich nichts anderes ist, als die objektive Forderung nach einem volkstümlichen Roman.

VICTOR: Du hast gesagt: ich bin noch ein traditioneller Intellektueller, aber du siehst, was ein Intellektueller im neuen Sinne sein kann.

SARTRE: Darin liegt ein Widerspruch, der durch mein Alter noch krasser wird. Ein junger Intellektueller – ein Fünfundzwanzigjähriger zum Beispiel – kann sich vollständig ändern. Es gibt «Etablierte» in den Fabriken, die einst die École Normale besucht haben oder die Agrégation abgelegt haben. Der Grund: ein junger Mensch hat seine ganze Zukunft noch vor sich. Ich habe keine Zukunft mehr. Wenn ich dir vorhin von den Demonstrationen sprach, bei denen ich ein Stück mitgelaufen bin, so deshalb, um dir zu zeigen, daß es *physische* Bedingungen gibt, deren Veränderungen im Alter regelrechte Verhaltensänderungen nach sich ziehen. Die objektiven Gründe für meine Zusammenarbeit mit euch habe ich genannt, und ich werde sie immer wieder nennen. Aber auch einen der subjektiven Gründe will ich hier anführen: die Maoisten verjüngen mich durch ihre Forderungen. Ihr müßt nur wissen, daß ihr mich eines Tages überfordern könntet. Wirklich nützlich kann ich sowieso nur noch drei oder vier Jahre sein. Wenn man mit 70 noch darauf besteht, sich unter die Agierenden zu mischen, muß man sich mit Auto und Klappstuhl an Ort und Stelle bringen lassen – da ist man für alle anderen eine Last, und man selbst fühlt sich wie ein Trottel. Ich sage das ohne jede Melancholie: ich habe ein erfülltes Leben gehabt, und ich bin zufrieden. Aber du mußt die tatsächliche, die gelebte Situation eines Menschen meines Alters verstehen und darfst sie nicht abstrakt sehen.

VICTOR: Du hast einmal etwas gesagt, was mich erschreckt hat: die Revolution sei möglich, aber vermutlich würde aus ihr eine kaum weniger verabscheuenswürdige Gesellschaft hervorgehen. Bleibst du dem *Ekel* treu?

SARTRE: Ach, das ist wieder etwas anderes. Darüber werden wir nachher sprechen. Im Augenblick geht es mir darum, die objektiven Gründe für mein Zusammengehen mit den Maos darzulegen. Ich unterstütze euch. Das heißt nicht, daß ich mit allem, was ihr tut, einverstanden bin. Eure Konzeption der direkten Demokratie ist sicher das entscheidende Bindeglied zwischen uns. Weil es einem Schriftsteller, der auch nur ein wenig den Sinn seines Berufes begreift, letztlich darum gehen muß, diese Demokratie zu schaffen. Damit meine ich ganz einfach, daß ein Schriftsteller für alle schreiben muß. Und das ist noch nicht alles: wenn wir für die «atomisierten» Menschen schreiben, die ohne direkten Kontakt untereinander in den Fabriken oder auf den Feldern arbeiten, dann schaffen wir eine schlechte, eine Atomisationsliteratur, die noch zu der Isolierung eines jeden Lesers beiträgt. Wenn richtige Gemeinsamkeit bestehen soll, müssen alle Bücher für die Gruppe wichtig sein. Wenn du ein Buch liest, das die anderen nicht lesen, mußt du der Gruppe darüber berichten. Das setzt im übrigen voraus, daß man anders schreibt als bisher, daß man nämlich für ein Leserkollektiv schreibt. Das wiederum ist nur in einer sozialistischen Demokratie möglich – wie es sie nirgends gibt –, das heißt in einer direkten Demokratie. Am ehesten könnte es so etwas vielleicht eines Tages in China geben. Was mich daran fasziniert und gleichzeitig meine starke Bindung an euch erklärt, ist euer Moralverständnis, die Erkenntnis nämlich, daß Gerechtigkeitsliebe und Haß auf alles Ungerechte für das Volk echte Triebkräfte des Handelns sind. Daher ist euch jeder Machiavellismus fremd, im Gegensatz zu den Kommunisten, die behaupten: «Wenn man zum Volk von Gerechtigkeit *spricht*, dann macht es mit.» In Wirklichkeit bedeutet ihnen die Gerechtigkeit nichts, die Macht geht ihnen über alles. Ihr schlagt dem Volk eine wirklich gerechte Sache vor. In letzter Zeit habt ihr nicht mehr gesagt: Gerechtigkeit kann nur durch Revolution erreicht werden. Aber ich weiß, daß ihr darauf zurückkommen werdet, vor allem weil es euch darum geht – was ich wiederum nur unterstützen kann –, daß eure Aktion zur Schaffung eines breiten Zusammenschlusses der Linken beiträgt, die legitim, aber illegal sein und in der Illegalität handeln wird. Die Legalität werdet ihr nur benutzen, um der Bourgeoisie die Widersprüchlichkeit ihrer Gesetze zu zeigen und sie dadurch in Schwierigkeiten zu bringen. Die Schwäche der Parti Socialiste Unitaire (PSU) und der Liga besteht darin, daß sie sich mal für die Illegalität – indem sie zum Beispiel eine verbotene Demonstration doch durchführt –, mal für die Legalität – indem sie zum Beispiel Kandidaten zu den Wahlen stellt – entscheidet. Respektiert man die Legalität, kann man nicht gegen das System agieren, denn dann ist man darin verhaftet. Wählen bedeutet zum Beispiel – wie Kravetz sagt – für die Wahl stimmen, das heißt für das Delegieren von Macht. Auf diese Weise wird man das System nie zerstören: wenn man das allgemeine Wahlrecht anwendet, meine ich. Auch besteht bei euch die Tendenz – die ich befürworte –, euch nur flexible Institutionen zu schaffen (wie ihr es auch den Gruppen empfehlt, die sich euch anschließen), Institutionen, die so angelegt sind, daß sie sich, wenn die Situation sich ändert, ohne weiteres auflösen lassen. Im Falle eines Streiks können die Kampfkomitees von den Streikkomitees aufgelöst werden. Denn eine starre Institution ist eine tote Institution, die dazu beiträgt, die Menschen zu isolieren. Sie ist nurmehr eine Sache, ein praktisch-inerter Anspruch, der die Menschen wie Dinge, nicht wie Menschen behandelt. Ich bin auch noch auf eurer Seite, wenn es darum geht, die ideologische Revolution herbeizuführen, das heißt den Menschen eine neue Konzeption von der Welt der Arbeit und der des Kapitals zu geben, sowie eine neue Kultur. In all diesen Punkten bin ich mit euch einverstanden. Und es gibt noch andere Gründe – halb objektive, halb subjektive: ich bin froh über euer Verhältnis zu mir. Sicher, ich existiere für euch nur, soweit ich euch nützlich bin. Und das billige ich auch voll und ganz. Aber bei gemeinsamen Aktionen ist da so etwas wie Freundschaft, etwas, das über die unmittelbare Aktion hinausgeht, eine gegenseitige Beziehung. Und ihr fragt mich immer sehr konkret nach meinem Einverständnis, bevor ihr mich an einer Aktion beteiligt, kurz, ihr diskutiert mit mir darüber und seid bereit, sie gegebenenfalls in einigen Punkten zu modifizieren. Aus diesen verschiedenen Gründen glaube ich bei euch – und nicht nur bei euch, sondern bei der ganzen antihierarchischen und libertären Bewegung – die Ankündigung einer neuen Politik und die Wurzeln des neuen Menschen, der sie machen wird, zu erkennen.

GAVI: Kommen wir auf deinen Roman *Der Ekel* zurück . . .

SARTRE: Was ich dazu noch zu sagen hätte, kann ich nicht einfach so erklären: darüber muß ich schreiben. Es gibt drei Bände Flaubert, und meine Leser warten auf den vierten. Man könnte sagen: der Flaubert ist eine konkrete Anwendung der abstrakten Prinzipien, die ich in der *Kritik der dialektischen Vernunft* dargelegt habe, um die Intelligibilität der Geschichte zu begründen.

GAVI: Wird es eine Fortsetzung geben?

SARTRE: Nein. Dazu müßte ich zu viele Bücher über Geschichte lesen oder wiederlesen. Auch das ist wiederum eine Frage des Alters . . . Darum meinte ich, es sei besser, dort innezuhalten, denn die Zeit wird kommen, da jeder die Fortsetzung schreiben kann. Was den *Ekel* betrifft, kann ich mich jedoch erklären: ich versuchte dort die Kontingenz der Dinge zu zeigen. Das bedeutet, daß sich mit Determinismus oder Notwendigkeit die Dinge nur unvollständig erklären lassen. Darüber hinaus bleibt die Tatsache, daß sie ohne Grund existieren und wie zufällig verschwinden. Ich glaube an den historischen Materialismus in dem Maße, in dem er gewisse menschliche Verhaltensweisen erklärt, nicht aber an den dialektischen Materialismus, der versucht, den Menschen in die Natur zurückzuversetzen und eine Art dialektischer Notwendigkeit zu finden, die sich zunächst auf die Natur und dann auf den Menschen anwenden ließe. Das Resultat stimmt pessimistisch: man erzielt niemals Ergebnisse, die ganz und gar dem entsprechen, was man erwartete. Das liegt nicht daran, daß die Notwendigkeit der Welt eine andere wäre als die, die wir uns vorstellen, sondern daran, daß die Notwendigkeit in den Dingen nur partiell ist und die Realität sich überall gleichzeitig dem

Zugriff entzieht. Oder allgemein ausgedrückt: solange der Mensch existiert, versucht er die Welt mit Hilfe der Vernunft zu erfassen und zu beherrschen. Es gelingt ihm nur teilweise – wegen der Kontingenz. Einerseits macht es mir wenig aus, ob ich Pessimist bin oder nicht, da ich ja bestenfalls den Beginn der Revolution erleben werde und es ausreicht, wenn ich mich mit euch zusammentue, um das mir zukommende Stück Weges so gut wie möglich zurückzulegen. Andererseits ist es mir sehr wesentlich zu wissen, was man von einer Aktion erwarten kann, da wir ja gemeinsam handeln. In dieser Hinsicht glaube ich nicht, daß mich die Begegnung mit den Maos sehr verändert hat. Was mich verändert hat, ist, daß ich unter neuen Aspekten alte Dinge wieder auftauchen sehe, an die ich in meiner Jugend glaubte – den Moralismus beispielsweise –, Dinge, die ich zugunsten des Realismus fallenließ, als ich mit den Kommunisten zu arbeiten begann, und die ich jetzt, in der antihierarchischen und libertären Bewegung wiederfinde. Die Realität ist nicht mehr das Bestehende, das heißt leblose Institutionen und Allgemeinplätze. Die Realität, das ist das Volk, das in einer bestimmten Situation über bestimmte Kräfte verfügt und Gerechtigkeit fordert oder das in einem bestimmten Bereich von der herrschenden Klasse in die Irre geführt und düpiert, nicht hellsichtig genug ist, sich aber jetzt zwangsläufig seiner Widersprüchlichkeiten bewußt wird. Als ich achtzehn war, huldigte ich einem idealistischen Irrealismus, den ich, zugunsten eines amoralischen Realismus aufgab, als ich 45 war, und jetzt finde ich – diesmal in materieller Form – die Moralität als Fundament des Realismus wieder, oder, wenn man so will, einen materialistischen und moralischen Realismus.

Ich füge hinzu, daß man, um meine Entwicklung ganz zu verstehen, wissen muß, daß nicht ich zu euch kam, sondern daß ihr zu mir gekommen seid. Als ihr mich kennenlerntet, wolltet ihr den Schritt in den Untergrund so lange wie möglich hinauszögern. Nun saßen aber bereits zwei Herausgeber[1] von *La Cause du Peuple* (C.D.P.), dem Organ der proletarischen Linken, im Gefängnis. Ihr Prozeß hatte noch nicht stattgefunden, aber wenn nun auch der dritte Herausgeber wieder ein junger Mann der Proletarischen Linken gewesen wäre, hätte man sich leicht ausrechnen können, welche Maßnahmen Marcellin ergriffen hätte. So kam euch der Gedanke, mir die Leitung der C.D.P. anzutragen. Aber das stellte euch zugleich vor ein ernstes Problem: ein paar Wochen zuvor hatte die C.D.P. sich über die kleinbürgerlichen Intellektuellen offen lustig gemacht. Ihr habt nicht an harten Worten gespart. Und nun, in eurer Not, batet ihr einen von ihnen, die Leitung eurer Zeitung zu übernehmen. Das war aber nur möglich, wenn ihr vorher eure Einstel-

1 Le Dantec und Le Bris (Anm. d. Übers.)

lung gegenüber den Intellektuellen überprüftet. Als ich sah, daß eine Detailentscheidung euch veranlassen konnte, eure Kampffront ganz oder teilweise zu revidieren, empfand ich große Achtung vor euch. Die Kommunisten hätten diesen Zwiespalt gar nicht erst empfunden: sie hätten ihre Haltung den Intellektuellen gegenüber nicht geändert, sie hätten ihre Angriffe nur abgeschwächt und mit einem von ihnen einen Vertrag abgeschlossen. Und das ist ihr Machiavellismus, das ist nicht seriös. Kurz: ich war bereit, die Leitung von *La Cause du Peuple* zu übernehmen und erklärte in der Zeitung, daß ich nicht in allen Punkten mit euch einverstanden sei, aber, um die Freiheit der revolutionären Presse zu schützen, die rechtliche Verantwortung für alle eure Artikel übernähme. Anfangs kümmerte ich mich überhaupt nicht um das Blatt. Und Marcellin hat nicht gewagt, gegen mich vorzugehen. Seht ihr, da war die Berühmtheit doch einmal zu etwas nutze. Er verbot jede Nummer der Zeitung, und da wir sie heimlich druckten und trotzdem verkauften, ließ er, wo er nur konnte, die Verkäufer festnehmen, über die dann der Gerichtshof für Staatssicherheit harte Strafen verhängte. Das veranlaßte mich, vor Gericht zu ihren Gunsten auszusagen und nunmehr selber, zusammen mit anderen Intellektuellen, die Zeitung in den Pariser Arbeitervierteln zu verkaufen. Jetzt war ich mitten drin. Dann habt ihr *J'Accuse* herausgebracht, ein Blatt, das nur ein paar Monate bestand und eigentlich auch kein Organ der Maoisten, sondern eine demokratische Zeitung war, für die ihr mich und Simone de Beauvoir als Mitarbeiter haben wolltet. Ich machte mit und hatte so eine gewisse Kontrolle über die Zeitung, die in etwas abstrakterer Form auch noch blieb, als *J'Accuse* mit *La Cause du Peuple* zusammengelegt wurde. So geht es immer in der Politik, wenn man sich mit nicht-machiavellistischen Kämpfern verbindet: das Ziel wird immer weiter, und plötzlich ist man mitten drin – wie ich heute bei euch.

Victor: Würdest du den gleichen Weg noch einmal gehen?

Sartre: Ja. Aber man muß schon begreifen, was das heißt. Unter den gleichen Umständen und Bedingungen würde ich es tatsächlich noch einmal tun. Mit der gleichen Kindheit und mit dem gleichen Großvater könnte ich mir keinen anderen Weg vorstellen. Ich sage euch in aller Unschuld: ich bin nicht unzufrieden mit mir. Ich wünschte lediglich – aber das hing nicht von mir ab –, daß der Weg kürzer gewesen wäre oder anders gesagt, daß die Ereignisse des Mai 68 schon 1955 oder 1960 stattgefunden hätten. Die Linke links von der KPF, die sich damals entwickelte, gab es unglücklicherweise nicht vor 1968.

Victor: Aber in deinem Vorwort zu Nizans *Aden Arabie* hast du geschrieben: was er getan hat, hätte auch ich tun können oder müssen.

Sartre: Ich hätte zur gleichen Zeit wie Nizan in die Partei eintreten und wie er 1939 austreten sollen – ohne mich jedoch töten zu lassen.[1] Zwischen 1924 und dem Krieg hätte ich für die Leute der Linken mehr Verständnis aufbringen und mich selbst stärker nach links orientieren müssen. Ich weiß. Aber meine Probleme waren nun einmal nicht die von Nizan. Und das gleiche gilt auch für mein Milieu. Die Intellektuellen damals waren in Worten und Gedanken für die Linke, aber nie, oder nur selten, in Taten. Ich beispielsweise hatte Bücher über den Klassenkampf gelesen, aber was liest ein Schüler der École Normale Supérieure nicht? Aber die Realität des Klassenkampfes empfand ich erst während der Besatzung und in den ersten Nachkriegsjahren.

VICTOR: War Nizan keine Herausforderung für dich?

SARTRE: Das hätte nicht seinem Wesen entsprochen. Er war zurückhaltend. Und ich weiß, er war besessen von dem Gedanken an den Tod. Er war in der UdSSR gewesen und hatte dort mit sowjetischen Genossen darüber gesprochen, und als er zurückkam, sagte er zu mir: «Eine Revolution, die uns nicht von der Todesbesessenheit befreit, ist keine Revolution.» Das war nicht falsch. Wenn du an einem Vorhaben beteiligt bist, was es auch sei, das viele Jahre dauern wird, und du dann an den Tod denkst, so empfindest du weniger Angst, wenn du dir sagen kannst, daß deine Genossen das Werk vollenden werden. Dafür aber mußt du wirklich an das Vorhaben glauben und es mit deinem Leben identifizieren können.

VICTOR: Das hat die chinesische Revolution geleistet.

SARTRE: Da bin ich nicht so sicher . . .

GAVI: Ich habe den Eindruck, daß die Intellektuellengeneration von der Nachkriegszeit bis zum Mai 1968 sich schließlich im Übermaß einem «Denken» hingegeben hat, das jeder militanten Praxis entleert war. Ihr Denken ist völlig «jenseits» der sozialen Realität und von ihr abgeschnitten. Wie kann man sich dann wundern, daß dieses Denken sich in Symbolen und Manifestationen äußert, die zu reinen Zeremonien erstarren? Man nimmt an Versammlungen teil, unterschreibt Manifeste und beschäftigt sich in seinen Werken *grosso modo* mit Leben und Tod, was bedeutet, daß man nur allgemeine philosophische Probleme aufgreift . . .

SARTRE: Man muß sie sich stellen, auch der Arbeiter: das Problem des Todes, das Problem der Angst . . . Aber in gewisser Weise gebe ich dir recht. Hast du in der letzten Nummer von *Les Temps Modernes* den Artikel von François George über die Intellektuellen gelesen? Er weist darin nach, daß die Herrschaft der Intellektuellen, wenn es sie je gäbe, zum Faschismus führen müßte. Wenn die Intellektuellen durch ideologi-

1 Anspielung darauf, daß Nizan sich nach seinem Austritt aus der KPF an die Front meldete und 1940 fiel. (Anm. d. Übers.)

sche Interessen geeint sind, muß man ihnen mißtrauen. Ein Intellektueller definiert sich nicht durch Intelligenz: ich habe viele Arbeiter kennengelernt, die weit intelligenter waren als die meisten Intellektuellen. Was ist also ein Intellektueller?

GAVI: Die Partei hätte euch gern als Funktionäre des Denkens gesehen. Die Bauern bleiben Bauern, die Händler Händler, die Studenten Studenten . . . und die Intellektuellen Intellektuelle. Man fordert euch auf, die Geschichte nach Gutdünken zu interpretieren, aber auf keinen Fall sollt ihr anders als schreibend an ihr teilnehmen, so daß im Mai 68 . . .

SARTRE: Im Mai 68 war ich für die Studenten. Aber mein erster Eindruck, den ich bald vergaß und 69 wiedergewann, war der, daß ihre Bewegung gegen mich gerichtet war.

GAVI: Das war sie auch. Gegen die Funktion Sartre.

SARTRE: Gegen den Intellektuellen als unglückliches Bewußtsein, der sein Verdienst und seine Tugend aus seinem Unglück bezieht.

GAVI: Und ich habe die Befürchtung, daß die Maoisten dabei sind, diese Mauer wieder aufzurichten. Sie sind dabei, die Funktionen wieder aufzuwerten. Meist ganz summarisch. Als Klischeebilder. Wie es gerade kommt: der Richter Pascal, Sartre, die Bauern, die Proletarier . . .

SARTRE: Das glaube ich nicht. Früher haben die Maoisten die Intellektuellen wie den Abschaum der Menschheit behandelt. Dazu brauchst du dir nur die Geschichte der «Roten Hilfe» anzusehen. Das war wirklich ein Martyrium für die Intellektuellen. Die Maoisten terrorisierten sie, schickten sie in oft sinnlose Kämpfe mit den Flics und sagten dann zu ihnen: «Ihr seid zu wild! Ihr terrorisiert die Leute!» Aber die Unglücklichen waren ja nur Terroristen, weil sie terrorisiert wurden. Und das war noch nicht alles: die Maoisten zerstörten schließlich die «Rote Hilfe». Auch das richtete sich gegen die Intellektuellen. Aber ein Jahr zuvor hatte sich, wie ich schon sagte, bereits eine Wende angekündigt, die sich gleichzeitig langsam und kontinuierlich weiterentwickelte: denn sie hatten einen der Geschmähten – nämlich mich – erwählt, um ihm die Leitung ihrer Zeitung zu übertragen. Das war ihre damalige Widersprüchlichkeit.

VICTOR: Die Tatsache, daß du bereit warst, die Leitung der Zeitung zu übernehmen, war für uns sehr wichtig: wir spürten, daß sich ein neues Aktionsfeld auftat.

(Dezember 1972)

5

Illegalismus und Gauchismus

> Es gibt nicht auf der einen Seite die rein illegalistische und auf der anderen die rein legale Aktion. Eine Aktion, die ein Element Legalität enthält, muß gleichzeitig einen kritischen Angriff gegen das bestehende System, ein Anzeichen von Subversion mit enthalten . . .

SARTRE: Als ich mich bereit erklärte, die Herausgeberschaft von *La Cause du Peuple* zu übernehmen, hatte ich die recht vage Idee, zur Wiederherstellung der verlorengegangenen Einheit vom Mai 68 beitragen zu können. Will sagen, ich war damals nicht ganz und gar auf der Seite der Maoisten. Ich übernahm die Aufgabe im Namen der Pressefreiheit, aber ich war deswegen nicht gegen die Gruppe V.L.R.[1] und das Organ *Tout*, nicht gegen die Bewegung Révolution oder die Trotzkisten von *Rouge*, nicht gegen irgendeine andere der damals bestehenden Gruppen. Ich war zu jener Zeit der Meinung, daß diese Gruppen sich – wie 1968 – mehr oder weniger über präzise Ziele einigen und eine gemeinsame Bewegung bilden mußten. Erst allmählich fand ich heraus . . .

VICTOR: 1969 hattest du die gleichen Gedanken zur Einheit der Revolutionäre, und bei den Präsidentenwahlen hast du Krivine unterstützt.

SARTRE: Ich habe ihn eine Zeitlang unterstützt. Aber ich hoffte immer, er werde sagen: Ich habe mich aufstellen lassen, damit auch eine Stimme der extremen Linken im Fernsehen zu Wort kommt, nicht aber, um gewählt zu werden.

VICTOR: Heute bist du gegen jeden Machiavellismus, was Wahlen betrifft, wie du in *Les Temps Modernes* sagst. Aber 1969 – warst du damals machiavellistisch?

SARTRE: Ich bin gegen den Machiavellismus der allgemeinen Wahlen (so lehne ich es ab, für Leute zu stimmen, die man nicht gewählt sehen möchte), aber nicht aus moralischen Gründen, sondern weil ich meine, daß das allgemeine Wahlrecht dafür nicht geeignet ist. Eine List gegen die Staatsgewalt halte ich jedoch für ein durchaus faires Kampfmittel. Was mich gestört hat, war nicht, daß er die – von der Staatsgewalt geschaffene – Funktion des Kandidaten nutzte, damit eine Stimme der extremen Linken im staatlichen Fernsehen zu hören war, sondern daß er seine

1 Vive la Révolution (Anm. d. Übers.)

Kandidatur aufrechterhielt, damit die Trotzkisten zum Zuge kamen. Das allgemeine Wahlrecht ist nämlich eine List der bürgerlichen Macht, um durch eine Legalität Legitimität der Volksbewegungen und der direkten Demokratie zu ersetzen. Ich hoffte, Krivine werde bei seinem ersten Fernsehauftritt sagen: Vielen Dank, daß Sie mich angehört haben, mehr wollte ich nicht. Macht mit euren Wahlen, was ihr wollt, mich aber wählt nicht mehr, denn ich kandidiere nicht mehr.

VICTOR: Es war aber von Anfang an klar, daß auch er «seine Stimmen» zählen wollte. Und er akzeptierte die Spielregeln der indirekten Vertretung.

SARTRE: Ja, aber das war erbärmlich. Und diesen Fehler begehen nicht nur Trotzkisten. Bei den letzten Wahlen in Italien wollte *Il Manifesto* aus verständlichen, aber irrigen Gründen unbedingt Valpreda aufstellen. Er fiel natürlich durch. Gewiß, die Gruppen der extremen Linken können als Ferment im Alltagsleben dienen. Aber es stehen weit mehr Menschen unter ihrem Einfluß als diejenigen, die sich auf sie berufen. Daher ist schon die Idee, durch das allgemeine Wahlrecht zu Stimmen zu kommen, falsch. Die Ergebnisse sagen nichts über den tatsächlichen Einfluß jener Gruppen im Lande aus. Dann begriff ich, daß die Trotzkisten und die PSU nur teilweise für die Illegalität waren, da sie die Wahlkomödie ja mitmachten. Die einzigen, die sich wirklich auf dem Boden der völligen Illegalität befanden – da sie sogar die vom System zugebilligten Rechte zurückwiesen –, waren die Maoisten. Sicher, sie machten hin und wieder eine legale Aktion. Sie mußte aber dann von draußen angeregt werden, wie zum Beispiel das Volkstribunal in Lens. Und in diesem wie in allen anderen Fällen, wo ich auf eurer Seite war, richtete sich die Autorität der Intellektuellen gegen die Klasse, die ihnen diese Autorität verliehen hatte, die Bourgeoisie. Die Arbeiter sahen in mir keine Autorität. Indem wir uns mit ihnen zusammentaten, übten wir zugleich von innen wie von außen Druck auf das System aus. Seit mehreren Jahren schon war ich zu der Überzeugung gelangt, daß diejenigen, die innerhalb des Systems etwas erreichen wollen, nur zu seiner Konservierung beitragen. Wer durch seine Wahlentscheidung das System unterstützen will, tut genau das Verkehrte, weil die Wahl dazu da ist, der Legitimität einer Bewegung, beispielsweise einer Aufstandsbewegung, Legalität entgegenzusetzen. Die Leute, die legale Macht erlangen, sind, wer sie auch seien, im Grunde alle gleich. Seht euch doch nur die UDR und die Kommunisten und die Sozialisten an. Wählen heißt: seine Souveränität einer Gruppe übertragen, die an eurer Stelle die ihre ausübt. Aus diesem Grunde habe ich mich der maoistischen Gruppe mehr angenähert. Leider hat jedoch auch sie in den Jahren 70/71 eine legalistische Wendung genommen, indem sie jene Komitees Vérité et Justice gründete, die im Namen der Legalität von innen her die Legalität bestreiten, und nicht mehr von außen her im Namen der Legitimität. Die Komitees Vérité et Justice fordern die Anwendung des Gesetzes, und man sagt ihnen nicht, daß es einen anderen Gesichtspunkt gibt: die absolute Illegalität oder die Infragestellung des Systems durch die Legitimität der direkten Demokratie. Gleichzeitig müßte die Rote Hilfe einen neuen Aufschwung erfahren, die keine Streiks oder Häuserbesetzungen durchführt, aber in solchen Fällen illegal hilft. Dann würden nämlich diejenigen, die den Umsturz wirklich wollen, sich der Roten Hilfe, und die anderen, die glauben, man könne Gerechtigkeit auch innerhalb des Systems erreichen, sich den Komitees Vérité et Justice anschließen. Ich verstehe eure Tendenz, die Volksbewegungen aufzugreifen, wo immer sie sind und in welchem Politisierungsgrad sie immer sich befinden. Aber ich sehe nicht ein, wieso eure neue Art des Angriffs auf die Legalität unvereinbar sein soll mit euren früheren Aktionen, die außerhalb des Systems stattfanden. Wenn ihr letztere fallenlaßt, ähnelt ihr bald der PSU und den Trotzkisten.

Victor: Den Grubenarbeitern von Bruay war der Marsch auf Paris verboten worden.

Sartre: Ja, aber das ist auch alles. Ihr müßtet diesen Bereich der legitimen Illegalität neu organisieren, denn darin besteht eure Stärke. Und die Rote Hilfe, die nur da helfend eingreifen kann, müßtet ihr erhalten und nicht systematisch zerstören. Ihr werft ihr Terrorismus vor, dabei tut sie im Grunde nichts anderes, als daß sie in ein und demselben Viertel Türwerbung betreibt, nahezu legalistische Agitation, und anschließend durch eine gewalttätige, also illegale Aktion die gleichen Leute verschreckt, die sie bei ihrer Türwerbung überzeugen konnte. Meiner Ansicht nach besteht der Fehler nur darin, daß sie beide Aktionen meistens in ein und demselben Viertel ablaufen läßt. Die Rote Hilfe müßte also nur beweglicher gemacht werden und in verschiedenen Vierteln agieren. Kurz gesagt: Die Maoisten müßten sich je nach Politisierungsgrad der Leute die Aufgaben teilen. Verlangt von den Komitees Vérité et Justice nicht mehr, als sie heute leisten können: das wäre nämlich Voluntarismus und Manipulation eurerseits. Aber erhaltet euch eine eindeutig illegale Organisation, die stets für illegale und Gewaltaktionen verfügbar ist.

Gavi: Bis zu einem gewissen Grade bin ich einverstanden. Um den Kontakt mit dem Volk nicht zu verlieren, muß jede Bewegung irgendwann ihre Wurzeln in einen Nährboden mehrdeutiger, doppelsinniger und entfremdender Ideen eintauchen. Dieses starke Gerechtigkeitsbedürfnis ist zugleich die Ablehnung des «mit zweierlei Maß Messens» und der Wunsch nach Bestrafung. Es ist unter Umständen ganz normal, von Bedürfnissen, die von der Bourgeoisie zunächst verschleiert, zurechtgemacht und dann fehlgeleitet wurden, und vom Innern noch akzeptierter Institutionen auszugehen, um aufzuzeigen, daß es Widersprüche gibt, und diese Widersprüche bis zur Explosion zu schützen, damit die Massen endlich ihre eigene Legitimität schaffen und zum Kampf gegen das Gesetz antreten. Nur meine ich, daß von dem Moment an, wo eine organisierte Bewegung in dieser Weise die Institutionen ausnutzt (was illegale Aktionen im Stile des Marschs auf Béthune nicht ausschließt), ihre militanten Kämpfer wissen müßten, daß sie gewisse Dinge unweigerlich nicht mehr werden sagen können. Ein Beispiel: in dem Augenblick, wo der Richter Pascal gegenüber den Bergarbeitern in den Siedlungen eine gerechte Haltung bezieht, könnt ihr ihn nicht mehr als den Untersuchungsrichter Pascal angreifen, der ziemlich repressiv gewesen ist etc. Aber warum solltet ihr nicht zugeben, daß es noch zusätzliche, ergänzende Arbeit gibt, die ihr tun könnt – um einerseits die Widersprüche in den Institutionen zu verschärfen, indem ihr weiterhin illegale Aktionen durchführt, und andererseits, indem ihr an der Revolte teilnehmt, die sich bei nicht wenigen Jugendlichen manifestiert. Diese Strömung nämlich ist nicht organisiert und ist somit nicht den Schweigegeboten der Massenorganisationen unterworfen; sie kann alles aussprechen. Sie kann sogar übertreiben – auch die Übertreibung gehört zur Volksfrustration. Diese Strömung drückt sich so gewaltsam und provokativ aus, daß ich sagen würde, Victor, es ist unmöglich, ihre Wirkung abzuschätzen. Du kannst nicht einfach sagen, der Abtreibungsprozeß von Bobigny ist etwas Positives, während es die Zusammenkunft in der *Mutualité* vor zwei Jahren nicht ist. Es ist unmöglich, die dialektische Beziehung zu messen, die es zwischen einer Massenaktion und einer gleichzeitig stattfindenden Provokationsaktion geben kann. Bestimmte Kämpfe richten sich direkt gegen entfremdende Ideen, und diese Kämpfe wirken oft provokatorischer, weil die, die sie ausführen, mit ihrer Revolte eine Minderheit vertreten. Und wenn man sich zudem noch sofort mehr Gehör verschaffen will, dann muß man das tun, was ihr getan habt. Das alles läßt sich miteinander vereinen. Ich habe Angst, daß ihr das, was ihr Gauchismus nennt, als eine provokatorische Strömung betrachtet, zu der ihr zwar weiterhin Beziehungen aufrechterhaltet, mit der ihr aber nicht einverstanden seid. So hat es die Liga vor ein oder zwei Jahren gehalten: sie hat sich von der gauchistischen Bewegung abgegrenzt. Und jetzt wollen sich auch die Maoisten abgrenzen? Denken wir an Bruay-en-Artois: Ich halte die Bildung eines Komitees Vérité et Justice für einen bedeutsamen Sieg, und mit eurer Forderung nach Kontrolle der Justiz durch das Volk hattet ihr durchaus recht. Eines fiel mir in Bruay auf: es haben sich Jugendliche aus der Siedlung Nr. 4 aktiv beteiligt, deren Eltern dem Komitee Vérité et Justice angehörten und diejenigen, die unmittelbar von der Affäre betroffen waren. Aber insgesamt haben 1. Frauen und 2. ältere Leute die Sache in die Hand genommen. Ich weiß, daß viele junge Leute aus Bruay fortgehen, die Gruben werden stillgelegt etc. Aber das Gymnasium beispielsweise war nicht mobilisiert worden, und ich möchte wissen, ob nicht vielleicht einer der Gründe dafür die von euch gesprochene Sprache war. Es war die Sprache derer, die 1936 und später 1939/40 mitgekämpft hatten und die weiterhin einen sehr traditionellen Begriff von Moral verteidigen. Bestand nicht ein Widerspruch zwischen diesen Altersklassen mit ihren Denkgewohnheiten und den jungen Leuten, die lieber *Charlie-Hebdo* lesen?

VICTOR: Seit 68 besteht das Hauptproblem darin, das Oppositionsfeld zwischen Legitimität und Legalität auszuweiten. Wir wollen nicht, daß nur Randgruppen den Kampf führen.

GAVI: Sehr richtig.

VICTOR: Ausweitung des Oppositionsfeldes bedeutet aber nicht, bald illegalistische Aktionen zu unternehmen, die legitim sind, und bald legale Aktionen, die innerhalb der Institutionen zu einer gewissen Zahl von Widersprüchen führen. Ich habe den Ausdruck «institutionelle subversive Aktionen» verwendet. Wenn Sartre die Herausgeberschaft von *La Cause du Peuple* übernimmt, dann enthält diese Aktion ein legales Element und zudem ein Element, das mit der Legalität bricht. Gerade diese flexible Kombination verleiht der Aktion ihre Kraft.

SARTRE: Richtig, als wir die Gesellschaft der Freunde von *La Cause du Peuple* gründeten und bei der Präfektur um die uns gesetzlich zustehende Eintragungsbestätigung nachsuchten und diese uns verweigert wurde, da haben wir die Legalität . . .

VICTOR: . . . ins Wanken gebracht . . .

SARTRE: Die Freunde von *La Cause du Peuple* sind gleich darauf zu illegalen Aktionen übergegangen, zum Beispiel zum Straßenverkauf. Es hat also zwei gleichzeitig angewandte Aktionsformen gegeben.

VICTOR: Ein Musterbeispiel für subversive institutionelle Aktion. Es gibt nicht auf der einen Seite die rein illegalistische und auf der anderen die rein legale Aktion. Eine Aktion, die ein Element Legalität enthält, muß gleichzeitig einen kritischen Angriff gegen das bestehende System, ein Anzeichen von Subversion mitenthalten; so entsteht eine flexible Kombination: die Massen geraten in Bewegung, und die Staatsmacht selbst übernimmt es, die Beziehung Legalität – Illegalität aus dem Gleichgewicht zu bringen, die Bewegung zu «verhärten». Hier ein Beispiel: das Beispiel eines Mißerfolgs.

SARTRE: Eines vorläufigen.

VICTOR: Im Kohlenrevier machten wir eine Kampagne, um den marokkanischen Grubenarbeitern zu einer Arbeitskarte zu verhelfen – wie das Gesetz es vorsieht. Es ging um die Forderung nach «freier Wahl des Arbeitsplatzes» – in absoluter Übereinstimmung mit dem kapitalistischen Gesetz. Und dennoch wird daraus eine höchst subversive Bewegung, da sie die Politik der Grubenstillegung in Frage stellt. Man ist trotz der vorgesehenen Schließung der Gruben vorerst noch auf Arbeitskräfte angewiesen, die man skrupellos ausbeuten kann und dann leichtfertig entläßt. Das ist der Grund, weshalb man den Marokkanern sogar den schwachen Schutz, den die Arbeitskarte gewährt, verweigern will. Es ist sehr wichtig, den Begriff der subversiven institutionellen Aktion zu definieren. Durch ihn wird nämlich eine aus einer falschen Lenininterpretation abgeleitete Strategie aufgehoben, die in einer Kombination von legaler und illegaler Aktion besteht. Ich plane die «illegale Aktion», will sagen: ich bereite mich auf den bewaffneten Aufstand vor, ihr braucht mir nur zu folgen. Ich plane also eine noch inexistente, aufgeschobene Aktion mit höchst legalen realen Aktionen; ich brauche mich nicht zu verstecken; ich respektiere die Spielregeln und warte ab, bis das Spiel durcheinandergerät.

Im Mittelpunkt des taktischen Denkens steht für uns diese Dialektik der Aktion, die vom Konflikt zwischen den zutiefst legitimen, verdrängten Ideen und den sie überlagernden legalen Ideen ausgeht. Es geht darum, diese Zweideutigkeit in einen kritischen Angriff zu verwandeln. An einer bestimmten Reizschwelle wird die Macht, indem sie ihre eigenen Dummheiten begeht, das Verhältnis zwischen Unterwürfigkeit und Rebellion zugunsten der Rebellion verändern.

Gavi: Nein. Das ist keine Antwort. Ich bin einverstanden mit der subversiven Aktion innerhalb der Institutionen, aber nicht ohne gleichzeitige subversive Aktion gegen alle Institutionen. Der Gauchismus, das war doch, auch wenn man es vergessen oder verdrängt hat, permanente Auflehnung gegen die alten, verstaubten Ideen, gegen die sozialen Normen, und das auch noch in den zwei Jahren, in denen sich die maoistische Bewegung als Robin Hood aufspielte. All das hat zu Brüchen oder zumindest Spaltungen geführt. Die Welt wurde nicht auf den Kopf gestellt, aber sie wurde erschüttert. Und da ihr das nicht begriffen habt, habt ihr aus *J'Accuse* eine altväterliche Zeitung gemacht.

Victor: Über den Gauchismus hinauswachsen heißt ja nicht, sich der Revolte der Jugend wiedersetzen. Es bedeutet vielmehr, ein System politischer Normen zu verwerfen, die ohne Verbindung zum Denken des Volkes sind.

Gavi: Es gibt kein Denken des Volkes, keine proletarische Oase. Natürlich denkt der Arbeiter anders als der Bourgeois, er lebt ja auch anders. Das heißt aber nicht, daß die Arbeiter die von der Bourgeoisie geschaffenen Werte nicht übernehmen. Ein Apfel ist keine Birne, aber beide Früchte kommen aus dem gleichen Obstgarten.

VICTOR: Ich will versuchen, dir zu erklären, was wir meinen, wenn wir sagen: «Wir sind keine Gauchisten.» Es gibt eine Gruppe von Menschen, von in der Mehrzahl jungen Leuten, die seit Mai 68 begriffen haben, daß die Justiz eine Klassenjustiz ist. Sie haben ferner begriffen, daß der Staat in seiner Gesamtheit von Grund auf zerstört werden muß, damit an seine Stelle irgend etwas anderes gesetzt werden kann, das eine direkte Beteiligung der Bürger bedingt. Das ist es – bestenfalls – was diese Leute im Mai gelernt haben. Aber nun versucht diese Gruppe, das, was sie gelernt hat, der gesamten Bevölkerung aufzuzwingen. Sieh dir nur *Lutte Ouvrière*[1] an. Da heißt es über Bruay: In dieser Sache galt es zu demonstrieren, daß dies Klassenjustiz war und daß man nicht Richter Pascal unterstützen durfte . . .

GAVI: Jetzt bist du gemein: *Lutte Ouvrière* ist ja noch antigauchistischer als die Maoisten.

VICTOR: Wir verstehen unter diesen Worten nicht dasselbe.

SARTRE: Was ist für dich ein «Gauchist» und wer sind für dich die «Gauchisten»?

VICTOR: Der Gauchist verkündet großen Teilen der Bevölkerung: diese Angelegenheit – wenn zum Beispiel ein militanter Kämpfer ins Gefängnis gesteckt wurde, weil er einen Streik unterstützt hat – beweist, daß unsere Justiz eine Klassenjustiz ist. Man denkt schon «gauchistisch». Warum? Weil man von etwas ausgeht, was nur ein winziger Teil der Bevölkerung sich zu eigen gemacht hat und, ohne Zugangswege zu großen Teilen der Bevölkerung gefunden zu haben, darüber urteilt.

GAVI: Habt ihr das etwa in Bruay getan? Habt ihr versucht zu zeigen, daß es eine Klassenjustiz gibt?

VICTOR: Wir haben Richter Pascal unterstützt.

GAVI: Und habt zu verstehen gegeben, daß es auch ehrbare Richter geben kann.

VICTOR: Damit allein schon räumt man eine gauchistische Behauptung aus: alles, was von den Institutionen der Justiz kommt, ist unrein, man muß Aktionen für die Justiz durchführen, die von allem, was mit der Institution Justiz zu tun hat, so weit wie möglich entfernt sind. Sagt man: in Richter Pascals Verhalten existiert eine kleine Parzelle Gerechtigkeit, dann will man vermeiden, daß auch diese kleine Parzelle von den höchsten Vertretern des Rechts ausgeschaltet wird. Also unterstützt man ihn. Das ist verwirklichter Antigauchismus.

SARTRE: Mit welchem Recht kannst du Richter Pascal ein wenig mehr Gerechtigkeit zusprechen als anderen, wenn du dabei nicht von der

1 Trotzkistische Wochenzeitschrift (Anm. d. Übers.)

Vorstellung von einer Justiz ausgehst, das heißt für die Arbeiterklasse: von der revolutionären Justiz?

Victor: Damit sind wir einverstanden, aber gauchistisch ist es, gleich zu Anfang zu erklären: Gerechtigkeit, das ist die Revolution. Den Gauchismus überschreiten, heißt, vom Gerechtigkeitsgefühl des Volkes ausgehen, mit allem, was daran mehrdeutig und entfremdet ist, um dann eine Aktionslogik herbeizuführen, die sich in der Weise erzieherisch auf die Massenbewegung auswirkt, daß die subversiven Elemente – nach dem Bruch mit dem etablierten System – auf dem Gebiet der Justiz den entfremdeten Elementen gegenüber dominieren. Der Begriff der Kontrolle in allen Bereichen: öffentliche Kontrolle der Justiz, der Polizei, die Parole von 1971: «Überwachen wir die Polizei» – alle diese Begriffe sind zweideutig. Der Gauchist wird sagen: Ihr wollt die Justiz kontrollieren? Also schenkt ihr ihr in gewisser Weise Vertrauen! Nein! Nieder mit der Klassenjustiz! Wenn wir sagen: Kontrollieren wir die Organisation der Arbeit, so kann man uns entgegnen: also akzeptiert ihr die Organisation der Arbeit; ihr wollt sie verbessern . . . Aber jedes Bemühen um einen breiten Zusammenschluß setzt voraus, daß die Parolen eine geballte Ladung Kritik enthalten, die die reformistische Ideologie fortschwemmt.

Sartre: Nur hat das leider auch die KPF in die reformistische Position hineinmanövriert, die sie gegenwärtig einnimmt.

(Dezember 1972)

6

Die Maoisten und die Intellektuellen

> Ich glaube, daß keine Gesellschaft auf den Philosophen verzichten kann; denn in jeder Gesellschaft ist die Philosophie gleichbedeutend mit dem Verstehen dessen, was der Mensch dieser Gesellschaft ist . . .

SARTRE: Ich habe an den Maoisten Kritik geübt, aber ich habe noch nicht die objektiven Gründe genannt, warum ich mich ihnen anschloß.

GAVI: Du hast drei Gründe genannt, aber du hast sie nicht näher ausgeführt. Du sprachst von der Moralität . . .

SARTRE: Ja, aber jetzt spreche ich von den rein objektiven Gründen. Vor 1965 gab es links von der Partei nichts. Faye hat ja erklärt, daß der Begriff «gauchistisch» von Deutschland herkommt. Man wandte das Wort dort auf die gesamte «radikale Linke» an. Das wurde von der KPF übernommen, die als «Gauchisten» jene Mitglieder *ihrer eigenen Partei* bezeichnete, die für eine Radikalisierung der Parteipositionen eintraten. Rechts von der Partei gab es den Opportunismus und links von ihr den Gauchismus. Von da an wurde mit Konzepten gespielt, die als Denken ausgegeben wurden. So gab es beispielsweise Gauchisten, die in Wirklichkeit Opportunisten waren . . . Die Linie des Politbüros lag in der Mitte: sie war weder gauchistisch noch opportunistisch, wie es hieß, obwohl man beide Seiten berücksichtigen mußte. Zur Zeit der FAC, jener Anti-OAS-Front, von der ich euch sprach, entschlossen sich viele Intellektuelle – angewidert von der unklaren Haltung der Partei, wie ich – zu einer Annäherung an den gauchistischen Flügel der KPF. Und dabei entdeckten wir, daß die Arbeit mit den Gauchisten keinen wirklichen Radikalismus bedeutete, sondern, im Gegenteil, daß die Gauchisten bei unseren Aktionen eher hemmend wirkten. Als unsere Bewegung sich zu radikalisieren versuchte, hielten uns die Gauchisten der KPF zurück. Wir sagten uns: wenn wir zu weit gehen, wird man sie aus der KPF ausschließen, woran uns natürlich auch nicht gelegen war. Wir hatten die wahnwitzige Vorstellung, durch die Parteilinke auf die KPF Druck ausüben zu können. Das jedoch war unmöglich. Außerdem wurden die meisten dieser Gauchisten dann aus der Partei ausgeschlossen. Es wurde ganz deutlich, daß eine radikale Bewegung sich nur aus parteiexternen Kräften konstituieren konnte. Wer damals links von der KPF zu stehen glaubte – ich denke dabei insbesondere an die Künstler –, stand in Wirklichkeit rechts von ihr. Nach und nach füllte sich dann diese Leere auf der Linken mit den verschiedensten Bewegungen, darunter auch die Maoisten. Der Gauchismus, wie man nun sagte, war nicht mehr der linke Flügel der Partei, sondern etwas radikal von ihr Getrenntes und somit Autonomes. Ich fühlte mich zu jener Gruppe hingezogen, die sich auf die chinesische Revolution berief; ich war 1955 in China gewesen, in einem entscheidenden Augenblick der Entwicklung des Landes; für mich stellte diese Gruppe anfangs nichts weiter als eine Bewegung links von der KP dar, die wir 1961 so dringend gebraucht hätten. Aber Bündnisse schließt man auf Grund bestimmter Ereignisse, nicht nur aus Sympathie. Wegen der Gefahr, in der sich *La Cause du Peuple* befand, wurde ich existent für die Maoisten. Die Fortsetzung ist euch bekannt. In der ersten Zeit tat ich nicht viel für das Blatt, aber ich hätte dafür schreiben können, die Seiten standen mir offen. Nach und nach wurde die Zusammenarbeit enger, und so sah ich mich gezwungen – ohne daß man auch nur den geringsten Druck auf mich ausübte –, noch einen weiteren Schritt nach links zu tun und mich als Intellektuellen in Frage zu stellen. Der zu einem Teil bürgerliche Intellektuelle, den die KP unverändert als Weggenossen und zugleich als Marionette akzeptiert hatte, konnte mit den Maoisten nicht zusammenarbeiten, ohne den Versuch zu machen, seine Widersprüche aufzudecken und sie zu überwinden. Die Intellektuellen durften sich nicht mehr als die geistigen Führer der Völker ansehen, sondern mußten so schnell wie möglich ihren Platz im Volk wieder einnehmen. Daß künftige Intellektuelle, die heute 15 bis 18 Jahre alt sind, einen manuellen Beruf erlernen sollten, hielt auch ich für nötig. Wie gesagt, die KP hatte mich von meiner Schriftstellerneurose befreit. Mit den Maoisten mußte man aber noch einen Schritt weiter gehen und den Intellektuellen in Frage stellen, was hieß, in ihm nicht einen von der Natur mit besonderen Gaben ausgestatteten Menschen, sondern einen Nutznießer und ein Opfer der Arbeitsteilung zu sehen. Ich habe es euch und eurer Kritik zu verdanken, daß mir dieses Infragestellen teilweise gelungen ist. In der Praxis gibt es Grenzen. Da ist zum Beispiel mein Flaubert. Zwar widme ich unserer Aktion den größten Teil meiner Zeit, aber nicht die ganze. Eigentlich bin ich nicht mehr jung genug. Kurz, ich habe mich einer radikalen Bewegung angeschlossen, die mich als Intellektuellen in Frage stellte, und ich näherte mich ihr aus dem einfachen Grunde, weil es sie auf einmal gab. Meine Erfahrung hat mich gelehrt, daß die Beziehungen zwischen Maoisten und sympathisierenden Nicht-Maoisten ausgezeichnet sein können. Sie sind es nicht immer: die Nicht-Maoisten von der Roten Hilfe sprechen noch vom maoistischen Terrorismus. Und du, Victor, hast hier vom Terrorismus der Nicht-Maoisten gesprochen. Man müßte wissen, wo dieser Terrorismus wirklich ist. Meiner Meinung nach ist das jeweils von der Situation abhängig. Jedenfalls habe ich nie etwas von Terrorismus gemerkt. Ich habe mit den Maoisten immer alle Aktionen, an denen sie mich beteiligen wollten, genau besprochen. Ich erinnerte euch daran, wie schlecht sich die Aktion *Câbles de Lyon* ankündigte. Dann sagte Geismar zu mir: Entscheide du, ob man sie durchführen soll oder nicht. Ich entschloß mich für die Aktion; wir hatten uns sehr engagiert – anders wäre es ein Verrat gewesen. Vielleicht dachte er ebenso und wußte, daß er kein Risiko einging, wenn er mich entscheiden ließe. Im übrigen aber lag die Entscheidung bei denen, die an der Aktion beteiligt waren. So habe ich die Möglichkeit, mit den Maoisten zusammenzuarbeiten, nicht in den Komitees Vérité et Justice, sondern in der Illegalität, und ich profitiere davon, weil ich das, was sie in diesem Bereich leisten, für richtig halte. Eine revolutionäre Bewegung kann nicht *nicht* radikal sein, sonst verfällt sie so oder so in Reformismus. Und sie muß im Volk leben, nicht um Ideen zu vermitteln, sondern um Ideen, denen sie dort begegnet, in Aktion zu verwandeln.

Gavi: Und du, Victor, kannst du uns berichten, wie sich die Beziehungen der Maoisten zu Sartre und den Intellektuellen entwickelt haben?

Victor: Zunächst ging es für uns um die Lösung eines entscheidenden taktischen Problems. Wie sollten wir *La Cause du Peuple* unter die Leute bringen. Ich erinnere mich noch gut, es war komisch – wir waren zu zehnt, und jeder hatte eine andere Idee. Wir kamen auf die komischsten Einfälle, bis plötzlich einer sagte: Wir könnten ja mal Sartre fragen ... Wir verabredeten einen Termin und besuchten ihn. Sartre war sofort bereit. Damit war das taktische Problem gelöst, aber etwas Neues begann. Ich sagte in einem unserer früheren Gespräche, daß ein ganzes Aktionsfeld sich auftat – das der subversiven institutionellen Aktionen, mit anderen Worten eine möglich gewordene neue Denkweise. Aber in der Geschichte unserer Beziehungen gibt es mehr, und dabei dreht es sich um die Intellektuellen. Es ist unbestreitbar, daß eine interne Entwicklungstendenz uns zu einem gewissen Sektierertum gegenüber den Intellektuellen treibt. Was ist das für eine Tendenz? Sehr einfach. 1967 brachen wir als Intellektuelle auf. Dann aber stellten wir uns als Intellektuelle in Frage, indem wir insbesondere in die Fabriken gingen. Ich erinnere mich an den Schock: die Bücherkultur ekelte uns an, wir wollten an die Wirklichkeit heran. Es war wahrhaftig ein Augenblick der Offenbarung. Die Ereignisse im Mai 68 haben ihn verlängert. Man darf nicht außer acht lassen, daß seit 1967 diese fast traumatische intellektuelle Protesthaltung unter den militanten Intellektuellen schwer auf uns lastet, und zwar in dem Maße, daß bis heute diese gesellschaftliche Basis der beweglichste und dynamischste Ausgangspunkt militanter Kräfte ist. Intellektuelle werden hochaktive Kämpfer, die allem gewachsen sind, sofern sie den

Intellektuellen vollständig ablegen. Das aber bedingt eine Phase des Selbsthasses, des Hasses auf den Intellektuellen. Ein Beispiel. Während des Volkstribunals in Lens mobilisierten wir die Ingenieure. Die bewußte oder unbewußte Reaktion gewisser Genossen war: Jetzt haben wir seit drei Jahren alles aufgegeben und bewiesen, daß alles faul war und daß man damit brechen mußte, um an die Basis und zur Produktion zurückzukehren, und nun wenden wir uns plötzlich an Ingenieure in ihrer Funktion als Ingenieure und behandeln sie wie Götter. Es war die Grundlage eines immer wieder möglichen Sektierertums gegenüber dem Intellektuellen. Ich denke, daß unsere Begegnung mit Sartre uns zum erstenmal zu den theoretischen wie den praktischen Mitteln verholfen hat, diese Tendenz zu bekämpfen. Es war uns allen klar, daß ohne ihn *La Cause du Peuple* blockiert bleiben würde. Das wirkte unmittelbar mobilisierend und führte uns konkret vor Augen, was wir 1968/69 gesagt hatten, daß die intermediären intellektuellen Klassen sich in einer akuten Krise befanden. Nehmen wir die leitenden Angestellten in den Betrieben: die ganze Logik des Aufbaus linker Kerne in den Betrieben bestand darin, antihierarchisch, radikal zu sein. Ein leitender Angestellter ist wie ein Flic, was nicht ganz genau stimmt – man sagt es eben so. Aber anfangs besaßen wir in unserer Praxis des Infragestellens noch keine wirklichen Kriterien und noch keine praktische Methode, um die komplexe Situation der Klassen zu erfassen. Seit der Begegnung mit Sartre und seit der Situation der Bewegung im Frühjahr 1970 rückt die Frage der Unterscheidung in den intermediären Kategorien mehr und mehr ins Zentrum unserer Bemühungen. Wie kann man die Widersprüche in diesen Kategorien beeinflussen? Worin besteht in deinem Fall dieser Widerspruch? Wir sagten es schon in Zusammenhang mit deinem *Flaubert*: auf der einen Seite der leicht neurotische Intellektuelle, der seinen *Flaubert* beenden will, der Intellektuelle alten Typs, der das Schreiben für etwas Wesentliches hält, und auf der anderen Seite der Intellektuelle neuen Typs . . .

SARTRE: Es ist gut, eine neue Spezies von Intellektuellen zu formen, aber in der Zwischenzeit müßt ihr euch leider mit den Intellektuellen alten Typs zufriedengeben.

VICTOR: Intellektuelle formen, ja . . . Aber es gibt schon eine große Anzahl von Intellektuellen, die durch die Gesellschaft geformt wurden und die eine wesentliche Kraft des Widerspruchs darstellen können, und man wird sie nicht auffordern, sich zu etablieren. Durch die Begegnung mit dir haben wir erkannt, daß der Widerspruch zwischen einer Bewußtseins- und Existenzform alten Typs und einer Bewußtseins- und Existenzform neuen Typs auf die Spitze getrieben werden muß. Wie? Durch Aktionen, die ihren Charakteristika als Intellektuelle und ihrer Position im Sozialgefüge Rechnung tragen und neue subversive Elemente einführen, so zum Beispiel den Bruch in der Trennung zwischen manueller Arbeit und intellektueller Arbeit. Denken wir an die Mediziner – wie kann man den Widerspruch in der Ärzteschaft auslösen? Indem man die Frage stellt: Sind Sie für oder gegen die öffentliche und direkte Gesundheitskontrolle? Ich habe die Ärzte herausgegriffen, aber man könnte alle Kategorien von Intellektuellen nehmen. Komisch, wir haben mit der kompliziertesten begonnen: dem intellektuellen Ideologen. Was nützt er? Man weiß, wozu ein Arzt taugt ...

SARTRE: ... während man nicht sieht, wozu ein Philosoph taugt. Aber er taugt etwas. Auch in einer sozialistischen Gesellschaft wird die Philosophie einen Sinn behalten. Sie wird eine bestimmte Methode beisteuern, das «In-der-Welt-Sein» des Menschen zu betrachten, eine Methode, die sich auf die an der Macht befindliche Arbeiterklasse stützen wird. Es gibt ein Wissen vom Menschen, das keine wissenschaftliche oder scheinbar wissenschaftliche Theorie je wird vermitteln können. Das habe ich in der *Kritik der dialektischen Vernunft* zu zeigen versucht. Ich sagte: die marxistische Dialektik begründe nicht ihre eigene Intelligibilität. In diesem Sinne war mein Buch zunächst eine Herausforderung, denn dort hieß es: gliedert mich in den Marxismus ein, es wird der erste Beginn eines Versuches sein, die ursprüngliche Leere des Marxismus auszufüllen; aber zunächst müßt ihr mich erst einmal aufnehmen, was bedeutet, daß ihr in eurer Methode etwas ändern müßt. Ich weiß nicht, wie ihr darüber denkt, aber diese Möglichkeit habe ich in Maos Werken zu entdecken geglaubt, nicht im kleinen Roten Buch, aber in seinem Gesamtwerk. Maos Methode ist nicht «wissenschaftlich», aber sie ist auf einem anderen Sektor anwendbar.

VICTOR: Das mußt du genauer erklären.

SARTRE: Sie ist nicht auf den Determinismus begründet, weil sie die zwischenmenschlichen Beziehungen untersucht (Klassen, Gruppen, Zusammenschlüsse, Armeen), die eben jene deterministischen Erklärungen ausschließen und sich nur dialektisch verstehen lassen. Der sowjetische Marxismus hingegen hat sich schnurstracks auf den Determinismus zubewegt, und das war sein Verhängnis. Wenn du an den Determinismus glaubst, dann hast du keine Möglichkeit, die anti-hierarchische und libertäre Strömung zu erklären, die wir in ganz verschiedenen Bereichen der französischen Bevölkerung festgestellt haben. Wenn du Determinist bist, warum würdest du dann nach Freiheit rufen? Du bist notwendigerweise durch diesen oder jenen Faktor konditioniert. Wie könnte man einen Roboter unterdrücken? Unterdrücken oder ausbeuten kannst du nur Wesen, die prinzipiell frei sind, deren Freiheit du aber fehlleitest und entfremdest. Die entfremdende Ausbeutung supprimiert die Freiheit.

Nur die Dialektik kann diesen Satz erklären, niemals aber der Determinismus, der aus dem entsteht, was ich die analytische Vernunft genannt habe. Nun, das würde uns hier zu weit führen. Aber du siehst, die Schüler, die die Schule ablehnen und das Recht auf Faulheit fordern oder die jungen Arbeiter, die die Autorität ihrer Vorarbeiter nicht dulden wollen, haben ein, wie ich finde, richtiges Empfinden von einer ursprünglichen Freiheit, die ihnen verlorengegangen ist und die sie wiederfinden wollen. Und der Philosoph, der das, was diese Freiheit ist, in Worte faßt, würde ihnen damit die Möglichkeit geben, ein tieferes Bewußtsein ihrer Situation zu erlangen. Davon ausgehend haben die Maoisten schließlich die Frage nach der Moral neu gestellt; oder vielmehr: sie haben nicht die Frage gestellt, sondern sie führen praktische Operationen durch, die stets einen moralischen Bezug haben. Und der Philosoph der maoistischen Gesellschaft müßte nun die Moral, ausgehend von der Freiheit, definieren.

VICTOR: Was den Schlüsselbegriff deiner Philosophie betrifft, die Freiheit – tritt jetzt nicht der Begriff Revolte, so wie er sich seit 68 darstellt, an seine Stelle?

SARTRE: Wenn du so willst . . . Aber es gibt keine Revolte, ohne unterdrückte, ausgebeutete oder entfremdete Freiheit . . .

VICTOR: In deinen ersten philosophischen Werken war Freiheit eine hohle Form . . .

SARTRE: Die Freiheit revoltiert, die Freiheit schafft sich eine Taktik der Revolte. Das ist es, was ich meine. Sagen wir es noch deutlicher: in einer kommunistischen Gesellschaft wird derjenige intellektuell und manuell Tätige Philosoph sein, der zu erfahren sich bemüht, was der Mensch ist.

VICTOR: In einer Übergangsgesellschaft nach der Machtübernahme haben die Intellektuellen für die Revolution nur Bedeutung als Fürsprecher für die Freiheit des Menschen – die Kritik an der neu etablierten Macht eingeschlossen –, als Fürsprecher also für die Revolte gegen die neuen etablierten Normen, wenn sie nicht legitim sind, oder auch gegen bestimmte Aspekte . . .

SARTRE: Gegen die Entfremdungsfaktoren, die sich zwangsläufig ergeben, wenn sich ein Regime installiert.

GAVI: Moment. Vorhin, als du den Begriff «Intellektueller» gebrauchtest, sprachst du von Ärzten, Ingenieuren, Schriftstellern. Schön. Aber man muß doch hoffen, daß *sie* in einer sozialistischen Gesellschaft, in der die soziale Trennung in Frage gestellt wird, nicht mehr die gleiche Rolle spielen werden. Darum ist es nicht ganz richtig, als «Intellektuellen» lediglich den Philosophen zu bezeichnen, wie man ihn heute kennt.

SARTRE: Ich persönlich glaube, daß keine Gesellschaft auf den Philosophen verzichten kann; denn in jeder Gesellschaft ist Philosophie gleichbedeutend mit dem Verstehen dessen, was der Mensch dieser Gesellschaft ist. Und ich behaupte nicht, daß der Philosoph der Übergangsgesellschaft oder der kommunistischen Gesellschaft ein Spezialist der Intelligenz oder der Intellektualität zu sein hat. In gewisser Weise wird jeder ein intellektuell und manuell Tätiger sein. Der Philosoph wird jemand sein, der sich aus bestimmten Gründen veranlaßt sieht, die Frage zu stellen: «Was ist der Mensch?»

Gavi: Das Problem ist das der «Sprache», des Ausdrucks. Stellen wir uns eine sozialistische Gesellschaft vor: da werden die Arbeiter, die Bauern . . . alle werden Philosophen sein, und die philosophische Praxis wird eine ganz andere sein. Man hat ja die soziale Trennung abgeschafft. Die Philosophie ist kein Klassenmonopol . . .

Sartre: Nein, wahrhaftig nicht.

Gavi: Wen nennen wir heute einen Philosophen? Jemanden, fast immer jemanden – und das ist kein Zufall –, der ziemlich abstrakt über das Leben, das Denken und die Geschichte anderer schreibt. Dafür braucht es Zeit und eine Menge Arroganz. In der sozialistischen Gesellschaft aber wird jedermann diese Fähigkeit zur Synthese besitzen, da die Arbeit so organisiert sein wird, daß jeder Zeit und Kraft zum Nachdenken hat.

Sartre: Ich möchte euch ein Beispiel geben, das euch wegen eurer Haltung Israel gegenüber nicht gefallen wird: in den Kibbuzim habe ich zum erstenmal den Typ des manuell und intellektuell Tätigen angetroffen. Einen Hirten, zum Beispiel, der las, nachdachte, schrieb – während er seine Schafe hütete.

Victor: Aber in den chinesischen Fabriken ist das doch gang und gäbe. Die Organisation eines Arbeitstages in den chinesischen Fabriken ist hochinteressant. Es gibt nur produktive, manuelle Arbeit, die mit Lernen abwechselt. Eine Zeitlang hatte das Lernen religiösen Charakter: als man zum Beispiel das kleine Rote Buch studierte. Jetzt studieren Millionen von Menschen ein Buch wie Lenins «Materialismus und Empiriokritizismus».

Sartre: Es wird in allen revolutionären Regimen Philosophen geben.

Gavi: Sofern die revolutionäre Macht dem Ausdruck, der Sprache der Menschen, Priorität einräumt und demgemäß die Produktion organisiert.

Sartre: Ich habe das Gefühl, daß das bei den Maoisten, die ich kenne, so ist.

Gavi: Und in der UdSSR tut man es nicht . . .

Sartre: Nein. Darum gibt es dort auch keine Philosophen mehr. Es gibt Menschen, die einer philosophischen Organisation angehören, die sich darauf beschränken, Kommentare über den Marxismus, wie er in der Sowjetunion existiert, zu verfassen, die sich aber nicht die Frage stellen, was der Mensch der sowjetischen Gesellschaft ist. Dort hat der Marxismus seit langem aufgehört, heuristisch zu sein. Vom Maoismus konnte man das zu keiner Zeit sagen. Und das ist der tiefere Sinn meines Zusammengehens mit euch: ich habe das Gefühl, wenn ihr mich in Frage stellt und ich mich selbst in Zweifel ziehe, um mit euch zusammenzugehen, dann helfe ich im Maße meiner Mittel, eine Gesellschaft zu schaffen, in der es noch Philosophen gibt, Menschen eines neuen Typs, intellektuell und manuell Tätige, die sich die Frage stellen: «Was ist der Mensch?»

VICTOR: Ich möchte hier an etwas erinnern: Wir haben gesagt, daß dieses Infragestellen intellektueller Kategorien auf der Basis eines Widerspruchs zwischen alter und neuer Form geschieht.

SARTRE: Völlig richtig.

VICTOR: Der in einer Fabrik etablierte Intellektuelle führt in seiner «Praxis» eine Revolution im Bereich der Arbeitsteilung durch. Betrachten wir also den etablierten Intellektuellen, der nach mehreren Jahren ein bestimmtes Stadium der Veränderung erreicht. Es gibt einen Unterschied zwischen ihm und dir, nämlich den, daß er auf gewisse Weise die Lösung des Widerspruchs praktiziert. Während du den Widerspruch eher erleidest.

SARTRE: Da liegt tatsächlich eine Schwierigkeit.

VICTOR: Wir haben das Recht, euch zu kontrollieren.

SARTRE: Nein. Ihr habt das Recht, uns an Aktionen zu beteiligen, die uns veranlassen, uns in Frage zu stellen. Ihr habt das Recht, die Bedingungen der «Akkulturation» zu ändern, damit unsere Nachfolger anders sind als wir.

VICTOR: Aber wieso habt ihr das Recht, uns zu kontrollieren?

SARTRE: Ich habe nicht das Recht, euch zu kontrollieren.

VICTOR: Du bist zum Beispiel Herausgeber von *La Cause du Peuple*. Ende 1972 wirst du Herausgeber von *Libération* sein und in jedem Falle ein aktives Mitglied des Redaktionsstabes. Du hast also ein Kontrollrecht.

SARTRE: In diesem Sinne – ja. Jeder, der mit anderen an irgendeinem gemeinsamen Unternehmen beteiligt ist, hat in der direkten Demokratie das Recht, seine Meinung zu sagen. Aber in genau dem gleichen Sinne hast du das Recht, mich zu kontrollieren, wenn das Redaktionskomitee mir sagen kann: «Wir wollen deinen Artikel nicht» oder «Genosse, dir geht's wohl nicht gut, was?» Aber vergiß nicht, daß es sich um ein demokratisches Unternehmen handelt, an dem zugleich Maoisten und Nicht-Maoisten beteiligt sind. Aber ich kontrolliere nicht die Beziehungen der Maoisten untereinander noch ihre Entscheidungen über ihre Beziehungen beispielsweise zu den Arbeitern dieser oder jener Fabrik. Ebenso habt *ihr* nicht das Recht, *als Maoisten* zu kritisieren, was ich in

L'Idiot de la Famille schreibe. Sollen die Maos unter sich darüber diskutieren, sollen sie ruhig sagen, das ist das Buch eines «Rechten». Das ist ihre Angelegenheit. Aber ich werde nie akzeptieren, daß die Maoisten mich zwingen, etwas anderes zu schreiben als ich schreibe. Du, Victor, findest zum Beispiel, daß ich meine Studien über Flaubert abbrechen und einen volkstümlichen Roman schreiben sollte. Vielleicht versuche ich einmal, so etwas zu schreiben. Aber erst wenn ich *L'Idiot de la Famille* beendet habe oder wenn ich erkenne, daß es objektive Schwierigkeiten gibt, die es mir unmöglich machen, daran weiterzuarbeiten. Verstehst du, du bist intelligent und gebildet, und als Leser darfst du mich kritisieren, aber du hast nicht die Möglichkeit, mich in dieser Sache zu kontrollieren. Warum nicht? Weil der *Flaubert* von einem Intellektuellen klassischen Typs geschrieben wird.

VICTOR: Das habe ich nicht verstanden.

SARTRE: Ihr habt mich vorhin gefragt, mit wem ihr es zu tun habt: mit Sartre, dem klassischen Intellektuellen, oder mit Sartre, der einen neuen Typ der Intellektuellen zu sehen beginnt. Nun, mein tiefer Widerspruch als Verfasser von *L'Idiot de la Famille* besteht darin, daß der Schreibende ein klassischer Intellektueller ist, der Mühe hat, euch zu folgen, und der sich in gewissen Bereichen – etwa wenn er sich bei Renault in einem Lastwagen versteckt oder plötzlich im Gebäude von Câbles de Lyon auftaucht – bereits ein wenig dem polyvalenten Intellektuellen annähert, den ihr anvisiert; der an diesen Aktionen jedoch nur teilnehmen kann, wenn er einen festen Bezugspunkt hat – den *Flaubert*, den er schreibt, und zwar in einer bestimmten Weise, als klassischer Intellektueller. Beide Typen des Intellektuellen existieren in mir nebeneinander, und wenn sie sich in gewisser Weise auch widersprechen, so stützen sie einander doch auch gleichzeitig. Was dabei herauskommen wird? Das ist mein Problem. Ich muß damit leben, muß selbst damit fertig werden. Und das sind Fragen, vor die du als führender Maoist nicht gestellt bist.

VICTOR: Stimmt. Aber das Kontrollrecht, das ich fordere, ist ja eben das Recht, mit dir diskutieren zu können, damit du mir das alles sagst.

SARTRE: Dieses Recht gestehe ich dir unverzüglich zu. Was ich dir nicht zugestehe, ist das Recht, mir zu sagen: «Hör mit deinem Flaubert auf, und fang endlich mit deinem volkstümlichen Roman an, sonst bist du ein Schwächling.»

(Dezember 1972)

7

Sammlung und Randexistenz

> Unser Ziel ist die Errichtung der direkten Demokratie, in der ein ganzes Bündel von Problemen, die in der gegenwärtigen autoritären Gesellschaft unlösbar sind, endlich im Sinne der Massen formuliert werden können . . .

VICTOR: Wie denkst du darüber?

GAVI: Du sprichst von unserer Zeitung?

SARTRE: Ja. Wenn ich einen Artikel für die Zeitung schreibe, tue ich es nicht als klassischer Intellektueller, sondern als Mitglied einer aus verschiedenen Elementen zusammengesetzten Gruppe. In diesem Augenblick besteht die Kontrolle im Suchen eines gemeinsamen Nenners.

VICTOR: *Libération* muß ein Schmelztiegel werden für die große Sammlung des Volkes. Die Leute, die zu uns kommen, haben, wenigstens teilweise, mit dem kranken Denksystem der KP gebrochen. Sie bringen etwas mit – ihnen unbewußte, ein wenig manipulierte Werte etc. Jeder von ihnen besitzt irgend etwas Kostbares, ohne das ein Zusammenschluß nicht gelingen kann. Ein Mann wie Clavel zum Beispiel bringt eine Menge verborgener, manipulierter, entfremdeter Werte ein: ein Gefühl für die Notwendigkeit des Zusammenschlusses, wie es in der politischen Tradition der französischen Marxisten fehlt, wobei ich die gauchistischen Marxisten nicht ausnehme, die nur *ein* Konzept haben: die Schaffung einer Front, eines Kartells, die Zusammenlegung politischer Kräfte. Das nennen sie dann Allianz. Aber mit einem Zusammenschluß hat das nichts zu tun.

SARTRE: Vorsicht – im Algerienkrieg kam es zu der großen Sammlung bei der Beisetzung der Toten von Charonne. Das haben die Kommunisten erreicht. Es war großartig: eine Million Menschen. Ich glaube, daß es nicht unerheblich zu einer schnelleren Beendigung des Krieges beigetragen hat.

VICTOR: Das war eine Ausnahmesituation.

SARTRE: Die KP war imstande, sie zu nutzen.

VICTOR: Stimmt. Sie war auch vor dem Krieg imstande, große Sammlungsbewegungen zu organisieren. Aber sie hat keine Theorie dafür, sie hat nur eine «Front-Theorie», eine Theorie der Vereinigung der Linken. Ich mußte lachen, als ich den Appell des XX. Parteitags hörte: Aus der Vereinigung der Linken muß die Vereinigung des Volkes werden.

Sartre: Die KP will nicht von einer Volksbewegung überrannt werden, die von sich aus Aktionen in die Wege leiten kann. Daher versucht sie, zu «teilen» – wie wir es bei der antifaschistischen Front erlebt haben. Und trotzdem ist sie in der Lage, Massenbewegungen zu organisieren.

Victor: Sie hat aber kein systematisches Konzept für einen Zusammenschluß. Das kann sie nicht haben.

Gavi: Massenbewegungen – das ist eine Stärke der Faschisten. Mussolini zum Beispiel . . .

Victor: Natürlich, weil er sie dem Kommunismus entlehnt hat!

Gavi: Es ist gleichgültig, wo man die Technik hernimmt. Das Wichtige sind die Ideen, unter denen die Menschen sich zusammenschließen.

Victor: Für die direkte Demokratie! Das ist unser Programm. Für die Kontrolle des gesellschaftlichen Lebens.

Sartre: In Kuba, wo ich 1960 war, gab es kein Organ der direkten Demokratie. Aber ich habe Castro auf einer Reise durch die Dörfer begleitet. Er sprach mit den Bauern, verteidigte sich, machte manchmal einen Rückzieher. Sie drängten ihn, Maßnahmen zu ergreifen oder auf jeden Fall Maßnahmen zu versprechen. Was daraus geworden ist, weiß ich natürlich nicht.

Victor: Das liegt zwischen der direkten Massendemokratie und der charismatischen Demokratie gaullistischer Prägung. Castro, der sich dem Volke stellt. Aber das wollen wir nicht. Wir wollen eine direkte Demokratie, die sich auf Machtorgane stützt, dezentralisierte Machtorgane in den Betrieben wie in allen sozialen Bereichen.

Sartre: Da bin ich ganz deiner Meinung.

Victor: Unser Ziel also ist die Errichtung der direkten Demokratie, in der ein ganzes Bündel von Problemen, die in der gegenwärtigen autoritären Gesellschaft unlösbar sind, im Sinne der Massen formuliert werden können; das gilt auch für Probleme, die bestimmte ideologische Institutionen betreffen: sie könnten unter einem solchen Regime von Grund auf neu gestellt werden. Vorher können sie nur durch Skandale und Provokationen aufgezeigt werden.

Gavi: Was nicht mit der gaullistischen Sammlung zu verwechseln ist.

Victor: Nein, natürlich hat das nichts mit der gaullistischen Sammlung zu tun, nichts mit dem R.P.F.[1] und dem S.A.C.[2] Aber die Gaullisten haben sich einen Teil von dem wahren Begriff der Volkssammlung angeeignet. Und das darf sich nicht wiederholen. Ebenso muß Schluß

1 Rassemblement du Peuple français

2 Service d'Action civique, 1958 zum Schutz von Mitgliedern der Regierung de Gaulle bei Reisen und öffentlichen Veranstaltungen gegründet, eine Art Geheimdienst, der in zahlreiche Affären und Skandale der fünften Republik verwickelt war. (Anm. d. Übers.)

gemacht werden mit dem schwachsinnigen Denken: «Klasse gegen Klasse», dem Denken der orthodoxen KP.

SARTRE: Bis 1936.

VICTOR: Danach war es das gleiche, nur mit einem kleinen Zusatz: es blieb beim «Klasse gegen Klasse», aber da eine Machtübernahme nicht zu erreichen ist, nimmt man politische Parteien, die angeblich die intermediären Klassen repräsentieren, und geht ein Bündnis mit ihnen ein. Nicht nur mit den Bauern schloß man sich zur Volksfront zusammen, sondern mit der Radikalsozialistischen Partei, also mit dem Großbürgertum. Nicht die Kommunisten haben die Idee vom Schmelztiegel, von der Sammlung des Volkes zu verwirklichen gesucht, sondern die Nazis und Mussolinis Faschisten haben sie an sich gerissen. Und was haben die Kommunisten ihnen entgegengesetzt? Das «Front»-Denken, das ein bürgerliches Denken ist. Weil man durch ein Bündnis zwischen Parteien, die angeblich gesellschaftliche Kräfte repräsentieren, niemals zu einer Vereinigung der gesellschaftlichen Kräfte kommen wird. Die Vereinigung der Linken ist noch keine Volksunion.

SARTRE: Einverstanden, aber wie sind wir eigentlich darauf gekommen?

VICTOR: Wir sind von der Idee ausgegangen, die ideologischen Elemente zu verschmelzen, die gerecht und volksnah wirken und die manchmal mit Vorurteilen behaftet sind. Das heißt nicht, daß wir das Bedürfnis hätten, Clavel als Freund zu gewinnen. Aber er trägt etwas bei, ebenso wie die Vertreter von *Women's Lib* oder der *Front des Homosexuels.*

GAVI: Ich wüßte gern von dir, Victor, welche Bedeutung du eigentlich gewissen Auseinandersetzungen beimißt, die von den Marxisten-Leninisten für marginal gehalten werden: Sexuelle Freiheit, Familie . . .

VICTOR: Wir behaupten nicht, daß die Arbeiterklasse grundsätzlich ideologisch die führende Kraft ist. Das ist sie auch im Mai 68 nicht gewesen.

SARTRE: Sie ist es auch deswegen nicht, weil sie weniger als ein Drittel der erwerbstüchtigen Bevölkerung ausmacht. Allein können die Arbeiter nicht die Macht übernehmen.

VICTOR: «Führende Kraft» – das heißt, daß sie unter allen Kräften diejenige ist, die die anderen mitreißt.

SARTRE: Ja, aber das ist die Arbeiterklasse nun einmal nicht.

VICTOR: Wieso nicht?

SARTRE: Da sind zum Beispiel die Bauern, eine beachtliche Kraft, und noch andere Kräfte im Tertiärsektor. Die Arbeiterklasse ist noch nicht die herrschende Kraft, und man könnte . . .

VICTOR: Es gibt keine feste Position der Arbeiterklasse als führende Kraft auf nationaler oder auf regionaler Ebene. In der Phase unmittelbar nach dem Mai 68 stimmte es noch gar nicht, daß die Arbeiterklasse zur führenden Kraft der Kritik geworden war. Die Offensive der O.S. vom Jahre 1971 war der Zeitpunkt, da die Arbeiterklasse, jedenfalls ihre aktive Fraktion, zur mitreißenden Kraft der allgemeinen Protestbewegung wurde; in diesem Augenblick entstand ein neues Kräfteverhältnis. Aber was auf nationaler Ebene zutrifft, gilt nicht für die verschiedenen Regionen. Du hast etwas sehr Wichtiges gesagt – die extreme Verschiedenartigkeit der Regionen, die ungleiche Ausweitung der Protestbewegung muß berücksichtigt werden. Nehmen wir als Beispiel Westfrankreich: von 1967 bis heute, bis zur Aktion bei Joint Français[1] sind die Bauern die führende Kraft.

Oder denke an die Affäre in Belfort[2], wo es jetzt schon heißt: Wie im Mai 68! Was bedeutet das? Das heißt doch, daß in der augenblicklichen Situation dort die führende Kraft in der Schule zu suchen ist. Die führende Kraft hat also keinen festen Platz.

Auf nationaler Ebene entwickelt und verlagert sie sich jeweils unter dem Einfluß größerer Ereignisse, und was auf regionaler Ebene geschieht, muß nicht unbedingt mit den Tendenzen auf nationaler Ebene übereinstimmen. Einverstanden? Gut. Soviel zur Verlagerung der führenden Kraft. Aber was wird aus den sekundären Kräften der ideologischen Revolution? Sie sind ja – einerlei, welches die führende Kraft des Augenblicks ist – nicht belanglos. Auch sie sind Triebkräfte der ideologischen Revolution. Ihrer sekundären Position wegen muß ihre Entwicklung sich einer Gesamtsituation anpassen, die von der führenden Kraft bestimmt wird. Nehmen wir als Beispiel die Gymnasien des Stadtgebiets von Paris. Nach der Protestbewegung der O.S. kann ihre Protestaktion natürlich nicht mehr den Schülerrevolten von 1969 gleichen, als die Arbeiterklasse noch nicht aus ihrem Schneckenhaus hervorgekommen war. Ich finde nicht, daß man die auf gleicher Ebene wirkenden Kräfte alle als fundamental ansehen muß. Es sei denn, wir hätten uns falsch verstanden. Wenn es bedeuten soll, daß man den Wirkungen jeder Kraft Wert beimißt, daß man keine Kraft ausschließen will, daß das entscheidend ist für die direkte Demokratie, dann sind wir uns einig. Aber nicht alles kann in einer bestimmten Konstellation die gleiche Rolle spielen.

GAVI: Du hast nicht geantwortet. Welche Gesellschaft willst du? Eine Gesellschaft, in der diejenigen, die die Produktion kontrollieren, weiterhin Vorurteile gegen «Nigger» oder «Schwule» haben, interessiert mich nicht. Dafür gehe ich nicht auf Barrikaden.

1 Große Firma, die technische Dichtungssysteme herstellt. (Anm. d. Übers.)

2 Dort wurde die Lehrerin Nicole Mercier unterstützt, die in ihrer Klasse die Arbeit von Dr. Carpentier über sexuelle Freiheit besprochen hatte.

Victor: Ja, aber wenn es nicht die konstante Revolutionierung der Arbeitsorganisation gibt, gibt es auch nicht die Möglichkeit eines lebendigen Denkens bei den Arbeitern. Ohne dieses lebendige Denken gibt es keine Kontrolle anderer Institutionen.

Gavi: Richtig, nur – das ist dialektisch. Bleibt noch die Notwendigkeit, die Massen für die Idee dieser Kontrolle zu gewinnen, denn vorläufig dürfen wir noch nicht triumphieren, da unsere Vorstellung von der Welt nur von einer Minorität geteilt wird. Damit dieser Wille zur Kontrolle nun aber entstehen kann – denn damit Kontrolle zustande kommt, muß es einen Willen zur Kontrolle geben, sonst entsteht Repression –, damit also dieser Wille entstehen kann, der wiederum zur Entwicklung einer gewissen Anzahl von Ideen notwendig ist, müssen diese Ideen vorher entwickelt werden. Meiner Ansicht nach wird es keinen Willen zur Kontrolle im Volk geben, wenn man nicht interveniert. Hier laufen letztlich zwei Kämpfe zusammen, denen beiden gleiche Bedeutung zukommt. Wenn man einer Organisation angehört, die Massenarbeit leisten will, gibt es Dinge, die schwer zu sagen sind; es ist dann besser, man überläßt es denen, darüber zu sprechen, die sie stärker empfinden.

Victor: Was die korrelative Bedeutung betrifft, so bin ich deiner Meinung. Und wenn wir gleich heute eine Bewegung zur Kontrolle aller Apparate haben könnten, vom despotischen Fabrikapparat bis hin zur Familie – um so besser. Das wäre dann eine ständige Beunruhigung für alle rückständigen Feinde. Aber die Korrelation, von der du sprachst, ist kein Zufall. Die Herausforderung dieser oder jener ideologischen Institution geschieht ja nicht unabhängig von den Vorgängen in den Fabriken.

Gavi: Und umgekehrt.

Victor: Und umgekehrt.

Gavi: Nur hat das Kleinbürgertum nicht die gleiche Einstellung zur Kollektivität wie die Arbeiterklasse. Dort sträubt man sich gegen Disziplin und besonders gegen die kollektive Disziplin. Das Kleinbürgertum vermag sich nicht zu organisieren, und daher ist es ganz normal, daß es bei seinen Kämpfen immer wieder zu sinnlosen Exzessen kommt. Wollte man schon jetzt die antiautoritäre Revolte kontrollieren, so würde man sie damit neutralisieren.

Victor: In den beiden kommenden Jahren könnte es zu einer massiven Frauenbewegung kommen.

Gavi: Massiv, ja. Allerdings wird sie sich auf die Abtreibungsfrage beschränken, nicht aber die Beziehungen zwischen Mann und Frau radikal in Frage stellen.

Victor: Das schließt aber doch nicht aus, daß innerhalb dieser Bewegung eine provozierende dynamische Kraft wirksam wird.

Gavi: Ein Beispiel. Ich habe Freunde in Lothringen. Seit Generationen wählt man dort immer die Regierungspartei. Man braucht sich nur das «Imperium» Wendel[1] anzusehen. Heute ist auch in Lothringen, und zwar aus den verschiedensten Gründen, die Familie in Frage gestellt, es kommt zu Schlägereien am Samstag und zu vielen Ausschreitungen, die offenbar nicht politischer Natur sind. Meiner Meinung nach wird das auch viele junge Leute veranlassen, nicht mehr wie ihre Eltern zu wählen. Mit anderen Worten, das Infragestellen der Familie, einer Anzahl von Werten, setzt den kritischen Geist frei. Aber man hat dergleichen nicht in der Hand. Es ist sehr schwierig, eine Bande von Rockern oder Motorradrowdies ideologisch zu orientieren.

VICTOR: Das Beispiel mit den Motorradrowdies ist falsch. Einigen ist es gelungen, sich zu organisieren und eine gewisse Anzahl von Problemen zu lösen: sie haben sich beispielsweise an die Bevölkerung gewandt.

GAVI: Einverstanden. Organisation ist notwendig. Der Effektivität wegen. Aber sagt nicht gleich, wenn ihr euch provoziert fühlt: Beweist erst einmal, was ihr könnt. Es ist nicht leicht, antiautoritäre Bewegungen zu organisieren. Und noch schwieriger ist es, der Revolte eine theoretische Grundlage zu geben. Macht es also nicht wie die KP, die nur mit ernsthaften Verhandlungspartnern zu sprechen bereit ist. Denn sie sind in der Minderheit. Im Grunde ist es ein wenig wie das Verhalten eines Vaters gegenüber seinen Kindern: ihr werdet schuften müssen, wie ich es auch getan habe. Jetzt bist du noch jung, aber warte nur, wenn du erst einmal so alt bist wie ich. Auch du wirst dir die Hände schmutzig machen müssen. Dieses Geschichtsverständnis muß man bekämpfen.

VICTOR: Wir finden nicht, daß eine Bewegung, die sich unabhängig von uns entwickelt, eine Gefahr darstellt.

SARTRE: Mit anderen Worten, ihr akzeptiert es, ein Organ der Frauen zu sein, der sexuellen Befreiung etc., während ihr gleichzeitig das Organ des Proletariats sein wollt?

VICTOR: Wir sind nicht das Organ. Das Organ gehört anderen so gut wie uns. Und genau das wollen wir: *Libération* soll ein Schmelztiegel sein.

SARTRE: Dein «Schmelztiegel» gefällt mir nicht. In einen Schmelztiegel tut man verschiedene Dinge verschiedener Formen hinein, und dann schmilzt man das, und alles nimmt eine andere, einheitliche Form an. Ich fürchte, du möchtest in diesen Tiegel eine Menge Ideen hineinwerfen, damit sie schmelzen und maoistische Ideen daraus werden. Erklär uns doch, was aus deinem Schmelztiegel herauskommen kann.

VICTOR: In den Schmelztiegel bringen die Leute unterschiedliche

1 Frankreichs «Stahlbaron» (Anm. d. Übers.)

Teilaspekte, die konfrontiert und verschmolzen werden.

SARTRE: Nicht einverstanden. Denk an die Frauen: diejenigen, die zu uns kommen, bringen eine Ansicht mit, die keineswegs partieller Natur ist. Sie sagen: Bis heute hat es Revolutionen gegeben, die von Männern für Männer gemacht wurden. Was soll daraus nun in deinem Schmelztiegel werden? Ich bin nicht für den Schmelztiegel. Er erinnert mich zu sehr an die Hegelsche Vorstellung, daß jedes wie auch immer geartete Denken partiell ist, daß es erst auf das komplementäre Denken treffen muß und daß beide zusammen ein nicht wiederzuerkennendes drittes Denken bilden werden. Im Prinzip ist das richtig, und in der Tat bedingt das heftige Kämpfe. In einer Zeitung wäre so etwas Panlogismus. Als ob die Ideen von selbst miteinander verschmelzen würden! Und außerdem, wenn eine simple und gerechtfertigte, wenn auch in leicht verzerrter Form wiedergegebene Forderung – «Ich will nicht, daß mein Mann mein Herr ist» – sich wandelt und mit einer anderen verschmilzt, dann hat sie keine Chance mehr, in ihrer ursprünglichen Form gehört zu werden.

VICTOR: Und wenn eine andere Formel die richtige wäre?

GAVI: Warum willst du statt der einen eine andere erfinden?

VICTOR: Ich erfinde gar nichts! Ich sage nur, daß die Frauen aus dem Volke, deren Männer selbst Ausgebeutete sind, noch gar nicht zu Wort gekommen sind ...

GAVI: Auch Arbeiterfrauen und Arbeiterrinnen haben sich den Frauenbewegungen angeschlossen ...

VICTOR: Du wirst doch zumindest nicht bestreiten, daß es in der Frauenbewegung, auch wenn ein paar Arbeiterinnen dort mitmachen, Klassenschranken gibt.

SARTRE: Man müßte das Verhältnis Frauen – Klassen genauer untersuchen. Zum Beispiel sind viele bürgerliche Frauen nur durch ihre Männer bürgerlich geworden. Ich kenne Frauen, die nie eigenes Geld hatten und nach der Scheidung mit sechshundert Francs monatlich für sich und zwei Kinder auskommen mußten. Damit lagen sie unter dem Existenzminimum. Und sie müssen noch immer davon leben, weil sie keine Arbeit gefunden haben.

GAVI: Du, Victor, sprichst immer von Kämpfen der anderen, als ob du nicht betroffen wärst. Wie ein Politiker. Du siehst dich nie dadurch in Frage gestellt. Für dich sind die Frauen einfach eine gesellschaftliche Kraft, die es einzugliedern gilt. Oder auch nicht ... Aber du, wie denkst du darüber? Du persönlich? Denk an die Homosexualität. Ich spreche oft davon, um zu provozieren. Denn den Kampf der Frauen kann jeder auf seine Fahne schreiben. Sogar die KP und die Sozialistische Partei müssen anerkennen, daß die Frauenbewegung zu einer Massenbewegung wird. Aber von den Homosexuellen, die ja noch eine Minorität sind, will niemand etwas wissen. Darum möchte ich dich fragen, was du darüber denkst.

SARTRE: Eine tückische Frage, denn die Homosexuellenbewegung ist nicht populär. Wenn wir in der Zeitung einen Artikel über Homosexualität bringen, erhalten wir viele Leserbriefe, aus denen eine ablehnende Haltung spricht. Nein, da sind die Bedingungen des Schmelztiegels nicht gegeben. Wenn du fünfundzwanzig oder fünfzig Leserbriefe vor dir hast, in denen es heißt: Homosexualität ist abscheulich und verstößt gegen den Klassenkampf, und wenn du nur ein oder zwei positive Zuschriften erhalten hast – von der F.H.A.R.[1] –, wie willst du dann diese beiden Meinungen verschmelzen? Außerdem haben diejenigen, die behaupten, es widerspreche dem Klassenkampf, in gewisser Weise nicht ganz unrecht, weil es bisher so war. Jetzt hat sich das geändert, aber . . .

GAVI: Aber du, Victor, was meinst du dazu?

VICTOR: Ich bin für freie Liebe – im Rahmen des Kampfes gegen den Egoismus.

SARTRE: Es gibt bei euch – und in der ganzen revolutionären Bewegung – einen Widerspruch. Es ist ungerecht, Frauen und Homosexuelle schlecht zu behandeln, und ihr müßt gegen diese Formen der Repression oder der Entfremdung angehen. Aber es gibt andererseits eine starke Strömung im Volk, die übrigens von den herrschenden Klassen ausgenutzt wird, die gegen ihre Befreiung ist. Was wollt ihr da tun?

VICTOR: Bei uns?

SARTRE: Nicht bei euch, den Maoisten, sondern ihr als Teil einer wahrhaften Volksbewegung, die natürlich noch voller Vorurteile steckt.

VICTOR: Wir werden gegen die Vorurteile kämpfen, indem wir das Verständnis der Leute zu wecken suchen und darüber wachen, daß es nicht wieder einschläft.

SARTRE: Die Kommunisten sind Puritaner, Gavi. Ein Freund von mir hat bei einer kommunistischen Versammlung in der Provinz gesagt: «Man darf die Massen nicht vergewaltigen!» Daraufhin nahm ihn der kommunistische Veranstalter am Ausgang zur Seite und sagte: «Du hättest nicht das Wort ‹vergewaltigen› benutzen dürfen, es waren auch Frauen im Saal.»

GAVI: Ich wüßte gern, ob du dir Gedanken über die Bedeutung von Sinnlichkeit und Sexualität machst. Warum die Furcht vor der Homosexualität? Warum diese heftigen Reaktionen? Das ist eine sehr wichtige Frage.

VICTOR: Ich bin sehr daran interessiert, daß wir uns Gedanken darüber machen.

1 Front Homosexuel d'Action Révolutionaire (Anm. d. Übers.)

SARTRE: Aber du selbst hast dir noch keine gemacht, du hattest keine Zeit?

VICTOR: Nein.

SARTRE: Wir wollen uns gegen nichts verschließen. Aber es geht nicht darum, ein Hoch auf die Homosexuellen auszubringen. Ich könnte auch nicht mitschreien, denn ich bin nicht homosexuell. Es geht uns darum, den Lesern der Zeitung klarzumachen, daß Homosexuelle das gleiche Recht auf Leben und Achtung haben wie jeder.

GAVI: Einverstanden. Aber das wird nicht leicht sein. Ich habe aber noch eine Frage an Victor: was hältst du davon, wenn es heißt, die Familie müsse abgeschafft werden?

SARTRE: Wieso, er ist *für* die Familie, denn bei den Arbeitern – beispielsweise im nordfranzösischen Kohlenrevier – ist die Familie ein Mittel des Kampfes.

VICTOR: Das heißt nicht, daß ich für die Familie bin. Ich habe nur gesagt, daß es in manchen Arbeiterfamilien so etwas wie echte Gemeinschaft gibt.

SARTRE: Siehst du, Gavi, er will behutsam vorgehen. Und das befürworte ich. Ich fürchte nur, daß gewisse Vorurteile dieser Behutsamkeit widerstehen werden. Ich bin dafür, daß man Ärgernis erregt oder aber darauf verzichtet. Und Ärgernis erregen heißt nicht unbedingt, die Leute verschrecken. Women's Lib zum Beispiel erregt Ärgernis und gewinnt trotzdem immer neue Anhänger.

VICTOR: Im übrigen waren wir es, die den Stein des Anstoßes lieferten, und wir werden auch nicht aufhören, Ärgernis zu erregen!

SARTRE: Es muß weitergemacht werden.

VICTOR: Eine Zeitlang haben wir Legitimität und Legalität als krasse Gegensätze betrachtet. Dann sahen wir uns gezwungen, dieses Oppositionsfeld zu erweitern und führten den Begriff «subversive institutionelle Aktion» ein. Außerdem haben wir eine Analyse des Gauchismus in Angriff genommen, dann aber wieder abgebrochen. Auch der Begriff Kontrolle tauchte hier und da auf, insbesondere als wir bei den vorbereitenden Arbeiten für die Zeitung diesen Begriff genauer zu fassen versuchten. Ich sähe es am liebsten, wenn man alle diese Begriffe in Beziehung zueinander setzte, da sonst ein etwas zusammenhangloses Denken entsteht. Ich meine, daß es eine sehr starke Verbindung zwischen ihnen gibt. Und auch die Frage der Moral ist mit diesem Begriffskomplex aufs engste verknüpft. Ich bin sehr dafür, daß man mit der Moral beginnt, und würde sagen, daß man es sich als Ziel setzt, alle jene Begriffe in Beziehung zueinander zu setzen.

SARTRE: Moralität und Legitimität sind eng miteinander verbunden. Die Legitimität eines Schrittes ist zugleich sein Wert in den Augen des

Volkes: das Volk billigt ihn, weil es mit ihm bekannten Werten verbunden ist, die es kennt. Wenn zum Beispiel Arandas Enthüllungen über die Regierungsskandale Bedeutung haben, dann die, daß sie mit dem Moralverständnis des Volkes übereinstimmen. Das Volk kann es nicht zulassen, daß führende Männer – wer sie auch seien –, Volksvertreter, unmoralisch sind – eben weil es davon ausgeht, daß sie in seinem Namen handeln, und weil es ihnen seine Souveränität übertragen hat. Darum glaubt es, daß jene ihre Wähler *legitim* vertreten. Wenn sie aber unehrenhaft sind, entsteht ein Widerspruch zwischen Moralität und Legitimität, die doch untrennbar sein sollten. Darum scheint es mir jetzt schwierig, hier noch weiterzukommen, ohne den Marxismus ins Spiel zu bringen. Für die Marxisten gehört Moralität zum Überbau. Man müßte sehen, ob auch wir sie so betrachten. Für mich gehören die Moralsysteme zum Überbau, aber die lebendige Moralität befindet sich auf der Ebene der Produktion. Bedenkt, daß es auf der Ebene der Produktion schon die Sprache, die Werkzeuge etc. gibt, kurz: eine lebendige Kultur, die ihrerseits ein Produktionsmittel ist. Es ist die gleiche Ebene, auf der der Arbeiter die Welt und die Werte durch seine produktive Aktivität hindurch wahrnimmt – in der Arbeit selbst liegt die Moral. Versteht ihr das gleiche unter tätiger Moral?

Victor: Mich stört nur eines: deine Definition des Überbaus, die mir nicht ganz mit der marxistischen Definition übereinzustimmen scheint.

Sartre: Nein, das stimmt. Aber ich wüßte gern, was ihr, die Maoisten, denkt. Es ist richtig, es gibt Leute, die es so sehen: eine starre Basis, die mechanisch den Überbau determiniert. Darum halten viele Marxianer (damit meine ich Leute, die Marx für sich in Anspruch nehmen, nicht die Marxisten) die Überbauphänomene für Epiphänomene ohne eigene Logik oder, wenn du willst, ohne innere Dialektik, da jedes Moment sich voll und ganz aus der determinierenden Aktion der starren Basis erklären läßt. Marx selbst sah die Dinge nicht so, denn er sagt, daß der Überbau auf die Basis zurückwirkt. Diese gegenseitige Bedingtheit impliziert eine gewisse Autonomie des Überbaus: Wenn er nur die *Auswirkung* starrer Ursachen wäre, könnte er auf diese Ursachen nicht zurückwirken; dann wäre er nur eine Serie von Auswirkungen, die sich auf ihre Ursachen nicht zurückbeziehen und sie nicht verwandeln könnten. Das Problem der Moral hängt fundamental von diesem Problem ab. Marx hat die Frage nach der Moralität zwar nicht ausdrücklich gestellt, aber in gewisser Weise spricht er ständig davon. Daher hat er die Frage in einer offenkundigen Ambiguität belassen, die den Verfälschungen der mechanistischen Marxianer entgegenkommt. Ich für mein Teil halte den Überbau für tote Theorie, womit ich meine, daß sich hier das Denken, das ein Moment der Praxis ist, gänzlich von der es umschließenden Praxis löst und sich isoliert darstellt. Ein Beispiel. Die Theorien des Geldes, die von Leuten in Büchern dargestellt werden, verkünden meiner Ansicht nach das Ende der echten Theorie des Geldes, die nichts anderes ist als die Kunst, Geld herzustellen und zu benutzen. Ende des 16. und Anfang des 17. Jahrhunderts wird das Geld gedacht und wird denkbar: es gibt eine totale Praxis. Man hat Amerika entdeckt, dann die amerikanischen Goldminen, man hat das Gold aus den Minen geholt, hat es nach Spanien gebracht und dort Münzen daraus prägen lassen, die benutzt wurden, um beispielsweise Waren zu erwerben. Die lebendige Theorie vom absoluten Wert des Goldes lag in dem praktischen Zusammenhang aller dieser Operationen. Sie war mit der Gewinnung des Goldes und seinem Transport nach Spanien verbunden. Und natürlich wurde sie auch widerlegt durch die Konsequenzen eben dieser Praxis – Konsequenzen, die nach und nach spürbar wurden, als man erkannte, daß das Gold in dem Maße seinen Wert verlor, in dem Spanien es anhäufte. Hier haben wir es also mit zwei fast simultanen Momenten zu tun, dem Auftauchen des Goldes als etwas Wertvollem, weil die Praxis es so erscheinen ließ, und der Erkenntnis auf Grund der immer noch praktischen Konsequenzen dieser Praxis, daß es nach und nach seinen Wert verlor, der plötzlich nicht mehr absolut, sondern an andere Faktoren gebunden schien. Dieser Übergang vom ersten Moment zum zweiten ist dialektisch: man findet ihn in allen Vorgängen, die als Bezahlung gelten, bei der Preissteigerung etc. Das ist nicht der Überbau – das spielt sich auf der Ebene der Produktion und der Produktionsverhältnisse ab. Nun machen sich Intellektuelle, die durch die Arbeitsteilung von jeder Form der Praxis abgeschnitten sind, daran, über Geld nachzudenken, lösgelöst von dem Moment, wo sie es ausgeben oder es verdienen. Sie schreiben Bücher über das Gold, über das Geld und den Staat, eröffnen den Streit über Bimetallismus etc. Und diese abstrakten, von der Praxis getrennten Theorien werden übernommen, dann verworfen, und es entstehen neue Theorien im 17., 18., 19. und 20. Jahrhundert bis hin zu Keynes. Nun sind aber alle diese Theorien inert und deshalb perpetuieren sie sich; sie haben nicht den geringsten Bezug zu der Theorie, die «unten» besteht, bei den Leuten, die ein Geldstück hingeben und dafür ein Konsumgut erhalten. Das ist der Überbau. Aber die Vorstellung, die man den Leuten vermittelte, die das Gold aus den Minen gewannen, in einer bestimmten Situation also, sowie jenen, die es in Spanien benutzten, sie ist Teil der Produktion und der Produktionsverhältnisse. Bist du damit einverstanden, Victor?

VICTOR: Ja, und dennoch stört es mich, was du da sagst. Ist das nicht die Kritik, die Marx an jedem Denken geübt hat, das die gesellschaftlichen Verhältnisse perpetuiert?

SARTRE: Es entspricht in etwa einer von Marx geübten Kritik, nur daß

Engels nicht der gleichen Ansicht war. Der Ökonomismus des *Anti-Dühring* ist Mechanismus. Nein, findest du wirklich, daß Engels' Gesichtspunkt im *Anti-Dühring* der gleiche ist wie zum Beispiel der von Marx und Engels in der *Deutschen Ideologie*? Ich mache dich nur darauf aufmerksam, weil unsere Marxianer das eine mit dem anderen vermengen, was nicht akzeptabel ist und echte Verwirrung stiftet.

VICTOR: Es gibt eine pseudo-marxistische Auffassung vom Überbau, einen deterministischen Marxismus. Es ist klar, daß dies für die Sozialdemokratie der Zweiten Internationale eine fundamentale Theorie war.

SARTRE: Und sogar für die Dritte sind die Texte der französischen Kommunisten mechanistisch und deterministisch, sie haben nichts Dialektisches. Die KPF hat die Dialektik nie begriffen und sich nie darum gekümmert.

(Dezember 1972)

8

Die neuen Werte

> Die Werte haben wie ein Januskopf zwei Gesichter. Du bist Bretone. Du verteidigst die bretonische Fahne. Gegen die Unterdrückung. Schön. Aber gleichzeitig bereitest du den Boden für eine andere Unterdrückung. Für all das, was die Fahne an Erstarrtem, an Einengendem repräsentiert . . .

VICTOR: Einverstanden. Für die deterministischen Marxisten führt kein Weg am Sozialismus vorbei. Man sieht nicht mehr die schöpferische Rolle der Massenbewegungen, der Revolte. Es ist eine Sackgasse. Es ist signifikant, daß es für diesen Marxismus nur die Konfrontation zwischen Arbeitern und Kapitalisten gibt, daß er aber der Revolte der intermediären Klassen keine Bedeutung beimißt. Dies trifft für den deterministischen Marxismus von rechts zu. Aber es zeigt sich, daß auch der «Gauchismus» zu keiner Theorie zu gelangen vermag, die heterogene Revolten einbezieht. Ich habe die Texte der Gauchisten gleich nach dem Mai 68, in einem Augenblick also, als man bereit war, alles zu revidieren, wiedergelesen. Wir hatten ja tatsächlich erlebt, daß ein gewisser Marxismus durch die soziale Bewegung überholt worden war. Ich habe diese Schriften mit voller innerer Bereitschaft wiedergelesen, und ich war überrascht über die Texte von Gorter und all den anderen deutschen Linken: das war genau «Klasse gegen Klasse». Nichts anderes. Kein Gedanke an die intermediären Klassen. Gewiß, es gibt da ein paar ökonomisch orientierte Bemerkungen über den Verfall der intermediären Klassen und über die Bildung neuer Klassen. Aber man sieht auch die Unfähigkeit, eine Verschmelzung von Revolten verschiedensten Ursprungs ins Auge zu fassen. Sie sehen nicht, wie man von einem Komplex heterogener Revolten zu dem kommen kann, was ich eine Sammlung, eine Vereinigung, eine Verschmelzung nennen möchte. Daher kam ich zu dem Schluß, daß Mao Tse-tungs Begriffe sich am ehesten eignen, aus der Sackgasse der III. Internationale herauszuführen. Es gibt mehrere Klassen, die mehrere Formen von Unterdrückung erleiden. Jede Unterdrückung ruft Widerstand, ruft Revolte hervor, führt also zur Schaffung einer bestimmten Anzahl von Werten. Aufgabe einer kommunistischen Partei ist es, eine «gemeinsame Sprache» zu schmieden, eine allen Klassen gemeinsame Moral zu schaffen, die sie als Klassen des Volkes charakterisiert, weil sie, in unterschiedlichen Graden, diese oder jene Unterdrückung erleiden. Das würde es ermöglichen, das im alten Denken Unüberwindliche zu überwinden.

Sartre: Damit wären wir wieder bei deinem Schmelztiegel. Wenn Gavi und ich diesen Begriff nicht sehr schätzen, wenn es uns lieber wäre, daß diese Revolten, zumindest eine Zeitlang, ihre Autonomie bewahrten, dann deshalb, weil wir den Eindruck haben, daß du es für gesichert hältst, daß alle diese Revolten, alle diese Widersprüche, die, jede für sich, aus einer bestimmten Form von Unterdrückung entstanden, notwendigerweise eine gemeinsame Sammlung konstituieren müssen. Um uns zu überzeugen, müßtest du aber beweisen, daß die Revolte der Frauen und die Revolte des Proletariats durch einen dialektischen Prozeß schließlich eine einzige große Revolte bilden werden. Du nimmst als gesichert an, daß die verschiedenen Werte, die durch die Opposition des Volkes gegen verschiedene Formen der Unterdrückung geschaffen wurden, sich zu einem Ganzen verbinden.

Victor: Es gibt eine historische Tradition, die man verwerfen muß und mit Mao Tse-tung auch verwerfen kann: das Begriffspaar mechanistischer Marxismus und voluntaristischer Marxismus, den «Reformismus» und den «Gauchismus» vor Mai 68. Ich spreche nicht von der Entwicklung, die der Begriff nach dem Mai 68 nahm. Das entscheidende Ereignis war eine gesellschaftliche Bewegung, von der man sagen kann, daß einer ihrer Feinde der mechanistische, autoritäre Marxismus war. Die Bewegung selbst war eine handfeste Zurückweisung dieses autoritären Marxismus: für den deterministischen Marxismus war es undenkbar, daß Studentenmassen – Vertreter «kleinbürgerlicher Schichten» – plötzlich den gesamten revolutionären Prozeß leiteten und das Ziel der ideologischen Revolution verkündeten, nämlich den Kampf gegen die autoritären Strukturen des bestehenden bürgerlichen Staates. Ob man will oder nicht, man ist von der Vergangenheit beherrscht. Und die gesellschaftliche Bewegung vom Mai 68, die bei ihrem Aufbruch den Begriff Gauchismus übernehmen konnte, um ihren Bruch mit dem autoritären Marxismus zu demonstrieren, hat eine ganze Reihe von Elementen des traditionellen linken Denksystems mitgeschleppt. Diese Elemente haben eine in der Praxis negative Nachwirkung, die sich aber erst nach dem Ende der Bewegung vom Mai 68 mit Macht zu manifestieren begann. Es ist nicht nur der Ideenballast. Die Protestbewegung an den Universitäten hatte ihre Grenzen. Das wirkte nach in den Köpfen und wirkte sich auf die dominierenden Gedanken der Protestbewegung aus. Das Ergebnis ist, daß wir eine Anzahl von ziemlich überholten Elementen des alten linken Denksystems mitgeschleppt haben. Es gibt Strömungen in der Linksbewegung, darunter insbesondere die Trotzkisten, die am traditionellen linken Denken festhalten: sie denken einzig und allein in den Kategorien «Klasse gegen Klasse». Bei den Trotzkisten ist das ganz deutlich.

GAVI: Ich habe nicht diesen Eindruck. Die Liga mißt den intermediären Klassen viel, fast zu viel Bedeutung bei.

VICTOR: Im gauchistischen Denken gibt es zwei entscheidende Klassen, und da muß notwendigerweise eine die stärkere sein und auf ihre Seite ziehen, was es an Intermediärem gibt. Aber strenggenommen haben die intermediären Klassen nichts beizutragen, nichts Schöpferisches beizusteuern.

GAVI: Ich habe eher den Eindruck, daß es bisher die Maoisten sind, die den Gedanken «Klasse gegen Klasse» entwickelten. Überall, in allen Texten, wird der Gegensatz zwischen den Reichen und den Armen, zwischen Bauern und Arbeitern einerseits und Bürgern andererseits betont. Die Idee der Sammlung ist eben doch noch recht neu . . .

VICTOR: Das stimmt nicht. 1969 sagten wir bereits, daß die Oberschüler bei ihrem Schulaufstand Werte geschaffen hätten.

GAVI: Die Liga auch.

VICTOR: Wir sagten, daß die Bewegung an den Schulen eine Reihe von Rebellionswerten geschaffen habe, die für die Arbeiterbewegung notwendig seien. 1969 organisierten wir mehrmals einen «langen Marsch» von Schülern zu den Fabriken.

GAVI: Ihr sagtet: «Schüler, raus aus den Schulen!» – «Studenten, raus aus den Fakultäten!» . . .

VICTOR: Das ist nicht richtig. Unsere Haltung war damals sehr einfach: Der Schüler revoltiert. Die Logik seiner Revolte ist die ideologische Zerstörung der Schule. In diesem Augenblick bleibt ihm nur entweder die Verzweiflung oder die Suche nach einem Ausweg. Der Ausweg, den wir damals vorschlugen, war, daß wir sie die Werte ihrer Rebellion in die Arbeiterklasse tragen ließen.

GAVI: Deswegen ist es besser, die Revolte am eigenen Arbeitsplatz zu beginnen. Die Schüler in der Schule. Eine der Formen dieser Revolte kann dann darin bestehen, die Verbindung zwischen Schülern und Arbeitern herzustellen.

VICTOR: Die Schüler schufen nützliche Werte für die produktiven Klassen. Die Theorie «Klasse gegen Klasse» leugnet die Möglichkeit, daß außerhalb von Proletariat und Bourgeoisie Ideen entstehen können.

GAVI: Mir scheint, dies sagen eher die Maoisten als die Trotzkisten . . . Ihr glaubt, daß Werte von Gruppen geschaffen werden können und daß diese Werte nur eine Bedeutung haben, wenn sie in anderer Form von den Arbeitern und den Bauern übernommen werden können.

VICTOR: Nein. In ihrem Kampf gegen die Autorität innerhalb der

Familie schaffen die Schüler Werte. Aber auch die unmittelbar an der Produktion Beteiligten schaffen Werte. Nicht die gleichen. Das Beispiel ist interessant, weil es unmöglich ist, wenn man die Tendenzen ein wenig überspitzt, daß ein älterer Arbeiter die von den jugendlichen Schülern geschaffenen Werte unmittelbar übernehmen könnte, oder umgekehrt. Wenn man den Begriff «Schmelztiegel» ablehnt, so bewahrt man meines Erachtens einen anderen, den des «Generationskonflikts», der dem bürgerlichen Denken entstammt. In einer Sammlung wie den Komitees Vérité et Justice treffen jung und alt zusammen. Es kam zu einem Konflikt: Die Sprache der Älteren verstimmte offenkundig die Jüngeren. Sie fanden die Sammlung triste und lähmend. Hier wurde die weite Kluft zwischen zwei Ausdrucksformen auf beängstigende Weise sichtbar. Aber es war ein Anfang gemeinsamer Gespräche.

SARTRE: Du sprichst also von einer Art Vorstufe des Schmelztiegels, einverstanden. Aber was zeigt das Beispiel? Die Jungen reagierten unmutig auf die von den Alten verteidigten Werte. Die Jungen hatten vielleicht neue Werte anzubieten, aber zu einer dialektischen Synthese kam es nicht. Als sie auseinandergingen, erklärten die Jungen: «Es ist lähmend, aber, na ja, so denken sie nun mal.» Und die Älteren dachten: «Sie gehen zu weit, aber sie sind ja nun mal jung.» Ein neuer Wert ist aus dieser Vorstufe des Schmelztiegels nicht hervorgegangen.

VICTOR: Meines Erachtens schon. Wenn ich auch nicht behaupte, daß er ganz klar zum Vorschein kam. Aber eines kam dabei doch heraus: daß die Kontrolle der Justiz durch diejenigen, die, wenn auch unterschiedlich, unter ihr leiden, die Vereinigung bisher getrennter Kräfte ermöglicht.

GAVI: Auch im Kino sind Junge und Alte, und das Kino ist darum noch kein Schmelztiegel. Wenn es um ein bestimmtes Problem geht, kannst du Leute beliebiger Art in einem Saal versammeln. Aber sobald andere Probleme ins Spiel kommen, mag es sein, daß dieselben Leute sich daran stoßen.

VICTOR: Dein Vergleich mit dem Kino ist nicht stichhaltig. Sie haben ein gemeinsames Ziel.

GAVI: Einen Film anzusehen, ist auch ein gemeinsames Ziel.

VICTOR: Nein. Aber ein gemeinsames Ziel ist zum Beispiel gesellschaftliche Veränderung.

SARTRE: Der Marxismus stellt die historische Entwicklung dar, als ob seit Adams Zeiten immer die gleichen Menschen die Geschichte gemacht hätten, während es in Wirklichkeit doch unterschiedliche Menschen vieler Generationen gewesen sind. In jeder Generation werden die Jungen in eine Gesellschaft hineingeboren, die ihre herrschende Klasse, ihre Ausgebeuteten, ihre Institutionen und ihre Konflikte hat; aber die Jungen müssen sie, da sie nicht dafür verantwortlich sind, notwendigerweise anders sehen. Folglich ist die Geschichte in Wirklichkeit nicht so, wie die Marxisten sie sehen. Es gibt einen Roman von Virginia Woolf, in dem sie das Leben eines Mannes namens Orlando beschreibt, der zur Zeit der Angeln und Pikten in England geboren wurde und dessen Entwicklung parallel zur Christianisierung Englands, zur normannischen Eroberung, zu den Rosenkriegen etc. verläuft. Genauso sehen viele Leute die Geschichte, und das ist ein Irrtum. Geschichte wird von völlig verschiedenartigen Menschen gemacht, die oft sogar von ihrer eigenen Klasse angegriffen werden.

VICTOR: Die aus dem XX. Parteitag hervorgegangene KP ist nicht die Partei der Arbeiterklasse im allgemeinen. 40 Prozent der zum XX. Parteitag entsendeten Delegierten sind nach 1968 eingetreten. Das Motiv für ihren Eintritt war also: «Ich bin gegen die Protestbewegung.»

SARTRE: Mir wäre es lieber, wir ließen den Generationskonflikt beiseite. Die Geschichte hat einerseits eine gewisse Kontinuität, und andererseits wird diese Kontinuität ständig von neu hinzukommenden Menschen unterbrochen, deren Schicksal bereits vor ihrer Geburt von der Gesellschaft und den Eltern geprägt wurde und die allen Grund dazu haben, gegen dieses nicht von ihnen gewählte, sondern ihnen aufgezwungene Schicksal, also die Familie, die Institutionen und die Produktionsverhältnisse zu protestieren. So kann es geschehen, daß die Jugendlichen, weil sie neu aufbrechen und sich gleichzeitig in ihrer Entfaltung behindert fühlen, gewisse Dinge in Frage stellen, die ihre Väter mühsam erworben haben und als Fortschritt betrachten.

GAVI: Das ist komplizierter. Viele junge Arbeiter sind für die Familie: sobald sie verheiratet sind, führen sie ein geordnetes Familienleben. Man hat sogar den Eindruck, daß sie ihre Eltern nachäffen. Und warum? Sie finden in dem von ihnen gegründeten «Heim» 1. eine Sicherheit; 2. das Gefühl, etwas geschaffen zu haben; 3. am Arbeitsplatz müssen sie gehorchen, während sie daheim den Ton angeben; 4. einen Schutz vor dem Gefühl, außerhalb des Arbeitsplatzes nichts zu gelten; 5. eine Art gesellschaftlichen Aufstiegs, da sie jetzt jener kleinbürgerlichen Familie gleichen, an die sich die Werbung richtet. Aber einige lehnen diese Art der Integration ab. Deswegen halte ich den Ausspruch von Deshayes für sehr wichtig: daß man sich fragen müsse, was die Menschen altern mache. Es ist das, was bewirkt, daß es innerhalb ein und derselben Klasse Menschen geben kann, die andere unterdrücken, die bereits unterdrückt sind.

SARTRE: Was die Menschen altern macht, hat Simone de Beauvoir in *Das Alter* aufgezeigt: Einerseits natürlich der langsame körperliche Verfall, andererseits der Umstand, daß man in unseren Gesellschaften die Menschen ausschließlich ihrer Arbeitskraft entsprechend behandelt. Das Leben eines Arbeiters ist von Anfang an so angelegt, daß er später unweigerlich zum alten Eisen gerechnet wird: man interessiert sich nur für seine Produktionskraft, und sobald diese Kraft nachläßt oder verschwindet, ist er nichts mehr wert. Das heißt aber, daß er niemals etwas wert war. Sobald er dann ins Altersheim kommt, nimmt er – freilich zu spät – wahr, daß sein ganzes Leben systematisch durch erzwungenen Verzicht und Ausbeutung zerstört worden ist. Er hat nichts mehr, woran er sich halten kann, um ein wenig Mut zu schöpfen. Was die Menschen heutzutage altern macht, ist die kapitalistische Ausbeutung: ein alter Mensch ist jemand, der von Kindheit an und nur um des Profits willen deformiert worden ist und am Ende seines Lebens diese seinen Tod beschleunigende Verstümmelung wahrnimmt. Ein junger Mensch dagegen, jemand zwischen 18 und 20, wehrt sich gegen eine solche Verstümmelung. Wie du siehst, sind das zwei verschiedene Dinge. In diesem Stadium kann der alte Mensch nicht mehr zur großen Sammlung beitragen; nun ja, vielleicht, ein bißchen, aber nicht wirklich. Er stellt keine gesellschaftliche Kraft mehr dar. In allen westlichen Ländern kann der alte Mensch keine wirkliche soziale Kraft mehr sein. Er ist noch eine gewisse Kraft als Wähler, aber das ist alles.

VICTOR: Damit bin ich nicht einverstanden. Stell dir eine Fabrik vor: ohne die Alten bringst du keinen bedeutenden Streik zustande.

GAVI: Ja, aber mit den Alten ist es nicht mehr das, was ein Streik ausschließlich junger Leute wäre. Die Alten haben viel zu verlieren.

VICTOR: Darin sind wir uns einig. Aber das ist nur *eine* Komponente. Ein massiver Streik, ohne die Alten . . .

SARTRE: Aber es sind ja nicht die Rentner, die den Streik machen . . .

VICTOR: Aber die älteren Arbeiter, die vor der Pensionierung stehen . . .

SARTRE: Man kann für sie agieren, aber sie können nicht die treibende Kraft sein.

GAVI: Sie nehmen am Streik teil. Für gewöhnlich stehen sie nicht an der Spitze . . .

SARTRE: Und dabei sind gerade sie die Betrogenen und schlecht Behandelten: ein alter Mensch, der eine monatliche Rente von vierhundert Francs bekommt . . . Ich möchte noch mal auf einen Punkt zurückkommen. Du hast sehr klar die mechanistischen Marxisten und die Gauchisten definiert, du hast gezeigt, wie beide sich im Grunde an den gleichen Schwierigkeiten stoßen, aber du hast uns nicht erklärt, wie die von der chinesischen Revolution übernommenen Begriffe es euch ermöglichen, diese Schwierigkeiten zu umgehen. Wie entgehst *du* zum Beispiel dem Voluntarismus und dem Mechanismus? Wie kann es dir gelungen sein, eine Lösung zu finden?

VICTOR: Mao Tse-tung sagt irgendwo: Auf einer durch bestimmte

Bedingungen begrenzten Bühne kann der Mensch Heldentaten vollbringen. Beispiel: die chinesische Revolution.

Gehen wir einmal davon aus, daß das mechanistisch-marxistische Denken in der ersten Phase der Revolution übernommen wurde: die Arbeiterklasse ist objektiv die herrschende Klasse der Revolution. Folglich wird das Schicksal der Revolution in den Städten entschieden. Der Aufstand muß in den Städten entfesselt werden. Wohlgemerkt, auch die Bauernaufstände sind wichtig, denn die Klasse der Bauern wird stark unterdrückt von Imperialismus und Feudalismus. Also unterstützt man den Bauernaufstand, der jedoch nur eine ergänzende Kraft ist, die die städtischen Aufstände unterstützt. Falsch gedacht. Maos Denken: Wege zur Fusion müssen gefunden, objektiv Getrenntes muß zusammengeführt werden. Er findet einen Raum für diese Fusion: die Tschingkiang-Berge. Nach dem Fehlschlag der Erhebungen in den Städten ziehen Bergleute und Arbeiter ins Gebirge. Dort verschmelzen sie im Tiegel der Volksarmee mit den Bauern. Hier führt Mao Tse-tung den Begriff des «Schmelztiegels» ein. Jeder bringt seine eigenen Werte ein. In einem bestimmten Augenblick sagt Mao Tse-tung: lasset die Bergarbeiter, die Arbeiter zu mir kommen; denn es fehlt ein Element der Verläßlichkeit, der Disziplin, es gibt zu viele auseinanderstrebende Tendenzen. Aber Mao sagt auch: Bauern, Bauern, denn sie bringen die Werte des Hasses, der Rebellion gegen die imperialistisch-feudalistische Ordnung mit; sie sind eine unermeßliche, unerschöpfliche Kraft. Vermischt sie alle, und das ist die Volksarmee. Da habt ihr den Schmelztiegel der chinesischen Revolution. Aus diesem Grunde ist das Modell der Volksarmee ein entscheidendes Modell.

Gavi: Einverstanden. Dennoch mußt du, um Lehren aus der chinesischen Revolution zu ziehen, nach Möglichkeit wissen, wie die Chinesen ihre Geschichte erlebt haben, mußt den Einfluß des Konfuzianismus abwägen, der in China eine extrem starre Klassengesellschaftsordnung geprägt hat, und solltest unter diesem Blickwinkel die Beziehungen zwischen Stadt und Land, die durch eine tiefe Kluft voneinander getrennt waren, analysieren. Für Frankreich kannst du aus dem Modell der chinesischen Revolution nicht viel lernen. Die französischen Arbeiter haben mit den Arbeitern von Schanghai des Jahres 1927 nichts gemein. Und die bretonischen Bauern gleichen nicht den Bauern in Hunan. Die Trennung zwischen Bauern und Arbeitern, zwischen Stadt und Land, ist in Frankreich aus verschiedenen Gründen weit weniger scharf, als sie es in China gewesen ist. Die französischen Bauern repräsentieren nur 11 Prozent der tätigen Bevölkerung, die chinesischen Bauern aber etwa 90 Prozent. Außerdem hast du in industrialisierten Ländern wie Frankreich die Dampfwalzen, die zur Nivellierung des Bewußtseins beitragen, das Fernsehen zum Beispiel. Jeden Abend sieht man in Stadt und Land das gleiche Fernsehprogramm.

VICTOR: Ah! Ja! Auch das Fernsehen ist ein Schmelztiegel, auf seine Art . . .

GAVI: Du kannst nicht im Jahre 1973 sagen: das sind die von den französischen Bauern geschaffenen Werte, das sind die von den Arbeitern geschaffenen Werte und das sind die Werte, die von dieser oder jener Kategorie der intermediären Klassen geschaffen wurden. Was du «Schmelztiegel» nennst, funktioniert seit langem in Frankreich, mittels einer ganzen Reihe von Institutionen: da ist der zentralisierende Staat, das konfessionslose Schulwesen, die Proletarisierung der Bauern, der Konsum . . . Auch die Informationsmedien spielen eine Rolle . . .

VICTOR: Da hast du einen Schmelztiegel für die Bourgeoisie definiert, angefangen vom napoleonischen Staat, und dann . . .

GAVI: Nicht für die Bourgeoisie, für jeden.

VICTOR: Gut, ich gebe zu, daß es bei den Arbeitern ein Denken gibt, das in einen bürgerlichen Schmelztiegel eingegangen ist: das total verfremdete Denken. Aber wo ist denn der Schmelztiegel für das freie Denken des Volkes?

GAVI: Gibt es denn heute ein freies Denken des Volkes? Ein freies Denken der Bauern?

VICTOR: Du bist doch selbst überzeugt, daß es Elemente freien Denkens im Volke gibt, da du ja überzeugt bist, daß es in den verschiedenen Schichten des Volkes Protestbewegungen gibt, sonst hättest du nicht gesagt, daß jede Protestbewegung Ideen und Werte erzeugt. Die sogenannten «regionalistischen» Strömungen . . .

SARTRE: Es sind nicht «sogenannte» regionalistische Strömungen, sie *sind* regionalistisch.

VICTOR: Wenn ich sagte, «sogenannte» regionalistische Strömungen, dann nicht, um sie herabzusetzen, sondern im Gegenteil. Aber im Falle der bretonischen Frage von einer regionalistischen Bewegung zu sprechen, ist meiner Ansicht nach eine Herabsetzung. Es geht da um mehr als die Forderung regionaler Autonomie.

SARTRE: Aber es ist auch die Forderung, alle Ressourcen des Landes auszubeuten. Das gleiche gilt für Okzitanien: die Zentralverwaltung ist weit mehr verantwortlich als man denkt für die ungleichmäßige Entwicklung. Es gibt Sektoren in bestimmten Gegenden, die man brachliegen läßt, weil die Zentralverwaltung der Meinung ist, sie könne die Erträge anderswo billiger oder vorteilhafter haben. Die Regionalisten fordern nun, daß der Ausbau ihrer Region nicht mehr vom Vergleich mit anderen Regionen abhängig gemacht wird, sondern daß jede Region sich selbständig entwickeln, daß sie ihre Ressourcen ausbeuten und sich industrialisieren kann. Und sie fordern deswegen, daß die Arbeiter gerecht entlohnt und nicht mehr wegen der Entfernung der Region vom Zentrum, wegen ihrer Lage «am Ende der Welt» unterbezahlt werden (das war das Problem beim *Joint français*).

VICTOR: Das geht noch weiter. Bei den Diskussionen mit den bretonischen Bauern fiel mir auf, daß sie auf gewisse bei ihnen noch lebendige Traditionen hinwiesen, die ihres Gemeinschaftswertes wegen im gegenwärtigen System etwas Außergewöhnliches darstellten und daher verteidigt werden müßten.

SARTRE: Das stimmt, aber um sie zu verteidigen, müssen sie der Zeit angepaßt werden.

VICTOR: Natürlich. Aber das sollte ja auch nur ein Beispiel sein für die Elemente, die in den Schmelztiegel eingebracht werden müßten. Eine föderalistische demokratische Republik, die direkte Demokratie wird solche Elemente respektieren. Selbstverständlich kann es heute in der bretonischen Bewegung von diesen verdrängten und unterdrückten Werten her zu einer reaktionären Interpretation der Geschichte und zu reaktionären Praktiken kommen.

SARTRE: Es gibt natürlich reaktionäre Leute. Aber die neuen Strömungen in der Bretagne und in Okzitanien sind zugleich regionalistisch und revolutionär.

VICTOR: Aber was bringen sie der allgemeinen Protestbewegung ein? Man erweckt den Eindruck, als reduzierte man ihre Bedeutung, wenn man sagt, daß die neuen Bewegungen in der Bretagne einen sozialistischen Charakter annehmen . . . aber sie tragen etwas Eigenes bei.

SARTRE: Sicher, sie steuern den Föderalismus bei.

VICTOR: Den Föderalismus als politischen Wert, das ist enorm. Meiner Ansicht nach bringen sie in den gemeinsamen kollektivistischen Fonds auch eine bestimmte Anzahl von spezifischen bretonischen Werten ein, eine gewisse Art der zwischenmenschlichen Beziehungen in der Gemeinschaft, und daran wollen sie festhalten.

GAVI: Damit bin ich einverstanden. Aber eines müssen wir noch klären: Du diskutierst also mit Genossen aus Okzitanien und stellst rechte und linke Tendenzen fest. So kommen wir erneut auf das Problem zurück: Was verstehen wir unter «Wert»? Sie haben völlig recht, von Kolonialismus zu sprechen, wenn sie eine Form der «Kolonisation» anprangern, die dafür verantwortlich ist, daß sie sich nie frei in ihrer Sprache äußern konnten. Der Wert ist hier in Wirklichkeit nicht eine Sprache, sondern die Freiheit, sich so, wie man will, ausdrücken zu können. Der Wert kann auch eine Landschaft sein, die man verteidigen muß. Demgegenüber findest du die Traditionen bestimmter Zusammenkünfte, Versammlungen etc. überall. Und es liegt eine Gefahr darin zu sagen: «Hier finden wir Werte wieder.» Sowohl die Vergangenheit als auch die Werte sind nicht mehr unverfälscht. Protestiert man gegen die Gegenwart durch eine Hinwendung zur Vergangenheit, so ist das ungefähr das gleiche wie der Rückzug in eine autoritäre Familie. Die einen kapseln sich in der Familie ab, die andern in der Partnerschaft, wobei sie den Wert der Familie oder der Partnerschaft zu hoch ansetzen. Dies aber ermöglicht ihnen, für kurze Zeit zu vergessen, daß sie unterdrückt sind. Die gleiche Regression ist es, wenn man von einer Geschichte träumt, die sich nie ereignet hat. Lies einmal die Geschichte Okzitaniens. Da sind Arbeiter, Bauern, die Herzöge von Aquitanien, die ganze Monarchie, alle auf einer Ebene.

SARTRE: Demnächst erscheint eine Nummer von *Les Temps Modernes*, die ausschließlich von Föderalisten gemacht wird: Bretonen, Okzitaniern, Basken, Elsässern, Korsen, Katalanen – und andern «Franzosen». Bei der Lektüre ihrer Artikel habe ich die Werte entdeckt, von denen wir sprechen. Meiner Meinung nach sind es zwei, die – wenn auch in unterschiedlicher Form – in allen Artikeln wiederkehren: die Sprache und die Föderation. Einige plädieren eher für einen bretonischen oder baskischen Nationalismus als für einen Föderalismus. An diesem Punkt kann der «Schmelztiegel» eine Rolle spielen, um beispielsweise die Konstitution einer bretonischen Nation zu verhindern, die ja tatsächlich keine völlige ökonomische und soziale Unabhängigkeit haben könnte.

VICTOR: Das ist richtig. Das ist die spezifische Situation der Unterdrückung einer Region – der Bretagne –, die den Willen nach Selbstfindung, nach Wiederherstellung einer Gemeinschaft weckt, aber auch jenen «umgekehrten Rassismus», wie du ihn nanntest, der das Vehikel reaktionärer Praktiken sein kann. Und dennoch kann man die eminent progressistische Funktion, daß die Gemeinschaft sich ihrer selbst wieder bewußt wird, nicht leugnen.

SARTRE: Der von dir erwähnte Gegeneffekt ist möglich . . .

VICTOR: Unvermeidlich. Solange in den wiederentdeckten Werten das Anachronistische und Reaktionäre noch nicht ausgemerzt ist, und solange das, was neu ist, noch nicht mit den aus der französischen Arbeiterklasse hervorgegangenen Elementen verschmolzen worden ist. Als die Arbeiter von *Joint français* sagten: «Wir sind Bretonen, aber auch Brüder der Arbeiter von Renault-Billancourt», stellten sie das Problem richtig dar. Es hieß nicht mehr nur: «Wir kämpfen gegen unsere Über-Ausbeutung», sondern auch: «Wir wollen Bretonen sein.» Im Kampf gegen die erzwungene Abwanderung kommt der Wille zum Ausdruck, eine bestimmte Form der Gemeinschaft aufrechtzuerhalten – das ist aber nicht der Mythos der historischen Provinz der Bretagne. Gerade weil die historische Szenerie von objektiven Bedingungen abgesteckt ist, will man nicht einen Schritt zurück tun, sondern sagt: Wir sind Föderalisten. Eine spezifische Gruppe, in diesem Fall die bretonische Bewegung, bringt, ausgehend von ihrer spezifischen Unterdrückung, eine Reihe von Werten hervor. In diesem Ensemble von Werten gibt es gute und weniger gute, gibt es solche, die in die Zukunft und solche, die in die Vergangenheit weisen. Der Kontakt mit Werten anderer unterdrückter Gruppen, die Konfrontation mit solchen anderen Werten, zum Beispiel wenn die Bretonen («Wir wollen unsere Gemeinschaft bewahren und vielleicht sogar eine eigene Nation sein») konfrontiert werden mit den von der Arbeiterklasse erbrachten Werten («Wir wollen keinen Schritt zurück tun»), ermöglicht eine Verschmelzung: ein Ja zu einer spezifisch bretonischen Gemeinschaft, ein Ja zur Einheit sämtlicher Regionen. In einer direkten Demokratie – daher die Idee der föderalen demokratischen Republik, die Ausweitung der Idee der Kommune . . .

GAVI: Die Werte haben wie ein Januskopf zwei Gesichter. Du bist Bretone. Du verteidigst die bretonische Fahne gegen die Unterdrückung. Schön. Aber gleichzeitig bereitest du den Boden für eine andere Unterdrückung. Für all das, was die Fahne an Erstarrtem, an Einengendem repräsentiert.

SARTRE: Das ist ein jakobinischer Widerspruch . . .

VICTOR: Sag nicht jakobinisch, sag napoleonisch . . . Mit Napoleon wird die zentralisierende Funktion eindeutig bürgerlich und reaktionär.

SARTRE: Daß ich nicht lache! Wieso hältst du die jakobinische Funktion für die einzig positive? Auch da gab es Gutes und weniger Gutes. Trotzdem war es eine bourgeoise Diktatur. Sie hat vereinigt, richtig. Aber sie hat sich den Sansculottes, die der Historiker Lefebvre mit einer Volksfront verglich, kräftig widersetzt. Robespierre hat den Linksbewegungen von oben her Einhalt geboten, und das hat ihn das Leben gekostet.

GAVI: Bretone sein, heißt: gegen eine Unterdrückung kämpfen. Worin genau besteht diese Unterdrückung? Das Entscheidende ist nicht die Zerstörung einer Sprache, das Entscheidende ist, daß jemand, der *seine* Sprache spricht, sich leichter, also freier ausdrücken kann. Es wird also nicht die Sprache verteidigt, sondern die Unterdrückung einer Sprache angeprangert, die einem Volk die Möglichkeit gab, sich auszudrücken. Bretone sein ist also gleichzeitig die Negation dieser Unterdrückung, und – um sie hervorzuheben, zu konkretisieren, zu mobilisieren – wirst du letzten Endes noch einen Dudelsack und eine bretonische Fahne ergreifen müssen. Das erscheint mir normal, logisch . . . Es wäre irrig zu sagen: tut das nicht. Aber Vorsicht: dieser Kampf für die Freiheit birgt in sich selbst die Negation dieser Freiheit, denn eine Fahne bleibt eine Fahne und ein Dudelsack ein Dudelsack . . . Dieser Kampf muß also zwangsläufig neue Institutionen schaffen, die ihrerseits repressiv sind.

Victor: Das ist sehr viel allgemeiner.

Gavi: Ich sehe keinen Ausweg. Du hast Bretonen und Okzitanier vor dir, die du unterstützt, weil du meinst, daß du damit für die Freiheit kämpfst. Aber eines läßt du außer acht. Es muß Schluß gemacht werden mit dem rationalisierenden Denken: nicht alles ist lösbar.

Sartre: Willst du damit sagen, daß schon der Begriff «bretonisch» eine begrenzte Idee für den Bretonen ist?

Gavi: Ja. Wie das heute auch für «französisch» gilt.

Sartre: Ja. Aber wenn im Volk in der Bretagne ein *Verlangen* danach besteht?

Gavi: Man unterstützt es, ist sich dabei aber bewußt, daß man auch das unterstützt, was man morgen bekämpfen wird.

(Dezember 1972)

9

Mohameds Geste

> Und da passiert etwas: alles, was er gedacht, aber nie ausgesprochen hat, bricht aus ihm hervor: «Ich bin wie die anderen, du schuldest mir Achtung.» Und da er sich nun aufgelehnt hatte, konnte er hinzufügen: «Du bist ein Rassist . . .»

Sartre: Man müßte sich zunächst einmal fragen – indem man, wie wir es taten, von der Produktion ausgeht –, wie Werte zustande kommen. Ich habe meine Gedanken darüber, aber ihr solltet eure darlegen.

Victor: Nehmen wir eine Fabrik, wo am Fließband gearbeitet wird. Die Arbeiter sind voneinander getrennt, werden aber vom gleichen Feind ausgebeutet. Das aber wird ihnen nicht bewußt. Bewußt wird ihnen ihre Trennung. Nun kommt ein Werkmeister. Die meisten Arbeiter am Fließband sind Arbeitsemigranten, und der Werkmeister hat die Kolonialkriege mitgemacht, er ist Rassist. Er geht auf einen der Arbeiter zu, einen Araber, und sagt: «Kannst du nicht schneller machen? Typisch für diese Rasse von Faulenzern . . .» Der Arbeiter protestiert. Der Werkmeister hat laut gesprochen, drei oder vier andere Arbeiter haben seine Worte gehört und flüsternd weitergegeben. Allgemeine Empörung, man tut sich zusammen, der Streik ist da. Die Forderung: «Unter diesem Werkmeister kann man nicht arbeiten; Austausch des Werkmeisters . . .»

Sartre: Ein gutes Beispiel. Aber du vergißt zu sagen, daß die Solidarität der französischen Arbeiter durch die Auflehnung des angeschnauzten Arabers zustande gekommen ist. Und sie gilt es als erstes zu begreifen. Warum lehnt er sich auf, statt sich beispielsweise zu sagen: «Er hat ja recht, ich arbeite wirklich nicht schnell genug, ich müßte mich etwas beeilen . . .»?

Victor: Er lehnt sich auf, weil der Werkmeister gesagt hatte: «Typisch für diese Rasse von Faulenzern . . .»

Sartre: Genau darauf wollte ich hinaus. Aber du siehst, die Revolte ist zustande gekommen als Folge einer subjektiv-objektiven Bewußtwerdung auf sehr hoher Ebene. Er hat in etwa gedacht: «Ich gehöre keiner Rasse von Faulenzern an, so etwas gibt es gar nicht. Wer behauptet, daß es so etwas gibt, ist ein Rassist.» Wie kommt er deiner Meinung nach dazu, so zu denken? Ist das Psychologie, Metaphysik? Wieso erklärt er rundheraus: «Ich gehöre nicht zu dieser von dir erfundenen Rasse, ich bin ein Arbeiter wie jeder andere.» Reagiert er also, indem er den Rassismus als Anti-Wert wiedererfindet? Oder, wenn du willst, er bekräftigt aufs neue das Allgemeine im Gegensatz zu einem auf das Besondere gerichteten Blick.

Victor: Dieser Arbeiter lebt seit mehreren Jahren in Frankreich, und er stellte fest, daß er selbst vom Kellner im Café oft anders behandelt wurde als andere französische Gäste. Ähnlich erging es ihm, als er nach seiner Einstellung bei Renault oder Citroën eine Unterkunft suchte. Nach etwa zwanzig Versuchen wußte er Bescheid. Stets hieß es dem Sinne nach: «Nein, für einen Araber leider nicht.» Auf all dies hatte er nicht reagiert: weder im Café noch beim Zimmervermittler hatte er aufgemuckt. Aber diese Erlebnisse haben tiefe Spuren in ihm hinterlassen. Resignierend sagt er sich: Wir sind anders als die Franzosen, deswegen behandelt man uns nicht so wie sie, aber laß nur, du bist hier, um zu arbeiten und Geld nach Hause zu schicken . . . In der Fabrik nun ist er den anderen Arbeitern vergleichbar: er tut die gleichen Handgriffe wie der französische Arbeiter oder andere Arbeitsemigranten – folglich befindet er sich in einer Situation, in der er dem französischen Arbeiter vergleichbar ist. Die anderen neben ihm verrichten die gleiche Arbeit wie er, und es ist eine schwere Arbeit, und man ist angespannt, wenn man eine anstrengende Arbeit tut. In dieser Umgebung nun, wo er normalerweise denken könnte, daß alle einander gleich sind, gehen ihm die Nerven durch, weil der Werkmeister ihn beleidigt. Und da passiert etwas: alles, was er gedacht, aber nie ausgesprochen hat, bricht aus ihm hervor: «Ich bin wie die anderen, du schuldest mir Achtung.» Und da er sich nun aufgelehnt hatte, konnte er hinzufügen: «Du bist ein Rassist.»

Sartre: Anders gesagt, wir haben es hier mit der Freiheit zu tun, denn – verstehst du – es gibt keine spezifische Situation, die für sich genügte, die Revolte zu determinieren. Jedesmal kann er noch etwas mehr hinnehmen, da er ja auch schon im Café und bei seiner Zimmersuche den Rassismus zu spüren bekam, und du kannst nicht behaupten, daß die Beleidigung des Werkmeisters in sich alle Rassenvorurteile, mit denen er seit seiner Ankunft in Frankreich konfrontiert war, zusammenfaßt und erhält. Du hast das Wesentliche hervorgehoben: hier liegt ein flagrantes Delikt vor, da der Araber sehen kann, daß alle Arbeiter – er selber eingeschlossen – die gleiche Arbeit verrichten. Hier haben wir es mit etwas Allgemeinem zu tun, zu dem die aufs Besondere gerichtete Verachtung des Werkmeisters in Widerspruch steht. Aber du siehst, das Allgemeine ist ein Wert, zu dem der Anti-Wert des Besonderen in Widerspruch steht. Und der Wert wie der Anti-Wert sind nicht gegeben wie Fakten, sondern der Sinn von Fakten. Jeder einzelne muß sie neu erfinden, neu erschaffen. Ein anderer hätte sie dieses Mal vielleicht noch nicht neu erfunden, hätte noch nicht die wahre Moral, die des Allgemeinen, der auf das Besondere gerichteten Pseudo-Moral des Werkmeisters entgegengehalten. Diese Bewegung, die Überschreitung der Fakten, die Überwindung der falschen Werte, die Bewegung zu den wahren Werten hin – das ist das Moment der Freiheit. Denn die Werte existieren ja bereits. Ich bin kein Idealist, aber die Werte sind von der Art, daß man sie jedesmal entdecken oder erfinden muß, wobei beide Wörter gleichbedeutend sind. Und mit dieser Erfindung verlassen wir den Boden der reinen und simplen Tatsachen und wenden uns nur zurück, um sie richtig zu beurteilen und in ihnen den Widerspruch zwischen dem Allgemeinen und dem Besonderen zu entdecken, den ich Freiheit nenne. Du kannst das übrigens auch für ein Moment in einem dialektischen Prozeß halten; für mich kommt das auf das gleiche hinaus. In dem Maße, wie das Moment der Revolte im Hinblick auf die vorangegangenen Gegebenheiten *neu* ist und durch Determinismus nicht erklärt werden kann, determinieren die Fakten andere Fakten, ohne die Revolte jedoch erklären zu können, das heißt den Übergang zum Wert und die Beurteilung: «Das ist nicht gerecht.»

VICTOR: Es gibt keine einzige soziale Bewegung, die sozialen Strömungen mit sogenannter ökonomischer Zielsetzung mit eingeschlossen, die nicht diesen Akt der Revolte implizierten. Mein Beispiel hat allgemeine Bedeutung. Hast du das Gefühl, darin deine Philosophie wiederzufinden?

SARTRE: Man kann dein Beispiel nicht richtig deuten, ohne etwas ins Spiel zu bringen, das das Auftauchen des Neuen erklärt; ob es sich nun «Dialektik» oder «Freiheit» nennt. Aber Vorsicht: Die Freiheit präexistiert in jedem einzelnen, insofern nämlich, als sie von allem Anfang an in ihm vorhanden ist als ausgebeutete, entfremdete Freiheit. Aber jeder begreift seine Freiheit noch in der Entfremdung – wie im Falle des arabischen Arbeiters – als indirekte Bestätigung seiner Souveränität. Ich behaupte übrigens nicht, daß dies nur für den einzelnen gilt. Die Freiheit kann sich auch in Gruppen manifestieren – zum Beispiel in «verschmelzenden Gruppen», wie ich sie nannte.

VICTOR: In dem von mir erwähnten Beispiel dreht es sich noch um das Anfangsstadium der Freiheit.

SARTRE: Anfangs- oder Endstadium, das kommt darauf an. Wenn du eine Hierarchie der Momente der Freiheit etablieren willst, läufst du Gefahr, in die Entfremdung zurückzufallen.

GAVI: Hier bin ich eher Victors Meinung, wenn er sagt: ein Anfangsstadium, das sich im wesentlichen durch eine Weigerung, durch eine Ablehnung des Zwanges charakterisiert. Diese Ablehnung des Zwanges erklärt nicht notwendigerweise, daß man es ablehnt, seinerseits anderen

Zwang aufzuerlegen. Mohamed kann nicht mehr, er revoltiert. Das hindert ihn jedoch nicht daran, anderen Zwang anzutun. Damit will ich sagen, daß auch die Freiheit «organisiert» werden muß. Was kann jemanden dazu bringen, daß er niemandem Zwang auferlegt und daß er sich in einem System organisiert, in dem die Menschen einander so wenig wie möglich Zwang auferlegen?

Sartre: Die Freiheit ist eine *totale Praxis.*

Victor: Aber sie ist ein praktisches Denken. Gestört hat mich, als du sagtest, daß es eine metaphysische Konzeption der Freiheit gibt.

Sartre: Metaphysisch insofern, als du diese Art der Reaktion nicht erklären kannst, wenn du die Menschen als determiniert siehst.

Victor: In diesem Fall . . .

Sartre: Nun ja, der Determinismus ist Metaphysik: er ist eine Lehre, die Aufschluß geben will über den Menschen auf der Erde, aber alle eigentlich menschlichen Fakten unerklärt läßt. Die Freiheit ist eine andere Metaphysik: sie gibt Aufschluß über Fakten, die der Determinismus nicht erklären kann. Jedenfalls finde ich es interessant, daß ihr beide – mehr oder weniger bereitwillig – die Möglichkeit der Freiheit einräumt. Für mich müßte die aus einer Revolution hervorgehende Gesellschaft eine Gesellschaft sein, in der der Mensch frei und mündig ist. Aber davon sind wir noch weit entfernt. Aranda sagte neulich bei einem Gespräch: «Die Menschen werden einfach nicht als erwachsen angesehen.» Das stimmt: man sagt ihnen nicht *alles.* Ein repressiver Staat sieht seine Bürger niemals als Erwachsene an. Das ist in der UdSSR ganz offensichtlich. Ich habe mich euch angeschlossen, weil ihr, allem Anschein nach, eine Gesellschaft vorbereitet, die nicht auf der Selbst-Domestizierung des Menschen, sondern auf seiner Souveränität basiert.

Gavi: Ich wollte dich etwas fragen: welche Verbindung siehst du zwischen dem Geist der Freiheit und dem Geist der Gerechtigkeit? Ich wiederhole noch einmal, was ich vorhin sagte: jeder Wert birgt seine eigene Negation in sich. Ich meine, daß der Geist der Freiheit die Revolte erschafft – und gleichzeitig die Gegenrevolte. Ich meine, daß ein Bürokrat, ein Mann der Macht, durch diese Macht seine eigene Freiheit bestätigt, die aus dem Zwang, den er auf andere ausübt, entsteht.

Victor: An deinen Ausführungen, Sartre, stört mich noch, daß die Freiheit zu Beginn und am Ende die gleiche ist. Man hat ein bißchen den Eindruck, sie sei präexistent. Wenn sich in Mohameds Geste alle Fließbandarbeiter erkennen . . . Man hat den Eindruck, daß da eine hohle Form ist, die Freiheit, die sich auf verschiedenerlei Weise füllen läßt.

Sartre: Du hast nicht viel begriffen, wenn du die Freiheit eine «hohle Form» nennst. Ich meine etwas völlig anderes erklärt zu haben. Im Falle der französischen Arbeiter ist ihre Freiheit offenbarer: sie reagieren, obwohl sie nicht beleidigt worden sind.

VICTOR: Nehmen wir beispielsweise jetzt zwei französische Arbeiter, die unter lauter Marokkanern am Fließband arbeiten. In diesem Falle ist es leicht verständlich, daß alle Marokkaner sich hinter den beleidigten Landsmann stellen, da die gleiche Beleidigung jeden Tag einen von ihnen treffen könnte. Nehmen wir nun an, daß auch der französische Arbeiter sich ihnen anschließt. Auch er reagiert, auch er manifestiert seine Freiheit. Aber welchen Inhalt gibt er dieser Freiheit, die zu einer Kollektivfreiheit aller am Fließband vereinigten Arbeiter geworden ist?

SARTRE: Du willst sicher nicht, daß ich den Beweis noch einmal antrete . . . Sie reagieren, weil sie die Situation (Allgemeines – Besonderes) mit Hilfe der frei von ihnen wiedererfundenen Werte erkennen. Von diesem Augenblick an sind sie dabei, selbst wenn der Werkmeister sie vorübergehend auf die Seite des Allgemeinen stellt.

VICTOR: Also entsteht ein neuer Wert: es geht nicht mehr allein darum, daß diese Männer nicht wie Untermenschen zu behandeln sind – Hauptwert: Rebellion gegen den Rassismus –, sondern sie müssen auch als Gruppe gesehen werden – der Wert des Kollektivismus.

SARTRE: Ich könnte nur wiederholen, was ich schon gesagt habe.

VICTOR: Nein. Denn der Streik wäre auch dann ausgebrochen, wenn der französische Arbeiter weitergearbeitet hätte. Aber auch er legt die Arbeit nieder, aus Solidarität.

SARTRE: Er stellt in der Tat ein Prinzip auf: alle in der Fabrik, die die gleiche Arbeit verrichten, müssen auch gleich behandelt werden. Wenn der Franzose sich auflehnt, dann weil er verstanden hat, was Rassismus ist. Und ihn zu verstehen – ich sage es dir noch einmal –, muß er die Gesamtsituation erkennen, das heißt seine privilegierte Position als *französischer* Arbeiter aufgeben, was einen Rückgriff auf seine Freiheit impliziert. In diesem Augenblick spürt er nicht, daß er mit den anderen solidarisch ist, sondern daß er genau wie sie ist und daß auch er beleidigt wird, wenn man sie nicht alle auf die gleiche Art behandelt.

VICTOR: Er ist genau wie die anderen, obwohl der Werkmeister einen Unterschied machen wollte. Das ist der positive Ausdruck eines Kollektivs.

SARTRE: Damit bin ich einverstanden.

VICTOR: Und damit ist dann von dem französischen Arbeiter ein kollektivistischer Wert geschaffen worden. Diesen Wert stellt er unter den Begriff Gerechtigkeit.

GAVI: Nicht nur das. Oft solidarisieren sich die französischen Arbeiter nicht mit den streikenden Arbeitsemigranten. Der Rassist beispielsweise glaubt gerecht zu sein. Ja, er ist sogar aus Gerechtigkeitsstreben Rassist. Macht man nicht den Juden oder den Arbeiter immer zum Sündenbock?

Wofür? Für eine Revolte gegen die Ungerechtigkeit. Außerdem gibt es in der Kollektivität auch noch die Idee der Freude. Der Wunsch nach dem Kollektiv ist nicht nur die Suche nach wirksamem Selbstschutz. Da ist noch etwas anderes, was man bei jedem Streik oder in jeder Fabrik findet: jedesmal, wenn etwas passiert und Menschen deswegen zusammenkommen, wird von der «menschlichen Wärme» gesprochen. Mir ist das Wort «Wärme» lieber als «Solidarität», denn «Solidarität» würde voraussetzen, daß die Leute notwendigerweise auf andere zugehen. In der Gemeinschaft jedoch gehen die Leute auch aufeinander zu und suchen Freude, die Freude, mit anderen an einem Streik, an einer Fabrikbesetzung, an politischer Zellenarbeit teilzunehmen, mit anderen militanten Genossen an einem Tisch zu sitzen – was sie übrigens nie zugeben würden . . . Es ist doch sehr merkwürdig, daß das Wort «Freude» in politischen Reden nie auftaucht. Sich wohl fühlen oder besser fühlen. Dieses Wort aber scheinen die Marxisten aus ihrem Vokabular verbannt zu haben. Dabei ist der Begriff «Freude» sehr wichtig. Schämen sich die Revolutionäre?

SARTRE: Freude ist gut.

GAVI: Entscheidend.

SARTRE: Nein, entscheidend nicht.

GAVI: Doch, denn sie wird unterdrückt, mit Schweigen belegt, verdrängt. Das Schlimme ist eben, daß die Freude fehlt, daß sie als Möglichkeit negiert wird. So wird ein Militanter dir nie sagen, was in seinem Kopf vorgeht. Gewiß, er kämpft mit anderen für eine bestimmte Sache. Er tut sich mit ihnen zusammen. Er ist aber auch dabei, um nicht allein zu sein, weil er sich freut, mit Freunden zusammen zu sein oder zu einer Gruppe zu gehören. Wobei manchmal die gemeinsame Sache sogar in den Hintergrund tritt.

VICTOR: Und warum stellst du diese beiden Dinge einander gegenüber?

GAVI: Sie gehen nicht immer zusammen. Beispiel: Wie viele Menschen, wie viele Kommunisten suchen in der KP ein Nest, einen Familienersatz? Wie viele «Kollektive» drehen sich um sich selbst? Das geht so weit, daß sie schließlich auf die anderen einen Zwang ausüben, während sie gegründet wurden, um die Freiheit aller zu verteidigen. Viele kämpfen nicht für die Revolte und auch nicht für die Freiheit, sondern einfach nur, um mit anderen zusammenzusein.

SARTRE: Nein. Um mit anderen zusammenzusein, die eine gleiche Forderung oder eine gleiche Praxis haben.

GAVI: Ich übertreibe nicht. Ich habe viele Gruppen gesehen, die sich um sich selbst drehten, das kann so weit gehen, daß neuen Anwärtern unter einem Vorwand der Zugang verwehrt wird. Aus Zellenversammlungen werden Freundschaften. Und danach geht man einen heben . . .

Sartre: Ja, aber dann kotzt es sie im Grunde schon an. Es gibt kommunistische Zellen, die reichlich verschlafen sind. Die Leute kommen noch, aber sie langweilen sich. Und dann kommen sie seltener und dann bleiben sie ganz aus. Sie verlassen nicht die Partei, aber die Zelle. Deine Argumentation ist richtig, wenn es um einen Zusammenschluß von Arbeitern in einer Fabrik um bestimmter Ziele willen geht. Sie vertreten ein und dieselbe Forderung, sie sehen einander dabei als gleichwertig an, und das macht ihnen Freude. Darin bin ich mit dir einverstanden, und Victor vermutlich auch. Aber ich möchte nicht glauben, daß in einer kommunistischen Zelle, wo nichts mehr passiert, die Leute Gemeinsamkeit und Freude erleben. Wenn sie noch kommen, dann nur aus Pflichtgefühl, und das vergiftet ihre Beziehungen. Nur wenn sie aktiv etwas gegen den gemeinsamen Feind unternehmen, haben sie Freude am Zusammensein.

Gavi: Ich sehe überall Leichen oder Vertrocknende, die doch offenkundig einmal aus dem gemeinsamen Willen hervorgegangen sind, für irgend etwas zu kämpfen. Sie waren unter bestimmten Bedingungen für eine Revolte geeignet. Und nun haben sie sich überlebt und stinken muffig oder ranzig.

Victor: Ich weiß nicht, worauf du hinauswillst . . .

Gavi: Ich will zeigen, daß man nicht von Freiheit sprechen kann, wenn man nicht weiß, was Freude ist. Ich kann das nicht so genau erklären. Wie kann man zum Beispiel verstehen, daß Menschen beieinander bleiben, wenn es ihnen keine Freude mehr macht, beieinander zu sein? Nein, machen wir uns nichts vor: jeder Mensch, jede Gesellschaft erfährt Belebung aus der Suche nach Freiheit und aus der Suche nach Nicht-Freiheit, dem Gegenteil, der Umkehrung. Wie der Körper, funktioniert auch das Denken nach eng voneinander abhängigen antagonistischen Bewegungsabläufen. Die Freiheit ist immer die Kehrseite eines Zwangs, und umgekehrt.

Sartre: Es gibt die Umkehrung, ja. Die Serialisierung, die Bürokratisierung, das stimmt. Aber man kann das nicht als negativen Effekt der Freiheit bezeichnen. Im Gegenteil, dazu kommt es, wenn die Freiheit sich von neuem entfremdet und vielleicht sogar von Anfang an nicht ganz rein war. Nichts ist rein, wie du weißt. Selbst die Freiheit ist von Anfang an durch eine Geschichte fehlgeleitet, entfremdet. Die Forderung einer Gruppe nach Freiheit bedingt nicht – als Gegenpol – Gewalt innerhalb der Gruppe. Es gibt so etwas; es ist das, was ich in der *Kritik der dialektischen Vernunft* «fraternité-terreur» genannt habe. Aber in unserem Fall ist der Terror nur die Verinnerlichung der repressiven Gewalt der bürgerlichen Gesellschaft. Wenn man davon überzeugt ist, kann man versuchen, den

Zwang durch eine fundamentalere Freiheitsforderung zu ersetzen.

Gavi: Sollte man nicht besser von Wunsch sprechen – und damit von Wahl –, statt von Freiheit?

Sartre: Wenn du so willst ... Das ist nicht so wichtig, weil es im Grunde das gleiche ist. Den Wunsch kannst du nicht durch den Determinismus erklären, man kann ihn nur durch die Dialektik erklären. Aber um darüber zu diskutieren, müßten wir an den Anfang zurückkehren.

Gavi: Wenn die Revolutionäre sich weigern, die von Reich aufgeworfenen Fragen anzugehen, dann wird es keine Revolution geben, oder, falls es eine Revolution gibt, wird es keine Freiheit geben.

(Dezember 1972)

10

«Wir haben recht, uns aufzulehnen»

> Wenn einer, der mit den Nerven am Ende war, seinem Chef einen Fausthieb verabreichte, brüllten alle: «Bravo!»

SARTRE: Für euch steht also fest, daß die Praxis Vorrang hat vor der Theorie. Wenn es eine Theorie gibt, wird sie nach der Praxis gemacht – ein durchaus vernünftiges Denken, zu dem wir alle mehr oder minder neigen –, aber die Praxis selbst umfaßt ein Denken. Das Wesentliche ist die Tat, aber die Tat selbst ist von einem Denken untermauert. Nun wüßte ich gern, wie ihr in einem bestimmten Augenblick eine Aktion ins Auge faßt. Was ist das Ziel, wie konzipiert ihr die Parolen, die Slogans, was ist eure taktische und strategische Perspektive im Hinblick auf eine bestimmte Aktion – einerlei welche. Wie vollzieht ihr den Übergang vom Nicht-Handeln in einem bestimmten Sektor zum Augenblick, da ihr handelt und eine ganz bestimmte Aktion durchführt? Nehmen wir, wenn du willst, Thionville oder den Streik bei *Joint français* oder die Protestaktion der Intellektuellen am Samstag gegen die Ermordung Diabs – wie war sie organisiert, welche Überlegungen lagen ihr zugrunde?

VICTOR: Zunächst einmal scheint mir wichtig, daß wir uns im klaren darüber sind, wie diese Art des maoistischen Denkens entstanden ist. Die Mao-Bewegung entstand, genau gesagt, im Herbst 68, und zwar auf der Basis einer Zerstörung. Und diese Zerstörung war nicht nur die einer Organisation, der Union der kommunistischen Jugendverbände U.J.C.M.L., es war die Zerstörung eines ganzen ideologischen Systems. Ich spreche hier von dem Flügel der maoistischen Bewegung, der vom Marxismus-Leninismus kommt. Ich erinnere daran, daß die Proletarische Linke sich in Wirklichkeit erst nach dem Beitritt der Genossen von der Bewegung des 22. März konstituierte. Vor dem Mai 68 gehörte ich der Führung der U.J.C.M.L. an. Nach dem 10. Mai konstatierte ich in den «marxistisch-leninistischen» Reihen ein ideologisches Desaster.

SARTRE: Was nennst du «ideologisches Desaster»? Da kommen wir der Sache auf den Grund.

VICTOR: Soll ich rekonstruieren, wie man damals dachte, oder sagen, wie man es heute sieht?

SARTRE: Ein bißchen von beidem.

Victor: Man sieht, daß es richtig war, im Quartier Latin zu sein. Aber warum stellten wir Arbeiterviertel und Studentenviertel einander entgegen? Wir hatten seit 1967 gedacht, daß die Intellektuellen und vor allem die Studenten die Universität auf eine ganz bestimmte Weise zerstören sollten – indem sie mit ihrem Intellektuellendasein brachen, indem sie mit der Universität brachen und sich in den Produktionsprozeß der Arbeiter und Bauern integrierten. Wir kamen nicht darauf, an eine spezifische Praxis des Protestes innerhalb des Intellektuellendaseins oder innerhalb der Universität zu denken. Aber in dem Augenblick, als wir sagten, der Intellektuelle müsse Schluß machen mit der Trennung zwischen sich und den Produzenten, blieben wir beherrscht von einer gewissen Ideologie des Intellektuellen, die man zur Zeit der Krise der kommunistischen Bewegung in den 60er Jahren geschaffen hatte. Ich gehe noch einen Schritt zurück: bei Ende des Algerienkriegs herrschte tiefe Verwirrung. Auf dem linken Flügel der KP hatte sich etwas herausgebildet – und zwar auf der Basis des direkten Protestes gegen den Algerienkrieg. Nun war der Krieg vorbei. Was tun? Damals war die Zeit der ersten «gauchistischen» Denkversuche. Es war die Zeit, da man Lukács und andere wieder las. Aus dieser Krise fanden wir heraus durch die Rückkehr zu Marx. Da war Althusser . . . Wir waren verwirrt, wir wußten nicht mehr, was Marxismus war. Und dann kam Althusser, der uns sagte: *Das* ist Marxismus, und es stimmt nicht, daß er sich in einer Krise befindet . . . Nun, ich glaube, daß diese Rückkehr zu Marx eine doppelte Funktion hatte. Es gab einen positiven Aspekt: die Bestätigung, daß es einen Ausweg aus der Verwirrung gab, was uns sehr bald veranlaßte, diesen Ausweg beim chinesischen Maoismus zu suchen. Und der negative, überaus negative Aspekt war, daß dadurch in Wirklichkeit der alte Marxismus und insbesondere der alte Typ des marxistischen Intellektuellen konsolidiert wurde. Kurz vor dem Mai 68 wies unser Denken also zwei Aspekte auf: einen positiven – Bruch mit der Universität und unserer Etablierung – und einen negativen, den Glauben an ein orthodoxes theoretisches System, das als unerbittlich galt, und den Glauben an einen bestimmten Typ des marxistischen Intellektuellen, der im Besitz eines Wissens war, das er Studenten, aber auch Arbeitern aufzwang. Kurz: vor 1968 machten wir unbewußt eine schwere Krise durch. Im Juni 68 haben wir nicht versucht, diese Krise zu vertuschen, wie andere es taten. Zum Beispiel hat die gesamte trotzkistische Strömung den Mai als eine Bestätigung uralter theoretischer Schemata angesehen. Für uns war der Mai 68 eine Enthüllung dieser Krise, aber wir haben sie bewußt durchlebt und zogen dann im Herbst 68 die Konsequenzen. Im Grunde hatten wir auf die Studentenbewegungen wie Professoren reagiert. Im Grunde hätte man nach dem 10. Mai 68 die U.J.C.M.L. auflösen müssen, und ihre Mitglieder hätten sich auf die einzelnen Gruppen der Bewegung (22. März, Aktionskomitees) verteilen müssen. Das ist nicht geschehen. Wir standen unter dem Druck der am 13. Mai zu treffenden Entscheidungen und des sich ankündigenden Generalstreiks ... In solchen Augenblicken bleibt keine Zeit, alles zu überdenken. Mit unserem heutigen Wissen hätten wir uns nach dem 10. Mai 68 aufgelöst.

SARTRE: War das damals der Zeitpunkt, zu dem ihr die Auflösung ins Auge faßtet?

VICTOR: Damals, meiner Ansicht nach, setzte das praktische Denken ein, die systematische Konzeption kam erst später.

GAVI: Moment! Ihr habt die U.J.C.M.L. also nicht aufgelöst – glaubtet ihr, sie könnte noch nützlich sein, oder war es ein Festhalten an der Macht? Für die Führer einer politischen Bewegung ist es nie sehr angenehm, Selbstkritik zu üben und den «Posten» zu verlieren.

VICTOR: Die Leute, die die meiste Macht hatten, wurden nach dem Mai 68 praktisch aufs Abstellgleis geschoben ...

GAVI: Es sind doch heute noch dieselben ...

VICTOR: Das stimmt nicht ganz. Es gibt tatsächlich nur sehr wenige Genossen, die für die Kontinuität vom Mai 68 bis heute in der maoistischen Bewegung sorgen. Ich selbst war Ende Juni in den Osten gefahren und habe erst Ende August mit einer Handvoll Genossen die Bildung der Proletarischen Linken beschlossen. Es ging um die Verteidigung einiger wesentlichen Errungenschaften vom Mai. Unser Denken geht also von dem Bruch im Mai 68 aus. Grundlage ist die Erkenntnis vom Bankrott des autoritären Marxismus in seinen zwei Formen, der revisionistischen und der traditionellen marxistisch-leninistischen. Ich will es erklären. Mit der revisionistischen ist es sehr einfach. Die Massenbewegung hat sich der KP und ihrem im Prinzip marxistischen Denken entgegengestellt; durch die Opposition der KPF gegen die Massenbewegung hindurch konnte man das, was wir in einem früheren Gespräch die «Paranoia» der Partei nannten, deutlich erkennen. Im Klartext heißt das: wir erkannten, wie eine Doktrin, die darauf abzielte, die Initiative einer Massenbewegung freizusetzen – der Marxismus –, in Wirklichkeit zu ihrer Unterdrückung eingesetzt wurde. Wir haben aber auch gelernt, daß die marxistisch-leninistische Variante ein Satellit des autoritären Marxismus ist. Man könnte sagen, sie ist ein Schatten des Partei-Marxismus. «Wenn ich an Stelle der Partei wäre, würde ich ...» Das ist grob gesagt die Art des marxistisch-leninistischen Denkens, die den Trotzkismus einschließt. Dieses ganze Denksystem beruht auf der Hypothese: «*An Stelle der Partei* würde ich ...» Das führt zu der folgenden Denk- und Handlungsweise: Ich bin der Partei voraus und kritisiere sie, ich kritisiere sie aus dem Inneren ihres Denksystems und ihrer Institutionen heraus – daher zum

Beispiel die Masseneintritte in die Gewerkschaften. Was haben diese Formen des autoritären Marxismus gemeinsam? Folgendes: die Arbeiterklasse ist die schweigende Klasse, da sie nicht in der Lage ist, von ihrer sozialen Praxis ausgehend ein Denken hervorzubringen. Positiv ausgedrückt: im Mai 68 begriffen wir, daß die Arbeiterklasse denken und zum Denken anregen kann. Es gibt unter den Arbeitern ein Denken, das in der gesellschaftlichen Praxis entsteht. Seit dem Mai 68 weisen wir die Exteriorität des Wissens in bezug auf die Praxis des Kampfes gegen die Unterdrückung zurück. Den Vollzug des Bruchs in unserem Denksystem nach dem Mai 68 haben wir folgendermaßen systematisiert: wir haben eine marxistische Tradition, die sich auf das *Was tun*? von Lenin stützt, offen zurückgewiesen. In diesem Buch nahm Lenin die philosophische Theorie des Bewußtseins von der deutschen Sozialdemokratie auf. Dort liest man, daß das sozialistische Bewußtsein außerhalb der Arbeiterklasse erarbeitet wird und dann in die spontane Praxis der Arbeiterklasse eingeführt werden muß. Dieses Schema führt dann zur Fabrikation eines Konzepts vom «unbewußten Proletarier», das der Partei der Bolschewiki allerlei Probleme aufgeben sollte. Besonders zeigte sich das bei der ersten Revolution von 1905. Die Bolschewiken sahen sich plötzlich einer spontanen Bewegung gegenüber, spontanen Massenorganisationen, den Sowjets, die sie strenggenommen nur als Organisation von Proletariern ohne Bewußtsein ansehen konnten, da das Bewußtsein in der sozialdemokratischen Partei beheimatet war. Ein herrliches Paradoxon: die am weitesten entwickelte Organisationsform der Arbeiterautonomie, der Sowjet, wird als ein Verein von Proletariern ohne Bewußtsein angesehen! Das war ein harter Brocken, an dem sich auch so manche Bolschewiken die Zähne ausgebissen haben. Es gab tatsächlich welche, die sagten: Der Sowjet muß sich der sozialdemokratischen Partei unterordnen oder abdanken. Es gab die absonderlichsten Erklärungen: wenn die sozialdemokratische Partei gute Arbeit geleistet hätte, dürfte es keine Sowjets geben; wenn es trotzdem einen Sowjet gibt, muß man an ihn herantreten und ihm sagen: übernimm gefälligst das Programm der sozialdemokratischen Partei. Kurz: hier war ein Element, das dem Bewußtsein fremd war, das seinerseits wiederum der Arbeiterklasse fremd war. Das Gleichgewicht mußte wiederhergestellt und der Sowjet unter allen Umständen aufgelöst werden. Zum Glück erschöpfte sich Lenins Denken nicht in dieser Theorie . . . Dieser Gedanke des «Populismus» enthält, provozierend gesagt, die Anerkennung, daß es schöpferische Kräfte in der Arbeiterklasse und im Volk gibt. Lenin erkannte, daß der Sowjet eine Schöpfung war und daß es folglich nötig war, die sozialdemokratische Taktik, ausgehend vom Sowjet, zu überdenken. Er tat es im übrigen auf eine sehr konfliktreiche Art, und der Konflikt löste sich, allerdings auch nur provisorisch, erst 1917. Tatsächlich ist der Konflikt in Lenins Denken ständig vorhanden. Wenn man den Sowjet als eine großartige Massenorganisation der Arbeiter anerkannte, stellte die Beziehung des Sowjets zu einer auf den Prinzipien von *Was tun*? gegründeten sozialdemokratischen Partei einen schweren Konflikt dar; wenn die Partei das kollektive Bewußtsein der Arbeiterklasse ist, so hat der Sowjet keinen Sinn mehr – was tatsächlich eine der philosophischen Basen für den Substanzverlust der Sowjets ist. Nach 68 sagen wir: wir weisen alles zurück, was dieser Kautskyschen[1] Tradition von *Was tun*? entstammt. Das war die theoretische Sanktion unserer Revolte gegen den autoritären Marxismus. So viel zu dem Bruch. Was ist nun die positive Aussage des maoistischen Denkens? Zu dieser Zeit versteht sich unser Denken als die Gesamtheit der Mittel zur Befreiung des praktischen Massendenkens. Es *gibt* in der sozialen Praxis der Unterdrückten ein Denken; wir weisen die Exteriorität zurück. Das maoistische Denken muß also die Gesamtheit der Mittel sein, die eine Befreiung des praktischen Denkens erlaubten; ich sage ganz bewußt «Befreiung», denn es handelt sich nicht um eine spekulative Operation. Das Wort «Befreiung» ist kein Zufall. Im Mai 68 explodierte das praktische Denken geradezu unter den Augen der marxistischen Intellektuellen. Es gilt, die Mittel zur Revolte gegen das versklavende System innerhalb der sozialen Praxis der Unterdrückten herauszuarbeiten. Nehmen wir zunächst das Beispiel der Studentenbewegung: Dem Rektor von Nanterre wird 68 die Parole «Grappin–Nazi!» ins Gesicht geschleudert. Das ist höchst verwirrend, ja provozierend, denn nach dem herkömmlichen System politischer Normen ist Grappin kein Nazi. Er war sogar im KZ gewesen. «Grappin–Nazi!» zu rufen, bedeutete, daß man ein System politischer Versklavungsnormen zurückweisen und für die soziale Praxis der neuen Studentengeneration ablehnen wollte. Es ließen sich zahllose Beispiele anführen. Aber kehren wir zur Arbeiterbewegung zurück. Das Beispiel, das ich hier wählen möchte, sind die «Chefs». Der autoritäre Marxismus in allen seinen Varianten lehrte uns: der Chef ist nicht wichtig, der wahre Feind ist das Ausbeutungssystem. Immer wieder sagte man uns: Ihr seid völlig auf dem Holzweg mit eurem ewigen: «Schlagt dem Chef die Schnauze ein, weg mit den Werkmeistern etc.», denn der wahre Feind ist das System, das Ausbeutungssystem. Mit anderen Worten: alle Varianten des autoritären Marxismus verlangten von uns den Kampf gegen eine Abstraktion, nämlich das Erwirtschaften von Mehrwert, gegen ein System. Es stellt uns auf den Boden des Feindes, des Kapitalismus der Abstraktionen und des Konsumfetischismus.

1 Karl Kautsky (1854–1938): Führender Vertreter der deutschen Sozialdemokratie.

Aber wie aus dem System herausfinden? Indem man hinter der Sache eine Person sucht: den Werkmeister, dem man die Schnauze einschlagen, den leitenden Angestellten, den man kidnappen kann. Für die Arbeiter bot sich da eine Möglichkeit, in ihrer sozialen Praxis gegen das sie versklavende System zu kämpfen, das sagt: Wir leben in einer Welt der Sachen, wo die Sachen in Interaktion treten – und du selbst bist auch eine Sache. Das ist das letzte Ziel dieses Denksystems, das nicht einfach nur «bourgeois» ist. Ihm muß man alle Varianten des autoritären Marxismus zurechnen. Das Denken der Arbeiter, das wie Wasser von einem Deich durch das hierarchische System zurückgehalten wird, dieses Denken bricht in der Revolte hervor. *Deshalb* haben wir jede Revolte unterstützt, auch wenn sie rein individueller Art war. Wenn 1969/70 ein Arbeiter, um sich ein bißchen auszuruhen, die Produktion sabotierte, riefen wir: «Bravo!» Wenn einer, der nicht mehr konnte, seinem Chef einen Fausthieb versetzte, riefen wir «Bravo!» Und man fügte hinzu: Es wäre besser, so etwas durch kleine Gruppen regeln zu lassen, dann fällt der einzelne nicht so auf, denn sonst ist einem die Entlassung sicher. Aber zunächst einmal rief man: «Bravo!»

Kurz: Unser Denken ließ sich auf die Formel bringen: «Wir haben recht, zu revoltieren.» Das bedeutete, daß die Revolte ein neues Denken erzeugte. Unsere Arbeit bestand darin, aus dem, was in bezug auf das Versklavungssystem in Unordnung geraten war, eine neue Regel abzuleiten, aus einem «Nebenprodukt» eine zentrale Tat zu machen. Daher die Bedeutung des Verfahrens der Umwälzung in unserer politischen Propaganda. Es entspricht einer vernünftigen Formel der Revolte: Wir wollen, daß die Welt auf den Kopf gestellt wird. Daher die Parolen: «Dreyfus ans Fließband!» Oder: «Zwing deinen Boss auf deinen Platz am Fließband . . .» Nun aber sahen wir uns vor das Problem gestellt, daß das System des Gegners eine gewaltige Macht war, die ein riesiges Terrain besetzt hält, und daß die Revolten verstreute und vereinzelte Taten waren. Es war in etwa das Problem des Volkes, das gegen einen sehr starken Feind kämpfen will. Anfangs ist es schwach an Rüstung und organisierten Streitkräften, da der Feind Truppen unterhält, die das ganze Terrain besetzen. Mao Tse-tung hat dieses Problem durch den Partisanenkrieg gelöst. Und im gleichen Sinne versuchten auch wir dieses Problem zu lösen. Dabei zeigte sich folgendes: es gab einen Akt der Revolte, also eine neue Regel des Denkens, die sehr angebracht war, wenn es beispielsweise um ein Unternehmen ging, bei dem man sich sagen konnte: wir statuieren hier ein Exempel. So setzten die Arbeiter von Babcock-Atlantique 1969 ihren Direktor fest. Von da an hieß es: «Wir haben recht, die Bosse einzusperren.» Man geht von dem Beispiel von Saint-Nazaire aus, man vergißt nicht, daß die ersten Initiativen der

Arbeiterklasse im Mai 68 die Einsperrung gewesen waren, man spürt, daß das den Impulsen der linken Arbeiterschaft entspricht, derer also, die am meisten gegen das Unterdrückungssystem rebellieren. Also gibt man die allgemeine Parole aus: «Wir haben recht, die Bosse einzusperren.» Nun kann man aber nicht ausschließlich auf der Basis dieser Verallgemeinerung operieren, und unsere Mittel, sie auszudehnen, sind sehr begrenzt. Auch die Verteilung von Flugblättern oder von *La Cause du Peuple* können dieser Operation nicht die nötige Breitenwirkung verschaffen. Wie ist dieses Problem zu lösen? Durch die spektakuläre Operation, worunter eine Operation zu verstehen ist, die es ermöglicht, durch einen Kurzschluß in einem zentralen Normensystem dem Informationsapparat die Publizität aufzuzwingen. Also unternahmen wir spektakuläre Partisanenaktionen, die auf eine möglichst weite Verbreitung einer – die vereinzelten Revolten verallgemeinernden – Parole abzielten. Es stand nicht zur Debatte, etwa ein Flugzeug zu entführen, denn eine solche Aktion konnte in keiner Weise zur Lösung unseres besonderen Problems beitragen. Unser Problem war es, die Idee: «Wir haben recht, die Bosse einzusperren» so weit wie möglich in den Kreisen des Volkes zu verbreiten. Die *Nouvelle Résistance Populaire* sperrte einen UDR-Abgeordneten, de Grailly, ein und nahm Nogrette in Gewahrsam. Das Einsperren hochgestellter Schweinehunde verhilft der Idee der Einsperrung der Bosse zu weitester Verbreitung. Sie ermutigt die Initiativen, die kleinen Aktionen an der Basis. Diese Partisanenaktionen haben symbolischen Charakter. Mit der Festnahme Nogrettes für zwei Tage führt man eine materielle Operation durch, die auf der Ebene der gesamten leitenden Angestellten von Renault materielle Folgen hat. Aber die Operation enthält auch ein symbolisches Element: auf die Festnahme folgt nicht die materielle Vollstreckung eines Urteils – indem man ihn freiläßt, zeigt man, daß die Verhaftung ein symbolisches Unternehmen gewesen ist. Diese Kombination des materiellen und des symbolischen Elements führt dazu, daß Operationen dieser Art nicht auf die Vernichtung feindlicher Kräfte, faschistischer Flics oder besonders repressiver leitender Angestellter abzielt, wie es bei den Tupamaros eine Zeitlang der Fall war. Nicht solche Probleme suchten wir durch derartige Operationen zu lösen. Es geht uns um ein anderes Problem: um die Verbreitung von Ideen in der großen Masse. Mit anderen Worten: jede dieser spektakulären Operationen ist wie eine Fabel, eine Utopie. Sie bedeutet im wesentlichen, daß es – wenn man einen Abgeordneten festsetzen kann – um so eher möglich ist, in einer Fabrik das, was man in Reichweite hat, in seine Gewalt zu bringen. Die Befreiung des praktischen Denkens bei den ausgebeuteten Massen ist zwangsläufig die Befreiung der Vorstellungskraft der Ausgebeuteten. Man muß sie anstacheln in ihrem Wunsch, Dinge zu tun, die sie nie tun wegen des herrschenden Verbotssystems. Die Praxis hat gezeigt, wie die Gesamtheit mehr oder weniger spektakulärer Operationen zur denkbar weitesten Verbreitung der Idee der Einsperrung eben diesen – schon von mancher Abordnung vor der Tür unterdrückten – Wunsch befreit hat, die Tür aufzureißen, ins Büro zu stürzen und die Chefs zu ergreifen. Der Übergang vom Wunsch zur Tat ist sehr viel einfacher geworden. Das führt uns zu dem, was es an Widersprüchlichem in unserem Denken gab: wenn dieses System eine Förderung des Wunsches ermöglichte, die üblichen Gesetze des Arbeitskampfes zu übertreten, so hat es doch auch die unterdrückten Massen in den Zustand der Passivität versetzt. Ganz genau gesagt, in den Zustand von Zuschauern: man bot ihnen Bilder. Dieser Widerspruch in unserem Denken ist klassenbedingt. Die Mittel, die wir anwandten, um in der Arbeiterklasse den Durchbruch zu erreichen, um die ersten Abweichungen von den traditionellen Normen des Klassenkampfes herbeizuführen, stammten aus der antiautoritären Revolte des Kleinbürgertums. Und diejenigen, die der Arbeiterschaft die Anwendung dieser Mittel nahelegten, gehörten nicht der Arbeiterklasse an. Wir liefen Gefahr, daß alles auf eine neue Variante des autoritären Marxismus hinauslief. In diesem Moment wurden wir zu «neuen Abgeordneten» besonderer Art. Dafür ein Beispiel: Bei Renault waren die Maoisten dafür gut genug, einen Chef zusammenzuschlagen; ein Arbeiter bot uns zehntausend (alte) Franc, wenn wir es einem seiner Chefs besorgten. Wir revoltierten an Stelle der Massen, um ihnen eine Vorstellung von der Revolte zu vermitteln. Es galt diesen Widerspruch im Denken aufzulösen und ein neues, realistischeres Denken entstehen zu lassen, was wir dadurch erreichten, daß wir eine Auflösung unseres Denksystems in verschiedene Praktiken herbeiführten. Die Militanten waren nun nicht mehr als eine Abteilung organisiert, die überall als Wortführer der Revolte verschiedenster Volksschichten fungierten. Das praktische Denken wurde nicht mehr von außen her, sondern von innen heraus befreit. Eine gerade Linie war nicht mehr möglich – die gerade Linie, die es vorher, 1968 bis 70, gegeben hatte. Die Arbeiter einer Fabrik brauchten einen Chef nur für einen Schuft zu halten, dann erschien eine Gruppe, von außen oder von innen heraus unterstützt, und schlug den Chef zusammen: ein großartiges Schauspiel für die gesamte Belegschaft, man hatte einen Wortführer, der nicht aus der Masse stammte, einen Wortführer für die Revolte der Masse gegen den Chef. Und eben dieses Denksystem wurde erschüttert. Also ist keine gerade Linie mehr möglich. Wenn in einer Fabrik ein Chef von den Arbeitern gehaßt wird, dann muß der Militante, der aktive Agitator innerhalb dieser Masse, die der Masse eigenen Mittel aktivieren, um die Explosion herbeizuführen. Das setzt aber allerlei Umwege voraus. Vor der Aktion des Einsperrens muß manchmal eine Petition eingebracht werden. Und ich möchte diese Richtigstellung mit einem Hinweis auf die «Schwerfälligkeit» dieses neuen Denkens beschließen. Sie liegt hauptsächlich darin, daß das zündende Element der Explosion, das vorher vorhanden war, in der Auflösung zu verschwinden droht. Es könnte steckenbleiben. Das ist der Reformismus: man löst sich in der Masse auf, fest entschlossen, die dem praktischen Denken der Massen inhärenten Mittel freizusetzen, die zum Auseinanderbrechen der hierarchisierten Normen führen sollen. Aber da man nicht mehr auf ein konstituiertes, kohärentes Denksystem zurückgreifen kann, ist es durchaus möglich, daß man keine Mittel findet . . . Und daher die Mediokrität: man ist auf den Zustand der Masse reduziert, wird selbst einfacher Arbeiter – eine falsche Situation. Noch eine weitere Schwierigkeit ergibt sich, wenn man unser Denksystem in den verschiedenen Praktiken des Volkes sichtbar werden läßt. Vorher gab es eine gemeinsame Sprache für alle Volksschichten, eine Art Codex. Gewiß, er stammte von «außen», war symbolisch und wir waren gleichsam die Delegierten der Einheit des Volkes, doch war es immerhin ein Code, ein einigendes Element. Löst man sich aber in den verschiedenen Praktiken auf, dann gibt es keine gemeinsame Sprache mehr. Daher das Problem, das auch für *Libération* gilt: wie können praktische Denkweisen sich einen gemeinsamen Ausdruck schaffen? Um die verschiedenen Praktiken in direkten Kontakt zu bringen, braucht man Versammlungsräume und gemeinsame Organe. Andernfalls kann das Denken abirren. Diese Gefahren sind um so gravierender, wenn man bedenkt, daß ich bisher nur vom maoistischen Denken sprach – aber das maoistische Denken ist nicht das Denken eines einzelnen, nicht das einer Gruppe von Individuen, sondern es ist das Denken einer organisierten Bewegung, also ein organisiertes Denken. Die Organisation dieses Denkens hängt jedoch weitgehend von der Organisation selbst ab. Da habt ihr die dritte Schwierigkeit, die am schwersten wiegende: den Autoritarismus.

Gavi: Die Trotzkisten werfen den Maoisten vor, sie seien «Populisten». So einfach ist es jedoch nicht. Der Populismus hat gute und schlechte Seiten. In deinen Ausführungen zeigtest du den Willen der Maoisten auf, gegen die in den mittleren Klassen allgemein verbreiteten Ideen anzugehen, nach denen die Mißstände in Frankreich aus der Vergangenheit herrühren und nach denen die O.S.[1] im blauen Overall durch die «neue Arbeiterklasse» abgelöst worden ist. Die Maoisten sahen eines der wesentlichen Probleme darin, aufzuzeigen, daß es diese über-ausgebeuteten O.S. wirklich gibt und daß doch wohl – aber das wüßte ich gern von dir – hauptsächlich diese Arbeiter die revolutionäre Bewegung füh-

1 Ouvrier spécialisé, angelernter Arbeiter.

ren müßten.

VICTOR: Wenn es stimmt, daß man uns seit 68 als «Populisten» beschimpft hat, so wissen die Urheber dieser Anschuldigung nicht, wovon sie sprechen. Der beste Beweis dafür ist, daß sie mit diesem Wort die verworrensten Dinge bezeichnen. In Wirklichkeit ist es so, daß man als Populist gilt, wenn man mit dem autoritären Marxismus bricht. Mit anderen Worten, für unsere Ankläger ist «Populismus» die Anerkennung dessen, daß es eine schöpferische geistige Kraft in der Praxis der unterdrückten Massen gibt. Genau das bedeutet der Vorwurf «Populismus» in Wirklichkeit. Manchmal ist er mit historischen Anspielungen gefärbt. Da wir den Kautskysmus in Lenins Denken, genauer gesagt in *Was tun?*, ablehnten, warf man uns vor, wir machten uns die Argumente der Gegner von *Was tun?* zu eigen – also die Argumente der Populisten, der Ökonomisten, der Ouvriéristen –, und man glaubte, auf diese Weise der Anschuldigung eine elegante Note zu geben. Im Grunde aber bezeichnen sie uns als «Populisten», weil wir den unterdrückten Massen eine schöpferische geistige Kraft zusprechen. Und darauf kann man nur eine einzige – ebenfalls provozierende – Antwort geben: die gleichen Leute – die gleichen, was ihr Denken betrifft –, die gegenwärtig uns beschuldigen, haben schon Lenin beschuldigt. 1917 wurde Lenin als «Populist» bezeichnet, weil er das schöpferische Denken der unterdrückten Massen erkannte – in ihren Taten erkannte – und dieses Denken systematisierte, indem er die Parole ausgab: «Alle Macht den Räten!» Was in krassem Gegensatz stand zu den Kanonen der russischen Sozialdemokratie. Darüber hinaus übernahm Lenin in sein Räteprogramm für die Zeit vom Oktober 1917 bis zum Februar 1918 Elemente, die in der populistischen Theorie und Strategie vorhanden waren, da die populistische Strategie eindeutig schöpferische Elemente aus dem Denken der Bauern einschloß. Und genau das gleiche könnte man von Mao Tse-tung sagen. Auch ihn hat man als «Populisten» bezeichnet. Und warum? Weil Mao Tse-tung 1927, nach der Niederschlagung der Aufstände in den Städten, gesagt hat: Wir lassen uns nicht einfach so vernichten; es gibt nur eine Lösung: wir gehen, wie in der guten alten Zeit die «Bauernbanditen», in die Berge. Und Mao ging ins Gebirge, wo er sogar noch solche «Banditen» traf und sich mit ihnen zusammentat. Die Vertreter des autoritären Marxismus haben immer ihre Gegner als Populisten abgetan, was eine Huldigung des Lasters an die Tugend ist . . . Es dürfte auch eine Huldigung an den Populismus des 19. Jahrhunderts sein, nehme ich an, doch da kenne ich mich nicht gut genug aus. Klar ist jedenfalls, daß von den autoritären Marxisten jedes Denksystem als «populistisch» betrachtet wird, das sich auf die praktischen Erkenntnisse der unterdrückten Massen stützt.

(Dezember 1972)

Die nützlichsten Bücher . . .

11

Was bewirkt, daß ein Kleinbürger oder ein Arbeiter revoltiert?

Ich habe immer gedacht, in einer Gruppe zu denken sei besser, als getrennt zu denken . . .

Gavi: Du sprichst häufig von den «unterdrückten Massen». Wer sind diese Massen? Siehst du Widersprüche in diesen Massen? Bei der Lektüre von *La Cause du Peuple* gewinnt man nicht selten den Eindruck, daß ihr diese unterdrückten Massen auf die Arbeiter und die Bauern reduziert. Erst seit kurzem beginnt ihr auch von anderen sozialen Kategorien zu sprechen.

Victor: Bei Mao Tse-tung ist «das Volk» kein starrer Begriff, sondern die Gesamtheit der revolutionären Kräfte in einem bestimmten Stadium des Prozesses. Während des Krieges gegen den japanischen Eindringling waren zum Beispiel auch Angehörige der Grundbesitzerklasse Teil dieses «Volkes». Sie wurden als «aufgeklärte Junker» bezeichnet. Ganze Klassenfraktionen, die den Ausbeuterklassen zuzurechnen waren, dem bürgerlichen Mittelstand, waren «patriotische Klassen», und somit revolutionäre Klassen. Arbeitnehmer und Arbeitgeber mußten ihre Widersprüche in dieser Phase des Prozesses der revolutionären Entwicklung einschränken. «Volk» und «Massen» sind Synonyme. Mao Tse-tung führte die Unterscheidung zwischen «fundamentaler Masse» und «Gesamtheit des Volkes» ein. Die Masse der Produzenten. Die Hauptkräfte der chinesischen Revolution waren die Arbeiter und die Bauern, die armen und die mittleren Bauern der unteren Schicht während des Bürgerkrieges und später die mittelbegüterten Bauern der beiden Schichten während des nationalen Widerstandskampfes gegen den japanischen Eindringling. Also müßten wir unterscheiden zwischen den «fundamentalen Massen», das heißt den Massen der Produzenten, und der «Gesamtheit des Volkes». Sehr häufig sagt man «die Massen» und meint «die fundamentalen Massen», nämlich die Arbeiter und Bauern. In Frankreich aber kann der Begriff «das revolutionäre Volk», also die Gesamtheit der revolutionären Klassen, in Wirklichkeit nicht auf Arbeiter und Bauern beschränkt bleiben. Die kleinen Einzelhändler, die kleinen Handwerker und eine sehr große Fraktion der intermediären Intellektuellenklassen müssen hier miteinbezogen werden. Und ebenso wie es die «aufgeklärten Junker» im Kampf Chinas gegen Japan gab, kann es im revolutionären Volk oder, sagen wir, in der «Protestbewegung» Leute geben, die dem Protest feindlich gegenüberstehenden Gruppen angehören und sich dennoch auf die Seite des Protestes stellen. So ist ein protestierender Richter denkbar, der in diesem Augenblick Teil des Volkes in seiner Praxis des Protestierens wird. Außerdem gibt es eine Klassendualität: er kann repressiv sein in seiner Funktion als Untersuchungsrichter wie zum Beispiel Pascal. Es kann auch einen hohen Beamten im Stile Arandas geben, der um eines bestimmten Aspekts willen der Protestbewegung angehört und anderer Aspekte wegen der Kaste der Großkapitalisten verbunden ist. Die Behandlung der Klassendualität, die Behandlung der intermediären Klassen, die *per definitionem* einen zweifachen Aspekt haben, ist die entscheidende Frage für jede Revolution. Das Schicksal jeder Revolution entscheidet sich daran, wie weit die intermediären Klassen gewonnen werden, das heißt an der Art und Weise, wie man diese Klassendualität behandelt. Da für uns der revolutionäre Prozeß eine ideologische Revolution ist, sehen wir das Kriterium der Zugehörigkeit zur Protestbewegung im Ausbruch der ideologischen Krise und seine Manifestation im effektiven Bruch mit der Ordnung. Wenn wir Aranda unterstützen können, dann nicht, weil Aranda gewisse Vorstellungen zur Reform der Verwaltung hat, sondern weil er tatsächlich einen Bruch vollzogen hat. Das gleiche gilt für Richter Pascal. Pascal gehört dem Volke zu, weil er in einer spezifischen Praxis dazu beiträgt, dem Volk Waffen zu geben.

GAVI: Das ist nicht ganz klar . . . Das klingt so, als wolltest du sagen, daß es auf der einen Seite das Volk gibt, die Arbeiter und Bauern, und auf der anderen Seite diejenigen, die – weil sie revoltieren – gemeinsam mit den Arbeitern und Bauern kämpfen. Wer Revolte sagt, sagt, daß es Unterdrückung gibt. Die Arbeiter und Bauern sind Unterdrückte – eindeutig. Aber wenn man an uns denkt, die Kleinbürger – welche Unterdrückung erleiden wir, welcher Art ist sie und wie bewirkt sie, daß wir revoltieren können und daß manche sogar mit ihrer Klasse brechen?

VICTOR: Für eine Fraktion der intermediären Klassen ist das Kriterium der Zugehörigkeit zur Protestbewegung kein ökonomisches. Es ist nicht das Bündnis der Kleinverdiener gegen die Großverdiener, der Klein- und Mittelstandsbürger gegen das Großbürgertum. Diese These ist ja gerade das Fundament der antimonopolistischen Theorie der KPF. Auf Grund unserer Methoden der ideologischen Revolution werden wir langfristig größere Fraktionen der intermediären Klassen für uns gewinnen als die KP.

GAVI: Das haben sie nach dem Mai 68 erlebt.

VICTOR: Ja, das haben sie . . . Sie sind zwar im Begriff, diesen intermediären Klassen eine Reihe von Zugeständnissen zu machen, aber deswegen werden sie das System ihrer antimonopolistischen Theorie noch lange nicht ändern. Also ist das Kriterium, was die heterogene Gesamtheit der intermediären Klassen zerschlägt, ein Kriterium der ideologischen Revolte. Wenn es eine ideologische Revolte gibt, dann gegen eine gewisse Form der Unterdrückung. Dann muß man die intermediären Klassen auf eine besondere Weise behandeln. Gewiß läßt sich ein gemeinsamer Nenner für sie finden.

GAVI: Würdest du das näher erläutern?

VICTOR: Greifen wir aus der Skala der Möglichkeiten die beiden Extreme heraus. Ganz oben würde dann Aranda stehen oder der Richter Pascal.

GAVI: Und dann all die Beamten und Angestellten ...

VICTOR: Moment, gehen wir nicht zu weit: gewisse Kategorien von Angestellten dürften eher der Arbeiterklasse zuzuordnen sein.

GAVI: Die Verkäufer in den Kaufhäusern sind Arbeiter.

VICTOR: Sozusagen.

GAVI: Sie produzieren keinen Mehrwert.

VICTOR: Aber was die Produktion des Mehrwerts betrifft, so können wir die Theorie des ökonomischen Marxismus nicht akzeptieren: das Kriterium, um gesellschaftliche Kategorien zu bestimmen, ist nicht allein die Produktion von Mehrwert. Es müssen zwei Kriterien berücksichtigt werden: die «Produktion von Mehrwert» und die «Beziehung zum Arbeitgeberdespotismus und zum hierarchischen System der Arbeitsorganisation.» Die Angestellten, die für den Umlauf des Wertes tätig sind, sind keine Produzenten von Mehrwert, aber sie haben eine Beziehung zum Despotismus innerhalb des Handelsunternehmens, das sie fast gänzlich den Arbeitern angleicht. Nur ist ihre Mentalität, da sie in keinem direkten Verhältnis zur produktiven Verarbeitung stehen, nicht die gleiche. Hier müssen wir eine Unterscheidung treffen. Die Verkäuferin in den *Nouvelles Galeries* hat nicht die gleiche Mentalität wie eine in der elektronischen Industrie tätige Arbeiterin.

GAVI: Das ist auch das Resultat jeder Politik der Bourgeoisie. Zu Beginn unseres Jahrhunderts galt der Angestellte mehr als der Arbeiter.

VICTOR: Diese Tradition besteht noch immer.

GAVI: Also gibt es Widersprüche innerhalb des Proletariats.

VICTOR: Der adäquate Begriff wäre der des «proletarisierten Lohnabhängigen». Wer «Proletarisierung» sagt, sagt damit: «Nicht-Identität mit dem Proletarier.»

GAVI: Aber sie können diese Proletarisierung leugnen.

VICTOR: Sie können sie leugnen. Sie können die Mentalität des Privilegierten haben.

GAVI: Aber warum sprechen wir – statt von Aranda oder dem Richter

Pascal – nicht vielmehr von dem gesamten «tertiären Sektor», jener Masse von Arbeitern, die nach dem Planungsministerium einen bedeutenden Teil der aktiven französischen Bevölkerung stellen werden, von denen, die im Dienstleistungssektor, im Unterrichtswesen, in der Öffentlichkeitsarbeit, beim Rundfunk und Fernsehen beschäftigt sind, von den Technikern, den Wissenschaftlern, den Bankangestellten.

Victor: Nehmen wir eine Kategorie, die uns interessiert, mit der wir bei *Libération* am meisten zu tun haben: die Journalisten. Sie haben eine «Mission», sie übernehmen in ihrer spezifischen sozialen Praxis ein System von Normen. Dieses System ist von einem determinierten historischen Kontext geprägt. Die zur Zeit bei uns tätigen Journalisten sind alle dem aus der Résistance hervorgegangenen Normensystem verpflichtet: Presse im Dienste der Öffentlichkeit. Das Ideal der Résistance. Es zeigt sich nun, daß innerhalb des Unternehmens die Herausgeber diese Normen ständig übertreten. So kommt es im Bewußtsein des Journalisten zu einem Bruch. Und damit ergibt sich die Möglichkeit einer Revolte, also einer Integration in die Protestbewegung. Man kann die Herausgeber der Zeitungen mit ihren eigenen Waffen schlagen. Womit die Möglichkeit eines Guerillakampfes an der Informationsfront gegeben ist. Aber es gibt auch weniger einfache Fälle. Denken wir an die Leute in den Planungsbüros. Da haben wir es mit einer Kategorie von Ingenieuren zu tun, die keine direkten Weisungsbefugnisse innerhalb des Unternehmens und keine direkten Kontakte zum Arbeiter haben. Ingenieure, die unmittelbar an der Repression der Arbeiter beteiligt sind, müssen eine gewaltige ideologische Anstrengung vollbringen, um den Umstand zu verdrängen, daß sie eine Weisungsbefugnis haben, die nach Lage der Dinge in ihrer gegenwärtigen Form ebensogut aufgehoben werden könnte – was ihnen der Autoritätsschwund der herrschenden kapitalistischen Klasse seit 1968 zeigt. Ohne den Kontext einer solchen Schwächung der ideologischen Autorität erhebt sich die Frage gar nicht, da es dann keinen Bruch in dem Bewußtsein der Ingenieure gibt. Dann befehlen und unterdrücken sie ganz selbstverständlich. Diejenigen aber, die isoliert sind von der Produktion wie die Planungsingenieure, haben mehr Abstand. Sie haben daher mehr Möglichkeiten, ihre idealen Vorstellungen von ihrer Arbeit ihren realen Zielen gegenüberzustellen.

Sartre: Dazu würde ich dir gern eine Frage stellen. Wenn die Arbeiterklasse – wie gegenwärtig – zwar in bestimmten Winkeln protestiert, in ihrer Gesamtheit aber nicht protestiert, sondern sich ruhig verhält, hat sie dann wirklich den ernsthaften Wunsch, alles zu verändern? Was ist eine Arbeiterklasse, die nicht zutiefst antikapitalistisch ist? Und die Arbeiterklasse ist es nicht. Glaubst du, daß die Neugruppierung notwendigerweise zu dieser Protesthaltung führen wird? Oder glaubst du, daß da nichts ist – oder aber etwas, das erst entwickelt werden muß? Wie siehst du das? Das ist wichtig im Hinblick auf die Maoisten und die Arbeiterklasse. Wollen die Maoisten die Arbeiterklasse neu gruppieren? Und werden aus dieser Neugruppierung zwangsläufig Negationen entstehen? Glauben die Maoisten, daß die Arbeiterklasse, wie sie gegenwärtig ist, im wesentlichen Opfer der Serialisierung oder der Atomisierung ist? Das ist zwar nicht das gleiche, aber ich stelle diese Frage auch nicht im Zusammenhang mit meiner Theorie. Was sind gegenwärtig die Arbeiter, jene, die nicht protestieren? Das interessiert mich.

VICTOR: Das gibt es nicht.

SARTRE: Das gibt es sehr wohl, denn schließlich gibt es einige Fabriken . . .

VICTOR: Das setzt aber eine absolute Trennung zwischen dem Zustand der Serie und dem Zustand der Gruppe voraus, die ich bestreite. Selbst wenn die breite Masse serialisiert ist, murrt sie. Und das sind die Elemente des Bruches innerhalb der Serie – den Zustand der absoluten Ruhe gibt es nie.

SARTRE: Aber schließlich gibt es doch gegenwärtig – du brauchst dich nur umzusehen – eine Majorität von Leuten, die arbeiten, die ausgebeutet werden und nichts sagen. Was sind das für Menschen? Das ist die Frage.

VICTOR: Stell dir eine kleine Serie vor. Die Belegschaft eines Betriebes, die lange nicht gestreikt hat; jedes Element der Serie, jedes Individuum hat etwas zu murren. Man muß es nur zu hören wissen.

SARTRE: Aber das ist ein Murren, das nichts mit dem seriellen Denken zu tun hat, einem falschen Denken, sondern dahinter liegt. Sie wollen etwas, aber sie sagen es nicht.

VICTOR: Man kann es präziser sagen. In dieser Serie gibt es einen kleinen Teil, der den Streik will, der so etwas wie ein entwickeltes Gruppenbewußtsein hat – das gibt es überall. Und es gibt einen anderen Teil, der bereit wäre, gegen den Vorarbeiter zu kämpfen . . . Und wieder einen anderen . . .

GAVI: Das kann auch komplizierter sein. Viele Arbeiter sind gar nicht so sehr für den Streik, oder sie pfeifen darauf . . . Der Mangel an Kampfbereitschaft mag auch daher rühren, daß man nichts Besseres erwartet. Das äußert sich dann in Sätzen wie: «Bosse wird es immer geben.» Oder: «Ich halte mich raus aus der Politik.»

VICTOR: Stimmt. Will man ein Beispiel von einer typischen Serie haben, so könnte man sagen: da gibt es einen Teil, der immer für Streik ist, einen anderen, der keinen Streik will – nicht, weil er nicht kämpferisch ist, sondern weil er die Nase voll hat vom Streik –, einen dritten, der vom Boss beherrscht wird, und all die anderen, die murren . . .

SARTRE: Da möchte ich dich etwas fragen. Ich bin völlig eurer Meinung. Aber wie kommt ihr zu dem Urteil, daß dem Gruppendenken gegenüber dem Seriendenken der Vorzug zu geben ist? Das Seriendenken kennt man ja. Wir streiken nicht, weil die Frauen nicht mitmachen, weil die Arbeiter es nicht verstehen würden, weil die Bosse zu mächtig sind, weil ich dem Kollegen am Fließband nicht traue . . . Ein trennendes Denken, das aber auf der Ebene der Serie Realität ist. Auf der Ebene der Gruppe ist damit Schluß. Warum gibst du dem Gruppendenken gegenüber dem Seriendenken den Vorzug? Dem Denken einer revolutionären Gruppe, die «Scheiße» sagt. Außerdem machen die Arbeitsemigranten mit, unsere Frauen helfen uns, und die Bevölkerung versteht uns. So ist es richtig.

VICTOR: Die Frage, die du mir stellst, lautet also: Warum geben wir der Einheit gegenüber der Trennung den Vorzug?

SARTRE: Die Frage nach dem Warum muß am Anfang stehen. Wir nehmen die Arbeiterklasse, wie sie ist, geteilt, mit großen Rissen, die man aber ebensogut als marginal betrachten könnte. Und du, du vertiefst die Risse, förderst die Neugruppierung, die zu wahrem Denken führt . . . Nun, wahr ist es nicht, denn gerade das mußt du mir erklären. Anders ausgedrückt, du kommst in die Arbeiterklasse, die serialisiert ist, wie man es bei Renault sieht, und bemühst dich, ein Gruppendenken herbeizuführen, ein Denken also von Leuten, die sich als einzelne in der Gruppe konstituieren werden, die den wirklichen Sinn ihres Lebens in der Gruppe finden werden, gegen die Serialität. Anders gesagt: warum bist du Revolutionär, nicht du, sondern eure Gruppe? Warum habt ihr euch entschlossen, diese Gruppierungen zu fördern, also eine Einheit, wo jeder denkt und das, was er denkt, auch laut sagt – gegen die Serialität, die letztlich die heutige Welt ist?

GAVI: Ja, warum habt ihr, die ihr innerhalb einer Serie revoltiert, andere nötig? Warum sucht ihr andere, damit eure Serie zur Gruppe wird? Und inwiefern betrifft euch die Nicht-Revolte der anderen?

SARTRE: Genau das. Warum sagst du: Da sind Leute, die nicht revoltieren? Ihr wahres Denken ist die Revolte, und wir bemühen uns, durch auffällige Beispiele – Beispiele zu einem bestimmten Zeitpunkt – ihnen bewußt zu machen, daß das die Revolte ist . . . Du wählst also die Revolte gegen die ohnmächtige Serialität. Daher frage ich dich, warum du das tust. Weil ein Arbeiter, der täglich zur Arbeit geht, kein serielles Revoltedenken hat, oder weil er es, wenn er es im Grunde hat, nur schwach empfindet. Warum gibst du ihm die Chance, eine Gruppe zu bilden und revolutionäre Aktionen zu unternehmen, den Chef einzusperren oder dergleichen?

VICTOR: Die Frage ist derartig . . .

SARTRE: Warum bist du Revolutionär? Auf diese Frage müssen wir hinaus. Woraus erklärt sich, daß du für ein kohärentes Gruppendenken bist? Was doch heißt: ich will mich nicht ausbeuten lassen, ich will keine Vorarbeiter im Nacken haben etc. Das ist es doch, wie du denkst. Du denkst doch nicht wie die Typen, die sagen: Scheiße, wir machen, was wir immer schon gemacht haben ...

GAVI: Warum gibt es da einen Bruch?

VICTOR: Da geht es mir wie dir. Ich habe mich für die Gruppe und gegen die Serie entschieden, aber warum tun wir das?

GAVI: Diese Frage habe ich dir vor eineinhalb Jahren gestellt, aber damals wolltest du nicht antworten ...

SARTRE: Es ist zu schwierig ...

GAVI: Ich hatte dich gefragt: du glaubst nicht an Gott etc. Also warum?

SARTRE: Und jetzt habe ich es ihn gefragt.

VICTOR: Antworte du zuerst!

SARTRE: Weil ich denke, daß das wahre Denken das Denken der Gruppe und nicht das Denken der Serie ist. Wir werden atomisiert durch die Institutionen, den Arbeitsrhythmus etc. Also ist das ein Zustand, der nicht der wahre ist. Und wenn – zu einem gewissen Zeitpunkt – atomisierte Menschen sich zusammentun und eine Gruppe bilden, dann denke ich, daß das Denken der Gruppe die Wahrheit ist. Weil es ein Denken ist, das von jedem einzelnen durch sein eigenes Denken begriffen wird. In einer Gruppe denkt jeder sein eigenes Denken – das Denken, das er denkt, wenn er nicht Teil von Serien ist, das Denken, das wahr ist. Das Seriendenken aber ist ein durch Atomisierung hervorgebrachtes Denken, ein Denken also, das die Trennung rechtfertigt – durch Gedanken der Ohnmacht, des Rassismus, der Frauenfeindlichkeit, die zu einem Denken gehören, das nicht die Wahrheit ist.

VICTOR: Trotzdem, du wirst doch nicht sagen, daß du Revolutionär bist, weil du die Wahrheit willst.

SARTRE: Ich will die Wahrheit, weil ich Revolutionär bin, selbstverständlich.

VICTOR: Warum entscheidest du dich, ein Revolutionär zu sein?

SARTRE: Das ist die Frage, die ich dir stelle. (Wir kommen da nicht heraus.) Weil ich überzeugt bin, daß das wahre Denken ein Denken von Menschen ist, die die Serie verlassen haben, um Gruppen zu sein. Und ich denke das, weil die vielfältigsten Gedanken ins Spiel kommen, die man in der Serie nicht gesehen hatte und in denen die Menschen sich wiedererkennen können. Denken wir, wenn du willst, an 1793. Die Sektionen hatten damals, 1793, ein wahres Denken. Aber 1797 war es damit vorbei, denn da kam Bonaparte.

Gavi: Wie erklärt sich das, was du in dieser Beziehung denkst? Es gibt andere, die nicht so denken. Und sie haben die gleichen Ursprünge und vieles andere mit dir gemein. Du hast nicht wirklich geantwortet. Du skizzierst lediglich dein Denken. Warum hast du den Übergang von der Serie zur Gruppe vollzogen?

Sartre: Ich habe immer von der Serie zur Gruppe übergehen wollen. So bin ich nun einmal geschaffen. Ich denke es seit meiner Kindheit. Ich habe immer gedacht, daß in der Gruppe zu denken besser ist, als getrennt zu denken.

Gavi: Siehst du nicht in deiner Kindheit Gründe dafür . . .

Sartre: Das würde uns jetzt zu Dingen führen . . . Verstehst du?

Gavi: Trotzdem, es ist die Frage, die du Victor stellst.

Sartre: Ich stelle sie ihm als dem Spezialisten der Revolution.

Victor: Aber auch du bist Revolutionär.

Sartre: Ja, aber du bist es als Führer. Und das ist nicht dasselbe. Das bin ich nicht. Ich denke, daß ein einzelner in einer Gruppe, auch wenn er ein klein wenig terrorisiert wird, immer noch besser aufgehoben ist, als ein einzelner allein, der über seine Isolierung nachgrübelt. Ich glaube nicht, daß ein einzelner irgend etwas auszurichten vermag.

Gavi: Glaubst du, daß da ein Zusammenhang besteht mit der Familie?

Sartre: O ja, gewiß. Aber das zu erklären, würde zu lange dauern. In jedem Fall, Tatsache ist – aber wir werden doch jetzt nicht über meine Kindheit sprechen! Wenn ihr so wollt: ich bin der Stiefsohn eines Werftdirektors von La Rochelle. Es gab Fabriken in der neuen Stadt, und so gab es auch Werften. Schon damals verstand ich die Arbeiter, die ich sah, als Gruppe. Das war eine sehr wichtige Sache. Damals, zu jener Zeit, brach die russische Revolution von 1917 aus. 1917 war ich 12 Jahre alt. Das Denken wurde durch die russische Revolution bestimmt, da besteht kein Zweifel.

Gavi: Aber wie konntest du sie mit 12 Jahren kennenlernen?

Sartre: Die Zeitungen berichteten davon. Auf eine ziemlich wilde Art, aber man berichtete darüber. Ich war für die russische Revolution. Ich sah, ich las das Leben der ausgebeuteten französischen Arbeiter am Beispiel einer Gruppierung, die revolutionär gewesen wäre. Das war sicher der Ausgangspunkt. Anders gesagt: ich denke, man darf nicht den Faktor außer acht lassen, der die russische Revolution für die meisten der damals lebenden Menschen gewesen ist. Und dann, da ich einen Stiefvater hatte, der Werftdirektor war, befand ich mich in einer tiefen Revolte gegen diesen Mann.

Gavi: Im äußersten Falle hättest du für die Arbeiter Partei ergriffen, weil du spürtest, daß sie in Opposition zu ihm standen und weil du selbst gegen ihn revoltiertest?

Sartre: Ja. Ich ergriff übrigens auch Partei. Von 1924 an hielt er mich für den Vertreter der KP. Damals sagte er mir, was er dachte: Es sei abscheulich, diese Schweinehunde, sie sagten dies, sie sagten das, und ich, sagte er, ich antwortete wie ein Mitglied der KP, was ich gar nicht war . . .

Victor: Versuchtest du, deine Mutter zu mobilisieren?

Sartre: Ja, ein bißchen. Und ein wenig gelang es mir. Als er starb, änderte sie sich ein wenig. Aber sehr weit ist sie nie gegangen. Während des Koreakrieges sagte sie einmal zu jemandem: Abscheulich, diese Amerikaner, sie sind in Korea eingefallen – so sah sie die Sache, das war richtig, nur daß es viel komplizierter war. Mein Stiefvater . . . das ekelte mich an . . .

Victor: Haben also bestimmte Momente deiner Kindheit und Jugend bei deiner Entscheidung für das Gruppendenken eine Rolle gespielt?

Sartre: O ja, sicher. Ich habe immer gegen mich gedacht.

Victor: Hast du dich in bestimmten Augenblicken unwohl gefühlt in deiner Haut?

Sartre: Oh! Und ob. Stell dir vor, seit ich mit dir zusammenarbeite, fühle ich mich wohler in meiner Haut. Nicht sehr wohl fühlte ich mich, als ich bei den Kommunisten war, weil die so beschränkt und verklemmt waren, sobald es darum ging, mit Leuten zu sprechen, die nicht zu ihnen gehörten, sondern Weggenossen waren.

Gavi: Hattest du nicht ein bißchen den Eindruck, deinem Stiefvater wiederzubegegnen?

Sartre: Ein wenig. Aber . . . Ja. Ich glaube schon. Ich bin anti-autoritär, seit ich meinen Stiefvater kennengelernt habe. Er war eine autoritäre Gestalt . . .

Victor: Als du glaubtest, es wäre wesentlich für dich zu schreiben – fühltest du dich da wohl in deiner Haut?

Sartre: Eine Zeitlang, ja. Als ich *Der Ekel* schrieb, ja. Ich erkläre das auch. Ich erklärte, warum die anderen in meine Haut schlüpfen müßten – das war meine Art, es anderen klarzumachen.

Gavi: Das ist normal. So handelt ein Revolutionär! Ein Revolutionär spricht von Leid und Elend, und indem er davon spricht, befreit er sich, übersteht er es, ist er «obenauf». Er ist glücklich. Wie im Beichtstuhl.

Victor: Ja, aber Vorsicht . . .

Gavi: Mehr oder weniger glücklich. Es gibt eine Freude an der Revolte, die mit der Zeit, in einem bestimmten Moment dazu führt, daß du keine Lust mehr hast, dich gegen alles aufzulehnen. Wenn du bei einer Versammlung bist, sitzt du dort als Revoltierender, aber du fühlst dich auch wohl in dieser Versammlung, so wohl . . .

Victor: Bei einer Demonstration, vor dem Zusammenprall, gibt es ein

Element der Angst und ein Element der Freude. Das ist Gruppendenken.

GAVI: Ein Buch schreiben, ist ein «Meeting».

VICTOR: Aber du bist allein!

GAVI: Man ist nicht allein, in Wirklichkeit.

SARTRE: Man schreibt nie wirklich allein. Ich schreibe meinen Flaubert auch nicht allein. Da ist Simone de Beauvoir, sie liest, was ich schreibe. Wenn sie sagt, es ist gut, ist alles in Ordnung. Wenn sie sagt, es ist schlecht, schreibe ich es noch einmal. Aber so ist es.

GAVI: Man schreibt immer für die anderen.

VICTOR: Hältst du das für Gruppendenken oder für ein serialisiertes Denken?

SARTRE: Für ein Gruppendenken.

VICTOR: Eine Zweiergruppe?

SARTRE: Man fängt mit *einer* Gruppe an, und später sind es mehrere. Das Mädchen, das mich heute morgen interviewte, sagte: Man sagt, Sie seien von den Maoisten manipuliert. Ich sagte: Ich bin auf ihrer Seite. Wenn sie eine illegale Aktion vorhaben und mich auffordern, mitzukommen, dann tue ich es . . . Aber was euch Maoisten betrifft, so ist es kein großer Unterschied, ob man zu euch gehört oder euch freundschaftlich verbunden ist oder ob man nicht zu euch gehört. Ich finde, daß ihr die Militanten ziemlich schäbig behandelt, aber auch auf dieser Ebene kann man echte Beziehungen haben. Nun gibt es Leute, die mir sagen, das liege daran, daß sie eine Randgruppe sind. Aber sie sind gar nicht so sehr Randgruppe, wie wir heute festgestellt haben. Und andere sagen, es liege daran, daß sie erst seit kurzem eine Gruppe sind. Aber die Kommunisten waren 1921 nicht so.

Warum glauben Gruppen, daß das Denken, die Praxis der Serialität falsch ist und daß man die Menschen neu gruppieren muß, damit sie richtig denken? Ich persönlich denke so, aber ich möchte wissen, warum *ihr* so denkt. Darum geht es heute, da ihr versucht, die Serialitäten zu gruppieren. Warum?

VICTOR: Ich gebe zu, solche Fragen sind wir nicht gewöhnt: wir stecken zu sehr drin.

SARTRE: Und wer bei den Maoisten stellt sich diese Frage?

VICTOR: Du erwartest sicher von mir, daß ich nicht auf der Ebene des einzelnen antworte . . .

SARTRE: Nicht der einzelne interessiert mich.

VICTOR: Wir meinen, daß die einzigen Werte, die die Beziehungen zwischen den Menschen verändern und eine nicht-entfremdete Beziehung entstehen lassen können, die Werte der Kollektivität sind.

GAVI: Komisch, aber warum habt ihr nicht auf der Ebene der Praxis den Gemeinschaftsgedanken in dieser Richtung weiterentwickelt?

VICTOR: Das stimmt, nach dem Mai 68 haben wir vor allem an der subversiven Gewalt als Element des Übergangs von der Serie zur Gruppe festgehalten. Unser Kollektivdenken über die Demokratie war noch ziemlich kärglich.

GAVI: In *La Cause du Peuple* habt ihr niemals den Begriff der «gegenseitigen Hilfe» weiterentwickelt. Revolte und Solidarität ist ja nicht das gleiche.

VICTOR: Seit der ersten Hausbesetzung – es war das Haus von Rika Zaraï – haben wir die gemeinsamen Errungenschaften gepriesen.

GAVI: Das Gesetz und das Regime sind stark. Sie können ein besetztes Haus ihrerseits besetzen, nicht aber diesen Ansatz kollektiven Lebens auslöschen, der zu der Hausbesetzung führte. Als wir 1970 in Villeneuve-la-Garenne ein Haus des Volkes bauten, war – abgesehen vom illegalen Charakter unserer Aktion – die gegenseitige Hilfe, die Konstituierung einer Kollektivität, das wichtigste für die Menschen.

VICTOR: Es stimmt genau, daß wir, was den Ausdruck der Gemeinschaftsideologie betrifft, sehr hinterherhinken. Diesen Punkt könnte man übrigens als Beispiel nehmen für das, was ich die Schwerfälligkeit des Denkens genannt habe.

Ich möchte gern noch einmal auf das zurückkommen, was ich über das maoistische Denken, über die Schwierigkeiten, die es belasten, gesagt habe. Ich möchte einiges präzisieren. Vor 1970 stützte sich das Denken der Proletarischen Linken auf die Hitzköpfe: in den Fabriken meist auf die jungen Arbeiter und die ausländischen Arbeitsemigranten. Heute dagegen ist es der Gerechte, der Besonnene, der Weise, auf den man sich beruft. Ein Beispiel hat uns besonders betroffen gemacht: 1971 machten wir einen dreitägigen Versuch mit einem Fließbandkomitee bei Renault. Bei der Wahl des Komitees war der Maoist, der Initiator der Sache, nicht als Vertreter gewählt worden. Die Erklärung der Arbeiter lautete: Du bist ein prima Kerl, aber für das Fließbandkomitee brauchen wir besonnene Arbeiter; er, der Hitzkopf, war kein besonnener Arbeiter. Und damit komme ich auf das Ziel unserer neuen Art zu denken: es ist nötig, daß der Weise, der Besonnene, der Gerechte in Wut gerät, ein *enragé* wird. Bei der Mobilisierung der Arbeiter in einer Fabrik kommt es darauf an, daß alle von einem Ziel, von einer Forderung sagen: «Das ist normal. Das ist gerecht.» Also heißt es nicht mehr: Es lebe das Unnormale, das Marginale. Jetzt geht es um die Verkündung einer neuen Regel. Jetzt muß es dem Sinne nach heißen: Alle gegen das, was in der gegenwärtigen Situation nicht «normal» ist. Ich hatte schon darauf aufmerksam gemacht, daß im Denken der Proletarischen Linken alle Operationen in gewisser Weise die Form einer symmetrischen Umkehrung annahmen. Die Parole, die alles zusammenfaßte, lautete: «Schlag gegen Schlag!», und sie wurde von den

Trupps der Proletarischen Linken buchstäblich in die Tat umgesetzt. Was an diesem Denken so gerecht ist und was bei der Veränderung dieses Denkens nicht verlorengehen darf, ist der Wunsch des Unterdrückten, die Situation umzukehren. Man hat uns vorgeworfen, die Arbeiterbewegung in prähistorische Verhältnisse zurückzustoßen. Aber in dem Verlangen nach Rache, das wir stärkten, manifestiert sich ein sehr gereiftes Bewußtsein. In dem «Schlag gegen Schlag» steckt das Gleichheitsbewußtsein: wir stehen an diesem Platz, du stehst an einem anderen, höheren, und jetzt werden wir einmal die Rollen tauschen. Um das Beispiel des Kampfes gegen die Chefs aufzugreifen: anfangs schlug man sie zusammen; nach und nach ging man dazu über, sie – wenn auch nur für einen Augenblick – an den Platz des Arbeiters zu zwingen. In der Fabrik Richard Continental in Lyon hat man den Direktor entlassen. Mit anderen Worten: in der Formel «Schlag gegen Schlag» war schon ein Element enthalten, das vorbereitete, was wir heute Kontrolle nennen. Kontrolle ist ein Begriff, der die Sammlung der Arbeiter voraussetzt, während das «Schlag gegen Schlag» sich auf einen Zustand der Teilung in der Masse gründete. Aber es ist wichtig, die Verbindung zwischen den beiden Begriffen aufzuzeigen, denn wenn man sie aus dem Blick verliert, verliert man den Sinn der Kontrolle aus den Augen und verfällt dem Reformismus. In der reformistischen Version der Kontrolle wird die Kontrolle von Delegationen durchgeführt, beispielsweise ist es Aufgabe einer Kommission, mit der technischen Leitung über das Arbeitstempo zu verhandeln, die Normen festzusetzen und so fort. Das hat nichts mehr zu tun mit der direkten, der demokratischen Kontrolle, bei der die Masse über den Platzwechsel entscheidet. In der Auflösung des alten Denkens der Proletarischen Linken liegt jedoch eine Gefahr, die darin besteht, daß der in der Parole «Schlag gegen Schlag» enthaltene Gleichheitswille verlorengehen könnte. Nehmen wir beispielsweise ein Komitee Vérité et Justice, das den Verlauf eines Prozesses kontrollieren möchte: wenn der Gleichheitswille nicht in Taten umgesetzt wird, bleibt es bei Petitionen, und dann wird nie eine subversive Massenpraxis zustande kommen.

Und jetzt ein paar Worte über den Autoritarismus in unseren Reihen.

Es ist durchaus richtig, daß in mancher Hinsicht in der maoistischen Bewegung, je weiter man von oben nach unten geht, das Element des Denkens in der Praxis verlorengeht. Bei den Militanten an der Basis begegnet man normalerweise dem Hang, die Dinge von Fall zu Fall in Angriff zu nehmen und den von der Zentrale kommenden Anregungen und Direktiven zu folgen. Selbst wenn an der Basis gute Arbeit geleistet wird und selbst wenn ein Element praktischer Initiative an der Basis vorhanden ist, hat man doch das Gefühl, die Entwicklung nicht ganz in den Griff zu bekommen. Das bestreite ich nicht. Und das hängt tatsächlich mit der Organisation des Denkens in der maoistischen Bewegung, kurz, mit der Organisation überhaupt, zusammen. Vergessen wir nicht, daß die Proletarische Linke anfangs in der Situation einer belagerten Festung war: unsere Ideen und unsere Aktionen wurden von allen Seiten angegriffen. Unwillkürlich verstärkt man die Befehlsgewalt. Das hinterläßt in der Organisation tiefe Spuren. Das Ziel ist klar, wir wollen mehr Gedankenfreiheit innerhalb der maoistischen Bewegung. Wir müssen unsere Philosophie auf die verschiedenen Sektoren ausdehnen; es ist nötig, daß sie in die Kampfkomitees eindringt, in die Komitees Vérité et Justice oder in die Komitees für Wohnungsfragen, und daß die Militanten der verschiedenen Bereiche sich in der Einheit der Basis zusammenfinden. Der Gesichtspunkt, den jeder einzelne aus seiner praktischen Arbeit mitbringt, wird dort mit denen der anderen konfrontiert werden; der Militante muß über philosophische Mittel der Konfrontation verfügen.

(Januar 1973)

12

Das militante Opfer

> Unter gewissen Umständen kann mein Lebenswille so stark sein, daß ich in einem glücklichen Augenblick rufen könnte: «Schießt doch!» In diesem Augenblick fühle ich mich unsterblich . . .

VICTOR: In der Einheit an der Basis müßte der Konflikt zwischen den direkten Äußerungen der verschiedenen Volksschichten systematisch bewältigt werden, der Konflikt, zum Beispiel, zwischen der Einstellung eines Arbeiters und der Einstellung der Jugend zur Sexualität. In *diesem* Sinne bedarf es der Philosophie. Aber dafür braucht man Zeit. In China finden die Stunden des Lernens während der Arbeitszeit statt. In Frankreich gibt es dergleichen nicht. In den Kampfkomitees gibt es nicht einen ständig Verantwortlichen, sondern viele Verantwortliche. Ganz klar, die militanten Kräfte haben ihre Arbeitszeit – da sie alle Arbeiter sind, haben sie die längste Arbeitszeit; darüber hinaus haben sie mit der Organisation ihres eigenen Kampfkomitees zu tun und übernehmen notgedrungen die Verantwortung auf lokaler oder regionaler Ebene, wobei sie ihre Pflichten in den Kampfkomitees mit den Versammlungen und Aktionen der maoistischen Bewegung kombinieren müssen. Was sich gegenwärtig abspielt, ist sehr einfach: sie sind völlig überlastet. Zur Philosophie bleibt keine Zeit. Wir wollen aber auch nicht den einfachsten Weg gehen – der gar nicht so einfach ist, sondern in die Katastrophe führen würde –, nämlich aus Arbeitern professionelle Revolutionäre machen. In der Entwicklung der KP gibt es solche katastrophalen Fehler: die Eliminierung der Intellektuellen durch den *Ouvriérismus* und die Verwandlung der Arbeiter in pseudo-intellektuelle Bürokraten. Was bleibt einem da zu tun? Den Preis für die Tugend zu zahlen – sich zu opfern. Aber die Ideologie, die das hervorruft, hat sehr oft die Entfernung des Kämpfers von den Massen zur Folge, macht ihn zum Fremden.

GAVI: Du sprachst von dem Problem der Kontrolle oder der Demokratie. Herr über sein Denken sein. Heutzutage gewinnen die Ideen mehr und mehr an Bedeutung. Gerade gestern erzählte mir ein okzitanischer Freund, daß Bauern aus der Gegend von Toulouse die Familie und die Sexualität als Thema einer abendlichen Diskussion gewählt hatten. Bei jeder Versammlung sollte ein freier Meinungsaustausch stattfinden. *Aller* Meinungen und Gedanken der Anwesenden.

SARTRE: So muß es sein.

Gavi: Nur die Marxisten haben eine panische Angst davor, persönliche Gefühle auszusprechen – man könnte sie für «Katholiken», für «Pfadfinder» halten. Verrückt: man hat den Eindruck, daß sie sich ständig beobachtet fühlen. Sie kapseln sich ab und leben hinter verschlossenen Türen und Fenstern das, was sie für ihr Leben halten. Jedem sein Katechismus. Die Christen haben dafür ein Wort gefunden: Liebe. Und weil sie Angst vor sich haben, muß es die «Nächstenliebe» sein, die Liebe zu den anderen, die im übrigen Gottes Lieblinge sind. Und da wären wir bei der Liebe zu Gott. Aber kehren wir zu unserem Militanten zurück. Es heißt so oft: «Im Dienste des Volkes». Auch im ersten Manifest von *Libération* hieß es: die Zeitung solle «dem Volk helfen». Das erinnert mich an einen sechzehnjährigen Schüler aus Lyon, der einen Text verlas, in dem ständig von der «Schülerjugend» die Rede war. Es war zum Kotzen. Warum sprach er nicht von sich selbst? Warum muß der Kämpfer beständig den Anschein erwecken, als stünde er außerhalb der Sache, die er verteidigt? Niemals hat man den Eindruck, daß auch *er* dabei etwas gewinnt. Warum fällt es ihm so schwer zu sagen: «Auch wir sind Teil des Volkes», «Ich, als junger Mensch . . .» Man muß von seiner eigenen Revolte ausgehen und nicht von der der anderen. Von seinem Recht auf Glück, auf Freude. Gewiß muß der Kämpfer sich mit gewissen Zwängen abfinden. Es ist nicht immer komisch, früher aufzustehen und später schlafen zu gehen als die anderen. Aber er soll uns doch endlich mit seinem «Opfergeist» in Ruhe lassen! Das ist das beste Mittel, die Leute in ihrer Passivität zu bestärken, in ihrer Erwartung, daß alles «von oben» geregelt wird . . . oder von irgendwoher. Nichts dagegen ist mobilisierender als ein fröhlicher Revolutionär. Das ist übrigens die Stärke der meisten Geistlichen: sie tragen immer ein strahlendes Gesicht zur Schau. Leider sind das Lachen und die Ironie oft bei der Rechten zu finden.

Victor: Was du sagst, ist richtig, aber nicht ausreichend, und zwar aus folgendem Grund: der Militante löst sich aus der Revolte der Massen und bringt Opfer, welche die Massen nach der Aktion nicht mehr bringen, da sie in den durch das soziale System erzeugten Zustand der Passivität zurückkehren; der Militante aber, der das Opfer bringt, entfernt sich in diesem Moment von den Massen, teilt nicht mehr ihre Lebensweise – wie ähnlich die Lebensumstände auch sein mögen, es gibt einen Unterschied, der als Unterschied wahrgenommen wird. Die Massen haben sich daran gewöhnt, daß es solche Leute gibt: die Militanten flößen ihnen Vertrauen ein. Aber das ist eine zweischneidige Sache, denn es fördert eine gewisse Passivität: «Ich habe meinen Delegierten, der verteidigt meine Interessen.» Und in allen Kampfkomitees ist es das gleiche: du mußt stundenlange Diskussionen führen und hörst immer wieder: «Ihr sollt unsere Delegierten sein.» Die Tendenz, Macht zu delegieren, ist tatsächlich sehr stark. Der Militante, der vieles auf sich nimmt, braucht eine Ideologie, um diese Opfer bringen zu können. Dieses Problem kannst du nicht leugnen. Natürlich will ich keine jüdisch-christliche Opferideologie, keine religiöse Ideologie, keine Entfremdung. Aber ich sehe nicht recht, wie sich solche Elemente der Opferideologie vermeiden ließen.

GAVI: Du kämpfst nicht mehr gegen, sondern für etwas. Und nicht für irgend etwas Abstraktes: einen noch fernen Tag (für den «Großen Tag» der Revolution oder für den Umschwung einer Mehrheit bei den Wahlen). Nein! Von jetzt an setzt du das, was wir «Kontrolle» genannt haben, in die Tat um. Die Bewohner eines Stadtviertels organisieren sich: sie gründen eine Kindertagesstätte, wo die Kinder essen, spielen, sie helfen sich gegenseitig bei den Haushaltspflichten, weigern sich gemeinsam, überhöhte Mieten und Nebenkosten zu zahlen, nehmen sich gemeinsam juristischer Fragen an, organisieren Sammeltransporte zur Arbeitsstelle, Sammelbestellung des Werkzeugs etc. In der Fabrik organisieren die Arbeiter ihre Arbeitszeit selbst, lehnen ein aufgezwungenes Tempo ab und weigern sich – wenn das Kräfteverhältnis es erlaubt –, etwas zu produzieren, was ihnen unnötig erscheint. Zum Beispiel Straßenkreuzer . . . Siehst du, was der Militante gewinnen kann? Er opfert sich nicht mehr. Im Gegenteil. Du wirst sagen: Das wird schnell in Reformismus umschlagen. Nein. Denn wenn du durchhältst, stößt du automatisch auf die Repression und bist gezwungen, dich mit dem Problem der Macht auseinanderzusetzen – dem Problem, Revolutionär zu sein. Vor allem, wenn parallel eine permanente Diskussion stattfindet. Alles muß diskutiert werden: Ideen, Gefühle, deine Zweifel. Das ist für alle eine Bereicherung. Mit dogmatischem Denken, das Fanatiker hervorbringt, hat das nichts zu tun.

VICTOR: Ein Beispiel. Neulich gab es eine Diskussion zwischen zwei Militanten verschiedener Kampfkomitees. Der eine sagte, die Arbeiter wollten immer wieder, daß er dieses oder jenes in einem Flugblatt anprangere. «Und so tue ich es», sagte er. «Ich opfere meine Zeit und sogar mein Geld.» Da fiel der andere über ihn her: «Du bist wohl nicht mehr ganz richtig im Kopf . . . Wenn die Burschen kommen und sagen, du sollst ihren Chef anprangern, dann sagt man zu ihnen: ‹Der Chef bescheißt doch *dich*, also mach du auch das Flugblatt.›» Das war ein offener Konflikt zwischen beiden, in den sich andere Genossen einschalteten. Und schließlich kamen wir zu dem Schluß, daß bei der gegenwärtigen Bewußtseinslage der Arbeiter sowohl die eine wie auch die andere Position übertrieben waren.

SARTRE: Opferliebe ist das Schrecklichste, was man einer Partei antun kann.

VICTOR: Aber wie können denn deiner Meinung nach die Leute, die vorn stehen, die sogar ihre Freiheit aufs Spiel setzen, jedes Element von Opferideologie eliminieren?

GAVI: Wieso? Dann muß eben das Modell geändert werden. Denk an Falstaff, der sich hinter einem Busch versteckt, um sein Leben zu retten. Ihm ist sein Leben lieber als die Ehre, und er hat recht. Man kämpft, um zu leben, nicht um zu sterben. Die Militanten sind oft todessüchtig. Man hat den Eindruck, daß sie sich umbringen und die anderen mit in den Tod reißen. Sie lösen sich vom Leben und von sich selbst, sie vergessen sich, und dieses Vergessen verzerrt ihre Vorstellung von der Avantgarde. Wie Don Quichotte. Es lebe Sancho Pansa! Nein, man muß alle zur Vernunft bringen, die sich auf ihren Opfergeist berufen. Wie willst du den Leuten den Aufbau einer neuen Gesellschaft schmackhaft machen, wenn du immer nur von Opfer und Zwang redest? Gewiß gibt es undankbare Aufgaben, aber sage doch auch, daß du Spaß daran hast. Du kämpfst für ein neues Leben, und du hast auch Spaß daran, wie du kämpfst. Es ist wichtig, eine neue Form der Militanz zu entwickeln: die Gemeinsamkeit im Kampf. Die Kollektivität des Wortes. Eine maoistische Genossin, eine Lehrerin in Bruay-en-Artois beklagte sich, daß die Beziehungen zwischen maoistischen Kämpfern in Bruay sich einzig und allein auf die «politische Arbeit» beschränkten. Keiner sprach bei Versammlungen über seine eigenen Probleme. Jede zwischenmenschliche Beziehung fehlte; die Genossin saß abends allein zu Hause, wenn nicht gerade Flugblätter zu verteilen waren. Kurz: Freundschaft gab es nicht. Und Joseph, ein maoistischer Genosse, ein ehemaliger Grubenarbeiter, sagt das gleiche. Aber es gibt keine militante Praxis ohne Freundschaft! Wir wollen doch eine Gesellschaft aufbauen, die auf Freundschaft beruht! Und nicht eine Gesellschaft nach dem Bilde jener Versammlungen, bei denen die Militanten sich streiten wie die Wachhunde um einen Knochen. Diese Wortgefechte, wo Persönliches mit Politik zu einem Brei vermischt wird, haben schon viele Leute abgestoßen, die derartige Rivalitäten nicht begreifen konnten.

VICTOR: Völlig einverstanden, aber ist es möglich, das ideologische Element des Opfers auszuschalten?

SARTRE: Nach und nach, ja.

VICTOR: Nach und nach – und bis dahin?

SARTRE: Augenblicklich haben wir Leute dieses Geistes, die nützlich sind: man kann sie nicht rausschmeißen. Aber man kann nach und nach versuchen aufzuklären. Was Gavi sagt, ist sehr richtig: es muß auf allen Ebenen so etwas wie Kollektive geben, die die Arbeit ebenso erledigen wie die Leute in den oberen Etagen. Sie sollen nicht zum Chef rennen müssen und fragen, was sie zu tun haben; sie müssen über die gleichen Informationen verfügen.

VICTOR: In diesem Punkte sind wir uns einig.

SARTRE: Und diese Leute bringen kein Opfer. Wer Opfer bringt, ist beschränkt. Die Borniertheit liegt in seinem Opfer, das er mit Freude auf sich nimmt, um sich darüber zu beklagen. Er gehört zu jenen, die für andere kein Verständnis haben: zum Grüppchen. Das Grüppchen ist die Inkarnation des Opfergeistes. Im Augenblick seiner Opfertat versteht es die anderen nicht mehr und hört nichts mehr. Es hält sich für beispielhaft. Schreckliche Leute! Mein ganzes Leben lang habe ich den Opfergeist gebrandmarkt.

VICTOR: Einverstanden, soweit es gegen die Opferideologie geht. Aber gibt es in der Mentalität des Revolutionärs nicht Elemente, die in der sogenannten Opferideologie enthalten und von reaktionären Ideen geprägt waren?

SARTRE: Das ist nicht ausgeschlossen. Bei einigen ja, bei anderen nein.

VICTOR: Hingabe, zum Beispiel . . . Man behandelt Mao Tse-tung und seine Leute oft wie Geistliche wegen ihres «Dienst am Volke» – würdest du das auch der Opferideologie zurechnen?

SARTRE: Absolut nicht.

VICTOR: Ah, gut.

SARTRE: Ja, nun hast du da noch viele Vorstellungen, die vom Chef, zum Beispiel. Die Chefs treffen ihre Entscheidungen selbst, weil sie alle Elemente in Händen halten. Ich wünschte mir eine Welt, in der die Menschen nicht einfach nur sich selbst opfernde Befehlsempfänger sind, sondern in der alle Menschen selbständig und mit Freude tun, was sie zu tun haben. Der Kommunistischen Partei muß ich den Vorwurf machen, daß sie vom jüdisch-christlichen Geist durchdrungen ist und der einzelne sich für sie aufopfern muß.

GAVI: Und du, Sartre, wie kommt es, daß du bereit bist, gewisse Zwänge auf dich zu nehmen?

SARTRE: Ich habe mit der Linken zusammengearbeitet, weil ein Schriftsteller – und das bin ich – nun einmal nicht darauf verzichten kann, ein möglichst breites Publikum anzusprechen, das heißt für alle zu schreiben. Doch ist die gegenwärtige Gesellschaft eine Gesellschaft, in der man zwangsläufig für die herrschende Klasse schreibt. Man wird vielleicht auch von Arbeitern gelesen, aber dann übernehmen diese Arbeiter die bürgerlichen Werte. Es hat schon Arbeiterlesezirkel gegeben; sie kaufen Bücher, und die Chefs gaben ihnen etwas Geld dazu, in Annecy zum Beispiel, wo die Chefs klug genug waren, nicht in die Wahl der Bücher einzugreifen und sich auf die finanzielle Unterstützung beschränkten. Das fing mit Françoise Sagan an . . . Man reproduzierte bürgerliche Werte, und das ist nicht lesen. Und so scheint es mir notwendig, für eine bestimmte Art der Freiheit des Denkens und des Lebens zu kämpfen, die in der Idee des Schreibens selbst bereits impliziert ist. Beim Schreiben muß man an die Freiheit der Leute appellieren, und folglich muß man selbst frei sein. Und alle anderen müssen es auch sein. Man darf nicht von Bauern sprechen, wie La Bruyère oder Fénelon es taten, man muß *zu* den Bauern sprechen, was nicht dasselbe ist. Und dann, trotz allem, gehört man dazu, ist, als Schriftsteller, Teil der Masse, ist ein Mann der Masse, der sich an die anderen richtet. Für mich impliziert das seit der Besatzung und dem Kampf gegen die Nazis bis hin zum gegenwärtigen Kampf eine Anstrengung, die ich – unabhängig von dem, was ich schreibe – unternehme, um meinen Leserkreis zu erweitern. Das sind die Bedingungen, unter denen ich an eurer Seite stehe, und ich finde das völlig normal. Das Besondere ist nur – und danach fragtet ihr mich neulich –: wenn man mit Linken zu tun hat, die im Augenblick für die gleichen Probleme kämpfen wie man selbst, sich aber auf ihre Kämpferrolle beschränken und nicht versuchen, freundschaftliche Beziehungen zu unterhalten oder die Militanz bis zur Freundschaft auszuweiten, dann fühlt man sich nicht recht wohl in seiner Haut. Als ich noch mit den Kommunisten zusammenarbeitete, fühlte ich mich nicht wohl in meiner Haut, weil ich manches nur tat, weil ich mich ihnen gegenüber vertraglich verpflichtet fühlte. Sie stimmten mir in dem Maße zu, in dem ich ihnen nützlich war, aber ich verkannte nicht, daß ich für sie nur ein Objekt war, das in bestimmten Augenblicken einen bestimmten Ton von sich zu geben hatte und das man dann fallenließ, sofern man es nicht von neuem brauchte. Hier habe ich das Gefühl, daß es weit mehr freundschaftliche Beziehungen gibt, und darüber bin ich sehr froh. Das genügt mir. Damit fühle ich mich entlohnt für das, was ich tue – deshalb kann von Opfer hier nicht die Rede sein, denn ich arbeite ja mit Leuten zusammen, die meine Freunde sind. Das ist ein großer Unterschied, der daher rührt, daß die Leute hier nicht vom Opfergeist besessen sind. Wenn sie es wären, hätten sie sich geopfert, und ich stünde daneben, und sie würden mich ansehen, ohne nach meinen Gründen zu fragen, denn sie würden für selbstverständlich halten, daß es auch meinerseits Opfergeist sei. Die Leute, die mit mir gegen den Algerienkrieg protestierten – meist Mitglieder der kommunistischen Jugendverbände oder der Basisgruppen –, waren sehr freundschaftlich gesonnene Burschen. Der Kämpfer war ein Freund, was bedeutete, daß sie es dir nicht vorwarfen, wenn du nicht in allen Punkten militant warst – das war deine Sache. Aber wenn du etwas mit ihnen unternahmst, dann wußten sie, daß du auch in anderen Dingen nicht gegen sie warst, und dafür schenkten sie dir ihre Freundschaft. Dieses Gefühl habe ich 1969 etwas verloren, und 1970 habe ich es dann wiedergefunden. Und zwar so sehr, daß ich mich reichlich belohnt fühle für das wenige, was ich tun konnte, belohnt durch die

Freundschaft, der ich hier begegnete und an der sich alle Militanten ein Beispiel nehmen sollten. Die Freundschaft ist also etwas sehr Wichtiges. Was bei den Kommunisten so schrecklich ist, das ist der Umstand, daß Freundschaften dort, wie man weiß, nur praktischen Wert haben. Selbst innerhalb der Partei. Wenn man in einem bestimmten Augenblick sagt: «Dieser Kerl ist ein Schuft, den schmeißen wir raus!» dann hat er keinen Freund mehr, dann ist es aus. Wenn man dort das Leben des Militanten so begreifen würde, wie es sein sollte, dann würde es lange dauern, bis man alle überzeugt hätte, daß der Kerl wirklich ausgeschlossen werden muß. Wenn er wirklich Fehler gemacht hat, könnte man ihn ja degradieren ohne ihn gleich rauszuschmeißen. Innerhalb einer Partei dürfte es keine Repressionen geben. Das jedenfalls ist mein Standpunkt; vielleicht gibt es bei euch ja noch Repression, ich weiß nichts davon. Im Falle Fofana hatte ich den Eindruck einer Spur von Repression, und das hat mir nicht sehr gefallen, aber insgesamt habe ich keinerlei Repression erlebt. Ich habe gesehen, daß ein Mann wie July in einem bestimmten Augenblick das Feld räumte und die Rolle des zentralen Führers aufgab, um in die Provinz zu gehen, an die Basis, und daß er eines Tages wiederkam und dieselbe oder zumindest eine ähnliche Rolle übernahm. Da stimmt die Sache doch. Ich glaube, die Art und Weise, wie die Kommunisten ihre Beziehungen verstehen, hat alles kaputt gemacht, was die wahren Beziehungen zwischen Menschen, die kämpfen, ausmachen sollte.

VICTOR: Wenn die Vietnamesen sagen: «Für das Vaterland darf man auch vor dem höchsten Opfer nicht zurückschrecken» – glaubst du, daß diese Einstellung von der jüdisch-christlichen Ideologie geprägt ist?

SARTRE: Gewiß nicht, wenn ich auch den Ausdruck «höchstes Opfer» nicht schätze. Aber ich glaube tatsächlich, daß im Sinne der Vietnamesen jeder bereit sein muß, für Vietnam zu sterben; ich würde nicht sagen «für das Vaterland» – der Begriff stört mich etwas. Es gilt für alle Territorien dort, die von anderen besetzt sind und die sie zurückerobern müssen, weil sie ihnen gehören.

VICTOR: Das ist die Definition des Wortes Vaterland.

SARTRE: Gut, also Vaterland, aber nicht Nationalismus.

GAVI: Das ist noch komplizierter; ich glaube, man muß eine qualitative Unterscheidung treffen zwischen dem tatsächlichen Zustand des Krieges, in dem ständige Todesgefahr besteht (und der Tod ist etwas anderes als Einkerkerung). Im Krieg kommt der Ruf «Freiheit oder Tod» ganz von selbst, er entspricht der Realität. Da ist es kein Zwang, sondern die Feststellung eines Tatbestandes. Wenn du wirklich dein Leben aufs Spiel setzt, hat das mit Romantik nichts zu tun. Da hast du Schiß und leugnest und möchtest am liebsten abhauen. Aber du haust nicht ab, weil du blöd bist und weil den anderen dort drüben deine Existenz völlig gleichgültig ist.

Sartre: Die Lebensumstände, die man uns aufzwingt, sind mit einem wirklichen Leben nicht vereinbar und somit gleichbedeutend mit Tod. Alles läuft auf das gleiche hinaus. In ein solches Leben zurückfallen oder kämpfend sterben, das bleibt sich gleich. Also ist eine Möglichkeit der Freiheit dann gegeben, wenn man kämpft, auf die Gefahr hin, daß man dran glauben muß. Es steht fest, und man konnte das zum Beispiel während des ganzen Algerienkriegs beobachten, daß den Algeriern seit 1880 ständig weniger Nahrungsmittel zur Verfügung standen. Um 1950 war das Minimum erreicht. Und in diesem Augenblick riß der Faden, denn ein junger Mensch, der keine Arbeit hat und nur das Allernötigste zu essen bekommt, zieht es vor zu krepieren, und das hat mit Opfer nichts zu tun. Die Schwierigkeit besteht darin, daß wir keine Gesellschaft wie die algerische sind, mit anderen Worten, es gibt in Frankreich zwar Elend, aber es ist nicht ausschlaggebend für den linken Militantismus. Man ist nicht links, weil man im Elend steckt; einige wenige sind zwar deshalb links, aber viele Arbeiter und Intellektuelle sind es aus anderen Gründen – sie haben ein materiell gesichertes Leben. Und da spielt deine Opferidee eine Rolle. Die Situation ist nicht so zwingend, meinst du; und für sie bleibt die Revolution gleichbedeutend mit der Aufopferung für diejenigen, die es nötig haben. Aber ich glaube, es gibt jetzt andere persönliche Gründe, eine Revolution zu machen, andere als die strikt materiellen Gründe, die zum Beispiel Marx dafür anführt. Was in der Masse immer deutlicher zum Vorschein kommt, ist eine anti-hierarchische und libertäre Bewegung. Sie kämpfen, weil sie ohne diese Hierarchien und ohne Chefs, die uns das Leben zerstören, leben wollen. Diese Leute aber opfern sich meiner Ansicht nach nicht; sie haben eine bestimmte Vorstellung vom Leben, die sie am Arbeitsplatz und im Alltag verwirklicht sehen wollen. Dann gibt es die Resignierten, die es nicht schaffen, die immer hinterherhinken und es nicht mehr begreifen. Man gebe ihnen die Hoffnung wieder, und sie werden kämpfen. Es bedeutet viel, Hoffnung zu haben, und Hoffnung ist meiner Ansicht nach heute eine starke revolutionäre Kraft, ich meine, der Gedanke, daß man etwas erreichen kann. Nicht nur die Maoisten, sondern alle nicht-kommunistischen linken Bewegungen zeigen, daß es bei den Leuten eine innere Bereitschaft gibt. Und in dem Augenblick, wo du Hoffnung hast, kannst du von den Menschen vieles fordern, was sie dir aus Opfergeist nicht geben werden. Sie geben es dir, weil sie an das Gelingen glauben.

Victor: Die religiöse Ideologie faßt das Opfer als eine Selbstentäußerung des einzelnen auf – und sie ist stets mit blindem Gehorsam verknüpft. Das ist es, was wir ablehnen.

SARTRE: Vollkommen.

GAVI: Vorsicht: Hiob opfert alles, aber er hat das zukünftige Leben, das Paradies vor sich. Der Marxist-Leninist ist ein Materialist: Wenn du tot bist, ist alles aus. Danach gibt es nichts mehr.

SARTRE: Vorsicht. Wenn der Marxismus-Leninismus ein großes ständig fortschreitendes gesellschaftliches Vorhaben ist, hat der Tod dort nicht die gleiche Bedeutung wie im bürgerlichen Denken. Du hast deine Rolle in diesem Vorhaben gespielt, und dann krepierst du, aber du hast den Eindruck, daß es weitergeht. Du siehst die Dinge anders, wenn die Geschichte aus kontingenten Fakten zusammengesetzt ist oder wenn du an einem gewaltigen gesellschaftlichen Unternehmen beteiligt bist, das zu einem bestimmten Ziel hinführt.

GAVI: Das stimmt, aber man läuft auch Gefahr, in den religiösen Mythos vom «jüngsten Tag» zurückzufallen. Es ist auch ein Hoffen auf etwas «danach», und das kann dich dazu verführen, dein Leben so wie es ist anzunehmen. Für mich ist Tod Tod. Ich habe nur *ein* Leben. Ich pfeife auf die Geschichte und die kommenden Generationen. Ich kämpfe, damit sich in *meinem* Leben etwas ändert. Ich möchte genießen. *Jetzt*! Einmal, tausendmal! Und wenn ich glücklich bin, möchte ich viele Tage in einem einzigen Tag erleben. Ich möchte Amouren haben – nicht nur eine –, Frauen, die ich liebe – nicht nur eine –, Kinder und keine Kinder, an der Zeitung sein und in den Cevennen und in den Anden, kämpfen und Krimis lesen.

SARTRE: Ja schon, aber du kämpfst für etwas, das andere zu Ende führen werden.

GAVI: Das ist mir scheißegal – oder genauer gesagt, ich wünschte, es wäre mir scheißegal. Im Grunde ist es mir egal und doch nicht egal. Ich fühle mich immer schuldig.

SARTRE: Ich schwanke zwischen beidem. Als alter Pessimist weiß ich nicht recht, ob es wirklich zu einem guten Ende geführt wird, doch wenn das der Fall ist, wäre das wie eine Ewigkeitsidee: So lange das andauern wird, werde ich leben. Da liegt nämlich das Problem: du sagst, daß du mittendrin sterben wirst. Das ist erstaunlich. Das gleiche Gespräch haben wir bei *Les Temps Modernes* geführt. Wir sprachen darüber, ob uns der Gedanke unangenehm wäre oder nicht, wenn nach unserem Tod, drei Monate danach vielleicht, eine Atombombe die Menschheit in die Luft sprengen würde. Mehrere, darunter auch ich, sagten: «Das wäre mir schrecklich, alles hätte keinen Sinn, wenn ich nicht weiterleben würde in einer Gesellschaft, wo ich zwangsläufig – wenn auch nur anonym – etwas gelten würde.» Andere sagten: «Im Gegenteil, denn wenn ich sterbe, und alle anderen sterben auch, ist das doch sehr gut.» Mir scheint das eine reaktionäre Denkweise. Aber was mich am meisten erstaunte, war, daß diejenigen, die das sagten, keine Reaktionäre waren.

GAVI: Und keiner hat gesagt: «Jedenfalls werden wir nicht mehr da sein und darüber nachdenken, weil wir ja tot sind.»

SARTRE: Aber jetzt denkt man darüber nach. Solange man lebt, ist der Tod ein unangenehmer Gedanke. Ist man tot, dann ist alles aus; aber solange man lebt, schöpft man Kraft aus dem Gedanken, daß man etwas beginnt, was später zum Erfolg führen wird, und das kann man sich nicht sagen, wenn man nichts tut und sich sagt: «Wenn ich tot bin, ist nichts mehr.» Das Bürgertum des 19. Jahrhunderts hat sich durch den Vererbungsgedanken ein wenig davor geschützt: man zeugte ein Kind, übergab ihm, was man angehäuft hatte, und hatte in diesem Moment den Eindruck einer Kontinuität. Das war zwar eine schwache, aber immerhin eine Kontinuität. Man starb nicht ganz so trostlos. Man hat immer neue Mittel gesucht, sich davor zu schützen; ich glaube, das beste ist immer noch, Revolutionär zu sein.

GAVI: Du glaubst also nicht, daß das Bewußtsein sich weiterentwickelt hat? Man weiß mehr über sich selbst. Die Wissenschaft macht uns skeptisch, und man hat Grund, skeptisch zu sein, wenn man sich frühmorgens beim Rasieren im Spiegel betrachtet. Skeptisch und gleichzeitig aufsässiger. Papa steht nicht mehr hinter einem – Papa Gott oder, für die sogenannten materialistischen Revolutionäre, Papa Lenin, Papa Mao, Papa Theorie. Ich weiß sehr wohl, daß ich die klassenlose Gesellschaft, von der Marx spricht, nicht mehr erleben werde. Meine Generation heute ist realistischer. Sie lehnt sich auf, weil sie durch Erfahrung klug geworden ist, und davor hat die Macht Angst. Sie versucht, diese Wirklichkeit auf dem Wege über den Konsum zu kanalisieren; aber wir wollen immer mehr konsumieren, als sie uns geben kann, und vor allem anderes. Das ist es nämlich, was ein System, das auf Ordnung und der Hierarchie des Wissens und des Geldes basiert, am meisten fürchtet: daß die Leute begreifen könnten, daß – wenn Gott nicht existiert – alles möglich sein müßte. Daß es besser ist, hier und jetzt zu leben. Die Ordnung braucht geduldige Menschen. Wir sind nicht mehr geduldig. Das erschreckt die Macht, und deshalb versucht sie, die Hoffnung abzutöten, indem sie Thesen verbreitet wie: «Jetzt bist du zwanzig, aber wenn du erst mal in mein Alter kommst . . .» oder «Schaut euch doch mal anderswo um, da ist es auch nicht besser.» Sie wollen die Hoffnung morden. In ihrem Munde sind die Träume nicht mehr als eine blaue Blume, Utopie, Luftschlösser . . . Es ist schon außerordentlich: sie sprechen uns schuldig, weil wir etwas anderes wollen. Wörter, die einmal einen Sinn hatten – wie Traum, Utopie –, werden mit Spott und Hohn belegt. Glücklicherweise konnten sie das Bewußtsein noch nicht töten. Man kennt sich besser und weiß auch besser, wie die Gesellschaft funktioniert. Und sei es auch nur, weil ein immer größerer Prozentsatz der arbeitenden Bevölkerung an der Hervorbringung von Ideen arbeitet, die die Leute an ihrem Platz halten. Ihre Waffen kehren sich gegen sie. Es ist kein Zufall, wenn die «Religiösen» und die Materialisten sich auf dem Feld der Revolte zusammenfinden. Die einen wie die anderen können sich an die gleiche Hoffnung halten. Die Religion ist ein Produkt des Materialismus, und umgekehrt. Sobald das Individuum seine Verzweiflung annimmt und sich entschließt, sich nicht das Leben zu nehmen, wird keine Kirche es mehr für sich gewinnen können. Immer mehr Genossen in den Planungsbüros gehen in die Revolte, und immer mehr Arbeiter – Genossen, die begriffen haben, wie eine Fabrik funktioniert – gehen ebenfalls in die Revolte. Sie sagen nicht mehr: «Es wird immer Chefs geben müssen», denn sie wissen auch, was ein Chef ist, und haben angefangen zu begreifen, was es mit diesem Chef, diesem ihrem Verlangen nach Autorität auf sich hat. Wir haben eine ganze Reihe von Werten zerstört: was bedeuten vielen von uns heute Fahnen oder Grenzen? Nichts, Albernheiten, die vom Eigentlichen ablenken.

SARTRE: Nur – du schaffst es nicht. Wie soll die Welt sich denn, so wie du es wünschst, ändern?

GAVI: Wieso, ich will mein Leben ändern . . .

SARTRE: Du wirst es nur ändern, wenn du etwas revolutionär bist, oder sehr.

VICTOR: Ich habe eine Frage an dich. Du willst dein Leben ändern, du bist Revolutionär. Am 25. Februar 1972 stehst du, unter vielen anderen, vor den Toren von Renault. Und da bedroht man dich mit einem Revolver. Reagierst du wie damals Pierre Overney? Siehst du dem Kerl, der dich bedroht, in die Augen und sagst: «Schieß doch!» Damit änderst du dein Leben nicht, du verkündest deinen Tod.

GAVI: Ich bin nicht Pierre Overney. Ich habe zu große Angst vor dem Tod, um ernsthaft an Selbstmord zu denken. Und trotzdem, unter gewissen Umständen kann mein Leben, mein Lebenswille so stark sein, daß ich in einem glücklichen Augenblick rufen könnte: «Schieß doch!» In diesem Augenblick fühle ich mich unsterblich.

VICTOR: Pierre Overney hat auch nicht Selbstmord begangen.

GAVI: Nein, aber er steckte tief in der Revolte. Als er Tramoni die Stirn bot, befand er sich, wie die Christen sagen würden, «im Stand der Gnade». Das ist ein Zustand der Freude. Ich bin überzeugt, Pierre Overney war ein lebenslustiger Bursche, mit der Logik eines Rugby-Spielers oder eines Rennfahrers.

SARTRE: Overney ging es nicht nur um sein Leben; es standen Leute um ihn herum, er wollte etwas erreichen, er war verpflichtet . . . Du siehst, man darf also nicht nur vom eigenen Leben sprechen – man will ein Ganzes.

GAVI: Was ist das, das Leben eines einzelnen? Es ist auch das, was die anderen darüber denken, die Beziehungen dieses einen zu den anderen.

VICTOR: Ja, aber du läßt dich nicht erschießen, damit die anderen dich für einen Helden halten.

GAVI: Ich weiß nicht. Du kannst sehr schnell an einen Punkt gelangen auf dem mit Träumen gespickten Weg, an dem du nicht mehr umkehren kannst. Und in einem dieser Träume siehst du dich als Held, als starken Mann, als Star. Das ist vielleicht blöde, aber wir sind nun einmal alle sehr blöde. Ungeachtet dessen lassen sich diese Träume eher in gemeinsamem Kampf verwirklichen. Wie zum Beispiel soll man die Misere eines Sonntagmorgens in einem Vorstadtwohnviertel oder anderswo allein ertragen?

VICTOR: Damit schließt du dich dem an, was Sartre sagte: für dich hat der Tod nicht die gleiche Bedeutung wie für einen Bourgeois, der keinerlei Hoffnung auf gesellschaftliche Veränderung hat.

GAVI: Ich weiß nicht gut genug, wer ich bin, um dir zu antworten.

SARTRE: Dein Leben . . . das Ziel . . . da ist etwas . . . das geht nicht. Denn um dein Leben zu ändern, mußt du das Ziel ändern und in einem bestimmten Augenblick die Änderung des Zieles wollen: das geht weit über dein Leben hinaus. Zum Beispiel, du willst die Institutionen ändern, was genau das Ziel ist. In diesem Moment siehst du die Mittel und Ergebnisse nur objektiv. Nicht daß ich die Subjektivität leugnete, auch nicht als politische Kraft – ich konstatiere lediglich, daß wir ständig Probleme angehen, die objektive Probleme sind; du als Leben existierst nicht mehr; das muß einfach geändert werden, und das ist nötig, damit du lebst. Dann, in diesem Augenblick, bist du im Ziel, du kämpfst im Ziel, ebenso wie die anderen, und da dein Vorhaben nicht bis zum Ende geführt werden wird, ist dein Verschwinden weniger wichtig als der Tod für einen Bourgeois. Weniger wichtig soll nicht heißen, daß es nicht wichtig wäre, aber es ist jetzt eine unter den verschiedenen Sachen geworden, die du aufs Spiel setzt, eine von denen, die sich ereignen können. Ich gebe zu, daß es hier bei uns keinen echten Revolutionär geben kann; ein echter Revolutionär muß, wie wir in Kuba gesehen haben, «sein Leben auf den Tisch legen», wie Fanon sagte, und das stimmt. Von uns hat – außer Overney, und der auch nur wenige Sekunden lang – niemand die Gelegenheit gehabt, sich zu sagen: «Ich kämpfe in dem Bewußtsein, daß ich, wenn ich geschnappt werde, unweigerlich sterben werde.» Keiner von uns, auch nicht die Maoisten, die ins Gefängnis kamen, war wirklich in Gefahr, getötet zu werden.

GAVI: Ich war in Santo Domingo in dieser Situation.

SARTRE: Ja, eine Zeitlang, aber das war nicht hier bei uns.

VICTOR: Wenn du damit sagen willst, das objektive Risiko, dem Tod ins Auge zu sehen, sei für den französischen Revolutionär geringer als in Afrika oder Lateinamerika, dann bin ich einverstanden. Aber das Bewußtsein, daß du deine Freiheit verlieren kannst, ist für den französischen Revolutionär heute Bestandteil seines Denkens. Und die Freiheitsberaubung ist ein wenig so wie der Tod. Darum möchte auch ich dich, Gavi, bitten, noch einmal auf die Frage zurückzukommen: ich bin völlig einig mit Sartre, daß der Tod eines Revolutionärs nicht das gleiche ist wie der Tod eines Bourgeois, und deshalb finde ich einiges in deiner Argumentation schlecht. Durch deine Revolte willst du dein Leben verändern, aber um dein Leben zu verändern, brauchst du den kollektiven Kampf, brauchst du die anderen.

GAVI: Aber die Veränderung, die ich suche, ist ja gerade ein mehr kollektives Leben. Ich brauche die anderen daher nicht nur, damit sie mir helfen, mein Leben zu ändern. Das Leben, das ich vor Augen habe, soll ein Leben mit ein bißchen mehr Wärme sein.

SARTRE: Das haben wir vorhin schon gesagt, als wir über Freundschaft sprachen.

VICTOR: Unter solchen Bedingungen, wenn du so willst, verkürzt du deine objektiven Lebensaussichten, wenn du auf diese Weise revoltierst. Du vergrößerst deine objektiven Risiken, kürzer als andere zu leben. Und subjektiv spürst du das.

SARTRE: Ein doppeltes Ereignis: der Tod. Einerseits: wenn man erst in der Erde ist, ist man nichts. Andererseits ist er ein Ereignis des Lebens. Was uns im Augenblick interessiert, ist das Ereignis des Lebens.

GAVI: Genau.

VICTOR: Für den Bourgeois ist es völlig anders.

GAVI: Zwangsläufig, weil der Bourgeois der Tod ist. In Chile nennt man übrigens die Reaktionäre «Mumien». Ich wollte nur sagen, daß man kämpfen kann, um besser zu leben, und trotzdem gewisse Zwänge auf sich nehmen kann. Besser leben heißt mehr Freude haben. Und als Krönung des Ganzen, wenn du dich einem Tramoni gegenübersiehst, kannst du dann rufen: «Schieß doch!» Aus Freude am Leben kannst du natürlich auch die Beine in die Hand nehmen und abhauen, wenn es möglich ist. Revolutionäre geben ausgezeichnete Verräter ab.

VICTOR: Du mit deiner «Logik der Freude». Ich verstehe nicht, was das alles heißen soll. Das «Schieß doch!» mag meinetwegen ein Prinzip der Freude sein, aber was ist das?

SARTRE: Freiheit. Aber jetzt müssen wir dialektisch werden.

GAVI: Vielleicht meinen wir mit den gleichen Worten nicht das gleiche. Die Christen und die Marxisten-Leninisten haben das Wort «Freude» aus ihrem Vokabular gestrichen. Sie haben zuviel Angst vor sich selbst. Ihre Person wollen sie lieber heraushalten. Sie verhalten sich wie Paare, die beim Beischlaf aus Scham lieber das Licht löschen.

Victor: Du sprichst von der Logik der Freude, Sartre von der Logik der Freiheit. Ich meine, wir sollten uns über die Begriffe einigen. Erklärt euch.

Gavi: Das eine geht nicht ohne das andere. Nur kann die Freude auf Kosten der Freiheit anderer gehen . . .

Victor: Ich bin mit der Zerstörung des religiösen Opfersystems einverstanden. Nur stelle ich immer wieder fest, daß der Opfergeist, die Furchtlosigkeit vor auferlegten Prüfungen oder dem Tod, einem entscheidenden Merkmal des Revolutionärs entspricht.

Sartre: Zunächst einmal bemerkt man, daß das Leben nicht annehmbar ist . . . In Kuba war das Leben unter Batista nicht annehmbar. So hieß die Wahl: Freiheit oder Tod. Mit anderen Worten: Wenn ich keine Freiheit habe, dann ist das so oder so der Tod. Ein langsamer Tod oder Tod durch Erschießen, aber eben Tod. Also konnte man nur das Leben wählen. Ich meine daher, daß du von dem Augenblick an, da du unter solchen Bedingungen das Leben wählst, zu vielen anderen Wahlen, objektiven Entscheidungen gezwungen bist. Zum Beispiel mußt du dich dafür entscheiden, Batista zu stürzen. Was heißt, daß du in diesem besonderen Falle weißt, daß du mit Batistas Truppen zu rechnen hast, daß deine eigenen nicht stark genug sind, daß du also anderswohin gehen mußt. Oder aber du hältst den Augenblick für gekommen, ihm entgegenzutreten, weil das Kräfteverhältnis etc. . . . und du es weißt. In diesem Augenblick beginnt eine ganze Kette von logischen Konsequenzen, die sich vom Anfang loslösen, und zwar dialektisch loslösen. Begonnen hat es damit, daß du dein Leben als nicht annehmbar empfandest. Du wolltest Freiheit. Und dann siehst du zahllose objektive Bedingungen, die so sind, daß du verpflichtet bist, zu handeln. Das ist die Dialektik. Und das ist die Freiheit der Dialektik: Warum willst du das, und jetzt, da es doch in diesem besonderen Falle gar nicht um deine Freiheit geht – retten kannst du sie nicht, und sterben wirst du nicht . . . warum also? Weil du gewahr wirst, daß die Gesamtheit der Motive und Beweggründe sich derart fügen, daß du dich in einem bestimmten Augenblick – vielleicht um einen entscheidenden Zusammenstoß zu provozieren oder aus irgendeinem anderen Grunde, der mit Freiheit zu tun hat – dazu verpflichtet fühlst. Also tust du es, aber immer in der Hoffnung, daß es ein Mittel ist, um etwas anderes zu erreichen.

Victor: Das erinnert mich an etwas, was Althusser einmal zu mir gesagt hat.

Sartre: Ich habe mit Althusser sehr wenig gemein – das muß also ein Mißverständnis sein.

Victor: Ich hatte ihm eines Tages gesagt, wenn man Kommunist sei, dann um der Suche nach dem Glück willen. Seine Antwort lautete dem Sinne nach: Das darf man nicht sagen. Man ist Kommunist, weil man eine Veränderung der Produktionsverhältnisse will ...

Sartre: Das ist nicht das, was ich dir sage. Ich sage dir das Gegenteil, und ich sage dir: «Man beginnt mit dem Kampf um des Glücks und der Freiheit willen, aber man wird leicht vom Wege abgelenkt durch die Ursachen und Wirkungen in der Welt, und um deine Freiheit zu erlangen, bist du gezwungen, auf diese oder jene Ursachen zu reagieren, weil es, auch wenn sie in keinem direkten Zusammenhang stehen, objektiv gesehen absolut notwendig ist.»

Victor: In einem bestimmten Augenblick hast du beschlossen, das Unerträgliche – Batistas Diktatur – nicht mehr zu ertragen und in die Sierra Maestra zu gehen. Dann bist du in der Sierra Maestra, Flugzeuge bombardieren dich ... du hast noch immer die Wahl zu kämpfen oder aufzugeben ...

Sartre: Ich behaupte nicht das Gegenteil.

Victor: Was motiviert dich, in der Sierra Maestra zu bleiben – trotz der Bomben?

Sartre: Du erkennst, daß dein Weg der richtige ist. Folglich mußt du bleiben. Da gibt es kein Problem. Diejenigen, die nicht bleiben, sind erledigt. Sie haben versucht, ein bißchen zu revoltieren, aber am Ende war es ihnen doch zu hart. Aber die, die wirklich die Freiheit wollen, wollen sie für sich und für alle. Weil Freiheit für alle die eigene Freiheit einschließt. Da ist er also, weil er für die Freiheit aller kämpfen will, Bomben fallen, aber er bleibt. Er bleibt, weil es nötig ist, es durchzustehen. Es ist ein Weg, ein Mittel weiterzukommen. Er wird versuchen, sich vor den Bomben zu schützen, aber ...

Victor: Warum singen die Menschen im Bombenhagel?

Sartre: Genau das ist es – handeln, damit die Freiheit des einzelnen die Freiheit aller wird. Wer singt, ist frei, trotz der Bomben, denn gewöhnlich singt man nicht im Bombenhagel. Wenn du singst, hast du deine Freiheit wiedergefunden. Das ist es, dieses Appellieren an das, was es tief im Menschen gibt. Und die Freiheit überschreitet in diesem Moment den Tod.

Victor: Gut, dann führt also in der jüdisch-christlichen Ideologie die Hingabe zur völligen Entfremdung. Und wir greifen dieses Element der Hingabe auf, aber in einer Theorie der Freiheit.

Sartre: Einverstanden. Außerdem nehme ich an, daß – und damit würde auch Gavi einverstanden sein – ein Leben, oder wie er sagt: ein Leben, das sich verteidigen will, die Verteidigung anderer impliziert. Hunger leiden, beispielsweise, und sich gegen Hunger wehren, heißt, daß du dich nicht für dich selbst wehrst; du tust es für viele. Du denkst an diejenigen, die unterbezahlt sind und nichts zu essen haben. Aber da ist auch deine Frau, die nichts zu essen hat, und da sind deine Kinder, die Nachbarn, alle, von denen du möchtest, daß sie Teil des Lebens und gleichzeitig Teil von dir sind.

(Januar 1973)

13

«Gleiche Arbeit, gleicher Lohn!»

Im Kopf des Arbeiters ist fest die Vorstellung verankert, daß er für seine Arbeit bezahlt wird. Wie willst du ihm begreiflich machen, daß man ihm nicht seine Arbeit bezahlt, sondern seinen Lebensunterhalt, daß man ihm Geld zum Leben gibt?

GAVI: Wie können die Arbeiterkämpfe aus dem Stadium der Forderungen herauskommen und direkt die Notwendigkeit des Übergangs zum Sozialismus herausstellen? Was meinst du, Victor?

VICTOR: Man muß für den Sozialismus Propaganda machen und dabei von den Entdeckungen ausgehen, die die Arbeiter bei ihren direkten sozialen Kämpfen machen. Im vergangenen Jahr gab es seitens der Arbeiter drei große Forderungen, drei große autonome Kampfformen, die oft unabhängig von den Syndikaten ausgelöst und geführt wurden. Hier die drei großen Forderungen: die erste, welche die großen metallverarbeitenden Industrien betraf, stellt die modernen Entlohnungssysteme in Frage («Gleiche Arbeit, gleicher Lohn!»); die zweite, die hauptsächlich die über-ausgebeuteten Branchen, vor allem die Textilbranche betraf, entstand aus dem Kampf gegen den Leistungsdruck und den Leistungslohn und wurde von den Arbeiterinnen in Rennes auf die Formel gebracht: «Wir wollen einen natürlichen Arbeitsrhythmus»; die dritte Forderung betrifft den Kampf gegen das Vertragssystem als grundlegendes Mittel der Spaltung der Arbeiterklasse in den nächsten zehn Jahren. Ich füge präzisierend hinzu, daß das Kernstück des Vertragssystems die organisierte Versklavung der Arbeitsemigranten ist, nämlich das Prinzip der befristeten Verträge; es geht also um das Fontanet-Papier[1], aber die Förderung der Beschäftigung von Aushilfskräften ist ein nicht weniger wichtiger Bestandteil des Systems. Aus der von den autonomen revolutionären Kräften in diese drei Richtungen hin geleisteten politischen Arbeit können meiner Meinung nach wichtige Lehren für die Propaganda für den Sozialismus gezogen werden.

Nehmen wir den ersten Punkt: «Gleiche Arbeit, gleicher Lohn!» Ich will ihn ausführlich beschreiben. Wir gingen von dem Prinzip aus – ich beziehe mich dabei auf das Beispiel Renault –, daß man keine massive

1 Bestimmungen über die Beschäftigung ausländischer Arbeitnehmer, gegen die 1968 vor allem von den Studenten protestiert wurde. (Anm. d. Übers.)

Bewegung, das, was man einen hundertprozentigen Streik genannt hat, in Gang bringen kann, wenn nicht im Mittelpunkt der Forderungen die Löhne stehen. Und ich beharre auf diesem Punkt, weil man sich in der gauchistischen Bewegung nach 1968 ein etwas simples Bild machte, indem man die quantitativen Forderungen (Lohnerhöhungen) und die qualitativen (Verbesserung der Arbeitsbedingungen, des Arbeitstempos und des Betriebsklimas) einander entgegenstellte. Eben diesen Widerspruch zwischen quantitativen und qualitativen Forderungen wollten wir abschaffen: wir wollen höhere Löhne, aber gleichzeitig verbesserte soziale Bedingungen. Entscheidender Ansatzpunkt ist dabei das System der Arbeitsplatzbeschreibung und somit unser Kampf gegen die Willkür bei der Lohnfestsetzung. Wenn man bedenkt, daß es mehr als fünfundzwanzig Lohnsätze für Arbeiter gibt, die mehr oder weniger die gleiche Arbeit tun, kann man den Grad der Willkür in etwa ermessen. Wir halfen durch Vergleiche der Arbeitsplätze und der Lohnstreifen: «Da stimmt doch was nicht, wir tun mehr oder weniger die gleiche Arbeit und haben verschiedene Löhne.» Die Forderung wurde fixiert: in diesem Fall der Höchstsatz (162 maxi) für alle, aber die Einzelheiten sind nicht weiter wichtig. Die Arbeiter der betreffenden Abteilung traten in den Streik. Sie kamen nicht durch, aber wir verbreiteten ihre Forderungen und die Lehren aus ihrem Streik überall. Und sie selbst sorgten nach der Methode interner Demonstrationen (wie bei Fiat) für die Verbreitung ihrer Forderungen in den anderen Abteilungen, was wesentlich wirksamer ist als ein Flugblatt. Nach drei Monaten und verschiedenen Streiks kam, was kommen mußte: eine unter dem Gesichtspunkt der Produktion strategisch besonders wichtige Abteilung des Werkes, die Karosserieabteilung, schloß sich an, und die Produktion war blockiert. Die daraus resultierende Kraftprobe fand unter diesen Umständen Widerhall in der ganzen Fabrik und in der gesamten Arbeiterklasse – als Kampf für das Prinzip: «Gleiche Arbeit, gleicher Lohn!» In *Libération* sagten die Genossen von der C.G.C.T.[1] in Massy: «Im Fernsehen haben wir gesehen, was sie bei Renault versucht haben: ‹Gleiche Arbeit, gleicher Lohn!›» Und dann stellten sie ihrerseits Forderungen, und ähnlich geschah es überall im Land.

Das Prinzip zieht also Kreise. Es zeigt sich, daß die Arbeiterbewegung nicht geeint ist und besonders von einer Seite unter Druck gesetzt wird: von der KP und der CGT. Sie müssen versuchen, die Kontrolle über die Bewegung zu gewinnen und das Echo des Prinzips «Gleiche Arbeit, gleicher Lohn!» dämpfen. Sie versuchen, die von den Arbeitern bei Renault ausgegangene Bewegung mit ihren eigenen «allgemeinen» For-

1 Compagnie Générale des Constructions Téléphoniques (Anm. d. Übers.)

derungen zu verquicken. Nach ihrer Interpretation beweist der Kampf bei Renault, daß Ordnung in die allgemeine Lohnstruktur gebracht werden muß, was die CGT im übrigen seit Jahren fordert. Dabei geht es um ein einheitliches hierarchisches Lohnsystem, das vom Arbeiter bis zum Ingenieur alle erfaßt. Hier eine Beschreibung dieses hierarchischen Systems. Alle Kategorien werden in ein und dasselbe System in verschiedenen Etagen eingegliedert. Alle Kategorien haben einen gemeinsamen Nenner, der mit dem Koeffizienten jeder Kategorie multipliziert wird, was eine wesentlich rationellere Situation als die augenblickliche schafft, wo es für jede Personalgruppe ein eigenes System mit verschiedenen Klassen innerhalb jeder Kategorie gibt. Was verbirgt sich nun hinter dem Kampf um das von allen betroffenen Kategorien von Arbeitern verteidigte Prinzip «Gleiche Arbeit, gleicher Lohn!» und dem vom Parteiapparat vertretenen Prinzip eines «einheitlichen hierarchischen Systems»? Es ist ganz einfach der alte Kampf zwischen dem freien Sozialismus, den wir wollen, und dem autoritären Sozialismus, dem Pseudo-Sozialismus russischer Prägung. Was bedeutet es denn, wenn die Arbeiter rufen «Gleiche Arbeit, gleicher Lohn!» und darüber diskutieren? Es bedeutet, sie finden es «nicht normal», wenn man die gleiche Arbeit verrichtet, aber nicht den gleichen Lohn hat. Aber es geht noch weiter. Nehmen wir das Beispiel der CFDT, die während des Streiks ein an die Werkmeister gerichtetes Flugblatt verteilte, in dem es hieß: «Liebe Genossen, ihr habt eure Würde, ihr seid Menschen. Das Prinzip ‹Gleiche Arbeit, gleicher Lohn!› gilt auch für euch. Also keine Sorge, kämpft gemeinsam mit den Arbeitern.» Auf dieses Flugblatt haben wir sehr herbe reagiert: wir gaben zu, daß die Werkmeister Menschen seien, die ihre Würde haben könnten, aber aufgepaßt, das Prinzip «Gleiche Arbeit, gleicher Lohn!» gelte tatsächlich für alle, sofern es sich um Arbeit handle. Aber ob die Meister denn eine Arbeit verrichten? Und in diesem Zusammenhang erinnerten wir daran, daß Marx im *Kapital* von der Arbeit der Werkmeister als der sogenannten Aufsichtsarbeit gesprochen habe. «Gleiche Arbeit, gleicher Lohn!» – einverstanden, aber es muß richtige Arbeit sein. Inwiefern arbeiten die Meister? Es stellt sich also mit dem Prinzip «Gleiche Arbeit, gleicher Lohn!» zwangsläufig das Problem des Arbeitsstatus. Was ist Arbeit und was ist keine Arbeit, welche Art von Arbeit? Im Grunde wird hier die Arbeitsteilung in Frage gestellt. Und was will die CGT, wenn sie das einheitliche hierarchische System fordert? Doch ganz einfach die gegenwärtige Arbeitsteilung. Sie will die Trennung zwischen der produktiven Arbeit, die gegenwärtig unten auf der Leiter geleistet wird, und der unproduktiven, parasitären und repressiven Arbeit, die von der Mehrzahl der Werkmeister und einem großen Teil der Ingenieure getan wird, zementieren. Nun, das ist genau der autoritäre Sozialismus, der in Rußland die Perpetuierung der sozialen Arbeitsteilung bürgerlichen Typs in den Fabriken bedeutet. Das aber hat Auswirkungen auf die gesamte Gesellschaft. Je nachdem, ob das Unternehmen auf diese oder jene Weise organisiert ist, organisiert sich die ganze Gesellschaft. Schon Marx hat gesagt, daß die Gesellschaft sich das, was in der Fabrik geschehe, zum Vorbild nehme. Als bei Renault gestreikt und so viel von der Abschaffung der Fließbandarbeit geredet wurde, hieß es in *France-Soir* sehr treffend, man möge sich doch einmal in Rußland umsehen; in Rußland gebe es nämlich genau die gleichen Montagebänder, und das sei kein Zufall: auch dort sei es Dreyfus, der sie errichte.

Mit einem einheitlichen hierarchischen Lohnsystem also wollte man den Genossen ganz einfach die Sanktionierung, die ideologische Rechtfertigung der repressiven, unproduktiven Arbeiten im Stile der Arbeit der Werkmeister oder der Ingenieure aufschwatzen, womit man ihnen das Recht absprach, die gegenwärtige soziale Arbeit der Partei in Frage zu stellen. Das führte dann auch zu günstigen Vereinbarungen für die Leute oben auf der Leiter, nämlich die P. 3 und vor allem die Gehaltsempfänger wie Werkmeister und Ingenieure, während doch diesmal einzig und allein die angelernten Arbeiter gekämpft hatten. Nicht nur haben die Werkmeister den Arbeitern nicht geholfen, sondern bei Renault in Flins haben sie – unter Rückendeckung des CDR[1] – die Arbeiter angegriffen. Deshalb ist es so schwer, einem Arbeiter das einheitliche hierarchische Lohnsystem zu verkaufen.

Was letzten Endes dieser Streik an Entscheidendem bewirkt hat, das ist die Debatte, die er bei allen Kategorien von Arbeitern ausgelöst hat. Sehen wir uns einmal an, was sich innerhalb der Arbeiterhierarchie zwischen O.S. (*ouvriers spécialisés*), den angelernten Arbeitern, und den O.P. (*ouvriers professionnels*), den Facharbeitern, tat. Die O.S. verlangten die Anwendung des höheren Koeffizienten für sie alle. Nach den Normen der Régie Renault gilt dieser Koeffizient für eine Kategorie von O.S., die sich unten auf der Leiter als Facharbeiter qualifiziert haben. Sie sind nun Facharbeiter, ohne jedoch, wie der wirkliche Facharbeiter, ein entsprechendes Zertifikat zu besitzen oder eine Probezeit durchgemacht zu haben. Als die Facharbeiter erfuhren, die O.S. wollten als Facharbeiter angesehen werden, protestierten sie in Unkenntnis dessen, daß es sich nur um eine falsche Bezeichnung handelte. Sie wandten ein, sie hätten die Berufsschule besucht, und jetzt wollten Leute, die an den Pressen arbeiteten – eine anstrengende Arbeit, zugegeben, aber dazu bedürfe es keiner besonderen Qualifikation –, als Facharbeiter gelten: das gehe doch

1 Comité de Défense pour la République (Anm. d. Übers.)

wirklich zu weit ...

Was war der Hintergrund dieser Debatte? Nun, sie stellte das Verhältnis zur Kultur, zur Wissenschaft, zur Schule in Frage, und zwar das unterschiedliche Verhältnis, das der O.S. zur Schule hat, der ja nicht nur Eigentum, sondern auch Wissen und Kultur entbehren muß, was ihn zur explosivsten Kraft der Arbeiterklasse macht, und andererseits der Facharbeiter in seinen aristokratischen Rängen vom Typ P. 3, dessen Verhältnis zur Schule das eines «Benutzers» ist, auch wenn er nicht die hohe Schule der H.E.C. (Hautes Études Commerciales) absolviert hat. Doch immerhin, er hat Schulbildung «genossen», und der O.S. nicht. Und wenn man bedenkt, daß diese Debatte, die angelernte Arbeiter und Facharbeiter spaltete, diese für die Zukunft des Arbeiterkampfes kapitale Debatte, das Verhältnis zur Schule gerade in dem Moment beleuchtete, als 200 000 Oberschüler auf der Straße gegen die Schule protestierten und schließlich eine «Gegen-Schule» begründeten, so scheint mir, daß unsere Vorstellung von einer lebendigen politischen Propaganda für den Sozialismus allmählich Gestalt annimmt. Wir mußten nicht nur die Debatte um die Forderung «Gleiche Arbeit, gleicher Lohn!», also letztlich um den Arbeitsstatus, beleben, sondern mußten diese innerhalb der Arbeiterklasse stattfindende Debatte mit der Protestbewegung in den Schulen verbinden, um so gleichzeitig den Status der Schule in Frage zu ziehen. Wenn man aber gleichzeitig den Status der Arbeit und den Status der Schule in Frage stellt, dann stellt man damit letzten Endes die ganze Gesellschaft in Frage.

Bevor ich zum Schluß dieses Beitrags komme, über den dann noch zu diskutieren sein wird, möchte ich noch zu unserem Ausgangspunkt zurückgehen, der Frage, wie man das Projekt des Sozialismus lebendig gestalten kann. Ich habe an jenem Beispiel zeigen wollen, daß unsere Arbeit bei den gesellschaftlichen Kämpfen ansetzen muß – ich wählte das Beispiel der Arbeiterkämpfe, aber man kann ebensogut andere Schichten und andere Fronten heranziehen. Ich glaube, die große Invention dieses Jahres ist das Konzept der Protestforderung. Das Bemühen um Zusammenschluß zur Durchsetzung der Forderung eint die Arbeiterklasse, mobilisiert sie zur Aktion, macht sie aufgeschlossen – und in diesem Moment versucht sie, anfangs noch konfus, im Kampf um das anvisierte Ziel alles in Frage zu stellen. Und hier beginnt die Aufgabe der proletarischen Revolutionäre: die Debatte zu organisieren und so zu lenken, daß die Propaganda für den Sozialismus eine lebendige politische Debatte innerhalb der Massen ist. Da kommt man dann zu einer sehr simplen Schlußfolgerung: es ist absolut nicht nötig, die Prinzipien des Sozialismus aus Moskau oder Peking zu holen. Wenn ihr wissen wollt, wie die Unternehmen in einem neuen, vom Unternehmertum befreiten Regime aussehen, nun, einer der ersten Erlasse der sozialistischen demokratischen Verfassung in Frankreich wird «Gleiche Arbeit, gleicher Lohn!» lauten – mit allen sich daraus ergebenden Folgerungen wie Aufhebung der willkürlichen Unterschiede in der Entlohnung, der Unterschiede zwischen Lehrlings- und Anfängerlöhnen junger Leute und der Unterschied zwischen den Löhnen für Männer und für Frauen. Die zweite Verordnung der sozialistischen demokratischen Verfassung wird lauten: «Natürlicher Arbeitsrhythmus». Das bedeutet, daß es in den sozialistischen Unternehmen Frankreichs keine von einer unkontrollierbaren Autorität diktierten Arbeitsrhythmen mehr geben wird. Der Arbeitsrhythmus wird vielmehr von den Produktionskollektiven festgesetzt werden. Es wird natürlich Diskussionen geben, bei denen die Instanzen der allgemeinen Planung Gesichtspunkte äußern werden, die zu berücksichtigen sind. Und gewiß wird es auch ständig zu Konflikten kommen. Wir bilden uns nicht ein, daß der Sozialismus Streitereien ausschließt.

GAVI: Ich habe den Eindruck, daß du eure Parole «Gleiche Arbeit, gleicher Lohn!» ein bißchen zu sehr aufbauschst; wörtlich genommen gibt sie eine Forderung der O.S. wieder, die zu einem großen Teil ausländische Arbeitnehmer sind. Aber diese Forderung ist leicht zu verkraften, denn sie stellt weder Lohn noch Arbeit, noch das Unternehmertum, noch den Kapitalismus in Frage. Die zweite Forderung, «Arbeit im natürlichen Rhythmus», nimmt ebenfalls den Begriff der «Arbeit» wieder auf; sie kann subversiver wirken, muß es aber nicht. Jedenfalls muß man sich fragen, ob die Arbeitgeber dieser Forderung nicht stattgeben können. Man kann die Hierarchie und die Arbeitsteilung letztlich auch aufrechterhalten, wenn man auf jeder Stufe denen, die gleiche Arbeit leisten, auch einen gleichen Lohn zugesteht. In dieser Parole fehlen zwei sehr wichtige Ideen. Die erste: was versteht man unter «Arbeit»? Du hast die Frage, als du über die Werkmeister sprachst, kurz gestreift, aber man könnte die Frage nach Arbeitseinschätzung und -bewertung auch allgemeiner stellen. Die Parole «Gleiche Arbeit, gleicher Lohn» unterstellt, daß man Arbeit messen kann, was mir fraglich erscheint. Wie will man die Arbeit eines Malers, eines Fabrikarbeiters, eines Bauern richtig einschätzen? Wie könnte man sagen, das entspricht dem, und dies nicht? Schon die Bourgeoisie, die nicht auf Arme und Köpfe verzichten kann, um produzieren zu können, möchte, daß wir an die sakrosankte Tugend der Arbeit glauben – da wirst du doch nicht, ohne es zu wollen, das Primat der Arbeit über die Bedürfnisse, der Produktion über das Leben propagieren? Damit entfernen wir uns weit vom Sozialismus.

Die zweite Idee, die man nicht mehr wiederfindet, ist die, daß ja nicht auf der einen Seite das Unternehmen und alles übrige auf der anderen Seite ist. Ich sehe nicht recht, welche Konsequenzen Parolen wie «Gleiche Arbeit, gleicher Lohn!» oder «Natürlicher Arbeitsrhythmus» auf die Kämpfe außerhalb der Fabrikmauern haben könnten: auf das Wohnproblem, das Schulwesen etc. Unter ganz bestimmten Umständen ist es richtig, solche Themen zum Gegenstand des Kampfes zu machen, aber es lohnt sich nicht, ihnen zuviel Bedeutung beizumessen. Zu behaupten, so ließe sich ein bestimmter Gedanke des Sozialismus vermitteln, scheint mir leicht vermessen. Bist du damit einverstanden?

VICTOR: Ich habe nie behauptet, die Propaganda für den Sozialismus müsse sich auf die Erklärung der Forderung «Gleiche Arbeit, gleicher Lohn!» beschränken. Das war doch nur ein Beispiel! Aber du hast da etwas sehr Wichtiges gesagt – ich meine die Kritik an der Parole, die Frage nach ihrer Gültigkeit. Du kritisierst die Einschätzung dieser Gleichheit und damit in Wirklichkeit das Arbeitswertgesetz. Ich komme auf mein Beispiel vom Streik in der Karosseriepresserei zurück. Als die Leute an den Pressen ihre Forderung formulierten, lautete sie dem Inhalt nach: eine einzige Lohnklasse für die O.S. an den Pressen! Dann, um den Kampf zu «politisieren», lancierten gauchistische Gruppen die Forderung: «162 maxi, eine einzige Lohnklasse» für alle O.S. der Régie Renault! Laßt uns doch in Ruhe, sagten sie, mit den angeblichen Unterschieden zwischen den Arbeitsplätzen der O.S. – wer in der Montage arbeitet, kann ebensogut an den Pressen arbeiten oder in der Grube unter dem Fließband. Alle diese Unterscheidungen sind Albernheiten der Bosse! Aber damit waren wir nicht einverstanden. Es stimmt, durch die Rotation an den verschiedenen Arbeitsplätzen kann jeder Arbeiter die eine oder die andere Arbeit tun, zumindest in der Kategorie von Arbeiten, die gegenwärtig zu den Arbeiten der O.S. gehören. Aber hier geht es nicht darum, was wir denken, sondern was die Masse denkt. Und es wäre ein Verstoß gegen den Bewußtseinsstand, wenn man in diesem Moment sagte: «Ein einziger Koeffizient, eine einzige Lohnklasse für alle O.S.» Was sagte man also? Daß die Arbeiter im Grunde begriffen hätten, daß es zwei Arten von Arbeiten gebe, für die die O.S. vorgesehen seien: die harte Arbeit – denn am Fließband gibt es Jobs, die härter sind als andere – und die übrige Arbeit. Das erklärt, warum die Arbeiter – nicht die von Billancourt, sondern die vom Kampfkomitee in Flins – als allgemeine Forderung für die O.S. in einer von allen Arbeitern eines Montagebandes unterschriebenen Petition anmeldeten: «Eine einzige Klasse für alle O.S., Klasse 9 maxi, und für die harten Jobs 162 maxi.» Im Grunde waren das aber doch zwei Koeffizienten. Theoretisch wollten wir nur einen einzigen Koeffizienten, ebenso wie wir die hierarchische Kluft zwischen den O.S. und den O.P. ablehnten etc., aber man muß berücksichtigen, was in den Köpfen der Arbeiter vorgeht. Forderte man auf einen Schlag die Gleichsetzung, so verstärkte man damit nur die von der Régie Renault angestrebte Trennung zwischen französischen und ausländischen, zwischen angelernten und Facharbeitern, und das schien «unrealistisch». Wir fügten jedoch hinzu, daß wir die Vielseitigkeit forderten; zum Beispiel wollten wir, daß die Arbeiter an einem Fließband die Plätze tauschen dürften, denn wenn sie alle Jobs verrichteten, auch die härtesten, müsse derselbe Koeffizient für alle gelten.

Welche Lehre kann man aus diesem Beispiel ziehen in bezug auf die Frage, die du mir stelltest? Nun, daß es eben nicht alles ist, Kommunist zu sein, sondern daß man die Massen zum Kommunismus bekehren muß. Gewiß, ich bin für das Prinzip: Jedem nach seinen Bedürfnissen. Das ist vollendeter Sozialismus, das ist Kommunismus. Ich denke, daß die kommunistische Dimension in allen gegenwärtigen Kämpfen präsent ist: das ist die egalitäre Dimension. Sie ist enthalten in allen Protesten gegen jegliche Art von Teilung, gegen die Arbeitsteilung, die Unterscheidung zwischen manuellem und intellektuellem Arbeiter, die Trennung zwischen Stadt und Land. Aber zu sagen, alle Kämpfe müßten unverzüglich in kommunistische Parolen wie «Jedem nach seinen Bedürfnissen» münden, ist absolut falsch. Ich erinnere dich daran, daß selbst in den Regimen, die den Sozialismus aufbauen, noch heute – zumindest teilweise – das Arbeitswertgesetz angewandt wird.

Gavi: Das bekommt ihnen schlecht!

Victor: In China gab es eine egalitaristische Strömung, die für die Abschaffung der Lohnunterschiede plädierte und sogar das Konzept der Entlohnung selbst in Frage stellte. Das wurde von 1967 an kritisiert. Man kann nicht einfach so die Grenzen der ererbten Realität verletzen, man muß sie Schritt für Schritt überwinden, und dazu bedarf es mehrerer Revolutionen. Doch gegenwärtig ist man noch gezwungen, verschiedenen Arten von Arbeit einen differenzierten Wert zuzumessen. Die Differenzierung richtet sich im wesentlichen nach dem Konzept der Qualifikation.

Gavi: Ich habe nicht das Gegenteil behauptet. Es ist richtig, von den in einem bestimmten Moment angestrebten Forderungen auszugehen, ihre Bedeutung zu erkennen und sich um eine Ausweitung zu bemühen. Es wäre lächerlich zu rufen «Es lebe die Revolution!» und sich darauf auszuruhen. Das wäre nicht realistisch, ja sogar demobilisierend. Man könnte dagegen beharrlich jedesmal die Grenzen der einzelnen Forderungen aufzeigen, um nachzuweisen, was in einer völlig anderen Gesellschaft erreicht werden könnte.

Victor: Völlig einverstanden.

Gavi: Freunde von mir haben kürzlich mit Cohn-Bendit darüber diskutiert.

Victor: Ah, wie geht es ihm?

Gavi: Es geht ihm gut. Er kümmert sich um einen Kindergarten in Frankfurt. In Westdeutschland haben sich Tausende von Kommunen gebildet – Wohnung und Lebensmittel sind billiger für mehrere Personen. Cohn-Bendit und seine Freunde bemühen sich darum, daß dieser Schritt zur Kollektivität in Verbindung mit den Kämpfen in den Fabriken vollzogen wird. Militante Genossen arbeiten in der großen Automobilfabrik Opel und suchen eine Verbindung herzustellen zwischen der Organisation der Arbeiter im Betrieb, die sich auf gemeinsam beschlossene Parolen wie «Natürlicher Arbeitsrhythmus», «Kampf gegen den Leistungsdruck» stützt, und dem Alltag draußen. Du hast vom Übergang zum Sozialismus gesprochen, Victor. Die Hindernisse sind gewaltig: eine außerordentlich starke, im Marxismus bewanderte Bourgeoisie verfügt über eine phantastische Technologie und über Mittel der Information und der Vergiftung, wie sie zu Beginn unseres Jahrhunderts unvorstellbar waren. Ein großer Teil der Bevölkerung hat gelernt, den Besitz eines Kühlschranks oder einer Waschmaschine als Verbesserung der Lebensqualität anzusehen. Das gilt für das Kleinbürgertum, für all die Arbeiter, die – in der hierarchisierten Gesellschaftsordnung – Zugang erlangt haben zu dem, was sie für eine höhere gesellschaftliche Stufe halten und das doch nichts anderes ist als die Verbesserung ihres Lebensstandards. Diese Schicht unterstützt die Sozialdemokratie, zum Beispiel die sozialistische Partei – und sogar die Reformer –, denn die Bauern des Larzac[1] zum Beispiel haben zu einem großen Teil für die Reformer gestimmt.

Dann gibt es da noch das, was der Maoist «Revisionismus» und der Trotzkist die «Bürokratie» nennt, kurz, die äußerst mächtige und stabile KP. Und eingeengt zwischen diesen drei gewaltigen Kräften, die über ihre eigene Presse und eine große Anhängerschaft verfügen, stehen wir . . .

Victor: Aber *wir* haben *Libération* . . .

Gavi: Ja, wir haben *Libération.* Aber das ist ein schwaches Instrument. Der Beweis: der Vertrieb der Zeitung hängt von unserem Hauptfeind ab, von Hachette. Kurz, wir haben nicht den Eindruck, daß die Revolution noch zu unseren Lebzeiten stattfinden wird. Wie können wir also eine Strategie erarbeiten, die zur Macht führt, wie können wir uns einen Weg zum Sozialismus bahnen? Natürlich, man könnte übertreiben und sagen, ich sei ein Pessimist, in zehn oder in fünf Jahren werde alles anders aussehen, dann würden wir die Macht übernehmen. Aber machen wir uns nichts vor. Man wird mehr und mehr kleine Revolten auslösen, die

1 Anspielung auf die Larzac-Affäre, wo es um das Problem der Lagerung von Atomraketen ging. (Anm. d. Übers.)

aber die Gegenseite immer gewaltsamer und wirkungsvoller niederschlagen wird. Nun, auch wir werden in unseren Revolten immer effektiver sein. Es wird zu einer unaufhörlichen Konfrontation kommen, aber nicht zu einer Machtübernahme durch uns – vor allem wenn man die internationale Lage bedenkt, die nicht günstig für uns ist.

VICTOR: Worauf willst du hinaus?

GAVI: Wie siehst du denn diesen Übergang? Für viele liegt doch Zukunft nur in der Gegenwart, im Erlebten, und kann diese erlebte Zeit die Freiheit bringen? Die ganze Freiheit? Du kannst von einer sozialistischen Gesellschaft sprechen, in der man in einem «natürlichen Rhythmus» arbeiten wird etc. Das alles entspricht den Hoffnungen. Nur daß die meisten Menschen nicht mehr daran glauben, auch wenn sie das Gegenteil behaupten. Und daraus ergibt sich ihre Haltung: die mangelnde Kampfbereitschaft außer im Augenblick einer Krise, eines Streiks, des Von-einem-Tag-zum-andern-Leben – mit allem, was das an täglichen Revolten mit sich bringt. Nehmen wir doch nur die 200000 demonstrierenden Oberschüler. Drei Tage später war keiner mehr auf der Straße. Das ist sehr vielsagend.

VICTOR: Ja, aber ich wüßte gerne, worauf du hinauswillst . . .

GAVI: Meiner Meinung nach läuft es darauf hinaus, daß man eine Strategie der unmöglichen Revolution erarbeiten muß, daß man sich in der Sackgasse, in der wir uns befinden, arrangiert.

VICTOR: Man arrangiert sich . . . Wie doppeldeutig!

GAVI: Man kann heute die Gesellschaft aus der Fassung bringen, wenn man innerhalb des Systems eine Art Parallelgesellschaft mit ihrer eigenen Kultur, ihren eigenen Wohnformen, ihren eigenen Gesetzen und Regeln schafft. Das bedeutet für den Bereich der Fabrik: Protest gegen den Leistungsdruck, Arbeit im natürlichen Rhythmus. Für die Wohnformen: Häuserbesetzungen, Mietstreiks, Kommunen. Und was das Problem der Abtreibung betrifft: wenn das Gesetz die freie und kostenlose Abtreibung verbietet, finden wir andere Wege. Und im Bereich der Kultur: wenn man uns das Wort verbietet, demonstrieren wir oder wir machen Straßentheater. Wir verlegen unsere Zeitungen und unsere Bücher und haben unsere eigenen Buchhandlungen . . .

VICTOR: Über all das haben wir gesprochen . . . Aber ist es das, was du eine Strategie der unmöglichen Revolution nennst?

GAVI: Entweder, man erarbeitet eine Strategie mit der Übernahme der Macht als Ziel oder aber man tut es in dem Gedanken, daß man die Macht in naher Zukunft nicht übernehmen kann. Meiner Meinung nach haben alle aus dem Marxismus-Leninismus hervorgegangenen Bewegungen . . .

VICTOR: Sprichst du auch von uns?

GAVI: Auch von euch, obwohl die maoistische Bewegung überhaupt keine, keinerlei Strategie hat, jedenfalls keine langfristige. Man weiß immer nicht, wie ihr euch die Machtübernahme vorstellt. Jedenfalls bleiben alle aus dem Marxismus-Leninismus hervorgegangenen Strömungen bei einem – sagen wir – leninistischen Schema der Machtübernahme.

VICTOR: Um klarer zu sehen, wüßte ich gern deinen persönlichen Standpunkt.

GAVI: Mein persönlicher Standpunkt ist der, daß die Macht nicht übernommen werden kann.

VICTOR: Du glaubst wirklich, daß wir die Macht nicht bekommen werden?

GAVI: Jedenfalls vorläufig nicht; nicht solange ich lebe.

VICTOR: Wie alt bist du?

GAVI: Zweiunddreißig. Und wenn ich sage, zu meinen Lebzeiten nicht mehr, dann meine ich, daß mit fünfzig . . .

VICTOR: Du behauptest also, daß es in den nächsten zwanzig oder dreißig Jahren nicht möglich sein wird, die Macht zu übernehmen?

GAVI: Wenn nicht alles kaputtgehen soll . . .

VICTOR: Moment, das mußt du schon genauer erklären. Wie sieht denn deine revolutionäre Strategie aus, wenn du davon ausgehst, daß die Revolution ihr Ziel, nämlich die Machtübernahme, nicht erreichen wird? Fasse ich deine Gedanken richtig zusammen, wenn ich sage: «Da wir die zentrale Staatsmacht nicht übernehmen können, ergreifen wir wenigstens eine Marginalmacht?» Ist das deine Strategie?

GAVI: Um unter korrekten Bedingungen die zentrale Staatsmacht übernehmen zu können, müssen wir zunächst einmal jene Parallelgesellschaft aufbauen.

VICTOR: Meiner Ansicht nach bist du auf dem besten Wege, den Reform-Gauchismus zu erfinden.

GAVI: Nein. Was da reformistisch erscheinen mag, ist es gar nicht. Das Bedürfnis, *sofort* anders zu leben, führt dich zur radikalen Infragestellung aller gesellschaftlichen Strukturen und aller ihrer beherrschenden Interessen . . .

VICTOR: Aber wie du schon sagtest: du richtest dich auf einem subversiven Plätzchen in dieser Gesellschaft ein, du *«arrangierst»* dich . . .

GAVI: Ein Wort, wie jedes andere . . . Wenn du von deinen Arbeitern an den großen Karosseriepressen sprichst, die «Gleiche Arbeit, gleicher Lohn!» fordern, ist das keine Revolution – dann arrangieren auch sie sich. Jede zu einem bestimmten Zeitpunkt und zu einem bestimmten Punkt vorgebrachte Forderung ist ein Sich-Arrangieren. Von Revolution kann man erst sprechen, wenn die Strukturen sich verändert haben.

Daher spreche ich zunächst davon, daß man «sich arrangiert».

Victor: Reden wir doch Klartext. Es gibt kein revolutionäres Denken, das nicht ein Denken der doppelten Macht wäre. Aber es gibt verschiedene Arten, die doppelte Macht zu konzipieren. Da ist einmal die revisionistische Möglichkeit. Im «Gemeinsamen Programm» der Linken bedeutet die doppelte Macht, daß Roger Sylvain, Sekretär der CGT, in der nationalisierten Régie Personalleiter wird. Das hat er selbst gesagt. In einem Gespräch mit Monsieur Thomas, dem jetzigen Personalchef, erklärte er: «Monsieur Thomas, Sie wissen, daß ich Personalleiter werde, wenn das ‹Gemeinsame Programm› der Linken durchkommt.» Und Monsieur Thomas antwortete: «Ich habe gar nichts dagegen, Monsieur Sylvain. Ich mache Sie nur darauf aufmerksam, daß es eine sehr komplizierte Aufgabe ist. Ich hoffe nur, daß Sie ebenso demokratisch verfahren werden wie ich.» Was absolut nicht evident ist! Für die Revisionisten gibt es zwei Mächte, die sich Frankreich teilen: den revisionistischen Syndikatsapparat und den traditionellen Arbeitgeberapparat. Man wird den einen zu Lasten des anderen unterstützen. Es gibt ein System von Mächten, das sich um die zentrale Staatsmacht dreht. Die Reformisten, die das gegenwärtige Machtsystem als fest und unabänderlich ansehen, fordern lediglich ein Arrangement. Oder, wie Waldeck-Rochet sagte: «Wir verlangen, daß die Arbeiterklasse den ihr zustehenden Platz einnimmt, nichts als ihren Platz, aber den ganzen ihr zustehenden Platz.»

Gavi: Letzten Endes müssen die Arbeiter die Arbeiter führen . . .

Victor: Das ist die reformistische Konzeption der doppelten Macht. Die Konzeption, die du verteidigst und die ich gauchistisch-reformistisch nennen würde, ist, daß man das System der gegenwärtigen Mächte, da es zu mächtig ist, nicht ständig radikal bekämpfen kann. Und da wir keine Christen sind und uns nicht opfern wollen und da wir die Revolution auch für uns wollen und es im Laufe eines Menschenlebens unmöglich ist, das System der bestehenden Mächte zu beseitigen, müssen wir uns schlicht und einfach innerhalb des Systems ein Refugium schaffen, einen Platz, der anders ist als die anderen, einen subversiven Platz, eine subversive Macht. Da diese Macht aber augenscheinlich nicht in der Lage ist, das gesamte Machtsystem in Frage zu stellen, ist sie automatisch marginal . . .

Gavi: Sie kann es in Frage stellen . . .

Victor: Mit Worten. Wenn ich «in Frage stellen» sage, dann meine ich, es zum Teufel jagen. Revolution ist Aufstand und nicht ein Wort. Wenn man also das Mächtesystem nicht beseitigen kann, dann sichert man sich darin ein Plätzchen, um innerhalb des Systems eine marginale subversive Macht ausüben zu können. Das aber ist reformistisch – in dem Sinne, als die Organisation nicht praktisch, sondern nur mit Worten bekämpft wird. Das ist subversiv in dem Maße, in dem man der herrschenden Norm das Gegenteil der gegenwärtigen Normen entgegenstellt. Aber schaffen die Kommunen neue Werte?

GAVI: Die Kommune selbst ist schon ein neuer Wert . . .

VICTOR: Ja, es gibt kleine Kommunen, die manuelle und die intellektuelle Arbeit kombinieren, indem sie Bastler- und handwerkliche Arbeiten produzieren. Dort findet eine Suche nach neuen Werten statt, die jedoch stark vom Charakter der Verweigerung geprägt sind. Um sagen zu können, daß die Kommunen, die aufs Land gehen, ein neues Wertesystem schaffen, müßte man auf die Produktionsformen zurückgreifen können, die sie auf dem Lande entwickeln . . .

GAVI: So weit will ich gar nicht gehen. In einer städtischen Kommune zum Beispiel, wo die Sorge für die Kinder von der Kommune übernommen wird, hast du es ganz eindeutig mit einem neuen Wert zu tun, der darin besteht, daß das Kind nicht mehr nur der Verantwortung einer, nämlich seiner Familie überlassen bleibt. Das ist schon eine radikale Änderung der Umwelt eines Kindes von Geburt an. Und davon ausgehend könnten Parallelschulen oder eine «wilde» Schule innerhalb der Schule entwickelt werden, wo man den Kindern nicht mehr das Gehirn vollstopft, sondern wo man sie ein wenig die Freiheit lehrt. Von solchen ersten Anfängen einer kollektiven Organisation des Lebens ausgehend, könnten sich sogar innerhalb des kapitalistischen Systems Keime einer antikapitalistischen und antiautoritären Gesellschaft entwickeln. (*Zu Sartre*:) Was hältst du davon?

SARTRE: Was mich bei diesem Gespräch irritiert, ist, daß ich nicht recht verstehe, wie man von der Idee, daß die Arbeit bezahlt wird, zu der Idee kommt, daß der einzelne, daß seine Bedürfnisse bezahlt werden. Mit anderen Worten, es findet eine echte Revolution statt, wenn man von der Idee des Lohnes für einen gefertigten Gegenstand zu der eines Lohnes für das Individuum, für die Person, die Bedürfnisse hat, übergeht. Alles was hier gesagt wurde, war gut, aber es ging doch von einer Entlohnung der Arbeit aus. Und du hast keine Möglichkeit aufgezeigt – und es gibt auch keine –, von der Idee des Arbeitslohnes zu der anderen überzugehen. Aber da der Sozialismus auf der letzteren basiert – wie konnte deiner Meinung nach eine solche Umwandlung stattfinden? Wann werden Gruppen oder die gesamte Arbeiterklasse Löhne fordern, die an ihre Bedürfnisse und nicht an eine bestimmte Arbeit gekoppelt sind? Dies scheint mir das komplizierteste Problem zu sein, weil wir, was die Massen betrifft, vom Sozialismus noch weit entfernt sind. Und unter dem Gesichtspunkt ihres Lohnes pfeifen sie darauf. Sie wollen gleichen Lohn wie andere, oder einen höheren, aber es ist ihnen egal, ob es der den Bedürfnissen des einzelnen entsprechende Lohn ist.

VICTOR: Während des Streiks bei Peugeot in Saint-Étienne konnte man die folgende Argumentation hören: Das Beefsteak kostet einen angelernten Arbeiter (O.S.) oder einen Ingenieur dasselbe. Auch das Bedürfnis nach Beefsteak ist das gleiche und hat mit der sozialen Kategorie nichts zu tun. Also ist es doch nicht normal, daß ich monatlich nur 1200 Francs zur Verfügung habe, während der Ingenieur über siebenmal mehr verfügt, um sich sein Beefsteak zu kaufen. Diese Überlegung stand am Anfang der Forderungen nach einheitlicher Anhebung der Löhne; so verlangten sie beispielweise bei Berliet 200 Francs mehr für alle oder bei Peugeot ein Minimum von 1500 und vor allem eine für alle gleiche Prämie, die auf der Basis des höchsten Angestelltengehalts errechnet werden sollte, was doch eine explosive antihierarchische Forderung ist! Bei der letzten Demonstration bei Peugeot hörte man Sprechchöre: «An den Galgen mit den faschistischen Meistern!» Das war doch wirklich ein antihierarchischer Schritt!

GAVI: Kein antihierarchischer. Bei Peugeot sind die Werkmeister Faschisten.

VICTOR: Wie bei Simca, bei Citroën und bei Renault in Flins. Aber ich komme noch einmal auf die Lohnkritik zurück. Im gegenwärtigen System findet ein täglicher Kampf der Arbeiter gegen die Übergriffe des Kapitals statt. Wenn du diese Übergriffe abwehrst, gewinnst du nämlich etwas; forderst du für alle den Maximalsatz oder «Gleiche Arbeit, gleichen Lohn!», erreichst du zumindest irgend etwas und trägst vor allem einen ideologischen Sieg davon. Das System der «Radfahrer» und Spitzel, auf das sich die Hierarchie stützt, ist ins Wanken geraten. Fortschritte in der Bewußtseinsentwicklung kann es nur durch solche Erfolge geben, durch eine Mischung partieller materieller und antihierarchischer ideologischer Siege. Kann es aber jemals einen solchen Sprung nach vorn geben, daß das gesamte Lohnkonzept, das Konzept des Arbeitswertgesetztes, noch vor der Übernahme der Staatsgewalt durch die Arbeiterklasse in Frage gestellt wird? Das halte ich nicht für möglich. Ich glaube, daß die egalitaristischen, kommunistischen Tendenzen, die die Gesamtheit des bürgerlichen Gesellschaftssystems – einschließlich die Formen des Wertgesetzes – in Frage stellen, immer stärker werden und sich auf eine sehr subversive Weise weiterentwickeln und die Gesellschaft aushöhlen werden. Aber es bedarf der zentralen Staatsmacht, um die kommunistischen Thesen radikal formulieren zu können, und zu einem «Jedem nach seinen Bedürfnissen» zu gelangen und den Lohnbegriff in Frage zu stellen und den Gedanken durchzusetzen, daß es nicht die Arbeit ist, was entlohnt werden muß etc. Siehst du, das ist für mich die Basis der maoistischen These, die besagt, daß die Revolution, wenn sie wirklich permanent und ununterbrochen ist, sich in Etappen entwickelt.

SARTRE: Absolut einverstanden. Und es gibt oft Entwicklungen, die sehr weit gehen und dann plötzlich abbrechen. Zum Beispiel die *Commune*. In der Pariser Commune hat es sehr rapide Entwicklungen gegeben, denn die Arbeiterklasse war unter dem Second Empire äußerst unterdrückt, und es gab damals Forderungen, die weit über die heutigen hinausgingen. Dennoch scheiterte die Commune. Man muß sich klarmachen, daß solche möglichen Formen nicht notwendigerweise ‹Profit›, realen Gewinn einbringen und daß sie vom Gegner sehr leicht zerschlagen werden können. Gewisse Ideen, gewisse Forderungen aus der Zeit der Commune sind beispielsweise noch heute nicht wieder aufgegriffen worden. Man muß sich darüber im klaren sein, daß man zurückfallen kann und zurückgefallen ist. Die gegenwärtige Arbeiterklasse ist zurückgefallen gegenüber der Pariser Arbeiterklasse von 1871. Da besteht kein Zweifel.

VICTOR: In gewissen Punkten . . .

SARTRE: In gewissen Punkten! In anderen ist sie weiter fortgeschritten. Nicht einverstanden bin ich, wenn du sagst, daß nach der Revolution die zentrale Staatsmacht die Ideen präzisieren muß.

VICTOR: Nein, es bedarf, wenn du so willst, der neuen zentralen Staatsmacht, um das Lohnkonzept insgesamt in Frage zu stellen, und damit das Konzept der Arbeit. Ich glaube nicht, daß pauschal, vor der Übernahme der zentralen Staatsmacht, durch die Übernahme von partieller ideologischer Macht ein neuer Arbeitsstatus formuliert werden kann.

SARTRE: In diesem Punkt scheinst du mir recht zu haben, wenn man davon ausgeht, daß die Entwicklung der Idee aus den Massen kommt und nicht von einer neuen Zentralmacht.

VICTOR: Die Existenz der neuen zentralen Macht soll es den Massen nur ermöglichen, über einen neuen Arbeitsstatus nachzudenken.

SARTRE: Sie müssen darüber nachdenken, denn sie müssen schließlich den neuen Status – auf eine einstweilen noch recht unklare und verworrene Weise – präsentieren. Und die Zentralmacht hat letztlich nur die Aufgabe, mit den Massen über diesen neuen Status nachzudenken.

VICTOR: Genau. Daher – vor der Übernahme der zentralen Staatsmacht – die Bedeutung der subversiven Arbeit, der Infragestellung des Arbeitsstatus. Wenn wir – eine absurde Hypothese! – durch eine göttliche Fügung, dank einem Zusammentreffen von außerordentlich glücklichen Umständen, in den Besitz der Macht gelangten, bevor diese Arbeit von Grund auf getan ist, nun, dann wäre nichts geregelt, denn um so weniger wird das Denken der Massen, um so weniger wird ihre eigentlich kollektivistische, eigentlich kommunistische Ideologie entwickelt sein. Und folglich würde der Kampf zur Konsolidierung der Arbeitermacht und zur Vermeidung der Restauration des Kapitalismus und der bürgerlichen Macht um so schwieriger sein. Alles, was man vor der Übernahme der Zentralmacht erreicht, ist vor allem für später gewonnen. Denn mit der Übernahme der Macht ist nichts erreicht. Bestes Beispiel: die Sowjetunion.

Gavi (*zu Sartre*): Und du, siehst du eine Strategie für die Machtübernahme?

Sartre: Im Augenblick nicht. Aber eines scheint mir richtig zu sein: die Entwicklung von Ideen bei den Massen, die Weiterentwicklung ihrer neuen Projekte. Was mir noch sehr unklar ist, das ist der Übergang von einer Entlohnungsform zur anderen. Einen besseren Lohn zu fordern, der der Arbeit entspricht, ist etwas, was im Bereich des Arbeiters von heute liegt. Einen Lohn fordern, der nicht eine Bezahlung der Arbeit ist, sondern Geld zum Leben, ist etwas, woran er nicht denkt. Wie können sie also dazu gebracht werden, von der einen zur anderen Form überzugehen? Und doch scheint mir dies die wesentliche revolutionäre Idee zu sein. Im Moment sehe ich es noch nicht recht, auch wenn – wie du sagst – bei Peugeot und anderswo so etwas durchklang, aber das ist noch sehr vage. Ich sehe gegenwärtig, außer bei den wirklichen Revolutionären, keine Möglichkeit, diesen Lohnbegriff zu verändern. Im Kopf des Arbeiters ist fest die Vorstellung verankert, daß er für seine Arbeit bezahlt wird. Wie willst du ihm begreiflich machen, daß man ihm nicht seine Arbeit bezahlt, sondern seinen Lebensunterhalt, daß man ihm Geld zum Leben gibt?

Victor: Beim Übergang von jenem noch im Kapitalismus verwurzelten Begriff zum kommunistischen Begriff vom Arbeitslohn – sofern wir das Wort beibehalten wollen – ist das Verhältnis zur Kultur, zur geistigen Arbeit von entscheidender Bedeutung. Die rein bürgerliche Vorstellung im gegenwärtigen Lohnstatus kann folgendermaßen formuliert werden: «Es ist ja normal, daß ich mehr verdiene, wenn ich qualifizierter bin.» Was heißt: «Wenn ich mehr Zeugnisse vorweisen kann, wenn ich länger zur Schule gegangen bin.» Das ist der eigentliche Kern des bürgerlichen Lohnbegriffs. Wenn du ihn platzen läßt, dann befreist du den Geist des Arbeiters für den Übergang vom gegenwärtigen Lohnbegriff zur kommunistischen Vorstellung von Lohn. Die anderen Charakteristiken der Arbeit, wie zum Beispiel Härte oder Schädlichkeit, sind kein großes Hindernis. Hier genügt die Einführung des Gedankens der Rotation. Die Mauer zwischen einem angelernten Arbeiter und einem Facharbeiter entsteht dadurch, daß der angelernte Arbeiter den durch Diplome und Schulbildung geschaffenen Unterschied als normal anerkennt; die Vorstellung, die den antihierarchischen Kampf immer wieder bremst, ist die Anerkennung, daß in der Produktion der Ingenieur denkt. Aber diese

Idee garantiert nicht nur die Arbeitgeberhierarchie, sondern auch die Hierarchie, die Institution der Syndikate. Warum wird die Mitgliedskarte der Syndikate als eine Art Sozialversicherungskarte angesehen? Das basiert auf der Vorstellung, es sei normal, daß es Leute gibt, deren Spezialität es ist, für andere zu denken. Das Syndikat ist der Spezialist für Worte und Verhandlungen. Ich lasse hier das Kämpferische, die Tradition des Klassenkampfes beiseite, ich meine das negative Verhältnis zum Syndikat als der Institution. Bei Renault tat die Autonomie der Arbeiter einen Sprung nach vorn in dem Moment, als Arbeiter gewählt wurden, um mit den Delegierten des Syndikats an den Verhandlungstisch zu gehen. Es war, als sei ein Tabu gebrochen und nun könne man frei denken. Das führte zu dem außerordentlichen Ereignis in der Abteilung der Karosseriepressen: die Arbeiter beriefen eine Versammlung der drei Arbeitsbrigaden ein und schickten die offiziellen Delegierten fort, weil sie, wie sie sagten, erst einmal frei nachdenken wollten. Sie haben die offiziellen Delegierten verjagt, haben diskutiert, und als sie dann beschlossen hatten, den Streik fortzusetzen, haben sie die Delegierten über ihren Beschluß informiert.

GAVI: Ich glaube, du gibst da eine etwas vereinfachte Analyse der Syndikate. Zunächst, wenn jemand Mitglied eines Syndikats wird, ist das für ihn doch oft eine militante Tat. Ich habe viele Genossen in den Betrieben, die Delegierte und äußerst kämpferisch sind, und nicht nur sporadisch. Das Engagement im Syndikat wurde in der Arbeiterklasse stets als eine Kampfposition angesehen, und für einen großen Teil der Arbeiterklasse ist es das nach wie vor. Du vereinfachst die Dinge, wenn du sagst, der Beitritt sei die Anerkennung einer ganzen Hierarchie. Außerdem begründen die Syndikate ihre eigenen Schulen, die mit den bürgerlichen Schulen rivalisieren. Von der Idee her ist das richtig. Anfechtbar ist nur, daß diese Schule wieder die Werte der Bourgeoisie aufgreift: Arbeitsteilung, Hierarchie, autoritäre Disziplin . . . An unserem heutigen Syndikalismus ist vieles zu kritisieren, aber es ist nicht gleichgültig, *wie* und *von wem* Kritik geübt wird, wenn ich daran denke, was gewisse Maoisten gemacht haben . . .

VICTOR: Deine Kritik ist berechtigt.

GAVI: Jeder gemeine Angriff ist reaktionär. Es liegt jedoch in unser aller Interesse, über diese Fragen öffentlich und demokratisch zu debattieren. Man kann also nicht einfach verächtlich über das Prinzip einer Syndikatsschule reden. Man kann den Unterricht, der dort erteilt wird, kritisieren. Und im übrigen hindert niemand die Kampfkomitees daran, ihre eigenen Schulen aufzumachen.

VICTOR: Sie haben welche.

GAVI: Dann sei vorsichtig mit deinen Vereinfachungen.

VICTOR: Was das Vereinfachen betrifft, so hast du recht. Ich wollte nur sagen: der Kern, der bürgerliche Kern dessen, was den Arbeiter beim Denken blockiert, ist das Verhältnis zum Wissen, zur Schule.

GAVI: Schule, Familie, das alles gehört eng zusammen ...

VICTOR: Darum ist es so wichtig, den Arbeitern den geistigen Zugang zu dem Protest der Schüler in den Schulen zu verschaffen. Und er ist absolut nicht zugänglich. Da haben wir eine außerordentlich tiefgreifende Protestbewegung an den Schulen ...

GAVI: Breit, aber nicht tiefgreifend.

VICTOR: Diese Bewegung hatte keinen Tiefgang?

GAVI: Nein. In den Berufsschulen, ja. Aber in den bürgerlichen Gymnasien kaum.

VICTOR: Glaubst du wirklich? Auch nicht in der Provinz?

GAVI: Es gab ein paar interessante Initiativen, gewiß, aber insgesamt hat diese Bewegung nichts sonderlich Neues hervorgebracht. Alle waren überfordert. Wegen der Trennung der politischen Gruppen und der Unmöglichkeit, zu einem einenden Denken zu gelangen, hat sich auf seiten der Schüler nichts getan, was über ein Abreagieren hinausgegangen wäre. Eine ziemlich unausgegorene Sache: die Revolution gegen die Schule – ohne daß das wirklich gesagt worden wäre.

VICTOR: Abgesehen von den Fällen, wo es zu einem wirklichen «Gegen-Unterricht» kam.

GAVI: Das war selten der Fall, und dieser «Gegen-Unterricht» war auch keine spontane Angelegenheit. Die Initiative dazu ging von militanten, vielfach organisierten Oberschülern aus.

VICTOR: Aber wenn es ein schwacher Versuch war, braucht er darum ja nicht unwichtig zu sein. Man muß so etwas systematisieren.

GAVI: Ich habe nicht gesagt, daß es unwichtig gewesen sei. Ich sagte nur, daß diese Bewegung an den Schulen nicht die Tiefe hatte, die du ihr zusprichst.

SARTRE: Ich weiß, daß in vielen Gymnasien die Schüler sich gegenwärtig in einer ständigen tiefen Revolte befinden; aber diese Revolte ist vollkommen absurd; sie hat keinerlei Bezug, sie hat kein gesellschaftliches Ziel, nichts. Man spuckt in der Klasse auf den Boden, und wenn der Lehrer etwas sagt, gibt es Krawall. Auf diesem Niveau etwa spielt sich das ab. Oder es geht um Noten, irgend etwas, aber einen tieferen Sinn hat diese Revolte nicht. Sie hat ihren Sinn eingebüßt. Ich meine fast, um 1969/70 habe sie mehr Sinn gehabt und inzwischen habe sie ihn verloren. Und während sie ihn verlor, wurde sie gleichzeitig größer. Das ist sehr merkwürdig, und im übrigen müssen wir sie wieder einfangen, die Schüler, denn zur Zeit galoppieren sie uns davon.

GAVI: Das ist normal, sie sind enttäuscht. 1969/70 konnten sie sich der extremen Linken, den neuen politischen Kräften, anschließen. Heute haben diese neuen politischen Kräfte das Gehabe gealterter Pfadfinder, ein bißchen im Stile des Umschlags von *Charlie-Hebdo*: «Du, Papa, hast du im Mai 68 mitgemacht?» – «Schweig still, du kleiner Naseweis . . .» So sehen es die Schüler. Vor dem Mai 68 waren sie enttäuscht von den politischen Parteien. Jetzt passiert das gleiche . . .

(Mai 1973)

14

Juni 1973: Protest und Repression

Das Wesen revolutionärer Ereignisse – wie bei Lip –, ihre Kraft, das ist der Überraschungseffekt, den sie hervorrufen.

SARTRE: Ich glaube, daß keine der Regierungen, die Frankreich je gehabt hat, *so* auf die Ereignisse bei Lip und auf den 21. Juni[1] reagiert hätte wie die damals amtierende. In beiden Fällen scheint mir diese Regierung, die aus Leuten der Rechten besteht, aber über wenig Kenntnis der politischen Realitäten verfügt, widersprüchliche, leicht faschistische Positionen bezogen zu haben, die sie in Verruf bringen. Ich habe daher den Eindruck, daß wir eine recht interessante Periode erleben, eine Periode wirklichen Kampfes, der zwar weniger spektakulär ist als 68, aber fortgeschrittener. Das sind allgemeine Feststellungen, zu denen ich gern Victors Meinung hören würde.

VICTOR: Seit Lip ist insgesamt gesehen in der ideologischen Revolution in Frankreich ein durch die Arbeiterkämpfe erzielter Fortschritt erkennbar. Aber welche Rolle spielt gegenwärtig die KP? Es war die KP, die zur ersten Protestdemonstration gegen die Auflösung der Liga[2] im Winterzirkus aufrief. Vor diesen Ereignissen beschimpfte man uns als rote Faschisten, und als 1972 Pierre Overney ermordet wurde, erklärte die KP, hier sei nur ein Faschist von einem anderen verkappten Faschisten umgelegt worden. Es muß also in der KP und in der CGT ein Entschluß gefaßt worden sein, der zu einem solchen Sinneswandel führte. Allgemein gesehen, mußte sich daraus für uns Maoisten eine Gelegenheit ergeben zu präzisieren, was wir unter neuer Demokratie und neuem Faschismus verstehen.

GAVI: Du mißt dem Verhalten der KP und der CGT vielleicht zu viel Bedeutung bei. Mir erscheint es indessen klassisch: Die Demonstration vom 21. Juni ruft aus einem organisierten Schlaf wach, im Hinblick auf die Wahlen. Die Kommunistische Partei – und das ist nicht neu – sucht ihr Potential zu erweitern, aber – und das ist vielleicht neu – sie bemüht sich um Stimmen auf der Linken, da sie sich nach rechts nicht weiter

1 21. Juni: heftige Demonstration gegen die Polizei, die eine Nazi-Versammlung des «Ordre Nouveau» (rechtsradikale Partei, Anm. d. Übers.) sicherte.

2 Die Kommunistische Liga wurde nach der Demonstration vom 21. Juni aufgelöst.

ausdehnen kann, wo die Sozialistische Partei ganz konkret Fuß zu fassen beginnt. Sie hat es nötig, eine Reihe von Intellektuellen, verschiedene gesellschaftliche Schichten und auch junge Leute als Verbündete zu gewinnen; sie muß sich also auf die Seite derer stellen, die für die Demokratie kämpfen. Daher übrigens auch ein sehr symptomatischer Schritt: sie nimmt an der Demokratischen Front teil, die gegen das Verbot der Liga protestiert. Ich weiß nicht, ob du darüber informiert bist, aber bei dieser Versammlung verlangte sie, daß niemand von der Liga das Wort ergriff, daß sie nicht auf dem Podium, sondern nur in den ersten Reihen vertreten war. Die KP bereitet sich auf die nächsten Wahlen vor, indem sie Lehren zieht aus ihren Mißerfolgen.

VICTOR: Deine Analyse ist viel zu verschwommen. Die Wahlen sind tatsächlich etwas ganz Entscheidendes für die KP, für eine Partei, deren Strategie ganz auf wahlpolitische Momente ausgerichtet ist. Vor den Wahlen vom 21. März 1973 entsprach die KP genau dem Bild, das die neue Linke seit 1968 sich von ihr machte. Es gab eine Streikbewegung, und man unterdrückte sie im Namen des Gemeinsamen Programms. Nun, die neue Linke weiß eine solche Situation zu durchschauen, seit 1968 steht sie auf festem Boden. Und dann, bei den Wahlen, scheitert die Linke. Und sogleich mußte die KP ein großes Problem bewältigen. Mindestens ein Jahr lang hatte der gesamte Parteiapparat auf die Wahlen hingearbeitet, waren alle Energien der militanten Kräfte der KP auf die Wahlen konzentriert worden, um so mehr, als es galt, den Energieverlust in den sozialen Kämpfen zu begründen. Die Wahlen bringen den Linken einen Mißerfolg. Die KP kann sagen, was sie will, aber sie hat überall, auch in ihrer offiziellen Presse, die Illusion verbreitet, daß der Sieg der Linken möglich sei. Das Ergebnis: Diese Niederlage verpflichtet sie, ihrer Basis, ihrer militanten Basis, ihrer Wahlkampf-Basis Rechenschaft abzulegen, was sie bis dahin nicht gewohnt war. Die KP mußte sich nicht nur fragen, wie sie die fehlenden Stimmen gewinnen konnte, sondern auch, warum die Sozialistische Partei ihr einen Teil gerade dieser Stimmen weggeschnappt hatte. Und was mußte sie sich sagen? Es ist sehr komisch zu sehen, wie die Wahlsoziologie ihr den Blick öffnet für gewisse Dinge, die die Streikbewegungen ihr nicht hatten klarmachen können. Die KP nahm wahr, daß die Sozialistische Partei einen Teil der Wählerschaft wegschnappte, der nicht derjenige war, den man 1967 um jeden Preis hatte gewinnen wollen. Ich habe die Texte des Kongresses der Sozialistischen Partei gelesen, insbesondere die mit stärkerer Linkstendenz, und sie sagen es sehr deutlich: Der Teil der Wählerschaft, den es zu gewinnen gilt, befindet sich nicht nur in den Mittelschichten, sondern auch in den überausgebeuteten Schichten der Bevölkerung, die gewöhnlich noch rechts wählen. Anders ausgedrückt: die Sozialisten wollen die Frauen, die Jugendlichen, die Arbeiter und die in der Landwirtschaft tätigen Leute für sich gewinnen, was – zumindest auf der Ebene der politischen Diskussion – eine Aufnahme der Ideen der Protestbewegung impliziert. Darauf setzt die neue Sozialistische Partei. In der Union mit der Parti Socialiste (PS) stellte sich die stillschweigende Übereinkunft für die KP folgendermaßen dar: die KP übernimmt die Arbeiterklasse und die PS die Mittelschichten. Nun aber machen beide Parteien einander die gleichen Klassen streitig. Im gleichen Teil der Wählerschaft kämpfen sie erbittert um die Hegemonie, woraus sich alle Erscheinungen des verbissenen Konkurrenzkampfes zwischen PS und KP erklären lassen; was Renault-Billancourt oder auch Lip anbetrifft, entfällt natürlich die Konkurrenz zwischen KP und PS, da dort die Sozialistische Partei inexistent ist; in zwei Jahren wird es sie vielleicht geben. Alles hängt – und darauf werde ich zurückkommen – von dem Verhalten der neuen Linken ab: entweder erkennt sie die Gefahr, oder sie erkennt sie nicht, und das Spiel ist aus für sie.

Die Lage der Dinge zwingt die KP, die aus dem Wahlergebnis gezogenen Lehren unverzüglich anzuwenden. Ich meine damit die Ausnahmesituation vom April, wo es gleichzeitig zu einer Schulbewegung und zu einer Bewegung bei Renault kam. Man kann sagen, daß nichts Neues zu erkennen ist in der Haltung der KP gegenüber den 373 Arbeitern an den Karosseriepressen: auf diesem Feld, dem angestammten Terrain der Arbeiterklasse, wird sie überrannt, macht sie ihren üblichen Ruck nach links. Dagegen ist das Verhalten der KP gegenüber der Schulbewegung etwas neuartiger. Zunächst manifestiert sie ihre Absicht, unabhängig zu handeln, und als sie dabei scheitert, beschließt sie, innerhalb der Protestbewegung an den Schulen aktiv zu werden: Sie wird geduldig abwarten, um von allen Irrtümern des gauchistischen Feindes zu profitieren und sie anschließend für sich zu buchen. Am 9. April und am 1. Mai unternimmt die KP ihre ersten großen Manöver: am 9. April ruft die CGT gemeinsam mit den von den Trotzkisten geleiteten Schülerkampfkomitees zu einer gemeinsamen Demonstration auf; am 1. Mai: die große Rebellion. Aber es klappte nicht, weder Arbeitermassen noch Schülermassen versammelten sich am 1. Mai; doch das Manöver selbst zeigt, daß die KP ein Zeichen setzen wollte, denn solche «Umarmungen» der neuen Linken hatten seit 1968 nicht mehr stattgefunden. Allein die Tatsache eines solchen Manövers ist beunruhigend. Und das ist noch nicht alles. Mit dem, was auf den 21. Juni, die Auflösung der Liga und die Festnahme von Alain Krivine folgte, beginnt ein zweites «Umarmungsmanöver» von seiten der KP und der CGT. Es ist einfach. Die KP und die CGT erklären: «Wie wir schon sagten und am 21. Juni auf der Straße verkündeten, zeigt die Macht zunehmend autoritäre und repressive Tendenz; wir betrachten als ein

Zeichen dieser Verschärfung der autoritären Tendenzen die Auflösung der Kommunistischen Liga; wir sind mit ihrer Orientierung, ihren Methoden und ihrem Vorgehen keineswegs einverstanden, aber wir setzen uns zur Wehr gegen die autoritären Tendenzen der Macht. Deshalb protestieren wir gegen die Auflösung der Liga und rufen zu einer gemeinsamen Versammlung am kommenden Mittwoch auf.» Die Linke, von dem Verhalten der KP zu Tränen gerührt, schreit «Bravo» und schließt sich dem Aufruf an. Und wie reagiert die KP? Einverstanden, sagt sie, am 4. Juli im Winterzirkus, aber damit wir uns nicht mißverstehen, *wir* leiten die Versammlung! Und die KP leitet die Versammlung – wie kann es anders sein – auf eine totalitäre Art. Es ist also gar nicht die Rede davon, daß die neue Linke sich bei der Versammlung artikuliert. Und so erleben wir das bestürzende Schauspiel einer Versammlung, bei der gegen die Auflösung der Kommunistischen Liga protestiert wird und diese, obwohl anwesend, zum Schweigen verurteilt ist. Das sind also jetzt zwei «Umarmungen» der neuen Linken in vier Monaten. Und wenn sie Erfolg haben – ich glaube, man muß den Mut haben, das auszusprechen –, dann bedeutet das, daß die neue Linke am Ende ist. Es zeigt die Entwicklung des Kräfteverhältnisses zwischen der neuen und der alten Linken, eine Entwicklung, eine negative Entwicklung. Aber um nicht einseitig zu sein, müssen wir am Beispiel von Lip auch die Fortschritte der neuen Linken seit 1968 beobachten. Die ideologische Revolution in der Arbeiterwelt hat Fortschritte gemacht: die Imagination ist nicht mehr allein auf die Sorbonne beschränkt. Diese Verschiebung, diese Proletarisierung der Protestbewegung war dringend notwendig. Man muß sich auf das Positive, Lip, stützen, um das Negative zu kritisieren und zu verwerfen, nämlich die Verfallserscheinungen in der neuen Linken, ganz besonders in der maoistischen Bewegung.

Gavi: Hier müssen wir noch etwas klären. Zwischen den Gauchisten – zu denen auch die Maoisten gehören – und der sozialen Bewegung besteht eine dialektische Beziehung. Die soziale Bewegung bringt auch die Maoisten hervor, die gewisse ihrer Ideen übernehmen. Wenn sie säen, ernten sie auch. Fünf Jahre nach dem Mai 68 sind eine ganze Menge dieser Ideen in den Fabriken herangereift und konkretisieren sich nun plötzlich in dieser einen Fabrik, die so eine Art «*Bateau Ivre*» wird. In dieser Beziehung war übrigens der Artikel von Clavel in *Libération* gut, wo er schrieb, die Arbeiter bei Lip haben auf natürliche Weise das Außerordentliche entdeckt.

Victor: Das stimmt; das springt in die Augen, wenn man die Fabrik betritt.

Sartre: . . . die Realisierung einer dem Untergang geweihten sozialistischen Form . . .

Victor: Bei Lip, meinst du?

Sartre: Ja, Lip. Aber gleichzeitig markiert sie ein Ideal, nach dem auch andere Arbeiter jetzt streben werden.

Gavi: Würdest du das bitte präzisieren?

Victor: Als materielle Macht der Arbeiterklasse wird Lip ein Ende haben, aber als symbolische Macht wird es weiterbestehen.

Sartre: Genau das.

Victor: Also nähern sich unsere Begriffe von symbolischer Macht, die so lange auseinanderklafften.

Sartre: Man kann über Lip eine ins allgemeine gehende Diskussion führen, einverstanden, aber ich kann nicht zustimmen, daß man darüber wie von einem Symbol spricht, wie von etwas wahrhaft Symbolischem.

Victor: Fandest du es furchtbar symbolisch, als man einen Polizisten entwaffnete?

Sartre: Ja, weil es *ein* Polizist war.

Victor: Ja, und es ist *eine* Fabrik.

Gavi: Der Vergleich ist nicht sehr gut. Auf der einen Seite führen militante Genossen eine symbolische Aktion durch: sie entwaffnen einen Polizisten auf offener Straße. Bei Lip hingegen haben die Arbeiter nicht die Kontrolle über die Fabrik übernommen, um bewußt etwas Symbolisches zu tun, sondern ganz einfach, weil sich das so ergab.

Victor: Ja, aber wenn es nicht seit Jahren gegen die Macht gerichtete symbolische Operationen gegeben hätte, dann wäre es zu dieser materiellen und zugleich symbolischen Machtprobe, die für das Experiment Lip charakteristisch ist, gar nicht erst gekommen. Darüber sollten wir diskutieren.

Sartre: Es wäre interessant, über euren Symbolbegriff zu diskutieren, nur scheint mir das kein Gegenstand für das Ende eines Gespräches. Vielleicht könnten wir eine besondere Diskussion führen, was das Symbol in den Arbeitermassen ist und was Aktionswirklichkeit ist und wie das eine das andere bedingt.

Victor: Hältst du es wirklich für Zufall, daß die Kommunistische Liga in dem Moment aufgelöst wurde, als Lip in der sozialen und politischen Aktualität dominierte?

Sartre: Dominierte es denn? Auch in der bürgerlichen Presse?

Victor: Ja, klar.

Gavi: Ich glaube nicht, daß es Lip war, sondern es war eine Atmosphäre, in die Lip hineinpaßte. Versetzen wir uns in die Rolle eines Innenministers oder meinetwegen auch eines Ceyrac[1]. Diese Männer haben die gleichen «Informationen» wie wir. Der *Nouvel Observateur* hat bei-

1 Präsident der Union der franz. Arbeitgeberverbände (Anm. d. Übers.)

spielsweise keinerlei Einfluß auf die Arbeiterklasse, wohl aber auf die Bourgeoisie und sogar auf einen Teil der Arbeitgeberschaft. Wenn ich das Abtreibungsproblem aus der Sicht eines nicht gerade engstirnigen Arbeitgebers von heute betrachte, so muß ich feststellen, daß es unterschiedliche Meinungen gibt. Es gibt Arbeitgeber, die die freie und kostenlose Abtreibung bejahen. Es gibt Probleme der Arbeiter, unmenschliche Arbeitsbedingungen. Auch da gibt es Arbeitgeber, die so etwas ablehnen und daran denken, die Fabrik anders zu organisieren, wobei sie jedoch den gleichen Gewinn erzielen wollen. Andere Arbeitgeber hingegen reagieren brutal auf jede Revolte. Sie wollen die Gesellschaft so erhalten, wie sie ist. Die Arbeitgeber sind also gespalten. Was bei Lip geschah, kann nur dem sogenannten «modernen» Arbeitgeber gefallen, der auf der Wirtschaftshochschule gelernt hat, den «aufrichtigen», den einfallsreichen, den geschäftstüchtigen Arbeiter zu respektieren. Er ist froh, wenn der Arbeiter Verantwortung übernehmen kann, wenigstens in dem Maße, in dem dies sich in das kapitalistische System fügt und die Hierarchie nicht in Frage stellt; man nimmt sogar einige Pannen hin. Es ist kein Zufall, wenn *France-Dimanche* schrieb: «Das ist nicht die Revolution, dazu ist es zu sauber.» Genauso denkt der «moderne» Arbeitgeber. Für ihn ist Lip nichts, was man fürchten müßte. Vor allem, weil es um ein traditionelles Industrieunternehmen geht, in dem die Handarbeit viel wichtiger ist als die Rohstoffe. Das sind vom Untergang bedrohte Industriesektoren, die häufig von ausländischen Gruppen geschluckt werden, für die Arbeitgeber aber nicht so interessant sind. Man könnte sogar sagen, die Arbeitgeber sähen die Nationalisierung von Industrien dieser Art recht gern, wie wir sie beispielsweise in den Vogesen, im Jura, in einigen Alpentälern oder in der Bretagne finden. Es ist ihnen auch völlig egal, solange das Beispiel nicht Schule macht, ob die Arbeiter in diesen Firmen die Macht übernehmen. Außerdem sehen sie verächtlich auf diejenigen herab, die ihr Unternehmen nicht ordentlich zu führen verstanden. Die Absolventen der Wirtschaftshochschulen haben nicht viel Respekt für Männer vom Schlage eines Fred Lip.

Edgar Faure repräsentiert jenen nicht allzu bornierten Teil der Arbeitgeber. Aber in ihrer Angst vor einer «Epidemie» fürchten die Arbeitgeber eine Wiederholung des Phänomens in der Großindustrie, dort, wo es viele angelernte Arbeiter gibt, bei Renault, bei Peugeot, bei Citroën und in der chemischen Industrie. Daher sieht man sich veranlaßt, alle Kräfte zu bremsen, die die anderen Industriesektoren zur Nachahmung des Beispiels Lip ermutigen könnten.

Victor: Ich bin nicht deiner Meinung, daß Lip die Arbeitgeber nicht stört. Ich gebe zu, daß einige der «modernen» Arbeitgeber – jene, die sich für *Libération* interviewen lassen – die Vorfälle bei Lip herunterspielen, was nicht heißt, daß es sie nicht stört. Das Interview mit Edgar Faure erhellt den Standpunkt der modernen Arbeitgeber, daß es doch wirklich dumm wäre, in Anbetracht dessen, was Lip kosten wird, die Sache nicht zu verkraften. Daher muß man die Affäre Lip in einen Unfall, in eine Panne der Marktwirtschaft ummünzen und als Symptom für alles sehen, was in der Unternehmensführung nicht stimmt. Man muß also Lip heranziehen, um die modernen Theorien der Unternehmensführung weiterzuentwickeln, die eine verstärkte Beteiligung – zumindest gewisser Schichten – der Produzenten vorsehen. Lip ist also auch für diese Arbeitgeber ein Ärgernis, nur versuchen sie, Nutzen daraus zu ziehen. Wäre die vakante Arbeitgebermacht durch eine Arbeitnehmermacht ersetzt worden, welche die Mechanismen der Arbeitgeber unangetastet gelassen hätte, wenn bei Lip also eine «Arbeitgeber-Arbeitnehmer-Macht» entstanden wäre, dann wäre Lip für die modernen Arbeitgeber eine ideale Gelegenheit, ihre Positionen gegenüber den rückständigen Arbeitgebern auszubauen. Aber das ist nicht der Fall. Die Arbeitermacht ist keineswegs für eine Weile in die Fußstapfen der Arbeitgebermacht getreten. Wenn du behauptest, Lip sei «in Ordnung», dann ist das völlig falsch. Aus Arbeitgebersicht herrscht dort das Chaos. Sieh dir doch nur den Teil des Werkes an, wo produziert wird: dort wird in natürlichem Tempo gearbeitet. Und auch die modern eingestellten Arbeitgeber von den Verbänden junger Unternehmer sagen, die Forderung nach natürlichem Arbeitsrhythmus sowie der Kampf gegen jeden Leistungsdruck und den Leistungslohn seien für sie unannehmbar.

Gavi: Das stimmt nicht ganz. Lies die letzte Ausgabe von *Entreprise*. Sie sind durchaus bereit, das anzuerkennen.

Victor: Na gut. Nun ein zweites Kriterium für effektive Veränderungen in den Produktionsverhältnissen: die Beziehung des Arbeiters zum Vorarbeiter, zum Werkmeister. Das hat sich bei Lip geändert. *Entreprise* fordert das auch? Mir ist bekannt, daß Arbeitgeber nach China gefahren sind, um die dortige industrielle Reorganisation zu studieren, insbesondere alles, was mit der Aufhebung des Unterschieds zwischen Arbeitsausführung und Arbeitsplanung zusammenhängt, mit der Kritik an der Fließbandarbeit. Trotz allem aber glaube ich nicht, daß Arbeitgeber, sind sie auch noch so modern eingestellt, so weit gehen, die Produktionsverhältnisse außer Kraft zu setzen.

Gavi: Eines ist zweideutig, unklar bei Lip.

Victor: Zweideutig – was soll das heißen? Es stehen sich dort zwei Klassen gegenüber – selbstverständlich.

Gavi: Die Arbeitsteilung ist anscheinend die gleiche geblieben.

Victor: Das ist nicht ganz richtig. Ich war ganz im Anfang dort, und schon damals begann man, die gesellschaftliche Arbeitsteilung, die effektiven Produktionsverhältnisse, einer Kritik zu unterziehen. Einiges wurde in der Praxis kritisiert, wie die Beziehungen zum Vorarbeiter oder zum Werkmeister. Und das gleich von Anfang an. Das Verhältnis zu den Vorgesetzten ist bei Lip sehr interessant. Im *Nouvel Observateur* jedoch erklärte Jean Daniel hochtrabend, das Experiment Lip habe zur Union der Arbeiter und der leitenden Angestellten geführt. Das ist völlig falsch. Es kamen auch Ideen auf wie die folgende: «Man müßte vielleicht versuchen, auf neue Art zu produzieren, mit einem neuen Verhältnis zwischen den technischen und den Planungsbüros und der eigentlichen Produktion.» Es gibt bei Lip auch rechtsgerichtete Vorstellungen, syndikalistische Vorstellungen, die diese Art der Initiative seitens der Arbeiter bremsen. Aber allein die Tatsache, daß diese Ideen . . .

Gavi: Nur eine kleine Anmerkung: ich glaube, es besteht ein Unterschied zwischen den militanten Gewerkschaftlern bei Lip und den Gewerkschaftsfunktionären außerhalb der Firma.

Victor: Ich greife nicht die militanten Gewerkschaftler von Lip an. Sie haben viel beigetragen zur Bewegung.

Gavi: Meinst du, wenn du von «militanten Gewerkschaftlern» sprichst, die Gewerkschaftler von Lip oder die ständigen Gewerkschaftsfunktionäre?

Victor: Als ich dort war, hatten die Funktionäre noch nicht viel Macht. Anscheinend sind sie seither stärker geworden, und der Klassenkampf wurde radikalisiert. Aber ich meine die in der Firma tätigen Gewerkschaftler. Da sind ein paar Leute, die erwiesenermaßen sehr gut sind. Um auf die effektiven Produktionsverhältnisse zurückzukommen, so sind sie zu einem Teil – für wie lange auch immer – erheblich erschüttert worden, bestimmt jedenfalls nicht nur für die Zeit der Befreiung der Fabrik. Selbst wenn sie von Engländern oder anderen übernommen wird, dürfte es auf Monate hinaus sehr schwierig sein, gewisse soziale Verhältnisse zu restaurieren. Daran besteht angesichts der Tiefe der Krise nicht der Schatten eines Zweifels. Ich weiß, bei jedem großen Streik sagen die Arbeiter, daß nichts wieder so sein wird wie vorher. Aber in diesem Fall glaube ich wirklich, daß es teilweise schwierig sein dürfte, die Dinge zu restaurieren. Ich sage nicht, daß es unmöglich ist, aber es wird länger dauern, weil die individuelle Befreiung tiefer geht. Der Respekt vor den Normen der hierarchischen Arbeitgeberordnung hat einen sehr tiefen Riß bekommen. Schon wenn du die Fabrik betrittst, hast du den Eindruck, daß hier alles möglich ist, daß man nur ein paar gute Ideen zu lancieren braucht. Du hast wirklich den Eindruck, daß du die materielle und symbolische Umwandlung sehr weit vorantreiben kannst.

Selbst wenn Lip nichts anderes als eine materielle Arbeitermacht wäre, würde das schon sehr störend, sehr subversiv wirken. Aber Lip bedeutet darüber hinaus eine symbolische Macht, und das will ich genauer erklären. Überall außerhalb von Lip, außerhalb von Besançon, kam es zu einer Verwirrung in den Arbeitermassen. Einst dominierende Vorstellungen gerieten plötzlich ins Wanken. Auf einmal hört man Leute sagen: «Man kann auch ohne Chefs arbeiten», oder, wie es geschah, als Leute von Lip zu Renault gingen: «Wir werden Reifen verkaufen, Batterien, aber keine Autos, denn all der Papierkram, die Zulassungsnummern etc., aber Einzelteile . . .» Sie sagten es lachend, gewiß. In Toulouse habe ich mit den Leuten von Sud-Aviation gesprochen – natürlich können sie nicht die *Concorde* produzieren oder verkaufen –, aber allein die Tatsache, daß sie sich diese Frage stellen, ist schon eine phantastische Subversion. Oder in Anlehnung an eine Formulierung im *Kapital*: die Verewigung der sozialen Verhältnisse ist in Frage gestellt. Das ist phänomenal als Ausdruck revolutionären Denkens. Es ist sehr verwirrend, selbst wenn das Beispiel Lip sich nicht unverzüglich bei Robin[1], in Lorient[2] oder in der Schuhindustrie von Romans wiederholt. Selbst wenn keine andere Fabrik dem Beispiel Lips folgt, gibt es eine symbolische Macht Lip, die innerhalb der gesamten Arbeiterklasse wirkt. Für die Arbeitgeber ist das schrecklich subversiv – und das wissen sie. Für die Arbeitgeber, nicht als Gruppe einzelner, sondern für die Arbeitgeber als eine in der Regierung vertretene Klasse.

Gavi: Für welche Bewegung ist Lip symptomatisch?

Sartre: Am Anfang war, glaube ich, immerhin die Gleichstellung der Arbeiter auf allen Ebenen. Das ist zugleich der tiefere Sinn von Lip und die in der neuen Linken herrschende Einigkeit, die Idee der Abschaffung der Hierarchie, die Idee der absoluten Gleichheit aller Arbeiten und aller Arbeiter. Das scheint mir die wesentliche Idee bei Lip, und diese Idee wurde von Maoisten und Trotzkisten gegenüber dem Ordre Nouveau verteidigt. Ich weiß nicht, ob das auch die Ausgangsidee der Maoisten in China war, aber es ist bestimmt eine der Schlüsselideen der neuen Linken im Proletariat. Bist du damit einverstanden?

Victor: Ja. Der Kampflohn oder der Überlebenslohn wird bei Lip sicherlich für alle gleich ausfallen.

Gavi: Du hältst die Leute bei Lip für sehr respektlos gegenüber den organisierten Kräften der Linken. Aber man kann nicht all die Selbstverwaltungsbestrebungen mit Stillschweigen übergehen, die sich schon entwickelt hatten, ehe es bei Lip zum Knall kam. Nimmt die traditionelle Linke da etwas auf, das in den Massen vorhanden, aber verschüttet war

1 Pierre Robin, Dijon. Flugzeugbau (Privatmaschinen). Seit Jan. 75 auch Robin GmbH in Mönchen-Gladbach (Anm. d. Übers.)

2 U-Boot-Werft an der Westküste Frankreichs (Anm. d. Übers.)

und das sie nun durch die Mitbestimmung theoretisiert, oder hat die von oben gekommene Mitbestimmungstheorie dazu beigetragen, daß bei Lip eine ganze Gleichheitsideologie entwickelt wurde?

Sartre: Es sind nicht die Theorien der traditionellen Linken, es ist etwas anderes. Es scheint, daß die traditionelle Linke in der Tat etwas zu diesem Gleichheitsgedanken tendierte, und zwar insofern, als sie vom Symbol der Französischen Republik ausging, und ich glaube, daß es auf der Linken tatsächlich eine Diskussion über die Selbstverwaltung, vor allem über das jugoslawische Modell, gegeben hat. Sie kennen sich also aus. Für die Arbeiter bei Lip dagegen trifft das nicht zu; sie haben ganz konkret die Absurdität einer Hierarchie und unterschiedlicher Löhne erlebt; sie sehen die Gleichheit der Menschen am Arbeitsplatz, und das ist das Konkrete. Vor dem Streik fanden sie es, wenn ein leitender Angestellter an ihrem Arbeitsplatz vorbeikam, komisch, aber seit dem Streik, seit die Arbeit in der Fabrik wieder aufgenommen wurde, kommt ihnen die Gesamtheit der Beziehungen zwischen leitenden Angestellten und Arbeitern, leitenden Angestellten und Chefs, abstrakt und absurd vor. Sie sehen nicht, was diese Beziehungen bedeuten. Sie sehen ein System, das vom Menschlichen weit entfernt ist, das einigen eine Vorrangstellung gegenüber anderen einräumt, ohne daß diese auf einer geistigen oder körperlichen Überlegenheit beruhte. Bei Lip besteht also ganz konkret der Wunsch, diese Gleichheit zu verwirklichen. Und dann hat es Experimente wie die eher mißglückten Jugoslawiens gegeben, die dennoch nach hier gedrungen sind und diskutiert wurden. Deshalb ist die Idee bei Lip nicht ganz neu, obwohl sie meiner Meinung nach auch nicht aus Jugoslawien oder aus den in Frankreich darüber geführten Diskussionen stammt. Die Leute bei Lip sind von sich aus darauf gekommen, und das scheint mir recht typisch, aber die älteren erinnert das an die früheren Überlegungen zur Selbstverwaltung. Ich glaube, da liegt das Problem.

Gavi: Hast du den Eindruck, daß diese Bewegung sich ausweiten könnte?

Sartre: Ich meine, es ist eine Bewegung, die, sobald sie sich ausweiten würde, konkret den bürgerlichen Kräften entgegentreten müßte. Die KP ist eine Partei, die nicht ständig das Bürgertum gegen sich hat, weil es viele Aktionen gibt, vor denen sie sich hütet; entweder stoppt sie einen Streik oder rät von vornherein davon ab, und so gesehen befindet sie sich in Übereinstimmung mit den Arbeitgebern. Dort dagegen handelt es sich um etwas anderes. Dort beruht alles auf der Tat, dort gibt es keine Partei, dort wird eine Aktion unternommen, um die Gleichheit herbeizuführen. Und das könnte die Arbeitgeber in Panik versetzen, sobald sie nämlich merken, daß dieses Beispiel Schule machen kann und daß dann die Arbeitgeber überflüssig werden und sogar schaden. Und dann werden sie angreifen, und es dürfte ein sehr heftiger Kampf werden; aber noch ist es nicht soweit. Wir haben es hier mit einem ersten Versuch zu tun, der scheitern wird, weil jemand die Fabrik aufkaufen wird und weil Kräfte der Rechten sich gegen das Modell wehren werden. Ich finde also, daß Lip ein ganz besonderes, ein sehr wichtiges Ereignis ist, dem übrigens auch die Presse viel Platz eingeräumt hat und das den Arbeitern im Gedächtnis bleiben wird. Das ist es, was ich über Lip denke. Aber dennoch wird es mißlingen, in drei Monaten oder in einem halben Jahr. Selbst wenn alles gutgeht, ist ein Scheitern möglich, denn gerade dann wird man Schluß damit machen.

GAVI: Sie sind ziemlich isoliert, vor allem im Juli und August.

VICTOR: Eine Bemerkung nur zum Begriff des Scheiterns. Die Forderung der Arbeiter lautet: Kein Abbau der Fabrik, keine Entlassungen! Selbst wenn die Arbeitermacht von den CRS[1] rabiat unterdrückt oder durch irgendein Projekt der Beteiligung der Arbeiter unterhöhlt wird, sofern es keine Entlassungen gibt, hätten nicht nur ein oder zwei Monate lang Arbeiter Macht ausgeübt, sondern es wären auch die Forderungen durchgesetzt worden. Das ist wichtig: man darf also nicht sagen, daß die Bewegung, wenn sie ein Ende nimmt, gescheitert ist. Sie wäre gescheitert, wenn 500 oder 1000 Arbeiter entlassen oder die Fabrikanlagen demontiert worden wären.

SARTRE: Was übrigens nicht mehr unmöglich ist.

VICTOR: Ja, aber das Kräfteverhältnis sieht nicht schlecht aus.

GAVI: Man müßte härter sein: die Kommunistische Partei, die immer nur vom «Sieg der Arbeiter» redet und deren ganze Strategie darin besteht, die Welt so zu belassen, wie sie ist, mit all ihren Hierarchien und Ungleichheiten, arbeitet schon auf diesen «Sieg» hin, indem sie in den Ereignissen bei Lip nichts anderes sehen will als den Versuch der Arbeiter, ihre Forderungen durchzusetzen. Das kann man jeden Tag in *L'Humanité* lesen. Arbeitsplätze, Löhne – das ist alles. Und ein solcher Sieg wird der Kommunistischen Partei vielleicht sogar zuteil werden. Wir dagegen sind durchaus bereit, in dieser Beziehung eine Niederlage einzustecken und hinzunehmen, daß zu einem bestimmten Zeitpunkt die Führung der Firma durch die Arbeiter nicht mehr aufrechterhalten werden kann; wir wissen, daß sich in der kapitalistischen Gesellschaft keine Insel halten kann und daß eine Finanzgruppe die Kontrolle über die Fabrik übernehmen, sich dabei allerdings notgedrungen der Situation anpassen wird. Und die augenblicklich bestehende Arbeitermacht bei Lip wird sich ebenfalls anpassen müssen. Wir vergessen die Forderungen nicht, beharren aber weit mehr auf dem qualitativen Aspekt und messen

1 Compagnie républicaine de Sureté. Spezialeinheit der Polizei (Anm. d. Übers.)

diesen Forderungen nicht dasselbe Gewicht bei. Merkwürdigerweise wird jemand, der nur *L'Humanité* liest, ungleich weniger über die Geschehnisse in Besançon wissen, als jemand, der die bürgerliche Presse liest. Glücklicherweise gibt es *Libération*!

VICTOR: Zwei Dinge sind zu präzisieren. Erstens: Lip ist bereits ein großer Sieg, auf den das gleiche zutrifft, was Marx über die Pariser Commune sagte, daß ihr Hauptverdienst darin bestehe, existiert zu haben. Dennoch ist es nicht gleichgültig, ob die Leute bei Lip, was ihre Forderungen betrifft, gewinnen oder verlieren. Es ist wichtig. Ein Sieg wird der Idee der Arbeitermacht zu großer und schneller Verbreitung verhelfen. Zweitens ein paar Worte über die Beziehung zwischen dem Experiment Lip und der Selbstverwaltung. Ich bin ganz mit Sartre einverstanden, wenn er sagt, die Arbeiter bei Lip hätten von sich aus und konkret das Prinzip der Selbstverwaltung entdeckt. Aber ich möchte noch weiter gehen: die im Konkreten gemachte Entdeckung der Selbstverwaltung bei Lip verweist das Gerede gewisser politischer Kräfte Frankreichs über Selbstverwaltung ins Abstrakte, im negativen Sinne des Wortes. Einen Beweis dafür sehe ich in dem, was die besagten politischen Kräfte, die für die Selbstverwaltung in Frankreich eintreten, die CFDT, die Parti Socialiste und sogar die PSU, über Lip sagen. Sagen sie etwa: Das ist die Selbstverwaltung? Nein. Sie folgen dem Beispiel der CGT und der KP und sagen, daß es sich um eine Methode der Aktion, um eine Kampfform oder – einer ihrer heutigen Ausdrücke – um Selbstverteidigung handele, eine Formel, die nichts sagt und die das wirkliche Problem der Selbstverteidigung der Arbeitermacht gegen die Einschließung durch die CRS verschleiert. All diese Befürworter der Selbstverwaltung – selbst wenn sie Uhren kaufen – weisen uns warnend darauf hin, daß Lip nicht mit Selbstverwaltung zu verwechseln sei. Das geht so weit, daß wir, die wir das Wort Selbstverwaltung hier gar nicht beansprucht hatten, schließlich behaupteten, wenn das Wort Selbstverwaltung einen Sinn habe, dann im Zusammenhang mit Lip.

SARTRE: Nur kam es von unten.

VICTOR: Von unten, genau. Und das hebt sich scharf ab von dem verschwommenen Gerede. Es ist eindeutig antihierarchisch. In einer Debatte über die Selbstverwaltung habe ich einmal ein Mitglied der P.S. nach dem sozialen Inhalt der Selbstverwaltung gefragt. Er entgegnete mir, daß seiner Meinung nach zwischen einem Arbeiter und einem Ingenieur kein Unterschied bestehe. Der typische Selbstverwaltungsmann!

GAVI: Das ist ein erster Schritt zu einer egalitaristischen Konzeption der Arbeitsverhältnisse.

VICTOR: Sartre sagte, die Gleichheit bei Lip sei Gleichheit in einem neuen Sinne. Zwischen der Gleichheit des Bürgers der ersten Republik und der des Bürgers der sozialen Republik, um die gute alte Formel der Commune wieder aufzugreifen, besteht der gleiche Unterschied wie zwischen der alten Demokratie und dem, was wir als «neue Demokratie» bezeichnen.

GAVI: Lip ist also das Symptom einer Bewegung, die die gesamte Hierarchie, wozu auch die traditionelle politische Hierarchie gehört, in Frage stellt. Die linke und die rechte Bourgeoisie befindet sich im Irrtum, wenn sie glaubt, Geschichte werde von Individuen gemacht. Daher versucht sie, der Bewegung das Wort zu verbieten und sie ihrer Köpfe zu berauben. Nur, Köpfe gibt es auch anderswo . . .

VICTOR: Die Bourgeoisie ist nur dann intelligent, wenn sie nicht überrumpelt wird. Marx hat das erkannt: das Schlimmste an einer scheiternden Revolution ist, daß sie der Konterrevolution Intelligenz verleiht. Das Wesen revolutionärer Ereignisse – wie bei Lip –, ihre Kraft, das ist der Überraschungseffekt, den sie hervorrufen. Das geschieht dort, wo die Bourgeoisie es nicht erwartete. Aber wenn sie darauf vorbereitet ist, der Revolution an einem bestimmten Ort – wie zum Beispiel am 21. Juni im Quartier Latin – entgegenzutreten, dann ist das schon sehr unangenehm. Man müßte sie immer überrumpeln können.

SARTRE: Daher besteht auch aus der Perspektive der Bourgeoisie ein Zusammenhang zwischen Lip und dem 21. Juni. Ein rein egalitäres Denken, wie es sich in der neuen Linken findet, soll durch Repression unterbunden werden.

GAVI: Victor, du hast von «neuem Faschismus» gesprochen, das ist mir nicht präzise genug . . .

VICTOR: Das ist sehr präzise! Es gibt darüber 400 Seiten in *Les Temps Modernes* – die mußt du mal lesen! Ich weiß wohl, als es erschien, klang es ein bißchen avantgardistisch, aber . . .

GAVI: Was nennst du «neuen Faschismus»?

VICTOR: Im Unterschied zum alten hat dieser Faschismus keine Basis in der Masse; er geht aus den verschiedenen Apparaten des Staates hervor, die Meinungsströmungen lancieren, um diese oder jene konterrevolutionäre Maßnahme zu rechtfertigen. Das ist der Hauptunterschied zwischen dem alten und neuen Faschismus. Der Faschismus alten Typs hatte eine Massenbasis.

GAVI: Ja, aber ein Staat, der von 50 Prozent der Wähler gewählt worden ist . . .

VICTOR: Wenn ich von Massenbasis spreche, meine ich Massenbewegungen.

GAVI: Als es in Grasse zu den rassistischen Zusammenstößen kam, war das eine Massenbewegung?

VICTOR: Eine faschistische Massenbewegung? Nein.

GAVI: Es gibt Widersprüche in den Massen . . .

VICTOR: Das hat nichts miteinander zu tun.

GAVI: Dieselben Widersprüche haben in Deutschland den Faschismus an die Macht gebracht . . .

VICTOR: Bevor der Faschismus seine Vormachtstellung erlangte, traf er natürlich auf Widerstände. Aber das Charakteristische ist, daß er echte Revolten des Volkes, in den Mittelschichten, im Beamtentum, bei den Jugendlichen und auch in der Arbeiterklasse für sich vereinnahmt hat. Das italienische MSI hat augenscheinlich eine etwas eigenständigere Form. Auf der einen Seite zeigt es noch Züge des alten Faschismus, indem es das Subproletariat im Süden eindeutig ausbeutet. Und auf der anderen Seite hat es Züge dessen, was wir Neofaschismus nennen, eines Faschismus, der aus dem Staat hervorgeht. Wenn in Italien die Theorie der beiden Extreme – ein Schlag nach rechts, ein Schlag nach links – funktionierte, wenn die Praxis der Provokationen im Mailänder Stil funktionierte, dann deshalb, weil für die Theorie der beiden Extreme eine soziale Basis vorhanden ist. Das vom MSI manipulierte Subproletariat im Süden nimmt eine Protesthaltung ein, wenn es zu Fiat emigriert. Die Theorie der beiden Extreme hat in Frankreich nie funktioniert, obwohl man es 1970 versucht hat und es wieder versuchen wird.

GAVI: Wir versuchen etwas, das gestern geschehen ist, zu transponieren und zu adaptieren. Wir setzen den «neuen Faschismus» zu dem gestrigen in Bezug, ohne zu berücksichtigen, was sich geändert hat. Nimm beispielsweise die Jugendlichen von heute; ich bin überzeugt, daß auch sie in Grasse unter jenen waren, die die Nordafrikaner verfolgten. Und in Vorstädten gehen Banden von Jugendlichen auf Arbeitsemigranten los – es gibt unter den Jugendlichen ebenso Rassisten wie unter den Alten. Die Leute gehen heute nicht mehr durch die gleichen «Filter» wie vor zwanzig Jahren. An Stelle der Familie, die an Stärke eingebüßt hat, bedient sich die Macht heute eher der audio-visuellen Techniken: Fernsehen, auflagenstarke Presse . . . Man hypnotisiert anders. Man steuert anders . . .

SARTRE: Ich glaube, daß es eine neue Taktik der konservativen Klasse, der bürgerlichen Klasse gibt, aber ich sehe eigentlich keine Anzeichen dafür, daß die Massen faschistisch sind. Nun hat es, wie Victor sagte, einen Massenfaschismus gegeben, den ihr den «alten Faschismus» nennt, der in Frankreich aber nicht existiert. Es gibt Faschistengruppen, aber keinen Massenfaschismus. Ich glaube nicht, daß der Faschismus politisch eine große Bedeutung hat. Und als Beweis dafür kann man ja schon Marcellins Vorgehen werten: er versuchte, die beiden Extreme, die man in anderen Ländern beobachtet, auch hier zu erkennen. Er wollte die

Trotzkisten bremsen und glaubte, gleichzeitig auch Ordre Nouveau bremsen zu müssen; also verurteilte er den Faschismus von Ordre Nouveau.

VICTOR: Der ist nicht gefährlich.

GAVI: Alle traditionellen politischen Formationen – die extreme Linke eingeschlossen – sprechen von einem Prozeß der «Faschistisierung». Solche Vokabeln kehren sich gegen uns: diejenigen, die heute Faschisten sind, sagen, sie seien in der Résistance gewesen.

VICTOR: Nur wenige der bedeutenden Neofaschisten waren in der Résistance.

GAVI: Sollten wir den Faschismus nicht überall dort suchen, wo er anzutreffen ist, in den Bereichen des Überbaus und auch in den totalitären Bereichen innerhalb der sogenannten demokratischen Gesellschaft? Millionen von Menschen leben nicht viel anders, als sie unter einem faschistischen Regime leben würden. Sie haben keinerlei Kontrolle über ihre Existenz.

VICTOR: Und wenn diese totalitären Bereiche sich ausweiten, wie würdest du das bezeichnen? Man braucht ja irgendein Wort dafür. Und es ist besser, wenn dieses Wort einen Bezug hat zu einer entscheidenden Erfahrung, die die Demokratie in Frankreich gemacht hat. Daher der Begriff «neuer Faschismus».

GAVI: Schon, nur ist der Begriff schon derartig abgenutzt, daß er nichts mehr besagt.

VICTOR: Stimmt. Wir werden das Wort «neuer Faschismus» auch bereitwillig fallenlassen, sobald die Massen einen Begriff für diese Ausweitung der totalitären Bereiche gefunden haben, ein französisches Wort aus den Jahren 1973 oder 1974. Noch schwankt man zwischen neuer Demokratie und direkter Demokratie. Aber sobald es etwas Besseres geben wird . . .

SARTRE: «Direkte Demokratie» ist besser.

VICTOR: Die Verbesserung der Terminologie wird einer größeren Reife entsprechen.

GAVI: Ja, aber es ist an uns, den Weg zu bahnen.

VICTOR: Das ist auch eine Frage der Übereinstimmung mit den sozialen Bewegungen.

GAVI: Die soziale Bewegung besteht bereits, aber wir haben uns ihr noch nicht angepaßt.

VICTOR: Meinetwegen, wenn du so willst.

(Juli 1973)

15
Die Macht

> Diese Erfahrung der Übernahme einer partiellen, begrenzten Macht ist mehr wert im Augenblick als ein großartiges Programm zur Übernahme *der* Macht, der berühmten, der einzigen Macht, der zentralen Macht des Staates . . .

VICTOR: Nach Lip wurden die Nachrichten aus Chile mit besonders großer Anteilnahme aufgenommen. Die Ereignisse in Chile wurden so tief nachempfunden, weil in Frankreich die Probleme der Revolution durch Lip neu gestellt worden waren. Ich habe das Gefühl, daß viele Gauchisten das Gefühl haben, daß sich hier ein Zyklus des Klassenkampfes schließt.

GAVI: Ja. Lip und Chile wurden von allen Franzosen lebhaft verfolgt. Warum? Weil es in Chile wie bei Lip nicht mehr nur theoretisch, sondern ganz konkret um die lebendige Realität des freien Sozialismus ging. Bei Lip ist etwas Außerordentliches passiert: ein Traum wurde Wirklichkeit – in Grenzen, wohlgemerkt, da die Polizei eingriff. In Chile war es das gleiche: drei Jahre lang herrschte in etlichen Fabriken Chiles der Geist von Lip. Die Arbeiter, die ich bei Lip traf, ähnelten den chilenischen Arbeitern der Industriekordons wie Brüder. Viele Menschen hatten seit langem zum erstenmal den Eindruck, plötzlich frei zu atmen und mit Händen zu greifen, was eine sozialistische Gesellschaft sein könnte, in der die Arbeiter die Kontrolle über ihre Produktionsmittel hätten. Gleichzeitig wurde man sich der gewaltigen Hindernisse bewußt, die es noch zu bewältigen galt. Und dann am 11. September 1973, als wir von Allendes Tod und von der Einnahme der Moneda erfuhren, war uns allen zumute, als seien wir verstümmelt worden – die Moneda, das war ein bißchen wie Lip. Das waren wir.

VICTOR: Das stimmt. Die Vorgänge in Chile machten und machen noch immer auf sehr umfassende und sehr anschauliche Weise deutlich, wie die Konterrevolution in Frankreich aussehen könnte. Ich habe – ich glaube, es war in der gestrigen Ausgabe von *Libération* – einen Artikel über Lip gelesen, in dem von einer Arbeiterin die Rede ist, die nach dem Eingreifen der CRS gesagt haben soll: «Wir wollen nicht, daß das hier so endet wie in Chile.» Es wurde sogar der Ausdruck «Chilip» geprägt. Nun ja. Aber ich wollte, ehe wir auf die Konterrevolution kommen, erst noch etwas auf die Revolution eingehen. Was mich am meisten beeindruckt, ist das Phänomen, wie die Theorie der Revolution, die herrschende, sagen wir, die als selbstverständlich geltende Theorie, durch das Ereignis Lip in den Köpfen erschüttert wurde. Ich glaube, das Ereignis Lip hat das ganze System traditioneller Konzepte in der gauchistischen Theorie in Frage gestellt – das System: Kämpfe zur Durchsetzung von Forderungen, Häufung von solchen Kämpfen, die nach der Logik der Syndikate alle mit einem Kompromiß enden, da man ja doch das Kräfteverhältnis berücksichtigen müsse und von einem bestimmten Augenblick an, wenn die Umstände entsprechend zusammentreffen und ausgelöst durch all das, was an Kampfbereitschaft bei den Arbeitskämpfen angesammelt wurde, entsteht eine revolutionäre Krisensituation; in einem Land wie Frankreich drückt sich so etwas in einer Generalstreikbewegung aus: die Frage nach der zentralen Macht ist gestellt. Das ist, ob man will oder nicht, insgesamt gesehen das herrschende theoretische Schema; ich sage «herrschend», aber man sollte eher «erdrückend» sagen. Der Geist wird erdrückt und ebenso das lebendige Phänomen des Klassenkampfes, der modernen Revolution. Ereignisse wie Lip werden gegenwärtig durch ein uraltes Revolutionsgeschwätz erdrückt, und dieses Geschwätz, die alte Theorie, die ich hier gerade skizzierte, ist im Begriff, noch bevor es soweit ist, das Ereignis Lip zu Grabe zu tragen. Alle revolutionären Gruppen, die auf sich halten, glauben fest an ihr Programm und an ihre Theorie. Sie sagen, denken oder äußern unter der Hand: «Mit Lip ist es aus. Mit dem Marsch auf Besançon hatten wir einen Höhepunkt erreicht. Das ist jetzt das letzte Scharmützel, das Geraufe um der Ehre willen, wie immer bei einem wichtigen Streik etc.»

Dabei haben am 12. Oktober die Arbeiter von Lip, nachdem einen ganzen Tag lang in Kommissionen alle Vorschläge, die man ihnen gemacht hatte, geprüft worden waren, in einer Generalversammlung mit erdrückender Mehrheit beschlossen, nicht nur den Plan des Verhandlungsbeauftragten der Regierung, den Plan Giraud, abzulehnen, sondern auf ihre ursprünglichen Forderungen zurückzukommen. Damit machten sie deutlich, daß für sie alle Verhandlungen von zweitrangiger Bedeutung sind, solange sie nicht jene Bestrebungen berücksichtigen, die in der Gemeinschaft der Arbeiter von Lip existierten. Mit dieser Abstimmung bekannten sich die Lipisten dazu, daß ihre Bestrebungen noch über ihre konkreten Forderungen hinausgingen; die Abstimmung war Ausdruck ihrer Ablehnung der Gesellschaft. Sie schreiben es nicht in Flugblättern, sie sagen es. Und das ist das revolutionäre Ereignis par excellence: eine Gemeinschaft von Arbeitern erklärt im Verlauf ihres Kampfes um Anerkennung ihrer Forderungen: nein, wir sind nicht damit einverstanden, unsere Forderungen umzumünzen, und in keinem Fall werden wir Entlassungen hinnehmen, denn das betrifft uns als menschliche Gemeinschaft. Man könnte höchstens ein Abkommen über einen neuen juristischen Status der Gesellschaft Lip treffen, aber über Entlassungen wird nicht verhandelt. In dem Augenblick, da eine Gemeinschaft von Arbeitern nein sagt zu der traditionellen Logik der von den Syndikaten geführten Verhandlungen, hat man den Eindruck, daß die Revolutionäre, die revolutionären Gruppen bei dem Ereignis fehlen! Daß sie die Tragweite gar nicht ermessen! Zur Zeit haben wir in Frankreich – wenn auch auf begrenztem Raum – eine Bewegung wie im Mai 68. Und wenn der Raum begrenzt ist, dann teilweise auch deshalb – nur teilweise, aber das auf jeden Fall, weil die über die gegenwärtige Realität des Klassenkampfes absolut uneinige revolutionäre Bewegung diesen Raum nicht ausweitet. Ich weiß nicht, ob ich mich verständlich ausgedrückt habe, aber ich sehe in dem Ereignis Lip die Agonie eines revolutionären Geredes, das trotz Mai 68 immer das gleiche geblieben ist. Und wenn es den Mai 68 überdauerte, dann ist das kein Zufall, denn der Mai 68 ist eine moderne und gleichzeitig eine Revolution alten Stils gewesen: der klassische Generalstreik und zugleich noch etwas anderes. Und so war es durchaus möglich, sich nach dem Mai 68 nur an den üblichen Gang des Generalstreiks zu erinnern und den anderen Aspekt, der vom 22. März 1968 an von den Studenten beigetragen wurde, außer acht zu lassen. Also ist es verständlich, daß das alte Gerede, die Theorie: Akkumulation der Kräfte durch Arbeitskämpfe – nationale Krise – die Frage nach der Macht und damit der Aufstand etc., daß dieses alte Gerede den Mai 68 unbeschadet überdauert hat. Aber ich bin jetzt überzeugt, daß die revolutionäre Bewegung, wenn sie auch nach Lip noch daran festhält, jegliche Vitalität einbüßen wird.

Gavi: Ganz meine Meinung. Das Ereignis Lip hat alle Gegebenheiten verändert; aber Lip konnte nur stattfinden, weil seit Jahren alle Gegebenheiten radikal in Frage gestellt werden. Vor ein paar Jahren noch wäre Lip undenkbar gewesen. Es hat Fortschritte im Denken gegeben. Neue Werte, die das Kleinbürgertum vom Mai 68 bei der Arbeiterklasse von vor 36 entlehnte, zirkulieren seit Mai 68 erneut in der Arbeiterklasse. Einer dieser neuen Werte besteht darin, wie du schon sagtest, eine Vision der Revolution in Frage zu stellen, die auf einer Art religiösen Denkens und auf einem historischen Optimismus basiert, der jede Abscheulichkeit rechtfertigt. Man kann jede Etappe durchmachen, da ja am Ende des Weges, wie man uns sagen wird, das sozialistische Paradies wartet. Der Zweck heiligt die Mittel. Und wie will man beweisen, daß diese Mittel nicht die richtigen sind? Die hypothetische Revolution hat immer schmutzige Hände. Auf welche Moral kannst du dich als Materialist berufen? Vor allem wenn du gegen die christliche Moral bist. Das Werden legitimiert alles. Die Tausende von gefolterten oder verschleppten Kulaken, die Hinrichtung der Anarchisten oder der Trotzkisten, die Liquidierung nicht linientreuer, «objektiv» reaktionärer Genossen, die – wie man dann sagt – dem Feind in die Hände arbeiten. Und fragt man nach den Prinzipien, die diese oder jene Transaktion, diesen oder jenen Kompromiß legitimieren könnten, heißt es, das einzige, worauf es ankommt, ist die Finalität. Nun, heute haben immer mehr Menschen den Eindruck, daß im Namen der Revolution zuviel gefaselt worden ist. Die Leute sind allergisch gegen Theorien. Wie oft kannst du einen Arbeiter sagen hören: «Ich bin gegen Theorien und gegen Programme!» Heute haben wir eine Etappe des historischen Pessimismus. Das ist nicht wirklich Pessimismus, aber man glaubt den großen Absichtserklärungen nicht mehr so ganz. Man macht sich keine Illusionen mehr, sondern kämpft für das Jetzt; man stellt die Dogmen der Familie, der Ehe, des Sexuallebens, die Arbeit, das Vaterland, die Armee in Frage. Man hat keine Lust mehr, im Gleichschritt zu marschieren, einer glorreichen Zukunft entgegen. Man versucht vielmehr, kleine Machtübernahmen zu inszenieren. Du, Sartre, sagtest, du seist pessimistisch. Stellt diese historische Erschütterung, die gegenwärtig im Gange ist, nicht deinen Pessimismus in Frage?

SARTRE: Doch. In der Version der namhaften Revolutionäre war Pessimismus der Abstand zwischen den Realitäten und den Ideen. Die vorhandenen revolutionären Konzeptionen stimmten mit der sichtbaren Realität nicht überein. Es waren zwei völlig heterogene Dinge. Jetzt dagegen bilden sich die Ideen im Kampf heraus; es sind keine platonischen Ideen mehr, sondern Wahrheiten, die sich aus dem Kampf herleiten und die wir noch nicht sehr gut kennen. Es ist jetzt unsere Aufgabe, sie zu erhellen. Wir können sie vorläufig nicht definieren, aber wir können versuchen, uns an sie heranzutasten; sie sind nötig, um Lip und Phänomene wie Chile denkbar zu machen und um zu definieren, welche Art von Fortschritt wir in nächster Zukunft zu leisten haben. Wir wissen sehr wohl, daß der wahre Sozialismus keine Angelegenheit von morgen ist; selbst in China ist er noch nicht realisiert. Würdest du das bestätigen, Victor?

VICTOR: Ja ...

SARTRE: Indes, wir bewegen uns auf irgend etwas zu. Auf was? Das gilt es zu analysieren und zu definieren. Und deswegen müssen wir gewissen Ideen entsagen, denen wir noch verhaftet sind, weil wir – nun, jedenfalls ich, weil ich zu Anfang dieses Jahrhunderts geboren wurde. Diese veralteten Ideen sind sicherlich verknüpft mit den großen gesellschaftlichen Bewegungen des 19. Jahrhunderts. Die gegenwärtige gesellschaftliche Bewegung hat sie aber verworfen: es ist nötig, daß auch wir sie verwerfen. Die Welt bietet uns heute neue Objekte an; es gilt sie zu verstehen, in den Kämpfen, in denen sie sich manifestieren: bei Lip, in Chile . . . und mehr im Chile vor dem Putsch als während oder nach dem Putsch.

VICTOR: Ich würde das Problem «Optimismus und Pessimismus» folgendermaßen darstellen. In der revolutionären Bewegung dominierte der religiöse Aspekt: Übernehmen wir die Macht, und sodann werden wir frohlocken! Man brauchte sich nicht einmal Fragen danach zu stellen, was *nach* der Übernahme der Macht passieren würde; man erreichte mit ihr den Gipfel, also hatte alles, was danach kam, nicht mehr viel Bedeutung, da es ja nur gut sein konnte. Nun, als diese Konzeption in der revolutionären Bewegung vorherrschte, kam notwendigerweise Pessimismus auf bei denen, die aus irgendeinem Grunde, wie du zum Beispiel, Sartre, nicht integriert waren in die revolutionäre Bewegung, sondern sich in gewisser Distanz hielten und sie somit von außen betrachten und ihre Widersprüche, den Abstand zwischen Projekt und Realität, erkennen konnten und sahen, wie auf Grund wenig empfehlenswerter Mittel, die den Zweck heiligen sollten, das Ziel des Weges schließlich aus den Augen verloren wurde – und so kam notwendigerweise Pessimismus auf. Dieser Pessimismus war mehr oder weniger gemäßigt; das konnte so weit gehen, daß Leute sich der Rechten anschlossen und den guten alten Pessimismus der Bourgeoisie übernahmen: «Das führt zu nichts, letztlich sind alle Sozialregimes Unterdrückungsregimes.» Die Psychoanalyse konnte diese Vorstellung noch kräftig unterstützen. Sie bildeten ein Paar, der religiöse Optimismus und der kritische Pessimismus, den selbst Leute teilen konnten, die der revolutionären Bewegung nahestanden, sich aber nicht mit ihr identifizierten. Zur Zeit nun wird dieses Begriffspaar in Frage gestellt. In der revolutionären Arbeiterbewegung sagen die Leute, die kämpfen, sich nicht mehr: Ergreifen wir erst einmal die Macht, danach wird alles gut werden. Nein, in der Arbeiterbewegung, die sie zu dem Versuch veranlaßt, die Macht zu übernehmen, sagen sie sich: Übernehmen wir die Macht so, daß sie später nicht von einer neuen herrschenden Klasse ergriffen werden kann und wir es nicht bereuen, sie übernommen zu haben. Das wirft die ganze alte Konzeption über den Haufen: das Paar Optimismus–Pessimismus, das man vor 1968 in Frankreich kannte. Denn diejenigen, die die Macht übernehmen wollen, schließen in die Problematik der Machtübernahme auch das Problem der Konsolidierung der Macht mit ein: Wie kann man die Macht behalten, was kann man tun, damit sie nicht von einer neuen Klasse ergriffen wird, wie können wir es erreichen, daß sie uns nicht entgleitet? In diesem Moment verschwindet das alte Begriffspaar, und die Optimisten sind gleichzeitig ein wenig pessimistisch, was aber nicht mehr genau das gleiche besagt, was es vorher bedeutete. Es ist ein wesentlich kritischeres, weniger religiöses Vorgehen. Ein Ausdruck, der bei Lip ständig wiederkehrt, hat mich sehr beeindruckt: die geistige Unabhängigkeit. Sie sagen: «Dieser Kampf hat uns die Möglichkeit gegeben, geistige Unabhängigkeit zu erlangen.» Letzten Endes würden sie, auch wenn sie, was ihre Forderungen betrifft, eine absolute Niederlage einstecken müßten, doch insofern gewinnen, als sie das Wort ergriffen und eine kritische Sicht erworben haben, eine kritische Sicht der Dinge, der Gesellschaft, der Fabrik, ihrer Beziehungen untereinander, der Institutionen, von denen sie angeblich repräsentiert werden etc. Und im Verlauf des Kampfes messen sie dieser geistigen Unabhängigkeit ebensoviel Bedeutung bei wie der Durchsetzung ihrer Forderungen. Sie werden nicht mehr dulden, daß man ihnen den Mund verbietet, so wie sie sich keine Manöver mehr gefallen lassen werden, die sie zu einem Kompromiß bewegen sollen. Ich denke, daß dies die neue Sprache der Revolution ist, und es ist absolut nicht die dominierende Sprache in der organisierten revolutionären Bewegung. Dieser Abstand muß endlich beseitigt werden, selbst auf die Gefahr hin, daß man – ich wiederhole es – danebenschießen könnte.

Sartre: Mit anderen Worten, in der Periode des Klassenkampfes, der die Übernahme der Macht zum Ziel hat, muß es eine Fülle von Konzepten geben, was die Mittel zur Bewerkstelligung dieser Machtübernahme betrifft. Bisher ist aber kein Konzept des revolutionären Kampfes als solchem entwickelt worden. Heute wird versucht, diesen Kampf zu definieren. Er hat nichts gemeinsam mit dem Kampf einer Armee gegen eine andere Armee. Das sieht man sehr deutlich an den Ereignissen bei Lip sowie an anderen Erfahrungen. Ja, man sieht es sogar in Chile, wo der Armee zwar ein Putsch gelang, weil sie auf ihrem eigenen Terrain angriff, wo sie in Wirklichkeit jedoch verlor, weil Chile nicht bleiben wird, was es ist, weil es so nicht bleiben kann. Es wird vielleicht wieder einen neuen kapitalistischen chilenischen Staat geben wie einst, aber ohne daß die Armee die Macht behält. Es handelt sich also darum, zu definieren, was die revolutionäre Form des Klassenkampfes im Hinblick auf die Machtübernahme ist. Und darum geht es gegenwärtig, was beweist, daß wir Fortschritte gemacht haben. Denn im 19. Jahrhundert hatte man keine klare Vorstellung, wie man die Macht übernehmen wollte: man war zu weit davon entfernt. Auf dieser Ebene gibt es Veränderungen. Sie implizieren eine unendliche Vielfalt von weiteren Veränderungen – und zunächst die des heutigen Kämpfers. Man darf ihn nicht mit einem Soldaten vergleichen, denn das ist etwas anderes. Eher könnte der Soldat in einen Revolutionär umgewandelt werden. Wir sind uns also einig: die am stärksten der Tradition verhafteten und die simpelsten Konzepte müssen neu durchdacht werden, um zu einem wahren System des revolutionären Kampfes zu gelangen.

Gavi: Du sagtest, Menschen deiner Generation seien mehr oder weniger noch von bestimmten Ideen des 19. Jahrhunderts geprägt. Wie reagiert diese Generation heute?

Sartre: Wir visierten die Machtübernahme als eine Notwendigkeit an, aber unsere Vorstellungen von den Mitteln waren ziemlich vage. Gegen wen kämpfte man? Gegen die Armee? Gegen die Bourgeoisie? Man wußte es nicht so recht. Man kämpfte mit all seinen Kräften, und schließlich ging einem die Puste aus. So wird es jetzt aber nicht mehr gehen. Man wird kämpfen, aber nicht mehr militärisch. Wie also? Das gilt es zu präzisieren. Die Intervention der CRS bei Lip hat nichts Neues gebracht. Das einzig Neue war, daß sie nicht zugeschlagen haben, wie sie es im 19. Jahrhundert zweifellos getan hätten. Sie schlugen nicht zu, weil sich das Problem nicht in dieser Weise stellt. Wie es sich stellt, das geht uns an, vor allem aber die Leute bei Lip. Wie Victor sagte, sprechen sie von der «geistigen Unabhängigkeit» . . . Das ist ein Begriff, der in der UdSSR keinen Sinn hat. Ein geistig unabhängiger Arbeiter würde in der UdSSR zu nichts nutze sein. Geistige Unabhängigkeit kannten bisher nur ein paar Professoren, ein paar Bürger, ein paar Schriftsteller, und in diesen Fällen führte sie nicht weit. Die anderen besaßen keine geistige Unabhängigkeit. Was hätten sie auch damit angefangen? Zu essen bekommt man dafür nichts. Im Gegensatz dazu entdecken heute viele Arbeiter aus sich heraus, daß geistige Unabhängigkeit etwas Wesentliches ist, da sie – um von meinen eigenen Gedanken zu sprechen – ein wenig auf die Freiheit zuführt. Und das ist wichtig. Das beweist, daß das, was sie unter dem Begriff Sozialismus oder auch ohne es zu benennen anstreben, nichts mit den alten Werten zu tun hat, die man früher mit dem Sozialismus verwechselte. Folglich müßte man auf den Gedanken der geistigen Unabhängigkeit zurückkommen, der ja nicht besagt, daß man plötzlich imstande ist, Hegel oder Spinoza zu verstehen. Die geistige Unabhängigkeit des Arbeiters an seiner Maschine bedeutet etwas anderes. Es gilt zu begreifen, warum im Grunde die Fähigkeit eines Intellektuellen, zwischen Kant und Marx zu wählen, mit dieser geistigen Unabhängigkeit des Arbeiters in Zusammenhang steht, der schwere Arbeit, Lohn und ein konkretes Leben wählt. Es ist unmöglich, die Lip-Bewegung zu verstehen, wenn man nicht – ich sage es euch noch einmal – an die Freiheit denkt, mit anderen Worten, ohne zu sehen, daß hinter dem Sozialismus vielleicht noch ein wichtigerer Wert verborgen ist, der eben die Freiheit ist.

Victor: Diejenigen, die einem von den unmittelbaren Folgen der Abstimmung vom 12. Oktober erzählen, sprechen von einem Gefühl der «Befreiung», dem Gefühl, eine Barriere überwunden zu haben. Später ist dann, sagen wir, der Alltag wiedergekommen, die Angst: die CGT ist nicht auf unserer Seite, werden wir es schaffen, setzen wir nicht alles aufs Spiel? All das kam später, aber in dem Augenblick unmittelbar nach der Abstimmung haben sie etwas erlebt, das für sie ein Markstein bleiben wird.

Gavi: Sehr lange schon wollte das Volk Macht, aber die revolutionäre Bewegung in Frankreich wurde von Leuten geführt, die *die* Macht wollten. Die logische Reaktion: heute will das Volk nicht mehr *die* Macht, sondern *eine* Macht; vorher wurde die revolutionäre Bewegung von Leuten gelenkt, die die ganze Welt auf den Kopf stellen und sie gleichzeitig ähnlich gestalten wollten, indem sie ihr einen autoritären Apparat aufzwingen und sich an die Spitze dieses Apparates zu stellen gedachten. Es gelang ihnen nicht. Und so gehen in Frankreich die Kämpfe von Leuten aus, die nicht *die* Macht wollen, aber die zu gegebener Zeit *eine* Macht wollen. Darin besteht übrigens ihre Schwäche; es ist sehr schwierig, die Welt zu verändern, wenn man nicht *die* Macht anstrebt, wenn man seinen Namen nicht in großen Lettern sehen möchte, wenn man weder Sockel noch Denkmal wünscht, wenn man zum Beispiel bei Lip ein Raguenes oder ein Piaget ist, der nicht die Absicht hat, Präsident der Republik oder Mitglied der Linksregierung zu werden, und auch nicht einen Sozialstatus anstrebt, der dem der anderen überlegen ist. Solche Piagets oder Raguenes gibt es zu Millionen in Frankreich. Überall sieht man sie aufkommen. Man findet sie im Mittelpunkt aller Kämpfe, und sie wollen nicht *die* Macht. Sie warnen sogar vor ihrer eigenen Macht.

Victor: Sie fürchten sich davor ...

Gavi: Sie fürchten sich davor, weil sie sich kennen.

Sartre: Sie wissen, daß Macht korrumpiert.

Gavi: Ich glaube, daß die revolutionären Führer der Vergangenheit, die nicht *die* Macht, sondern nur *eine* Macht wollten, und zwar nicht für sich selbst, sondern für die anderen, diejenigen sind, die von der revolutionären Bewegung, beispielsweise durch Stalin, eliminiert wurden. Heute ist es unmöglich, sie zu liquidieren. Historisch gesehen, sind wir weit weniger pessimistisch, weil es eine qualitative Veränderung auf der Ebene der Führung der Bewegungen gegeben hat. Aber gleichzeitig sind wir fundamental pessimistisch, weil wir die Schwierigkeiten der Machtübernahme ermessen können, die Schwierigkeit eines historischen Bruchs, der nur brutal sein kann. Das führt zu folgendem Paradox: eine brutale Veränderung kann nur aus der Aktion von Leuten entstehen, die *die* Macht wollen. Die «Idealisten» werden liquidiert werden. Habe ich mich deutlich ausgedrückt?

Victor: Ja. Ich habe den Eindruck, daß wir zu unseren Gunsten das zu entdecken beginnen, was die Chinesen bei sich entdeckt hatten: eine neue Konzeption der Macht, eine neue Konzeption der revolutionären Zeit.

Nehmen wir die Zeit. Die Chinesen hatten durch die Massaker erkannt, daß es nicht möglich war, die bolschewistische Zeit, die «Zehn Tage, die die Welt erschütterten», zu respektieren. Sie haben begriffen, daß etwas anderes notwendig war, ein «verlängerter» Krieg. Innerhalb der gleichen Bewegung haben sie auch erkannt, daß die Macht, die sie zu erobern hatten, eine andere Form haen würde als in dem sowjetischen Experiment; tatsächlich hatten sie ja die Erfahrung von Mächten – im Plural – gemacht, bevor sie die Erfahrung von Macht – im Singular –, im Sinne von zentraler Staatsmacht, dem Gipfel der sozialen Pyramide, machten. Nun, bei uns machen wir eine parallele Entdeckung. Was die Zeit betrifft, so sage ich mir häufig: «Man hatte den Eindruck, schnell voranzukommen und diesen oder jenen Erfolg davonzutragen, aber wird es sich nicht am Ende gegen uns wenden, daß wir, um schnell voranzukommen, uns dieses oder jenes Mittels bedienen mußten? Wäre es da nicht besser gewesen, mehr Zeit daranzugeben und dafür etwas Solideres zu erringen? Wäre es nicht vielleicht besser für die Weiterentwicklung der neuen Ideen des Sozialismus, wenn es ein dauerhafteres Lip gäbe, das nicht sogleich von zehn Millionen Streikenden wie 1968, also durch einen Generalstreik, abgelöst wird?» Also ein ganz neues Zeitverständnis. In der Streikbewegung ist man zur Zeit gegen eine übereilte Ausweitung. Man visiert nicht mit jedem spontanen Kampf den «Generalstreik» an, wie es die gute alte Revolutionstheorie will. Man sagt sich, eine Überstürzung der Dinge kann sich gegen eine Autonomie der Arbeiter kehren. Soviel zum Zeitbegriff. Ähnliches gilt für die Macht. Dein Vergleich vorhin mit den Armeen hat mir sehr gefallen: eine Armee klassischer Prägung kämpft auf ihre besondere Art und Weise. Ausgeschlossen, daß wir auf demselben Terrain einen Sieg erringen könnten, und in diesem Sinne sagen sich die Leute mehr und mehr, daß es am wichtigsten ist, durch partielle, lokale, teils sogar nur symbolische Machtübernahmen Erfahrung zu gewinnen. In einer so extrem zentralisierten Wirtschaft wie der kapitalistischen, monopolistischen, ist jede partielle Machtübernahme einerseits begrenzt und andererseits weitgehend symbolisch, da es nicht möglich ist, auf diese Weise die kapitalistische Wirtschaft monatelang an einer Stelle zu zerfressen. Aber diese Erfahrung der Übernahme einer partiellen, begrenzten Macht ist mehr wert im Augenblick als ein großartiges Programm zur Übernahme *der* Macht, der berühmten, der einzigen, der zentralen Macht des Staates.

Gavi: Du kommst mir jetzt viel weniger leninistisch vor als zu Beginn unserer Gespräche.

Victor: Ich erinnere dich daran, daß wir bei Gründung der Proletarischen Linken de facto mit der traditionellen leninistischen Theorie gebrochen haben, zumindest mit dem, was man Lenin immer wieder zuschieben will und als leninistische Theorie bezeichnet.

GAVI: Das habt ihr bis vor kurzem nicht gesagt . . .

VICTOR: Es genügt nicht, zu sagen, Lenins *Was tun?*, das reiche nicht mehr. Man muß dann zumindest etwas anderes anbieten können. Da wir es aber nicht durch etwas wirklich Neues ersetzt haben, konnte man uns unter dem Gesichtspunkt der revolutionären Organisation sagen: «Ihr seid Leninisten.» Oder: «Ihr seid Stalinisten.» Teilweise zu Recht.

GAVI: Lies die Niederschrift unserer Gespräche noch einmal nach, dann wirst du sehen, daß du das anfangs nicht gesagt hast.

VICTOR: Doch! Aber was die Machtübernahme betrifft, so möchte ich einen Punkt präzisieren. Ich denke an die Erfahrungen bei Lip: du merkst, daß jeder lokale Akt einer Machtübernahme eine zentrale Konfrontation auslöst. Das gehört zum Akt der konkreten Machtübernahme, ist ihr Ziel – die Konfrontation im Zentrum, im nationalen, autoritären Zentrum der herrschenden Klasse. Also ist es nicht möglich zu sagen: «Die dort beschäftigen sich mit Macht, und wir kümmern uns um Mächte.» Das ist falsch. Das entspricht nicht einmal der Realität der Übernahme einer partiellen Macht. Verstehst du, was ich sagen will? Folglich muß bei Festsetzung der Strategie stets berücksichtigt werden, daß man sich bei Übernahme von Macht in eine besondere Position im Verhältnis zu *der* Macht begibt. Das Nachdenken über das Verhältnis zur zentralen Macht ist eine Komponente der Praxis und der Theorie der Übernahme von Macht. Die CRS sind eine zentrale Streitmacht der zentralen Staatsmacht. Sie greifen am 14. August bei Lip ein. Man muß sozusagen eine zentrale Konzeption von der Revolution haben, und sei es nur, um sagen zu können: Das ist nicht weiter wichtig, sollen sie die Fabrik ruhig einnehmen – die Fabrik ist im Grunde nur dort, wo die Menschen sind; lassen wir ihnen also die alte Fabrik in Palente, dann haben sie eine Kaserne, und wir gehen anderswohin; wir können auch anderswo produzieren – was nur sehr partiell geschah –, und dann werden wir überall beweisen, indem wir den Kampf vietnamisieren, daß die Fabrik, die menschliche Fabrik, die sozialistische Fabrik, nicht dieser Haufen Steine, nicht diese von einer CRS-Schwadron besetzte Kaserne ist. In der Praxis würde es uns nichts helfen zu sagen: Früher, in der traditionellen kommunistischen Bewegung gab es eine Machtproblematik, die sich in dem Satz zusammenfassen läßt: «Alle Mittel, um die Macht zu ergreifen, sind gut.» Aber heute bemühen wir uns darum, Macht zu ergreifen.

GAVI: Ganz so habe ich es nicht gemeint . . . Ich sagte, daß man heute besser weiß, was Macht ist. Du sprachst von Raguenes und von Charles Piaget: sie wissen, daß sie ihrer eigenen Macht mißtrauen müssen. Wir kennen unsere inneren Widersprüche besser und wissen mehr über ihre möglichen Folgen. In eurer Organisation (eurer ehemaligen Organisation, denn sie ist ja aufgelöst worden) hattet auch ihr euch die Frage gestellt: Wie kann man eine revolutionäre Organisation aufbauen, ohne Gefahr zu laufen, daß man eine senile, vertrocknete Machtmaschine wird? Endlich wurde damit die Frage nach dem einzelnen in der revolutionären Bewegung gestellt. Welche Rolle kann der einzelne in einer Kollektivbewegung spielen? Da kommt das ganze Problem der Moralität ins Spiel, wenn man nicht an Gott glaubt. Ganz so naiv sind wir ja auch nicht. Wir sehen unsere Feinde sehr genau, und wir wissen, daß wir sie auf die eine oder andere Weise schlagen müssen. Man würde sie am liebsten einsperren, weil man sie nicht ausstehen kann. Ihre Gegenwart ist einem physisch widerlich. Wir stellen uns also heute weiterhin das Problem der Macht, aber auf andere Weise. Man sieht gleichzeitig das Problem der Macht und das Problem der Nicht-Macht. Man wünscht sich eine gemeinsame Macht aller, aber innerhalb dieser Macht wünscht man sich Strukturen, die einem garantieren, daß man weder Sklave noch Führer wird.

VICTOR: Ja, das ist völlig richtig. Diese Reflexion über die neue Struktur der demokratischen Macht, der von der Mehrheit ausgeübten Macht im Gegensatz zu der von der Minderheit ausgeübten despotischen Macht, diese Reflexion ist neu. Man würde diesen Ansatz gefährden, wollte man künstlich die Reflexion über die Mächte von ihrer Beziehung zur Reflexion über *die* zentrale Staatsmacht trennen. Wenn keine Reflexion stattfindet über das Verhältnis zwischen der Vielfalt der Mächte und dem Koordinationszentrum dieser Mächte, dann besteht eine Gefahr: ich kenne viele militante Genossen, die bei der Entdeckung, daß – um die alte, aber richtige Formulierung wieder aufzugreifen – «Macht korrumpiert», plötzlich zurückschreckten und sich dann ganz zurückzogen.

GAVI: Du hast recht, aber sieh dir die Abstimmung vom 12. Oktober an, mit der die Leute bei Lip beschlossen, die Arbeit nicht wiederaufzunehmen. Mit dieser Entscheidung stellen sie die fundamentalste Forderung: Würde, Freiheit, «geistige Unabhängigkeit» – etwas sehr Konkretes und zugleich sehr Abstraktes.

VICTOR: Absolut richtig! Wenn du ihnen sagtest, daß sie die Revolution machen, würden viele große Augen machen; und doch ist es die Wahrheit. Ich bin ganz deiner Meinung. Den meisten ist nicht bewußt, daß sie die Revolution machen, auch wenn es sich immer deutlicher zeigt.

GAVI: Du, Sartre, hast in den *Wegen der Freiheit*, in allen deinen Werken, diese Fragen sehr individuell behandelt. Was bedeutet es für dich, zu sehen, daß man plötzlich in den Fabriken, daß die Arbeiter, ein ganzes Land – wie beispielsweise Chile –, ebenfalls über die Freiheit philosophieren?

SARTRE: Das ist natürlich bewegend, aber ich glaube nicht, daß es ihnen diesmal schon gelingen wird – man sieht es an Chile – der Idee der Freiheit wirkliche Kraft zu geben. Man hat das Ergebnis in Chile gesehen.

GAVI: Was meinst du damit?

SARTRE: Ich will damit sagen, daß sie Ideen haben, wie geistige Unabhängigkeit, Freiheit für die Massen und nicht nur für das Individuum. Aber ihnen gegenüber stehen Bewaffnete, die sich über geistige Unabhängigkeit lustig machen. Und so erleiden sie eine Niederlage. Ich fürchte, das schwächt ein wenig ihre Konzeption. Das ist alles, was ich dazu sagen will. Wir haben noch nicht ganz die Freiheit als Basis der Revolution entdeckt.

VICTOR: Hast du dir je vorgestellt, daß du es noch erleben würdest, daß Ideen, die du in bezug auf die Arbeiterbewegung für marginal hieltest, die Massen bewegen würden? Auch wenn sie nicht die theoretische Form haben, die du ihnen gegeben hast ...

SARTRE: Am Anfang bestimmt nicht. Dann, seit 1945, glaubte ich, daß es Massenideen werden müßten, denn wenn die Freiheit nur einigen wenigen vorbehalten bleibt, und zwar vorwiegend den Intellektuellen, dann ist sie sozusagen nichts wert. Einen Sinn kann sie nur haben, wenn sie das Ziel aller ist. Es war also von 1945 an für mich keine individualistische Idee mehr, sondern eine Idee, die sich auf alle ausdehnte.

VICTOR: Ich glaube, du hast mich falsch verstanden. Hast du es für möglich gehalten, daß diese Freiheitsidee, nicht die individualistische Freiheit der frühen Jahre, sondern die Freiheit in den Massen, die ja eine marginale und von der KP sowie der offiziellen Arbeiterbewegung verdrängte Idee war ... hast du dir vorgestellt, daß diese Idee eines Tages von den breitesten Massen debattiert werden würde? Also nicht nur in *Socialisme ou Barbarie* oder in *Les Temps Modernes*, sondern in den Fabriken, auf breiter Basis. Hast du das gedacht?

SARTRE: Ich habe es gedacht, aber ich habe nicht gedacht, daß ich es erleben würde. Ich dachte, daß ich dazu taugte zu erklären, was die Freiheit für das Individuum sei und daß man daraus die Idee der Freiheit für die Massen ableiten würde, aber daß nicht ich es sei, der diese Arbeit tun würde und daß es nicht mehr zu meinen Lebzeiten geschehen würde.

VICTOR: Also war deine Beziehung zur Kommunistischen Partei und zur Arbeiterbewegung im Grunde sehr pessimistisch? Du verteidigtest der KP gegenüber eine Idee, deren unmittelbare Ergebnisse du nicht mehr zu erleben glaubtest, da sie sich erst später, in einer anderen Generation, einstellen würden.

SARTRE: So ist es. Ich glaubte, die Geschichte würde sich langsamer entwickeln, als sie es in Wirklichkeit tat. Das war der Eindruck, den man vor dem Krieg von 1940 und vor allem unmittelbar nach dem Krieg von 1918 hatte: Die großen Ereignisse würden noch lange auf sich warten lassen, vielleicht bis zum 21. oder 30. Jahrhundert, und bis dahin würden wir eine ziemlich miese Zeit durchmachen. Ich war nicht hundertprozentig davon überzeugt, aber es war die in Intellektuellenkreisen, in denen ich lebte, vorherrschende Meinung. Ich glaubte, die Freiheit würde erst viel später triumphieren. Heute dagegen erkenne ich, daß die Freiheit, die man den Massen, den Arbeitern immer hatte vorenthalten wollen, im Grunde stets ihr Besitz war, zwar nicht in elaborierter Form, dafür aber in unmittelbarer Form, nämlich in ihren Alltagsreaktionen; denn man kann die Geschichte der Arbeiterklasse nur erklären, wenn man ihr ein gewisses Freiheitsbewußtsein zugesteht. Wenn die Menschen vergleichbar sind mit Dingen, wie die Marxisten es noch glauben, dann haben Arbeiterkämpfe keinen Sinn mehr.

VICTOR: Gewisse Marxisten.

SARTRE: Ja, gewisse Marxisten: die Kommunisten zum Beispiel. Etwas, das wir untersuchen sollten, ist die Subjektivität bei Marx. Es gibt sie.

VICTOR: Du meinst, daß es Subjektivität als Thema gibt . . .

SARTRE: . . . bei Marx. Zuerst beim jungen Marx, sehr stark, und dann beim älteren, in der *Deutschen Ideologie*. Aber darüber können wir jetzt hier nicht diskutieren. Ich will nur andeuten, daß die Freiheit bei denen, die darüber sprechen, nicht eine Erfindung ihrer Jugendzeit ist, sondern eine Realität, die schon für ihre Väter bestand und in bewußter Form für alle, die die Geschichte gemacht haben, vorhanden war, sowohl für Aristoteles als auch für Marx oder jetzt für uns. In einer gewissen Situation erscheint etwas, das in den früheren Gegebenheiten nicht enthalten war und das die Intervention einer Subjektivität impliziert. Das Revolutionskonzept ist in der Realität nicht direkt vorgegeben; es gibt eine Realität, und die Revolution besteht darin, sie zu verändern; diese Veränderung wird nicht einfach durch die Subjektivität bewirkt, sondern durch eine Freiheit, die das Besondere des Menschen ist. In unseren Gesprächen hier haben wir unsere Idee von der Freiheit definiert. In diesen Ideen kommt zum Ausdruck, wie jeder von uns den Menschen sieht, den Menschen in seiner Totalität, die die Freiheit voraussetzt, erklärt. Anders gesagt, ich meine, daß die Revolution, wenn sie stattfinden soll, den Menschen den Zugang zur Freiheit verschaffen muß, nichts anderes, und ich glaube, daß in gewisser Hinsicht alle Revolutionen den gleichen Sinn gehabt haben, auch für Lenin.

(Oktober 1973)

16

Der Putsch in Chile

> Es gibt ein Problem, das man nicht umgehen und auch nicht durch Zauber beseitigen kann: ja, in gewisser Hinsicht treffen die mittleren Klassen die Entscheidung . . .

VICTOR: Wir sollten vielleicht Chile etwas näher betrachten. Der Putsch in Chile stellt uns in Frage. Es gibt ein Problem, das man nicht umgehen und auch nicht durch Zauber beseitigen kann: ja, in gewisser Hinsicht treffen die mittleren Klassen die Entscheidung.

GAVI: Ja, Chile wirft viele Fragen auf: Ist die Revolution heute möglich, da ihre Feinde einen geschlossenen Block bilden, vor keinem Mittel zurückschrecken und ideologisch und militärisch wohlgerüstet sind, während das revolutionäre Lager gespalten ist? Und dann dieser Totalitarismus im täglichen Leben, den die Bourgeoisie Tag für Tag absondert! Was in Chile geschah, beweist, wie richtig die extreme Linke handelt, wenn sie vor jeder Übernahme von Macht die Themen nicht der Kulturrevolution, sondern einer kulturellen Veränderung entwickelt. Wenn ein Teil der mittleren Klassen nicht etwas anderes denkt, bevor die politische Macht in andere Hände übergeht, dann wird in Gesellschaftssystemen, wo die Mittelschichten mehr als 50 Prozent der Bevölkerung ausmachen, das gleiche geschehen wie in Chile.

VICTOR: Das stimmt: die Ereignisse in Chile beweisen, wie recht die extreme Linke in Frankreich daran tut, den Akzent auf die kulturelle Aktion zu setzen. In Form einer Kulturrevolution ließe sich das Problem, das die mittleren Klassen darstellen, vielleicht lösen. Aber man muß dem, was es an Störendem in dem Ereignis Chile gibt, entgegentreten. Ich gehe von der Kritik aus, die von revolutionärer Seite an der KP geübt wurde: nämlich von der Begrenzung der Initiative der Arbeiter zugunsten der Produktionsschlacht. Aber der entscheidende Punkt des Kampfes mit der KP scheint mir die Frage der mittleren Klassen zu sein.

GAVI: Ganz deiner Meinung . . .

VICTOR: Was uns bei den Ereignissen in Chile stört, ist die Tatsache, daß man unvermittelt mit folgender Realität konfrontiert wird: es gibt nur zwei Möglichkeiten, entweder man erobert die Mehrheit, oder man wird zertreten. Seit Chile sind die Dinge ernst geworden, und den Militanten ist stärker bewußt, daß der Kampf zwischen Revolution und

Konterrevolution mit blanken Waffen geführt wird. Natürlich wußten die militanten Maoisten sehr wohl, daß revolutionäre Gewalt notwendig ist. Aber jetzt weiß man, man kann verlieren. Es gibt keine Garantie. Man hat nicht im voraus gewonnenes Spiel. Und wenn ein zu bedeutender Teil der Bevölkerung nicht für die Ideen der Revolution gewonnen ist, läuft man Gefahr, zertreten zu werden. Was meiner Ansicht nach unter Berücksichtigung Chiles kritisch untersucht werden muß, ist das gesamte Denksystem, das in den europäischen Ländern auf eine Theorie «Klasse gegen Klasse» zurückführt. Ich weise mit Nachdruck darauf hin, daß es nicht eine Periode der kommunistischen Bewegung war, als die französischen Kommunisten *expressis verbis* sagten: «Klasse gegen Klasse», sondern daß ich mich auf ein Denken beziehe, das weit über diese Periode hinausgeht und das in der europäischen marxistischen Kultur verwurzelt ist und das zerstört werden muß, auch wenn es, wie das in der linksradikalen Theorie der 20er Jahre bis jetzt der Fall war, von sehr positiven, sehr subversiven Elementen begleitet wird, die den autoritären Marxismus in Frage stellen. Man kann sich sehr gut vorstellen, daß es bei den europäischen Linksradikalen der 20er Jahre interessante Vorstellungen gab über die direkte Demokratie in den Fabriken, über die Theorie der Arbeiterräte, und gleichzeitig – das geht aus allen Texten dieser Zeit, die jetzt wieder herausgegeben werden, hervor – stößt man bei ihnen auf eine Theorie der Polarisierung der Gesellschaft, die eine Theorie der Ohnmacht ist.

GAVI: Ihr hattet sie übrigens auch . . .

VICTOR: Nein, nie. Die Theorie «Klasse gegen Klasse» . . .

GAVI: Oh!!!

VICTOR: *Nein, nie.* Wir haben doch in Frankreich das revolutionäre Thema der Einheit des Volkes eingeführt. Das ist eine Tatsache. Und zwar 1969, als alle Welt, auch Sartre . . .

SARTRE: Ihr hattet mich angegriffen . . .

VICTOR: Man hatte dich irgendwie angegriffen . . . und du attackiertest unsere Position in der Frage des Einzelhandels. Als wir 1969 in Bourgoin mit den Einzelhändlern, die sich mit den CRS rauften, auf die Straße gingen und riefen: Sie haben recht, sich gegen die Einkaufszentren zu wehren – was hat man uns da entgegengehalten? Wir hätten uns mit dem Poujadismus kompromittiert! Wir haben uns höchstens vorzuwerfen, uns nicht genügend für die Durchsetzung dieser Errungenschaft eingesetzt zu haben . . . Wenn man 1973 feststellt, daß die einzige von seiten der Regierung unternommene Offensive – die einzige! – das Royer-Gesetz[1] für Handel und Handwerk ist, also ein wenig überzeu-

1 Zur Stützung des Einzelhandels (Anm. d. Übers.)

gender Versuch der Rechten, die soziale Stellung des Einzelhandels zu festigen, dann kann man nur auf 1969 zurückverweisen, auf die infolge der Spaltung und Zersplitterung der extremen Linken verpaßte Gelegenheit. Es ist langwierig und nicht leicht, gegen die historischen Strömungen anzuschwimmen. Es ist leichter gesagt als getan. Es ist noch nicht zu spät für unsere Arbeit in dem um seine Existenz kämpfenden Kleinbürgertum. Aber mit dem Anti-Krämer-Stil der Linksintellektuellen muß endlich Schluß sein. Wenn ich auf dem Thema Einzelhandel beharre, dann deshalb, weil es nach Chile keine Theorie «Klasse gegen Klasse» mehr geben darf. Es muß vielmehr eine Theorie geschaffen werden, wie sich die Gelegenheiten der Begegnung mit allen intermediären Klassen vervielfachen lassen. Es gab eine Zeit, da man den Kreis erweitert hat, zum Beispiel in den Fabriken, als man dort kaum noch Unterschiede machte zwischen den Werkmeistern und . . .

GAVI: So?

VICTOR: . . . Ende 1968 kündigte sich bei den revolutionären Gruppen die Rückwärtsbewegung an. Vor allem keine Kämpfe, die an die rauhe Geschichte der Arbeiterbewegung anknüpfen, keine Wahnsinnstaten mit Zerstörungen von Maschinen oder mit Steigern, die man an den Grubenschacht schleppt und in die Tiefe zu stürzen droht, wenn sie den Forderungen der Grubenarbeiter nicht nachkommen! All das bedeutet, wie Lucien Rioux im *Nouvel Observateur* schrieb, die Rückkehr der Arbeiterbewegung zu ihren Ursprüngen . . . Großer Gott! Und gerade das warf man uns vor! Dennoch, das Tabu in den Fabriken mußte gebrochen werden. Und wie die Dinge lagen, war es nicht möglich, es ohne Exzesse zu brechen. Theoretisch war uns völlig klar, daß die Zielscheibe so klein wie möglich gehalten werden mußte, daß man nicht vom Kampf gegen sämtliche Werkmeister sprechen durfte, sondern nur vom Kampf gegen die faschistischen Werkmeister, jene, die Ausschreitungen begangen hatten . . . Wir waren uns dessen in der Theorie bewußt, aber es war nicht durchführbar in der realen Bewegung, die noch in ihren Anfängen steckte und von allen Seiten umzingelt war; es war nicht möglich, jede Panne zu verhindern und Flugblätter gegen die Chefs im allgemeinen zurückzuhalten. Ich stehe zu der großen Linie unserer Aktion und nehme infolgedessen alle Verantwortung für die Exzesse und Schlappen auf mich.

GAVI: Vielleicht . . . Aber kommen wir auf Chile zurück. Ich war im Oktober 1972 dort. Zu diesem Zeitpunkt – und vielleicht war es das erste Mal in der Geschichte – benutzt die Bourgeoisie eine Waffe der Arbeiterklasse: Sie tritt wochenlang in den Streik, legt das Land lahm und stürzt es in ein wirtschaftliches Chaos. Es beginnt mit den Transportunternehmern – zu einem großen Teil Männer, die ein oder zwei Lastwagen besitzen. Dann folgen die Kaufleute, die großen und die kleinen, dann Ingenieure, Techniker, Ärzte – die sogar Nachtwachen und Notdienst verweigern –, Apotheker, die Piloten von Lan Chile, kurz: ein großer Teil der Kleinbürger, der mittleren Klassen. Gewiß, die Vereinigten Staaten finanzieren den Streik, damit die Streikenden durchhalten können. So kann es geschehen, daß auf dem Schwarzen Markt der Dollarkurs fällt. Der Streik wird ferngesteuert. Erdacht haben ihn die ITT, der CIA, das State Department und die Mannschaft des CIA in der amerikanischen Botschaft in Santiago. Die Krise wird verschärft, indem man überall Sympathiestreiks fördert. Das kann die Situation nur radikalisieren. Daraufhin organisieren sich die Arbeiter und bilden Volksfront-Gruppen – Industriekordons, direkter Verkauf von Erzeugnissen, Kontrolle der kleinen Unternehmen . . . Das Kleinbürgertum bekommt Angst und wechselt ins putschistische Lager über. Wie du siehst, ist es in der Praxis nicht so einfach, die mittleren Klassen zu steuern und Gemeinsamkeiten zu finden. Die Geschichte schreitet schnell voran, und die Zeit arbeitet gegen dich, wenn du nicht über eine Volksarmee zur Abwehr eines Putsches verfügst. Deine Feinde sind nicht untätig; sie haben Dollars, Waffen und argumentieren überdies genau wie du: sie haben Marx gelesen und wissen, was eine Klasse ist. Sie haben eine ganze Armee von Soziologen und Psychologen darangesetzt, das Funktionieren der Gesellschaftsklassen, das Verhalten des Arbeiters, des Bauern, des Arztes, des Kleinkapitalisten in bestimmten Situationen zu erforschen. Jahrelang haben sie Berichte darüber angehäuft. Das State Department hat unzählige Untersuchungen finanziert, die von amerikanischen Universitäten an allen Ecken und Enden der Welt unternommen wurden. So wird 1964 der für Lateinamerika ausgearbeitete Camelot-Plan in Chile durchgeführt. Das Ziel: in jeder Gemeinde soll die soziale Situation, die soziale Dynamik erkundet werden. Eine Universität liefert das Deckmäntelchen, der CIA gibt das Geld. Kurz, deine Feinde werden in Aktion treten, die Situation umkehren und um jeden Preis versuchen, die mittleren Klassen ins rechte Lager zu dirigieren. Und dann sind diese nicht mehr neutral. Es ist kein starrer, nach rechts oder nach links gezerrter Block. Das System hat sie hervorgebracht, und sie befinden sich in einer ständigen Entwicklung, die durch das Spiel der sozialen Hierarchie, des individuellen Fortkommens und der vorherrschenden Ideen bestimmt wird. Die Zeiten, da ein dritter Weg für Lateinamerika möglich schien, sind vorbei. Die kubanische Revolution hat jenen nationalen Befreiungsbewegungen die Totenglocke geläutet, die, der klassischen Terminologie nach, ihre kommunistische Identität leugnen und die mittleren Klassen für den Kampf gegen die Monopole und gegen den Imperialismus zu gewinnen versuchen. Die Bourgeoisie hat gelernt, daß es sie teuer zu stehen kommen könnte, sich auf ein solches Abenteuer einzulassen. Also sieht sie nicht untätig zu.

Und in Frankreich ist es ähnlich. Die Bourgeoisie wird sich gegen die Revolution erheben, sobald sie spürt, daß Frankreich zum Sozialismus abschwenkt. Einen reformistischen Kurs kann sie akzeptieren, nicht aber einen revolutionären Kurs. Vergessen wir nicht, daß in Chile damals Allende nur mit 36 Prozent der Stimmen zum Präsidenten gewählt wurde. Die mittleren Klassen haben zu einem großen Teil nicht für ihn gestimmt. Sie haben seine Präsidentschaft akzeptiert, das ist alles, und ihn gleich in den ersten Monaten veranlaßt – die Christdemokraten besorgten das –, einen «Pakt» zu unterschreiben, der besagte, daß die Regierung der Unidad Popular die Verfassung respektieren werde. Die Verfassung respektieren, das heißt das Parlament respektieren, wo die Unidad Popular nur sehr wenige Gesetze durchbringen kann. So ist sie gezwungen, mit Hilfe von Erlassen zu regieren, und kommt erst richtig zum Zuge, als sie, wie durch ein Wunder, Gesetze wiederentdeckt, die während der zwölf Tage einer sozialistischen Regierung im Jahre 1932 verabschiedet worden waren und die außer Kraft zu setzen die Bourgeoisie vergessen hat. Die UP befindet sich also gewissermaßen «auf Bewährung» in der Freiheit. Die mittleren Klassen kommen im Reformismus, nicht in der Revolution, auf ihre Kosten. Und als die Lage sich radikalisiert, weil der CIA und die Monopole es so wollen und auch, weil Allende ein Revolutionär ist, erheben sie sich prompt. In Frankreich ist die Situation etwas anders, aber nicht wesentlich anders. Wenn die Linke regieren will, muß sie die absolute Mehrheit gewinnen, und das bedeutet: die Stimmen eines Großteils der mittleren Klassen. Um welchen Preis? Für welche Ziele? In Chile kontrollierten die amerikanischen Konzerne die Kupferminen (90 Prozent des Exports und somit der Deviseneingänge) und die Großindustrie. Das ist in Frankreich nicht der Fall, und die Einigung kann nicht unter der Parole «nationale Unabhängigkeit» herbeigeführt werden. Allenfalls unter dem Motto «Kampf gegen die Monopole». Aber die P.M.E.[1] fallen in Frankreich stark ins Gewicht, stärker als in Chile, und sie sind überzeugt, daß sie verloren sind, wenn Frankreich sozialistisch wird. Eine Linksregierung kann also die Wahlen nur gewinnen, wenn sie streng reformistisch ist. Und sie kann sich nur halten, wenn sie reformistisch bleibt. Was uns nicht interessiert. Also ist es nicht leicht, jene Überschneidungspunkte zu finden, von denen du sprichst, wenn die Dynamik gegeben ist oder die Karten bereits verteilt und die Würfel gefälscht sind – durch die Kenntnisse, welche die einen

1 Petites et moyennes entreprises, die kleinen und mittleren Unternehmen (Anm. d. Übers.)

und die anderen von dem Spiel besitzen. Es wird auch nicht leicht sein, den Arbeitern zuzurufen: Macht langsam! Denn die Arbeiter sind ja der Hauptteil deiner Bewegung zum Sozialismus hin. Und wenn sie bei der Prozedur nur wenig gewinnen, werden sie sich nicht mobilisieren. Und wenn sie sich nicht mobilisieren, dann steuert die Bourgeoisie die Bewegung, und von Sozialismus ist keine Rede mehr. Wenn sie sich dagegen mobilisieren, dann heißt das, daß sie sich radikalisieren (die Produktionsschlacht ist nie das mobilisierende Element gewesen, im Gegenteil, wenn sie nicht mit der Infragestellung der sozialen Hierarchie und der Verteilung der Profite Hand in Hand geht). Radikalisieren sie sich aber, so heißt das gleichzeitig, daß es zu «Exzessen» kommen wird. Das ist immer so gewesen. Und da beide Seiten Druck ausüben, die Putschisten auf der einen Seite und auf der anderen die radikalsten Arbeiter, ist der Zusammenstoß unvermeidbar, und er wird stattfinden, ehe du die nötige Zeit hattest, die mittleren Klassen zu «bearbeiten». Man braucht Zeit, um die «Überschneidungspunkte» zu etablieren, und die Konterrevolution wird dir diese Zeit nicht lassen. Zumal du nicht wie in der UdSSR auf den Überraschungseffekt bauen kannst (die erste sozialistische Revolution) oder wie in China von der Präsenz ausländischer Truppen, in diesem Falle japanischer, profitieren kannst. Du bist auch nicht mehr in der gleichen Situation wie auf Kuba, wo du im Guerillakampf eine revolutionäre Armee aufbauen konntest. Die Armee steht gegen dich. Auch die Polizei ist gegen dich. Die Administration ist teilweise gegen dich. Bei dem geringsten Versuch ist der Aufstand da, und du bist militärisch nicht in der Lage, diese Schlacht zu gewinnen. Du siehst, es ist ein Teufelskreis. Wir müssen herauskommen, aber wie? Leicht ist es nicht, und keinesfalls geht es mit frommen Gelöbnissen oder mit einer Vogel-Strauß-Politik. Ich war kürzlich bei einer Chile-Kundgebung in Mulhouse, wo ich über die Rolle der mittleren Klassen sprach, über den guten alten Doktor, den man heute die freie Medizin verteidigen sieht und der vielleicht morgen schon Professor Minkowski denunzieren wird, oder Carpentier etc. Schließlich muß man sich überlegen, was aus den Leuten werden soll. Nach der Kundgebung fragte mich jemand, vermutlich ein Lehrer: «Was gedenken Sie mit den mittleren Klassen zu tun? Wollen Sie alle liquidieren? Sie sprechen von Demokratie, aber Sie können sie doch nicht alle liquidieren.» Ich wußte nicht, was ich antworten sollte. «Diktatur des Proletariats» kann ja nicht heißen, 50 Prozent der Bevölkerung ins Gefängnis zu stecken. Aber was dann? Die Köpfe des bürgerlichen Aufstands beseitigen? Mit einem Federstrich Armee und Polizei abschaffen, so daß die Bourgeoisie gegen die Revolution keine Waffen mehr besitzt? Wie jene, die man in Kuba *gusanos*, Würmer, nennt. Nur hatte Fidel Castro 1959 eine im Kampf entstandene Volksarmee hinter sich. Aber wie wollen wir mit dem Militär oder mit der Polizei fertig werden? Wie die Bourgeoisie neutralisieren? Natürlich stößt man auf diese Fragen schon bei den marxistischen Klassikern. Nur, wenn man direkt vor ihnen steht, ist es nicht mehr das gleiche. Und man hat oft den Eindruck, daß diejenigen, die über die Revolution schreiben, immer von Siegen sprechen und alle nur möglichen Lehren daraus ziehen, daß sie sich aber über die Niederlagen weit weniger verbreiten. Und diese sind immerhin zahlreich: Dominikanische Republik, Indonesien etc. Chile scheint ein wenig mehr zum Nachdenken anzuregen. Und es ist höchste Zeit. Wenn man sich allzu lange in der Idee gefällt, daß man der stärkere ist, daß der Imperialismus ein Papiertiger und auf dem Rückzug ist (Beweis: Vietnam), dann wird man sich ebenso wundern wie einige chilenische Genossen (selbst jene, die sagten, der Zusammenstoß sei unvermeidbar), wenn man sich plötzlich in den Stadions wiederfindet, mit mindestens zehn Jahren Faschismus vor sich.

VICTOR: Du stellst eine strategische Schlüsselfrage: das Problem der Zeit, das des Wettlaufs zwischen den verschiedenen Kräften der Revolution und der Konterrevolution. Man muß vor allem ein Konzept definieren, das im mechanistischen marxistischen Denken systematisch verdrängt wird, das Konzept der Gelegenheit. Eine Gelegenheit zu verpassen – das müßte die extreme französische Linke krank machen; es macht sie aber absolut nicht krank, die Gelegenheit verpaßt zu haben, die sich von 1969 an bot, zu einer außerordentlichen Allianz mit eben jener um ihre Existenz kämpfenden Kleinbürgerschicht zu gelangen, die für Experimente der Rechten in Frankreich so geeignet ist; sie sieht, wie das Royer-Gesetz verabschiedet wird und macht doch so weiter, als wäre nichts geschehen, sie schreibt weiterhin, daß der «Krämer» für faschistische Experimente aufgeschlossen sei. Mit einer solchen Theorie werden wir nicht weiterkommen. Alle Gelegenheiten, auch die kleinsten, müssen ergriffen werden. Auch den leitenden Angestellten in der Régie Renault, den man mit der ideologischen Revolution in der Fabrik nicht locken kann, kann man irgendwie gewinnen. Ein Beispiel. Einige leitende Angestellte der Régie und anderer Fabriken wohnen in Issy-les-Moulineaux, in der Nähe des Rüstungsbetriebes Gevelot. Es gab mehrmals Explosionen in der Fabrik, weil offensichtlich die Sicherheitsvorschriften nicht beachtet wurden. Einige militante Genossen gründeten in diesem Wohngebiet ein Komitee: «Wir fordern Sicherheit!» Die erwähnten leitenden Angestellten beteiligten sich. Das Komitee wurde also Ausdruck eines Willens zur direkten Demokratie. Es verwandelte sich in eine Vereinigung «Leben in Issy-les-Moulineaux», deren Parole lautete: «Nichts, was in Issy-les-Moulineaux geschieht, ist uns fremd.» Leitende Renault-Angestellte, die durch ihre Arbeit wahrscheinlich indirekt zur Ausbeutung der Arbeitsemigranten beitrugen, machten also bei dieser Vereinigung mit, durch die wir erfuhren, daß eine rassistische Aggression gegen einen ausländischen Arbeiter stattgefunden hatte. Mit diesem Beispiel möchte ich auf die Möglichkeit und die Notwendigkeit hinweisen, Überschneidungspunkte, Interferenzen, Stätten zu schaffen, wo Leute, die den traditionellen Gesellschaftsverhältnissen nach eher auf der anderen Seite der Barrikade stehen würden, ihren Standpunkt ändern – nicht weil man sie dazu gezwungen hat, sondern weil sie sich in einer Situation befinden, in der sie von der allgemeinen Inspiration der ideologischen Revolution erfüllt wurden. Die Forderung nach direkter Demokratie ist ein Verlangen der Mehrheit – man muß sie in der gesamten Gesellschaft sichtbar machen, auch in den unzugänglichsten Bereichen. Denn die Grundlage für eine Lösung des Problems der mittleren Klassen ist die Revolutionierung aller Aspekte des täglichen Lebens. Man muß die Gelegenheiten fördern und nutzen, die mittleren Klassen so zu spalten und zu trennen, daß sie sich nie mehr unter der Ägide der militärischen oder zivilen Rechten zusammenschließen lassen. Das ist nicht unmöglich, aber es ist auch noch nicht erreicht worden. Es gilt zu begreifen, daß es möglich ist, eine Mehrheit zu schaffen für den Sozialismus in Frankreich, für einen libertären Sozialismus, aber es ist nur möglich unter bestimmten Voraussetzungen, unter der Voraussetzung, daß man eine revolutionäre Zeit einleitet, die in ausreichendem Maße Gelegenheiten der Überschneidung und der Differenzierungsgelegenheiten schafft und nutzt, damit man nach der Logik der zentralen Konfrontation nicht in eine Position der Abhängigkeit gerät.

Gavi: Du, Sartre, hast ein gutes Stück Weg mit der Kommunistischen Partei zurückgelegt. Die KP hat sich immer wieder mit dem Problem der mittleren Klassen auseinandergesetzt. Wie denkst du darüber?

Sartre: Es stimmt, das Problem ist nicht neu. Ich glaube, er hat recht. Ich denke nur . . . etwas fehlt in seiner Analyse: er müßte etwas genauer definieren. Was ist das, ein Einzelhändler, ein Arzt? Was sind das für allgemeine Tendenzen, die bestimmte Teile der mittleren Klassen lenken in ihrem Verhältnis zu den kapitalistischen oder auch den sozialistischen Kräften? Das ist sehr kompliziert, weil es in jedem Falle wieder anders ist. Zum Beispiel ist die Situation der Ärzte eine ganz besondere: sie haben gleichzeitig Beziehungen zur physiologischen Substanz des Menschen, des einzelnen, des Patienten und zu den ökonomischen Kräften, zu den Schichten des Großbürgertums. Diese Widersprüche müssen – ebenso wie andere – analysiert werden. Damit will ich sagen: man darf das Kleinbürgertum nicht als Wetterfähnchen ansehen, das sich bald nach rechts, bald nach links wendet – wie es nur allzu viele Kommunisten tun. Man muß es als Klasse sehen, die ebenso gut gegliedert ist wie die anderen und auch ihre inneren Widersprüche hat. Diese Analyse fehlte in Victors Ausführungen. Im Grunde ist jeder Kleinbürger ein durch seine Vorstellungen von der Rechten vom Wege abgebrachter Revolutionär. Man muß diese Vorstellungen erkennen und sich fragen, warum er diese Funktion im Kleinbürgertum einnimmt. Du kannst mir natürlich entgegnen, was auch richtig ist, daß man Analysen erst nachher anstellt. Wenn man es mit einem Widerspruch zu tun hat, muß man sich überlegen, wie man ihn lösen kann, und dann untersucht man den tieferen Sinn dieses Widerspruchs. Kämpfe gegen irgendeine Fraktion irgendeiner Klasse führen immer zur Aufhellung eines tief verwurzelten Widerspruchs. Wenn man ihn schnell definieren kann und sich darüber klar wird, wie man ihn bekämpfen kann, ist man im Vorteil. Ich verstehe sehr gut, daß man einen Feind bekämpfen kann, ohne das Gefühl zu haben, daß ein Widerspruch besteht, ohne daß man ihn genau lokalisieren könnte, aber das ist nicht der beste Weg.

VICTOR: Vor einem habe ich Angst. Und um das zu erklären, will ich den Fall der Einzelhändler noch einmal aufgreifen. Man könnte das Milieu der «kleinen» Einzelhändler und der «kleinen» Handwerker im Frankreich von vor 1969 untersuchen. Man würde die Tendenzen zur Konzentration beschreiben und erkennen, welche Faktoren dieser Tendenz entgegenwirken. Wie jeder weiß, haben die Monopole Interesse daran, daß die kleinen Lädchen bestehen bleiben, und sei es auch um der Fixierung höherer Preise willen. Die Großen sind nicht systematisch gegen den kleinen Einzelhandel. Man könnte sehr logisch folgern, und das tat selbst die intelligenteste Fraktion der Linken . . .

GAVI: Was meinst du mit der «intelligentesten Fraktion der Linken»?

VICTOR: Diejenige, die die gesellschaftliche Wirklichkeit analysiert. Sie kamen zu der Schlußfolgerung, daß die Kleinen den Großen standhalten – allerdings nur in Grenzen. Dieses Standhalten ist ein bewußter Vorgang. Man könnte eine Untersuchung über das Milieu der Einzelhändler anstellen nach dem Prinzip des ökonomischen und folglich autoritären Marxismus. Aber das Entscheidende ist doch, daß man sieht, wie die Einzelhändler auf die Straße gehen und sich den CRS gegenübersehen. Und dann entdecken sie plötzlich Jugendliche an ihrer Seite, die gegen die CRS kämpfen. Früher hätten sie die jungen Leute als Rüpel abgetan, aber nun können sie, im Verlauf der Aktion, ihre Meinung ändern. Nur, um das zu erfahren und zu erfassen und um zu bewirken, daß diese Ideen mehr und mehr nach links gehen, muß man dabei sein, muß man mit den Einzelhändlern auf die Straße gehen und ihnen hinter ihren Barrikaden helfen. Man darf sich nicht von einer Theorie zurückhalten lassen, die sie auf immer und ewig als Poujadisten abstempelt.

Gavi: Das ist die Ansicht der meisten Intellektuellen, gewiß . . . Mir gefällt es nicht, wie die Maoisten an diese Probleme herangehen. Sie bringen immer wieder den Bauern oder den kleinen Einzelhändler aufs Tapet, der rechtschaffen und aufsässig ist, ja geradezu revolutionär, und ein wenig der Vergangenheit nachtrauert. Die Widersprüche werden nicht gezeigt. Es gibt aber nicht auf der einen Seite die Toren und auf der anderen die Gerechten. Jeder ist in gewisser Weise ein Tor, und jeder ist ein bißchen Poujadist. Was für uns am Kampf der Einzelhändler wichtig ist, das ist ihr Verlangen nach Gerechtigkeit. An uns liegt es, alles zu tun, daß dieses Verlangen nicht in Richtung Privateigentum oder Korporatismus fehlgelenkt wird, sondern daß es auf den Sozialismus zusteuert. Und da zögere ich nicht zu sagen, daß man es nicht zulassen kann, wie die kapitalistische Maschinerie alle, die ihr im Wege sind, zermalmt, wie Menschen unterdrückt werden, ohne daß man sie fragt, was sie wollen, ohne daß man sich darum kümmert, was aus ihnen wird.

Sartre: Obwohl auf der anderen Seite ja die gleiche Tendenz besteht.

Gavi: Wieso?

Sartre: Ja. den Kleinhandel zugunsten der großen Läden abzuschaffen, die ihrerseits . . .

Gavi: Ach so . . . Ja, diese Tendenz gibt es. Aber unsere Vorstellung vom Kommunismus veranlaßt uns, den Menschen gegenüber der Maschine oder den Institutionen zu verteidigen, ob er Einzelhändler, Bauer, Intellektueller oder Fabrikarbeiter ist. Wir können nicht hinnehmen, daß jemand aus seiner Wohnung oder von seinem Arbeitsplatz vertrieben wird und vor dem Nichts steht. Wir können die Ungerechtigkeit nicht akzeptieren. Wie wir auch den Poujadismus nicht akzeptieren. Wir unterstützen, ohne die Widersprüche zu vergessen.

Sartre: Und dabei muß man sich im übrigen fragen, ob diese Widersprüche bei einer gemeinsamen Aktion verschwinden. Wird der Einzelhändler, der von linken Kräften bei der Errichtung von Barrikaden unterstützt wird, eines Tages, nach den Kämpfen, bestimmte Widersprüche abgeschafft haben, oder wird er im Gegenteil in die früheren Widersprüche zurückfallen? Ich erkenne keinerlei Fortschritt bei den kleinen Einzelhändlern seit dem Jahre 1969.

Victor: Nein, eher einen Rückschritt . . . Aber das ist unsere Schuld. Ich will nicht direkt auf deine Frage antworten, sondern dir ein Beispiel entgegenhalten. Sieh dir einmal die Arbeiter bei Lip an. Du mußt sie mal reden hören, wenn sie *nicht* als Gemeinschaft auftreten. Ihr Moralismus würde dich erstaunen! Was bedeutet das? Daß das Problem der Widersprüche im Verhältnis zur gesellschaftlichen Oberfläche nicht das Monopol der «kleinbürgerlichen» Schichten ist. Ich gebe gern zu, daß der revoltierende Kleinhändler noch zu 95 % reaktionär ist und daß sein Denken sich nur zu 5 % auf den Barrikaden verändert hat. Aber man darf auch nicht glauben, daß der Arbeiter im Kampf – auch wenn es ein so weit gehender Kampf ist wie bei Lip – mit einem Schlag sein Denken ändert.

SARTRE: Natürlich nicht.

VICTOR: Für die Theorie der Revolution ergeben sich daraus schwerwiegende Konsequenzen: durch eine einzige Bewegung läßt sich bei den verschiedenen, an der Revolution beteiligten Schichten keine Veränderung des Denkens bewirken. Da stößt man erneut auf das alte, immer noch gültige Konzept des Leninismus: die ununterbrochene Revolution kann sich nur in Etappen entwickeln. Du kannst von den Arbeitern bei Lip im gegenwärtigen Augenblick nicht verlangen, daß sie alles auf einmal sind, antikapitalistisch, antibürokratisch und gleichzeitig antiphallokratisch.

GAVI: Das ist nicht richtig.

VICTOR: Was ist nicht richtig?

GAVI: Ein präzises Beispiel: Eine Arbeiterin bei Lip, Monique Piton, war von der Polizei festgenommen worden. In einem Artikel für *Libération* schrieb sie: «Man behandelte mich wie einen gewöhnlichen Strafgefangenen.» Genossen vom Aktionskomitee für Gefangene entgegneten darauf: «Was haben Sie gegen Strafgefangene? Auf ihre Art sind auch sie politische Gefangene . . .»

SARTRE: Sie wollen nicht genau so *behandelt* werden wie sie . . . Das scheint mir klar . . .

GAVI: Ja, aber das Komitee protestierte gegen ie Verachtung gegenüber den Strafgefangenen, auf die man bei manchen Arbeitern trifft (weil die Bourgeoisie ihnen «Ehrbarkeit» und bürgerliches Wohlverhalten gepredigt hat). Nun, Monique Piton hat geantwortet. Und offensichtlich hatte die Reaktion des Komitees sie nachdenklich gemacht.

VICTOR: Ihr Text war von der Redaktion gekürzt worden, deshalb klang er verächtlich gegenüber den Strafgefangenen. Trotzdem, ich bin dafür, daß ihr die äußeren Reibungspunkte, mit denen sich die Arbeiter unmittelbar auseinandersetzen, vervielfacht. Man könnte so vorgehen, daß man – nicht heuchlerisch, aber wie es sich so ergibt – diese punktuelle Bewußtwerdung immer aufs neue herbeiführt, indem man sich auf das Brodeln in der Gemeinschaft der Arbeiter stützt.

SARTRE: Ich glaube nicht, daß das äußere Reibungspunkte sind. Ich meine, jeder Gedanke oder jeder Streitpunkt, der in der Diskussion außerhalb aufkommt, kann wesentlich sein. In der nächsten, von Frauen zusammengestellten Sottisensammlung in *Les Temps Modernes* erscheint der Ausspruch eines Ministers . . .

Gavi: Eines Ministers?

Sartre: Ja . . .

Victor: Malaud . . .

Sartre: Malaud, der wegen der ORTF-Affäre gehen mußte. Es gibt da eine Äußerung von ihm, wo er sagt: «Begreifen Sie doch die Schwierigkeiten bei der Zusammenarbeit mit der ORTF! Sie haben so ein ‹feminines› Gehabe, und deswegen brauchen sie einen Chef . . .»

Victor: Das wurde von *Libération* nicht aufgegriffen . . .

Sartre: Dafür bringen wir es in *Les Temps Modernes*. Es ist ungeheuerlich! Wie kann ein Minister, der, auch wenn er ein Konservativer ist, doch einen gewissen Kontakt zur heutigen Welt haben sollte, so etwas sagen? Ist das nun sekundär oder wesentlich? Ich möchte klarmachen, daß dieser Satz zwar als sekundär angesehen werden könnte, aber wenn man sieht, welche Mentalität und was für fundamentale Widersprüche dahinterstecken, wird man sich anders besinnen. Die ORTF muß sich also dem Minister unterordnen wie seine Frau sich ihm unterordnen muß! Die Frage des «Feminismus» ist hier also nicht sekundär! Es geht um die Behandlung bestimmter Personen, die man «Frauen» nennt oder mit Frauen vergleicht. Hier handelt es sich um eine bestimmte Art von Überlegenheitsdenken, über das diskutiert werden muß, da es ein Element der heutigen Gesellschaft ist und nicht nur ein von einem unanständigen Mann gemachter Vergleich.

Victor: Was dieses Beispiel angeht, bin ich ganz deiner Meinung. Aber das Beispiel, das ich anführte, ist anders. Es handelte sich um eine Gemeinschaft von Arbeitern, die Ziele, Forderungen hatten und darüber hinaus das Mächtesystem angriffen. Wenn du nun versuchst, sie zu zwingen, daß sie an mehreren Fronten gleichzeitig gegen das Mächtesystem kämpfen, dann gefährdest du auch noch den gegen einen Punkt des Mächtesystems eröffneten Kampf. Ich übernehme den Gedanken, den Raguenes in *Libération* äußerte: «Die Botschaft von Lip ist nicht eigentlich die, daß man Uhren hergestellt und verkauft hat. Sie lautete vielmehr, daß die Arbeiter, obwohl durch Konditionierung dazu veranlaßt, den Kopf zu senken, es fertigbrachten, eine Explosion auszulösen.» Also fand doch eine große Menge von Arbeitern zu – wie wir es gestern nannten – «geistiger Unabhängigkeit». Würde man sagen, Lip bedeutet, daß Arbeiter auf eigene Rechnung produzieren und verkaufen, so würde diese Botschaft in der Eisen- und Stahlindustrie und auch in der Autoindustrie sehr autoritär wirken. Die Arbeiter dort würden sich erschreckt fragen: Was können wir tun? Wir können doch nicht Tonnen von Stahl direkt an den Verbraucher verkaufen! Also würde Lip als oppressives Beispiel funktionieren . . . Man würde sagen: Das ist ja schön, daß sie das so machen, aber ich kann das nicht tun. Nein, die Botschaft von Lip sollte lauten: Es ist möglich, wir fabrizieren, wir verkaufen, wir zahlen uns Lohn aus! Wir denken. Wie kam es dazu? Indem man an einigen Schaltstellen des Systems Kurzschluß auslöste. Wichtig ist, daß man an einem zentralen Angriffspunkt ansetzt – es gibt andere, die in diesem Augenblick zweitrangig sind. Das läßt sich allerdings nicht auf das gesamte gesellschaftliche System übertragen. Ich habe nie gesagt, daß beispielsweise der Kampf der Frauen insgesamt gesehen zweitrangig wäre. Ich sage nur, daß er im Rahmen von Lip zweitrangig war, was nicht heißen soll, daß er vernachlässigt werden dürfte. Nur befindet er sich gegenüber den zentralen Problemen der Bewegung noch ein wenig an der Peripherie. Das kann sich aber ändern. Bei der ORTF ist es anders. Dort könnte die Belegschaft, da sie keinen Proteststreik führen will, zumindest einen Kampf gegen den phallokratischen Malaud führen. Das wäre besser als die albernen Kleinkriege.

GAVI: Deine Vorstellung vom zentralen Angriffspunkt ist ein bißchen altertümlich. Ich glaube, das Echo, das Lip fand, ist auch darauf zurückzuführen, daß Lip eine Stätte der Diskussion wurde, eine Stätte des Wortes, genau wie im Mai 68 das Zentrum von Paris ein öffentliches Forum wurde. Es kommt immer darauf an, wie du an ein Problem herangehst. Wenn du einfach ankommst und sagst, ich bin prima, ich habe gute Ideen, und du, du bist ein Trottel, dann wirst du nichts, aber auch gar nichts erreichen. Wenn du dagegen von dem Prinzip ausgehst, daß alles diskutiert werden muß, auch das, was «am Rande» liegt, dann ist das für alle gut. Vorausgesetzt allerdings, daß du dich selbst einbeziehst, daß du dich nicht für eine Ausnahme hältst (niemand ist eine Ausnahme), sondern zugibst, daß auch du Probleme hast und Widersprüche kennst und daß dies ja einer der Gründe ist, weshalb du kämpfst, denn wir revoltieren auch gegen uns selbst, gegen den Teil in uns, der uns fremd erscheint und an uns haften bleibt, wie sehr wir ihn auch abschütteln möchten. Natürlich ist es nicht unwichtig, wann du an diese Fragen herangehst. Vielleicht muß man das Ende der Generalversammlung abwarten. Und dann setzt man sich zusammen, schimpft gemeinsam, lernt sich kennen. Und während des Gesprächs wirst du gewahr, daß auch das, was zunächst zweitrangig schien, sehr wichtig ist.

VICTOR: Richtig. Wenn ein Gespräch entsteht, kannst du, mußt du alles sagen. Bei Lip wird heute über alles diskutiert. Der von mir verwendete Ausdruck mag tatsächlich altertümlich wirken.

GAVI: Es ist kein Zufall, daß du auf die Generalversammlung kommst und nicht auf irgendein Gespräch, das ihr geführt habt . . . Alle Gespräche, die bei Lip stattgefunden, die Lip in eine Stätte des Wortes verwandelt haben, sind auch eine Erklärung dafür, daß die Arbeiter am 12. Oktober gegen jedes Abwarten und massiv gegen die Wiederaufnahme der Arbeit stimmten. Das war keine «rationale» Entscheidung, oder vielleicht doch: vielleicht hatte sich in den Monaten des Streiks eine andere Vernunft herausgebildet.

VICTOR: Genau ...

(Oktober 1973)

17

Politik und Aufrichtigkeit

Ich glaube, daß der Politiker ein Zyniker ist . . .

SARTRE: Meiner Ansicht nach ist es ein schwerwiegender Irrtum zu glauben, es gebe ein einziges Prinzip, von dem bestimmte Konsequenzen ausgehen . . . Die Doktrin, die an einem analytischen Denken festhält, wie es die alte revolutionäre Doktrin tat, ist meiner Meinung nach von der Idee her falsch. Das wahre revolutionäre Denken heutzutage ist anders. Es bemüht sich, beim Denken mehrere verknüpfte Prinzipien im Auge zu haben: so wird die Wirklichkeit sichtbar.

Es scheint mir sehr wichtig, über die Revolution zu diskutieren – nicht weil wir uns auf ein Prinzip einigen wollen, aus dem wir Konsequenzen ziehen können, sondern weil ganz im Gegenteil jeder von uns, von einem anderen Standpunkt aus, die Gesamtheit der Prinzipien, die unseren Ausgangspunkt bilden, in Betracht ziehen und auf seine Art die Konsequenzen daraus ableiten wird, auf die wir uns dann einigen können.

VICTOR: Das ist sehr richtig.

SARTRE: So wird die Diskussion interessant, und so kann man zu einem revolutionären Denken gelangen . . . Wie oft geht man bei Gesprächen von unzureichend definierten Prinzipien aus! Es kommt vor, daß der Lehrer im Unterricht zum Schüler sagt: «Sie haben sich auf zwei Prinzipien berufen statt auf eines!» Das ist nicht richtig: er hat sich nicht auf zwei Prinzipien berufen, er hat sich auf ein einziges berufen, in dem die beiden anderen unlösbar enthalten sind. Das ist das Denken, das wahre Denken; nicht das wissenschaftliche, sondern das praktische Denken.

GAVI: Sehr wichtig. Was also hat es mit dem Wort auf sich, was bedeutet es für die Menschen, gemeinsam, in einer gewissen Freundschaft, zu diskutieren? Sobald es sich um eine Duskussion zu einer Generalversammlung handelt, wird sie im allgemeinen . . .

SARTRE: Jeder vertritt seinen eigenen Standpunkt . . .

GAVI: In einer Generalversammlung wird nie richtig diskutiert. Am Schluß gehen alle frustriert nach Hause und sagen: «Es ist nicht möglich!» Schlimmer, manche Organisationen wie zum Beispiel die A.J.S.[1] haben die trübe Angewohnheit, das Mikrofon nicht aus der Hand zu geben und über einen Antrag erst abstimmen zu lassen, wenn nur noch

1 Alliance des Jeunes pour le Socialisme (Anm. d. Übers.)

die eigenen Leute im Saal sind. Eine echte Diskussion dagegen sollte jedem etwas geben. Wie kann sie ein Kampfmittel werden, eine politische Praxis?

VICTOR: Das Wort jedenfalls ist die einzige Kraft, die die ideologische Stärke des Gegners zu zerschlagen vermag: die kapitalistische Theorie von der individuellen Freiheit, die auf der organisierten, künstlich aufrechterhaltenen Allianz zwischen den mittleren Klassen und dem Kapital beruht. Wirklich die einzige! Ich spreche natürlich von der Rechtfertigungstheorie des Kapitalismus, und ich sage nicht, daß der Kapitalismus die individuelle Freiheit begünstigt. Man kann die kapitalistische Theorie in den Köpfen nur zerstören, kann die intermediären Kräfte nur erobern, wenn man auf dem Felde der Freiheiten die Vorherrschaft erlangt. Das erklärt, warum die KP sich in einer Sackgasse befindet. Wenn sie auch ihren ganzen Charme aufbietet, sie vermag, was die Freiheiten betrifft, nicht zu überzeugen. Will sie ein Minimum an Glaubwürdigkeit erzielen, bleibt ihr nur ein Trick: sie muß die Parti Socialiste stärken.

GAVI: Allerdings, ein Trick!

VICTOR: Ein Trick, der sich gegen die KP kehrt, wenn die P.S. zu stark wird.

GAVI: Wie kann man aber den folgenden Widerspruch lösen oder zu lösen hoffen (ich bin sehr pessimistisch): eine Arbeiterklasse, die sich gegen die Bourgeoisie mobilisiert, ohne sich der Bourgeoisie insgesamt zu entfremden, zumindest nicht jenem Teil der Bourgeoisie, der auch danach strebt, sich zu befreien?

VICTOR: Als Beispiel möchte ich etwas erzählen, was Ende Juli bei Lip passierte. Seit dem 18. Juni hatten die Arbeiter die Firma auf «Eigenproduktion» umgestellt, und dabei war das Problem der leitenden Angestellten aufgetaucht. Es gab einen sehr heftigen Klassenkampf. Dieser Kampf ist sehr nützlich gewesen, er ermöglichte es, bestimmte Ideen in Umlauf zu setzen und zahlreiche Debatten zu führen, die das Denken der Arbeiter von der Autorität der Vorgesetzten befreiten. Auf allgemeiner Ebene kam es zu fast diplomatischen Kompromissen: Wir lassen die leitenden Angestellten in die Fabrik herein, aber wir begleiten sie. Extreme Lösungen wie etwa das Verbot, die Fabrik zu betreten, wurden verworfen. Die leitenden Angestellten standen dem Kampf der Arbeiter feindselig gegenüber, weil er sie in Frage stellte, aber sie interessierten sich für den Kampf gegen die Liquidierung der Gesellschaft. So war es am Anfang. Der Klassenkampf führte in der Frage, ob man die leitenden Angestellten in die Fabrik lassen sollte, zu keinem klaren Ergebnis – es war eher eine Frage der Ehre, des Prinzips. Praktisch hatte sie keine sehr große Bedeutung. Der Kampf in der Frage der Hierarchie fand erst am Zahltag statt:

sollte man nach dem alten hierarchischen System oder nach den neuen Prinzipien zahlen? Ein Flügel des Aktionskomitees stimmte für eine egalitäre Entlohnung; einen Ausnahmelohn für eine Ausnahmezeit. Damit war die Hierarchie von Grund auf in Frage gestellt. Es gab Debatten: die Mehrheit schloß sich dem Standpunkt Piagets von der CFDT an und sprach sich für eine Entlohnung nach den Prinzipien des alten hierarchischen Systems aus. Piaget rechtfertigte diese Position, indem er sagte, formal wäre der Gleichheitslohn eine gute Sache gewesen, aber ob es sich lohnte, um der Form willen die Einheit der Belegschaft zu gefährden? Mit anderen Worten, er hatte erkannt, daß die Frage des Geldes noch eine furchtbar wichtige Rolle im Bewußtsein der Arbeiter spielte. Wenn man erkannt hat, daß die Lohnfrage noch ein belastendes Problem ist – eine Folge der Konditionierung –, muß man überaus vorsichtig sein.

Gavi: Wofür hättest du gestimmt?

Victor: Ich hätte für gleiche Bezahlung gestimmt, da es meiner Meinung nach nötig gewesen wäre, die Kritik am Lohnfächersystem so weit wie möglich zu treiben ...

Gavi: Das heißt, du hättest so gestimmt im Gedanken daran, daß in jedem Falle die Mehrheit anders stimmen würde.

Victor: Genau das. Raguenes zuckte plötzlich zurück, als die Mehrheit sich für den uneingeschränkten Lohn aussprach. Er dachte, sobald es ums Geld geht, kommt die Natur wieder zum Durchbruch – wobei er mit «Natur» all die Schweinereien des Kapitalismus meinte.

Gavi: Wenn die «Gauchisten» nicht «provozieren», wie wollen wir dann weiterkommen?

Victor: Ja ...

Gavi: Da wärst du dann also ein Provokateur gewesen ...

Victor: Ja.

Gavi: Wie Raguenes ...

Victor: Vermutlich. Aber das hängt auch von der Position ab, die du innerhalb der Bewegung hast. Ich habe das Beispiel auch nur im Zusammenhang mit dem Problem der mittleren Klassen gewählt. In einem Kampf, bei dem die Macht der Arbeitgeber insgesamt in Frage gestellt wird, der also auch antihierarchisch ist, kann es absolut legitim sein, diesen oder jenen Widerspruch im Interesse der Einheit bewußt zu begrenzen. Man kann nicht in einer beliebigen Phase des Kampfes gegen den gemeinsamen Feind die Kräfte spalten. Daher glaube ich, daß Piagets Einstellung realistisch war. Aber es wäre ein seichter Realismus gewesen, wenn es nicht die kritische Diskussion über die Hierarchie gegeben hätte.

Gavi: Wenn also Raguenes nicht gewesen wäre, hätte es Piaget nicht gegeben ...

Victor: Im Falle Lip gehen die revolutionären Argumente bei den

Syndikalisten einerseits und den Randgruppen, den Realisten und «Gauchisten» andererseits ein wenig auseinander. Es ist nicht gesagt, daß jedesmal als Motor des Kampfes der ein wenig gewerkschaftlich orientierte politische Realist auftritt, der sich aller Folgen des Kräfteverhältnisses bewußt ist, und ferner der provozierende Gauchist, der sich abwendet, wenn es ihm nicht gefällt. So war es nun zufällig bei Lip. In anderen Fällen könnte es aber auch anders sein, wenn man den inneren Zusammenhang zwischen Raguenes' Position und der Piagets zu verstehen sucht. Würde man diesen inneren Zusammenhang aufdecken, so brächte man damit die Dialektik des Kampfes gegen die Mächte zum Vorschein. Diese Dialektik ist so geartet, daß man in gewissen Momenten, unter der Voraussetzung, daß das Mächtesystem Zielscheibe des Kampfes bleibt, gewisse Widersprüche innerhalb der Gruppe einschränken kann. Wenn du mir sagst, das Ziel des Kampfes ist ein hypothetischer Angriff gegen die Monopole, dann kommt es für mich gar nicht in Frage, daß ich den Widerspruch, in dem ich mit den leitenden Angestellten stehe, zugunsten des sogenannten Kampfes gegen die Monopole zurückdränge. Ich würde nicht sagen: da die Régie Renault kein Privatmonopol ist, handelt es sich hier nicht um einen wesentlichen Kampf, der entscheidende Kampf muß gegen Péchiney geführt werden, also schränke ich meinen Kampf gegen die Hierarchie bei Renault ein, um das Programm der antimonopolitischen Kräfte, das gemeinsame Programm der Linken zu respektieren. Ich bin bereit, die Widersprüche mit den leitenden Angestellten in der präzisen Frage des Lohnes in einem bestimmten Augenblick der Bewegung bei Lip in dem Maße zurückzudrängen, in dem der Kampf insgesamt ein Kampf gegen die Macht der Arbeitgeber ist. Und ich meine, das ergibt dann, wenn du so willst, das Prinzip der – sehr differenzierten – Politik in der Frage der mittleren Klassen. Das Dilemma, daß man ihnen entweder schmeicheln oder sie angreifen müsse, existiert nicht. Der Kampf gegen das System der Mächte muß eine Bewegung sein, die es ermöglicht, ihnen in den Rücken zu fallen, sie zu spalten.

GAVI: Einverstanden . . . Der Mensch hat nicht nur *ein* Denken, ja, nicht einmal nur *einen* Körper. Er ist vielschichtig. Eine Vielfalt von Gedanken prallen in ihm aufeinander. In seinem Kopf findet man, in einem Mikrokosmos, die Gesellschaft und alle ihre Widersprüche wieder. Mit gewissen vorherrschenden Tendenzen, je nach der Person, um die es sich handelt. Vorherrschende Ideen, gewiß, aber trotzdem gibt es andere Ideen, die sich zu den vorherrschenden im Widerspruch befinden. Jedes Wort, jede Situation findet also ihr besonderes Echo: die extreme Linke wie die extreme Rechte oder die Gemäßigten, das Geld, der Sex, ja sogar Raguenes' Anwesenheit innerhalb der Fabrik, seine Ideen, die Fragen, die er stellt – alles findet ein Echo in diesem Bedürfnis nach Spontaneität, nach Aufrichtigkeit, das in den Köpfen der Arbeiter der Fabrik vorhanden ist.

VICTOR: Wie gut, daß es etablierte Intellektuelle gibt ...

GAVI: Ja, damit erhebt sich das Problem der Intellektuellen in den Fabriken. Dennoch, wenn Raguenes Einfluß gehabt hat, dann vor allem, weil er aufrichtig war – und es gibt keine Aufrichtigkeit ohne Exzeß.

VICTOR: Willst du damit sagen, daß die Politiker notwendigerweise Zyniker sind?

GAVI: Nicht Zyniker. Aber wenn sie aufrichtig sind, dann sind sie anders aufrichtig, dann ist ihre Aufrichtigkeit wie der Belag auf einem Spiegel. Und wenn die Menschen sich auch darin wiedererkennen, sehen sie doch ein Bild, das nicht das Bild des aufrichtigen Menschen ist, der anders ist und der anderswo sein Echo findet ...

VICTOR: Das finde ich nicht ...

SARTRE: Ich glaube, daß der Politiker ein Zyniker ...

VICTOR: Hältst du dann auch mich für einen Zyniker?

SARTRE: Ja, teilweise. Was du hier sagst, entspricht vielleicht deinem Denken, aber es gibt eine Unmenge von Gedanken in deinem Kopf, die du deinen Leuten gegenüber nicht verlauten läßt.

VICTOR: Nicht schlecht ...

SARTRE: Absolut nicht, wenn das nach deinem Dafürhalten nicht zum Kampf beiträgt. Tatsache ist doch aber, daß du uns gegenüber Dinge aussprichst, die du deinen Leuten *nicht* sagst ...

VICTOR: Ich verstehe nicht recht ...

SARTRE: Ich meine es in dem Sinne, daß ein Gedanke, welcher Art er auch sei, nicht ausgesprochen ist, ohne daß man alles sagt, also mitsamt den Implikationen, die er hat ...

VICTOR: Zu ein und demselben Zeitpunkt willst du alles sagen?

SARTRE: Nein, nicht zu ein und demselben Zeitpunkt, aber doch in ziemlich schneller Folge. Du weißt, ein Gedanke von heute wird in zwanzig Jahren nicht mehr viel taugen. Also sollte man ihn ganz aussprechen, denn wenn du ihn erst in zwanzig Jahren ganz aussprechen kannst, dann wird er zumindest keinen praktischen Wert mehr haben.

GAVI: Zwei Arten von Menschen haben Einfluß: die, die so tun, als sagten sie alles, als wären sie von Grund auf ehrlich und als brächten sie alles zur Sprache, während sie in Wirklichkeit nur das preisgeben, was sie gern öffentlich behandeln möchten. So verfährt der Politiker oder der geschickte Kleriker. Und dann gibt es die anderen, die tatsächlich alles aussprechen, beziehungsweise glauben, alles zu sagen und nichts bewußt zu verbergen glauben, auch wenn sie Dummheiten sagen. Das sind die anständigen Kerle (nicht zu verwechseln mit den Biedermännern). Es gibt Leute, die man respektiert . . . Zum Beispiel respektierten die Leute de Gaulle, weil sie glaubten, de Gaulle spräche alles aus. Oft respektieren die Leute den Typ, der brüllt oder seinem Temperament freien Lauf läßt, weil sie den Eindruck haben, daß er alles ausspricht, und jeder erkennt sich ein wenig in ihm wieder. Nun, wir sprachen von Chile, von Chile waren wir ausgegangen, und dahin kehren wir zurück . . .

Victor: Ja, kommen wir auf Chile zurück . . .

Gavi: Ja, kommen wir noch einmal auf den Widerspruch zwischen dem politischen Denken – das die Widersprüche in primäre und sekundäre einteilt und die Etappen festlegt – und der heutigen Realität zurück. Heute sind die Menschen wesentlich empfänglicher für eine direkte oder doch ihnen direkt erscheinende Sprache. Bei Lip war ein Raguenes nötig, um das Problem eines gleichen Lohnes für alle zur Sprache zu bringen, und vielleicht war es in gewisser Weise eine Provokation, da sein Vorschlag ja nicht angenommen wurde; doch hätte es diese Provokation nicht gegeben, wäre es niemals zu kollektivem Nachdenken gekommen. In ähnlicher Weise haben sich in Chile in den drei Jahren der Unidad Popular solche «Provokationen» gehäuft. Das nennt man Radikalisierung. Und selbstverständlich war sie von «Exzessen» begleitet, die ihrerseits wiederum dazu beitrugen, die Arbeiterklasse ein wenig mehr zu radikalisieren. Genau wie der Kampf, den ihr in Frankreich gegen die Werkmeister führtet – auch da kam es zu vielen Exzessen, die unvermeidlich waren. Trotz allem, glaube ich, hat er zur Radikalisierung der Arbeiterklasse beigetragen, und ihr seid nicht unbeteiligt an dem, was bei Lip geschehen ist. In Chile war es so, daß die Arbeiter gleich die Macht wollten. Es ist schwer, jemandem zu sagen: Es ist nicht richtig, wenn du schon jetzt glücklicher sein willst. Natürlich machst du dir damit eventuelle Verbündete zu Feinden. Obwohl bei Lip der Vorschlag von Raguenes nicht angenommen wurde, sind dennoch relativ wenige leitende Angestellte an der Bewegung beteiligt gewesen. Man sagte mir, ein einziger leitender Angestellter habe sich auf die Seite der Arbeiter gestellt.

Victor: Das ist nicht wahr . . . Die anderen . . .

Gavi: Die anderen werden morgen dagegen sein . . .

Victor: Wogegen?

Sartre: Gegen die Bewegung. Wenn ihre Privilegien oder ihr Status in Frage gestellt werden. Hätten zum Beispiel die Arbeiter für den gleichen Lohn gestimmt, wäre das eine gerechte, aber voreilige Entscheidung gewesen. Wenn du kein Idealist bist, siehst du sehr wohl, daß man sich nicht immer mit beiden Seiten gutstellen kann, daß man sich nicht zwischen antagonistischen Passionen, wie eine Grenze zwischen zwei verfeindeten Ländern, dahinschlängeln kann. In bestimmten Augenblikken muß eine Entscheidung getroffen werden, und eben da bin ich Pessimist.

VICTOR: Wenn man dich so reden hört, kann man eigentlich nur die Schlußfolgerung ziehen: Politiker sind Menschen, die nicht aufrichtig sein können und auf die Dauer als Manipulateure dastehen; bestenfalls kann man hoffen, daß ihnen sehr aufrichtige Menschen zur Seite stehen, Menschen mit Seltenheitswert, der Arbeiterpriester, der nicht allzu tölpelhafte Intellektuelle.

Und trotz allem hat der Politiker das letzte Wort: die Widersprüche sind so geartet, daß nur ein Politiker sich zwischen ihnen hindurchlavieren kann. Zum Glück gibt es den aufrichtigen Menschen, der ihm sagt: «Halt, hier sind Sie im Begriff, die Treue zum Ideal aufzugeben.» Aber immer hat der Politiker das letzte Wort.

GAVI: Nein, das habe ich nicht gesagt. Wir sprachen vorhin davon, was die Diskussion beitragen kann. Das etwa sagen wir in den Leitartikeln von *Libération*: man kann heute die Politik in neuen Begriffen konzipieren, wenn man den Begriff des Pluralismus einführt, die gemeinsame Diskussion, die freundschaftliche oder brüderliche Diskussion . . . Sobald ein Problem auftaucht, öffentlich darüber debattieren . . .

VICTOR: Genau das hat Piaget gemacht . . .

GAVI: Piaget ist ein aufrichtiger Mann!

VICTOR: Dann ist er also kein Politiker?

GAVI: Piaget verwirklicht die «neue Politik» . . .

VICTOR: Ist es möglich, daß es eine neue Art des Politikers gibt? Diese Frage möchte ich Sartre stellen.

SARTRE: Ob sie immer aufrichtig sind, weiß ich nicht; aber ist das politische Denken des Politikers immer sein ganzes Denken? Oder, wenn du so willst: der Politiker muß sich über alles Gedanken gemacht haben, aber muß er auch die Gesamtheit dessen, was er denkt, in Diskussionen preisgeben? Das frage ich euch.

GAVI: Du triffst die Entscheidung für die anderen, daß es richtig ist, über dieses Problem zu schweigen, weil . . . das ist es doch, was du zynisch nennst . . .

SARTRE: Zyniker ist für mich jemand, der ein Gefühl für die Totalität hat, die er nicht auslotet. Er hält sich dabei an die Totalität, von der er glaubt, daß sie von den Leuten diskutiert werden kann. Er hat also zwei Gesichtspunkte – oder glaubt sie zu haben –, und darin liegt für mich der Zynismus des Politikers.

VICTOR: Ist dieser Zynismus unvermeidlich?

SARTRE: Ja, weil ich den Politiker nicht sonderlich schätze. (*Gelächter.*)

VICTOR: Was willst du damit sagen?

SARTRE: Ich will damit sagen, daß ich den auf die Politik spezialisierten

Menschen nicht sonderlich schätze. Ich glaube, er ist bereits gespalten, was nicht heißt, daß ich ihn für entbehrlich hielte. Im Augenblick ist er unentbehrlich. Angenommen, es gäbe einen wahren, wirklichen Sozialismus, dann würde der Begriff des Politikers verschwinden, da dann *jeder* Politiker wäre. Der Politiker als solcher ist den Massen, den eigentlichen Teilhabern der Demokratie, nicht überlegen. Er ist ein Verstümmelter. Er ist der Mann, der von einem Zustand zu einem besseren Zustand hinüberführt. Ich betrachte Männer wie Lenin oder auch Stalin – um dir entgegenzukommen (*Gelächter*) – als Vermittler; das ist ihr Hauptcharakteristikum. In einer klassenlosen Gesellschaft dürfte diese Kategorie von Menschen, wie ich annehme, überflüssig sein. Ich denke, dann wird jeder Vermittler des Ganzen werden. Und dann kannst du nicht mehr sagen, daß der Demokrat, nämlich irgendein Arbeiter, irgendein Arbeitender, sich spezialisiert, wenn er sich politisch betätigt. Wenn der Demokrat sich politisch betätigt, dann ist das eine Tätigkeit unter anderen, die angesehen wird wie alle seine Tätigkeiten. Aber einen Politiker gibt es dann nicht mehr.

VICTOR: Ich protestiere. Du setzt eine bestimmte Beziehung voraus zwischen dem Intellektuellen, der sich nicht als Politiker definiert und dem Politiker als einem auf die Politik spezialisierten Menschen, einem Menschen des Überbaus. Du verewigst dein Verhältnis zur KP. Und ich glaube, genau das ist die alte Politik, und ich will, daß Schluß gemacht wird mit der alten Politik, damit, daß der kritische Intellektuelle oder der Arbeiter die besondere Aufgabe der «Politik» einer besonderen Kategorie von Menschen delegiert. Der militante Politiker seinerseits muß diese Form der Isolierung der Spezialisierung ablegen. Denn bei der Entwicklung der Revolution in Frankreich geht es auch um diese Trennung und Spezialisierung. In der klassenlosen Gesellschaft macht jeder Politik, also – in gewisser Weise – keine Politik mehr. Man wird sich jede Politik versagen . . .

SARTRE: Man wird sie sich nicht versagen. Es wird keine Politik mehr geben . . .

VICTOR: Aber die klassenlose Gesellschaft liegt für uns in unbestimmter Zukunft, und damit auch die Abschaffung der Politik. Inzwischen müssen wir die Vermittlung der Politik einer besonderen Kategorie von Menschen überlassen. Ich glaube, das gibt das alte strategische Schema wieder: über lange Zeit hin bereitet man die Bedingungen für die Revolution vor, und dann kommt der Moment, der Moment der Krise, wo die Dinge sich in einem Aufstand entladen: das ist die Revolution. Und danach: der Sozialismus, das Ende des Staates. Ich glaube, dieses Schema hat endgültig versagt. Die klassenlose Gesellschaft, das Ende des Staates, werden in den gegenwärtigen Kämpfen vorbereitet, was nicht heißen soll, daß in jedem punktuellen Kampf alle Bedingungen der klassenlosen Gesellschaft schon vereint sein können. Bei der Rollenverteilung zwischen dem Politiker und dem Intellektuellen zu unterscheiden, also ich finde, das ist geradezu eine Sünde (*Gelächter*) . . .

SARTRE: Ich finde nicht. Wenn der Politiker nicht alles sagen kann, dann gilt das für die Periode, in der er als Mittler existiert. In einer Zeit dagegen, in der er alles sagen könnte, wird der Politiker verschwinden, wird es ihn gar nicht mehr geben.

VICTOR: Aber wir können nicht davon ausgehen, daß es eine Periode gibt, in der die politische Mittlertätigkeit ganz und gar in den Händen einer bestimmten Kategorie von Menschen liegt, deren Aufgabe es ist, die Massen zu mobilisieren, und daß es eine andere Periode gibt, die das Ende der Geschichte bedeutet . . .

SARTRE: Nicht unbedingt; ich sehe nicht recht, warum . . .

VICTOR: Na gut, nennen wir es Vorgeschichte . . . ich bin entschieden gegen dieses Konzept vom «Ende der Vorgeschichte»; es ist durch und durch religiös. Wir hätten damit eine Zeit, in der die sozialistische Revolution unter den Bedingungen des kapitalistischen Systems vorbereitet wird, und dann . . .

SARTRE: Sie bereitet sich schon vor . . .

VICTOR: Sie bereitet sich durch die Revolution vor. Ich behaupte, daß man die Revolution vorbereitet, indem man die Revolution macht.

SARTRE: Genau dies.

VICTOR: Das ist der tiefere Sinn des Ausspruchs von Guevara: Es ist die Pflicht jedes Revolutionärs, die Revolution zu machen. Wenn du dir Lip ansiehst . . . seit dem 12. Oktober warten sie dort darauf, daß endlich Revolutionäre die Revolution machen, daß sie ihre Pflicht tun: Nicht ein Lip, zwei, drei Lips!

SARTRE: Richtig. Aber wenn die Revolution erst gemacht ist, kann man auf Politiker verzichten.

VICTOR: Was soll das heißen?

SARTRE: Das soll heißen: von dem Augenblick an, wo der Kapitalismus aufgehört haben wird, als Kapitalismus zu existieren.

VICTOR: Du meinst die kommunistische Gesellschaft?

SARTRE: Ja, in der kommunistischen Gesellschaft.

VICTOR: Aber der Politiker wird abgeschafft.

SARTRE: Aber das sagen wir doch die ganze Zeit, nichts anderes habe ich gesagt.

VICTOR: Du hast gesagt, es gibt eine Periode, wo der Politiker notwendigerweise voll und ganz ein Mittler ist, wo er zu einer besonderen Kategorie von Menschen gehört, und danach eine andere Periode, die kommunistische Gesellschaft, das Ende der Vorgeschichte, wo der Politiker abgeschafft und jeder Politik machen wird. Ich behaupte, diese Aufteilung in zwei Perioden ist ein überholtes strategisches Konzept.

Gavi: Das ist kein Konzept, das ist eine Feststellung!

Victor: Das stimmt nicht. Die Arbeiter bei Lip, die keine Politiker sind, machen Politik!

Gavi: Letztlich kann der Politiker als Mittler nur existieren, weil es Menschen gibt, die keine Mittlerrolle übernehmen. Es gibt keine Linke, ohne eine Linke der Linken und keine Vermittlung ohne Provokation als Gegengewicht. Alles ist eine Frage des Gleichgewichts und der Kräfteverhältnisse.

Victor: Ich glaube nicht, daß der Politiker ein Maurice Thorez sein muß.

Sartre: Der Politiker muß nicht ein Maurice Thorez sein, gewiß nicht, aber er befindet sich in einer Periode, wo er Maurice Thorez ähnelt – er weiß nicht alles, er kann nicht alles wissen, er weiß vielleicht über gewisse Dinge weniger als andere. Er vollzieht seine Totalisierungen anders, als er sagt . . . Ein Politiker, ja. Er gibt eine Totalisierung, die für die Massen verdaulich ist, aber das heißt nicht, daß es die seine ist. Und ich wünsche ihm nur, daß diese Totalisierung verdaulich ist . . .

Gavi: Vielleicht sollte man eher vom Menschen sprechen . . .

Sartre: . . . vom neuen Menschen . . .

Gavi: Auch nicht so ganz, weder in dir noch mit dir . . . Man kann vielleicht vom Menschen einer neuen Politik sprechen. Wir haben die Bedeutung der Diskussion unterstrichen, nicht der höflichen, formellen Diskussion in einem Seminar oder Kolloquium, über dem der liebe Gott schwebt. Nein, wir müssen vielmehr die harte Diskussion konstituieren, in der jeder bis ans Äußerste geht. Nach so einer Diskussion braucht man nicht auf dem Kopfkissen nach Zärtlichkeit und Gehör zu suchen, da man in seiner Gruppe von geschwollen daherredenden Männern und Frauen kein Gehör fand. Ich glaube, daß die Menschen der neuen Politik nicht auf Grund von Referenzen oder durch die Lektüre von Büchern Politiker wurden, sondern oft durch ihren persönlichen Bruch – sie sind in den Kampf verwickelt, den sie nicht im Namen von Konzeptionen oder völlig abstrakten Entitäten führen, sondern weil sie eine Gesellschaft, die sie nicht akzeptieren, nicht mehr ertragen wollen. Auf dieser Basis des persönlichen Bruches und der persönlichen Revolte wird jeder, der kein Idealist ist, Politiker. Er lernt es, die Kräfteverhältnisse abzuschätzen und eine Kaserne nicht anzugreifen, wenn sie zu gut verteidigt wird . . . Natürlich muß auch er kalkulieren, aber immer als jemand, der die Freiheit sucht. Das Kalkül des traditionellen Politikers sieht anders aus. Man weiß nicht einmal mehr, warum er sich auflehnt; er ist von seinem Wesen her Politiker; man hat fast den Eindruck, er sei als Politiker geboren; bei einem Mann wie Marchais sehe ich zum Beispiel nicht recht, was an ihm noch menschlich ist. Ich kenne nichts anderes von ihm als das gemeinsame Programm der Linken.

Ich weiß nichts über ihn; ich sehe nur den Mann, der das gemeinsame Programm der Linken als Fahne vor sich herschwenkt. Ein Mann wie Raguenes oder Piaget oder auch andere, die überall auftauchen und die wirkliche Politiker sind und die in bestimmten Augenblicken auch Kompromisse zu schließen wissen, sie sind Menschen und ähneln nicht Maschinen oder Göttern. Und sie haben eines gemeinsam: sie schätzen die Diskussion. Meine Kenntnisse vom Marxismus sind begrenzt; aber ich habe nicht den Eindruck, daß Marx oder die Marxisten sich viel mit der Bedeutung der Rede, des Wortes, der Diskussion, der psychologischen Beziehung unter den Menschen beschäftigt hätten. Langsam entdecken wir, was ein neuer Politiker sein kann, nicht was er sein «muß» (weil er ja nicht aus «Pflicht» Revolutionär ist), und außerdem finden wir eine Methode heraus, die Diskussion, und zwar nicht im liberalen Sinne (jeder Mensch hat recht), sondern wir verstehen sie als Fundament jeder Demokratie.

VICTOR: Es muß eine neue Theorie des Politikers geschaffen werden. Ich denke dabei an all die Unbekannten, die aus den Kämpfen hervorgehen, nachdem sie Probleme, die sie als persönliche Probleme sahen, kollektiviert haben.

GAVI: Der Mensch der neuen Politik darf nicht im Namen einer bestimmten Finalität die Probleme verschweigen, die er für sekundär hält gegenüber den Problemen, die er für die erstrangigen hält. Neue Politik bedeutet heute, sich um Transparenz zu bemühen und der Aktion (die wiederum von einer Strategie abhängig sein kann) eine Diskussion voranzustellen, in der alles durchgesprochen wird. Das ist, glaube ich, etwas vollkommen Neues.

VICTOR: Das «darf nicht verschweigen» würde ich dennoch gern präzisieren. Wenn du damit meinst, daß der neue Politiker die Probleme, die im Kampf nicht vorrangig sind, nicht verdrängen darf, dann bin ich einverstanden. Würdest du, Sartre, es akzeptieren, ein Politiker neuen Stils zu werden, einer revolutionären Bewegung anzugehören, nach den Prinzipien, die wir soeben definiert haben?

SARTRE: Wo liegt denn der Unterschied, ob ich besagter Bewegung angehöre oder sie in dem Maße, wie die gesamte Bewegung es mir erlaubt, unterstütze?

VICTOR: Sartre als Institution, das bedeutet die Institutionalisierung der Kritik an der traditionellen kommunistischen Bewegung. Dieser Sartre hat der offiziellen kommunistischen Bewegung ständig Knüppel in den Weg geworfen, er hat sie immer daran gehindert, gänzlich optimistisch, gänzlich religiös zu sein. Wenn Sartre der revolutionären Bewegung angehört, dann bedeutet das, daß es eine neue revolutionäre Bewegung gibt, daß es einen Intellektuellen neuen Typs gibt, einen Politiker neuen Typs.

SARTRE: Einen Intellektuellen neuen Typs, ja. Den Politiker neuen Typs möchte ich gern sehen. Wir haben vage definiert, was alles er sein sollte, aber es ist nicht so, daß er sich schon vollständig herausgebildet hätte. Wie werden sie aussehen, die Politiker, in ein paar Jahren. Ich weiß es nicht.

VICTOR: Aber was könnte dich hindern, diese revolutionäre Bewegung mitzugestalten?

SARTRE: Aber ich tue doch alles dafür, was ich kann; diese Gespräche zum Beispiel würde ich auch mit euch führen, wenn ich militant wäre ...

VICTOR: Das stimmt ...

SARTRE: Was ich ablehne, ist die Zugehörigkeit zu einer Bewegung, die einer der Bausteine des revolutionären Gebäudes sein soll. Sobald es eine große revolutionäre Bewegung geben wird, bin ich dabei, sofern ich noch meine beiden Beine und meine beiden Arme habe; doch, doch, ich bin dabei. Ich marschiere mit. Was heißen soll, ich bin nicht Maoist, nicht dies noch das – ich marschiere. Und mit den Maos ist es ja genau das gleiche, sie sind nicht mehr Maoisten – sie marschieren immer mit den Revolutionären. Was also soll es für einen Intellektuellen – weitgehend alter Prägung, leider –, der sich euch verbunden fühlt, bedeuten, Politiker zu sein, Revolutionär in unserer Zeit? Was kann das heutzutage bedeuten? Was kann ich tun? Nicht mehr, als ich tue. Ihr müßt auch an mein Alter denken. Ein Mann von 68 Jahren kann, wenn er sein Leben lang Politiker gewesen ist, mit 69 Jahren immer noch etwas dazulernen. Aber wenn er nicht Politik gemacht hat, wenn er immer nur ein Resonanzboden der Politik gewesen ist, was soll er dann mit 69 Jahren denn noch tun?

VICTOR: Richtig.

SARTRE: Wir haben heute klar umrissen, wie man die augenblickliche Entwicklung der revolutionären Ideen, der revolutionären Praxis sehen muß. Noch nicht untersucht haben wir heute, was ein Revolutionär ist. Ich glaube, wir könnten das beim nächstenmal tun ...

(28. Oktober 1973)

18

Der israelisch-arabische Krieg

> Hier sehen wir uns wieder einmal einem Problem gegenüber, für das es, zumindest zu unseren Lebzeiten, keine Lösung zu geben scheint.

GAVI: Etwas quält mich. Wenn du von Israel sprichst, sprichst du wie von einer Gesamtheit, während du, wenn du von Frankreich sprichst, immer die Widersprüche siehst. Es stört dich nicht, daß wir, wenn von Frankreich die Rede ist, sagen: Frankreich muß zerstört werden, damit ein anderes Land geschaffen werden kann.

SARTRE: Widersprüche gibt es auch in Israel, wie überall auf der Welt, tiefe Widersprüche, die sich im übrigen erst nach der Gründung des Staates ergaben. Ich bin nicht für das Israel in seiner gegenwärtigen Form, aber ich lehne die Idee seiner Zerstörung rundheraus ab.

GAVI: Und wenn es sich um die Zerstörung eines Staates handelt, genauer gesagt einer Regierung, und um den Aufbau eines neuen Staates, der sozialistisch wäre, zum Beispiel eines Palästina . . . denn es gibt ja in Israel selbst Klassenkämpfe . . .

SARTRE: Es gibt sie noch nicht, und das ist schlimm genug. Auf der einen Seite gibt es die orientalischen Israelis, die ein Leben in Armut gewohnt sind, die nur geringe technische Kenntnisse besitzen und die rassistisch behandelt werden, und auf der anderen Seite gibt es die Europäer unter den Israelis, die technisch durchaus auf der Höhe europäischer Ingenieure sind. Aber trotz der Widersprüche betrachten beide Seiten sich als Einheit auf Grund der Tatsache, daß sie ein Land sind. Wenn man einen arabisch-jüdischen Staat gründete, würde es auch nicht gutgehen, weil die Araber die Juden vertreiben wollen. Was also bedeutet es dann, wenn man von einem arabisch-jüdischen Staat spricht?

GAVI: Nicht alle Palästinenser reden so . . .

SARTRE: Man ermuntert sie nicht gerade dazu, aber genau das sagen sie! Zumindest sagten sie es vor ein paar Jahren. Inzwischen drücken sie sich etwas unbestimmter aus, aber ich glaube nicht, daß es lange gutgehen würde für die jüdischen Palästinenser Juden.

GAVI: Ein Dialog scheint dir also nicht möglich?

SARTRE: Doch. Aber es muß eine Diskussion zwischen Brüdern sein, zwischen Arbeitern oder Intellektuellen gleicher Art, nicht zwischen Mitgliedern zweier radikal verfeindeter Gemeinschaften . . . Das wäre wie eine Diskussion zwischen Arbeitgebern und Arbeitnehmern, und die wäre nicht sehr fruchtbar . . .

Gavi: Wer wären die Arbeitgeber?

Sartre: Vermutlich würden die Palästinenser ziemlich schnell in die Rolle des Arbeitgebers schlüpfen, weil sie die äußere Unterstützung aller arabischen Staaten hätten; und dann wäre es ein arabischer Staat, in dem die Juden nur ein sekundäres Element darstellten, selbst wenn man ihnen alle Rechte zuspräche. Wie dem auch sei, das israelisch-arabische Problem ist unlösbar. Es kann keine Lösung geben, das jedenfalls ist meine Ansicht. Dennoch müssen wir dafür kämpfen, daß diese drei Millionen Menschen nicht einfach vertrieben oder zu Sklaven gemacht werden.

Gavi: Hier sehen wir uns also wieder einmal einem der Probleme gegenüber, für die es, zumindest zu unseren Lebzeiten, keine Lösung zu geben scheint.

Sartre: Aber er wird ja nicht tot sein, und du auch nicht, wenn der israelische Staat in zehn, fünfzehn Jahren kaputtgemacht sein wird. Es wird ein weltgeschichtliches Verbrechen sein – eines unter vielen.

Victor: Wir müssen erst einmal wissen, was wir unter «israelischer Staat» eigentlich verstehen. Es ist ja nicht nur die Regierung. Im übrigen wird niemand in der Welt etwas gegen eine Regierung haben, die etwas linker ist als Golda Meir. Den Staat Israel zu zerstören, das heißt die Juden ins Meer werfen, wie ein paar Idioten gesagt haben.

Sartre: Das sind nicht ein paar Idioten, das sind alle.

Victor: Nein . . .

Sartre: Nicht 1967, da hatte sich alles schon etwas geändert, aber 1965, da haben es die Palästinenser gesagt!

Victor: Letzten Endes kann man sie verstehen. Es ist das naive Gefühl derer, die ihres Bodens beraubt sind. Sie sagen, man muß den Eindringling ins Meer zurückwerfen . . . Ich höre oft, daß arabische Arbeiter keinen Unterschied machen zwischen Zionisten und Juden; ich werde natürlich alles tun, damit sie diesen Unterschied begreifen, ich werde ihnen erklären . . . aber ich verstehe schon die Mechanismen, die dazu führen, daß sie so reden.

Sartre: Ich verstehe es auch, aber weißt du, wenn sie sagen: Wir wollen Israel zerstören!, dann heißt das etwas, dann heißt das, daß man es mit einer Kraft zu tun hat, die in der arabischen Welt existiert und die immer existiert hat . . .

Victor: Lassen wir die Formulierungen der Fanatiker beiseite. Wenn wir der Zerstörung des gegenwärtigen israelischen Staatsapparats einen präzisen Inhalt geben wollen – man muß vor allem anerkennen, daß es kein Recht gibt, das es der Diaspora erlaubt, sich in Palästina festzusetzen.

Sartre: Nein, ein solches Recht gibt es nicht.

Victor: Wenn dieses Recht der Diaspora nicht zuerkannt worden ist, die im übrigen auch nicht danach fragt . . .

Sartre: Sie fragt nicht danach, weil sie nicht dort ist . . .

Victor: Ich meine, man müßte sich verständigen können über den Inhalt, einen fortschrittlichen Inhalt, den man der Parole der Palästinenser geben könnte.

Sartre: Das heißt, es müßte jetzt dort einen palästinensischen Staat geben, in dem sich die Israelis, die nicht gewillt wären, das Land zu verlassen, anschließen würden, als Minderheit, die Rechte hätte . . .

Victor: Die juristische Form des Staates interessiert mich im Augenblick nicht: ich glaube, daß man bei der Innovation, was die demokratische und sozialistische Staatsform betrifft, sehr weit gehen könnte. Mich interessiert die Lösung der gegenwärtigen Schwierigkeit: wie kann man hinausgelangen über die Solidarität, so wie sie durch die Ideologie des Zionismus geknüpft wurde zwischen den gegenwärtig in Palästina lebenden Menschen jüdischen Ursprungs und der Gesamtheit der jüdischen Bevölkerung in der Diaspora in aller Welt? Diese aufgezwungene Solidarität muß in aller Deutlichkeit in Frage gestellt werden. Es geht nicht etwa darum, die Solidarität der Juden in aller Welt gegenüber der Verfolgung in Frage zu stellen – das wäre idiotisch. Das hieße, das besondere Problem der Unterdrückung der Juden leugnen zu wollen. Ich teile in keiner Weise den Standpunkt der Palästinenserführer, die die Sowjetunion als ihren Verbündeten ansehen und deshalb das Problem des Antisemitismus in der UdSSR verschweigen. Es muß unbedingt eine Solidarität der Juden in aller Welt gegenüber dem Antisemitismus geben, aber diese Solidarität, die eine revolutionäre Solidarität des Kampfes gegen die Unterdrückung sein kann, impliziert nicht, daß jeder Jude das Recht hat, nach Palästina zu kommen und Bürger eines Staates zu werden, der auf dem Prinzip des Anschlusses der arabischen Bevölkerung gegründet ist . . .

Sartre: Das ist im übrigen ja unmöglich.

Victor: Unmöglich. Aber was hindert ein demokratisches Palästina daran, ein Land zu sein, das den Verfolgten Asyl gewährt wie jedes sozialistische Land, das diesen Namen verdient, auch den verfolgten Juden.

Sartre: Sie sind *alle* Verfolgte . . . (*Gelächter.*) Man kann nicht pro-arabisch sein, ohne auch ein bißchen pro-jüdisch zu sein, wie es übrigens auch Victor ist. Und man kann nicht – wie ich – pro-jüdisch sein, ohne pro-arabisch zu sein. Und dadurch gerät man in eine komische Position . . .

(Oktober 1973)

19

Der Revolutionär

Ein politischer Intellektueller, wie er uns vorschwebt, kann jeder Arbeiter werden.

VICTOR: Wir sind dabei, eine gewisse Rollenverteilung, hier der Intellektuellen, dort der Politiker, in Frage zu stellen. Der Intellektuelle, der die ganze Wahrheit sagt, und der Politiker, der sie in Scheibchen schneidet, damit die Masse sie verdauen kann. Was mir bei Lip besonders auffiel war, wie viele Menschen sich zu Wort meldeten. Allerdings habe ich andere Kollektive kennengelernt, wo noch mehr Menschen ihre Meinung sagten. Das Erstaunliche war, daß die Hauptelemente des Kräfteverhältnisses immer wieder von allen revidiert und aufs neue diskutiert wurden. Auf ein umfassendes Referat der Verantwortlichen folgte gewissermaßen eine Kontrolle der ganzen Wahrheit durch das Kollektiv der Kämpfer. Diese waren durch ganz Frankreich gereist, hatten überall diskutiert, hatten immer wieder an das Kräfteverhältnis gerührt und waren nun in der Lage, den Standpunkt der Verantwortlichen zu kontrollieren. Hier gab es nicht mehr die Gestalt des Politikers, der es sich angelegen sein läßt, Wichtiges für sich zu behalten. Das scheint mir nicht einfach nur das Ergebnis eines besonders außergewöhnlichen Kampfes zu sein. Ich meine, es gibt Aufschluß über die Hervorbringung eines neuen Konzepts der Politik, das ganz allgemein diese Rollenverteilung in Frage stellt, dem Unterschied zum Beispiel zwischen dem kritischen Intellektuellen, der sich nichts vormachen läßt, und den Arbeiterorganisationen – eine Rollenverteilung, die charakteristisch war für die Beherrschung der Arbeiterbewegung durch die KP. Was meinst du dazu? Sicher müßte sich auch deiner Meinung nach der kritische Intellektuelle mehr als Politiker und der Politiker mehr als kritischer Intellektueller betätigen . . .

SARTRE: Ja . . .

VICTOR: Ich glaube, das zeichnet sich jetzt ab; das müssen wir fördern – und alles, was in die Richtung der alten Konzeption vom Intellektuellen und vom Politiker weist, ist eindeutig regressiv.

SARTRE: Zumal der Politiker ja nicht mehr als der politische Chef in Erscheinung treten soll, sondern als ein Mensch wie jeder andere, denn nach unserer Hypothese für die Zukunft ist jeder Revolutionär zugleich Politiker . . .

VICTOR: Ja . . .

SARTRE: Also gibt es keinen Unterschied mehr zwischen dem Intellektuellen und dem Politiker, da der Intellektuelle ein Politiker ist und – wie du gerade ausführtest – Politiker auch Intellektuelle sind. Dann könnten sie einander auch verstehen. Gegenwärtig ist es so: wenn der Intellektuelle über ein Thema spricht, verstehen sie einander nicht, da der Intellektuelle weit mehr Theoretiker ist und bei der Reflexion über einen Gegenstand wesentlich weiter ausholt. Und wenn ich mir auch nicht sicher bin, ob er damit in solchen Augenblicken richtig handelt – das ist eine andere Frage –, befindet er sich doch auf alle Fälle nicht auf derselben Ebene wie der Politiker, so wie er gegenwärtig noch definiert wird. Der Intellektuelle kann seine eigentliche Daseinsberechtigung nur daraus ableiten, daß er Kenntnisse erwirbt, die der Politiker nicht erwerben kann und nicht zu erwerben braucht, um sich als Politiker zu äußern. So studiert der Intellektuelle die Naturwissenschaften auch deswegen, weil sie ihm Kenntnisse vermitteln für die strengen Vergleiche, die er anstellen will. Und der Politiker weiß das alles nicht. Er kann es zwar wissen, aber er weiß es nicht unbedingt, während der Intellektuelle es wissen muß. Also würde ich sagen, es müßte letzten Endes eine tiefgreifende Identifizierung bei jedem stattfinden zwischen dem Politiker, der er ist, und dem Intellektuellen, der er sein sollte und der er sein wird.

VICTOR: Aber diese Identifizierung vollzieht sich im Kampf . . . Gewisse soziale und politische Daseinsformen des Intellektuellen, die die herkömmliche Rollenverteilung implizieren, müssen unbedingt in Frage gestellt werden. Ebenso, wie der gegenwärtige Typus des Politikers, des isolierten Menschen, des Mannes, der auf die Kunst, Menschen zu regieren, spezialisiert ist, auf die Techniken der Herrschaft . . .

SARTRE: . . . der Politiker, den wir im Auge haben, ist ein beliebiger Mensch; folglich verfügt er nicht über die Techniken der Menschenbeherrschung. Er verfügt nur über eine Technik: die der Überzeugung . . .

VICTOR: Ja, aber ich glaube, du vereinfachst da die Dinge etwas. Wir haben ja noch keine klassenlose Gesellschaft, nicht einmal eine auf breiter Basis revolutionarisierte Gesellschaft. Also wird jeder, der eine Verantwortung übernimmt, der Politiker wird – auch wenn er aus der Masse der Namenlosen hervorgeht –, sogleich den totalitären Druck des gegenwärtigen Überbaus zu spüren bekommen. Und er wählt – meist unbewußt – bestimmte Positionen, die Positionen der autoritären Macht, die von den herrschenden Klassen mit viel Geschick und in langen Jahren entwickelt worden sind. Das führt dazu, daß der gegenwärtige Politiker – denn, wie gesagt, von dem aus einer revolutionären Gesellschaft hervorgegangenen Menschen kann man bisher nur als on einer Utopie sprechen –, daß der gegenwärtige Politiker immer hin und her gerissen wird zwischen Positionen traditioneller Macht, die Druck auf ihn ausüben und ihn – ob er will oder nicht – beherrschen, und neuen demokratischen Positionen. Der neue Politiker ist jemand, der beunruhigt ist, was im Vergleich zu dem Bild des selbstsicheren bolschewistischen Politikers eine kleine Veränderung bedeutet. Beunruhigt nicht in dem Sinne, daß er vor Aktionen das Flattern bekommt . . . nein, sondern insofern, als er sich bewußt ist, daß er in bestimmten Augenblicken mit dem Druck von seiten des Überbaus Schluß machen muß: er wird es zum Beispiel ablehnen, sich von *France-Soir* oder vom Fernsehen zum Star machen zu lassen. Doch so etwas kann tiefer gehen: Je mehr der Kampf sich ausweitet, um so deutlicher wird ihm bewußt, daß sich zwischen ihm und dem Kollektiv, das er vertritt, fast religiöse Beziehungen entwickeln, was ihm zeigt, daß schon allein seine Position eine Entfremdung von der Macht der Kollektivität darstellt. Er muß den Bruch vollziehen! Etwas zerschlagen! Er muß sehen, wie er zurechtkommt, denn ein Rezept gibt es nicht, aber es ist ein wenig so, als ob er ein Duell mit einer Machtposition abbricht, um das Gefühl eines Bruchs, das im übrigen immer von Angst begleitet sein wird, in dem Kollektiv zu erzeugen, das ihm einen Teil seiner Macht delegiert hat, das ihm vertraut. Man kann also nicht sagen: der neue Politiker, das ist ein Mann, der nur die Überzeugungskraft kennt, der nicht die traditionellen Techniken des Zwangs und der Herrschaft kennt. Meiner Meinung nach hieße das, das Problem zu reduzieren und zu umgehen.

SARTRE: Darin bin ich mit dir einig. Aber es steht fest, daß ihm, wenn er der Macht des Überbaus entsagt, nur die Macht der Überzeugung bleibt, und wenn nicht ein Kampf zu führen wäre . . .

VICTOR: Aber du gibst doch zu, daß Feinden gegenüber . . .

SARTRE: Da hat er nur die traditionelle Macht. Nun gibt es heute tatsächlich nur eine Minderheit allerdings sehr mächtiger Feinde gegenüber einer ganzen Klasse, die sich mit Gewalt auflehnen muß . . .

VICTOR: Einverstanden . . . Sagen wir, die Mehrheit einer Klasse . . .

SARTRE: Aber wenn der Politiker sich wieder innerhalb seiner Klasse befindet, benutzt er die Kraft der Überzeugung . . .

VICTOR: Richtig . . .

SARTRE: Da er nicht gegen die Arbeiter, die ihm zuhören, kämpfen kann, wird er versuchen, sie zu überzeugen, und nicht, wie heute üblich, indem er ihnen falsche Parolen gibt, sondern indem er ihnen die Wahrheit erklärt, indem er sich bemüht, in Übereinstimmung mit dieser Wahrheit zu handeln. Infolgedessen neigt der Politiker meiner Ansicht nach immer mehr dazu, sich einerseits mit den Mitgliedern des Kreises, der Versammlung, der Klasse, die ihm zuhört, zu identifizieren, und zum anderen ist er bestrebt, sich gleichfalls mit dem Intellektuellen zu identifizieren. Ich meine, dem Intellektuellen soll ruhig etwas belassen werden, was sich nicht auf seine politische Position reduzieren läßt. Ich will damit sagen, daß gewisse große Synthesen, die von den intellektuell-politischen Menschen vollzogen werden, heute nicht unbedingt mit den gegenwärtigen politischen Synthesen gleichgesetzt werden können . . .

VICTOR: . . . Ja . . .

SARTRE: . . . sie stellen eine Zukunft dar; über diese Zukunft wissen wir nichts Genaues; wir haben heute noch nicht genügend Kenntnisse, um voraussagen zu können, was in zweihundert oder in hundertfünfzig Jahren geschehen wird. Wir müssen uns also auf Hypothesen beschränken. Das Wesentliche ist, daß der Politiker ein höheres Niveau erreichen muß. Die meisten Politiker der Dritten, der Vierten und auch der Fünften Republik, die ja bürgerliche Republiken sind, haben nichts vom Intellektuellen – es sind sogar Dummköpfe, um es deutlich zu sagen. Sie verstehen nur eines: zu konservieren und die von Zorn, Empörung und Angst erfüllte Mehrheit zum Schweigen zu bringen. In hundert, in fünfzig Jahren wird der Politiker anders aussehen. Schon jetzt stelle ich fest, daß – in gewisser Weise – ihr beide Intellektuelle seid. Ich weiß nicht, ob ihr jetzt protestieren werdet, aber ihr seid es, und dabei will doch Victor – von Gavi weiß ich es nicht genau –, Victor will doch Politiker sein, ein wenig nach alter Manier, denn er ist «Chef», und ich glaube nicht, daß es in einer späteren revolutionären Epoche noch den Chef oder den Führer geben wird. Also findet man schon heute Politiker, die in stärkerem Maße Intellektuelle sind, als es vor fünfzig Jahren der Fall war. Es hat schon solche Fälle gegeben: Jaurès zum Beispiel. Ich hege keine übertriebene Bewunderung für Jaurès, aber er war ein Intellektueller, der Chef der sozialistischen Partei geworden war. Und dann war da auch Léon Blum. Aber viel mehr waren es auch nicht. Im allgemeinen waren die Intellektuellen unter den bürgerlichen Politikern, wenn es welche gab, Anwälte, was alles sagt . . .! Ein politischer Intellektueller, wie er uns vorschwebt, kann jeder Arbeiter werden. Er wird die Prinzipien besser erfassen, von denen ausgehend er diese Idee richtig und jene Aktion nützlich findet, und indem er sich an diese Prinzipien hält, wird er ein Intellektueller sein. Während heute der Intellektuelle oft nur Verachtung für den Politiker übrig hat und der Politiker die Intellektuellen für überflüssig hält. Da in etwa stehen wir heute, wobei das Besondere ist, daß der revolutionäre Kämpfer aus der Synthese des Politikers und des Intellektuellen hervorgeht. Leute wie ihr repräsentieren einen neuen Menschentypus. Ihr seid fast Illegale, in jedem Fall ist Victor fast illegal, er ist also in keine politische Formation eingegliedert, sondern steht außerhalb und kann darum den Intellektuellen und den Politiker in sich miteinander in Einklang bringen. Eines überrascht mich. Ich habe in meinem Leben viele Gespräche mit Politikern geführt, aber zum erstenmal treffe ich hier einen Politiker, der ein Intellektueller ist. Damit meine ich nicht jemanden, der geschickt zu diskutieren versteht, denn solche Männer gibt es ja auch in anderen Parteien. Ich meine damit jemanden, für den die eigentliche politische Aktion und die intellektuelle Aktion sich auf der gleichen Ebene befinden; er will, daß die politische Aktion Gründe, präzise Motive, Prinzipien hat. Jeder Politiker sollte gleichzeitig Intellektueller sein. Jeder mag der einen oder der anderen dieser beiden Haltungen den Vorrang geben; vielleicht sind sie in bestimmten Fällen nicht leicht zu versöhnen, aber ich weiß auch, daß es heutzutage verhängnisvoll ist, Politik mit Männern zu machen, die lediglich Männer der Aktion sind. Es gibt Arbeiter, die sagen: «. . . Ich rede nicht, ich kann nicht reden, ich sage nur, was ich denke.» Und die sind dann oft die intellektuellsten ihrer Gruppe – durch die Art, wie sie diskutieren, wie sie ihre Hypothesen darstellen etc. Man muß bedenken, daß die Spaltung zwischen Politikern und Intellektuellen durch eine in sich selbst gespaltene Gesellschaft hervorgerufen wurde; diese Spaltung aber wird verschwinden, selbst wenn eine gewisse Distanz zwischen Theorie und Praxis bleibt. Nach und nach wird man dahin gelangen, daß jeder ein Intellektueller sein kann. Alle, die handeln, werden Politiker sein und verstehen, warum sie so handeln, wie sie handeln. Sie werden also Intellektuelle sein. Ihre Art, sich zu verhalten, wird nicht mehr in Widerspruch zu ihrer Art zu sein stehen. Es gibt einen Unterschied zwischen der Art zu sein, das heißt, das zu sein, was man ist, und der Verhaltensweise, das heißt, sich, um ein Ziel zu erlangen, zu einem anderen zu machen, als man ist. Beides muß aber in Übereinstimmung gebracht werden.

Gavi: Du sprachst von einer Art zu sein – heute hat sich diese Art zu sein verändert, und diese Veränderung bringt andere Menschentypen hervor.

Sartre: Ja . . .

Gavi: Die Art zu sein resultiert aus Konflikten, aus Antagonismen. Jeder Rede entspricht eine andere, die die Negation dieser Rede ist; jeder Behauptung entspricht eine Gegenbehauptung. Man wird sich bewußt, daß die Kirche, die Organisationen, die Institutionen, die Idee der Familie, die Idee der Religion, kurz alles, was das Denken unserer Eltern ausmachte, heute eine gegensätzliche Theorie hervorgebracht hat; etwas anderes ist in Erscheinung getreten: das Wort oder zumindest das Bewußtsein, daß das Wort etwas Fundamentales ist. In Chile hat man wahrhaftig den Eindruck, das Wort sei ermordet worden, bei Lip hat man den Eindruck, daß es neu geboren ist, und im Nahen Osten tappt man im dunkeln, weil man nicht weiß, ob dort ein «Wort» überhaupt möglich ist. Das «Wort», das sind die Augenblicke, in denen die Menschen miteinander reden. Im Laufe dieser Gespräche haben wir drei gemerkt, wie wenig Divergenzen oder Konvergenzen bedeuten, daß das Entscheidende das Miteinandersprechen ist. In diesen Gesprächen gab es immer ein «gemeinsames Wort», eine gemeinsame Sprache, man suchte nicht, den anderen fertigzumachen, sondern jeder versuchte, die Gesichtspunkte des anderen zu sehen und sich mit ihnen auseinanderzusetzen. Und mir scheint, das ist die neue Art zu sein im Gegensatz zu den alten Seinsweisen. In der Religionsgeschichte oder in der marxistisch-leninistischen Geschichte gibt es das «Wort», das Gespräch, nicht; dort gibt es nur Reden, Theorien – Bibeln, kleine rote Bücher, Breviere, Handbücher, die einem etwas aufzwingen, eine Theorie, eine Hierarchie, eine Verhaltensweise oder ein Vorbild. Man muß die Bildung von Gesprächsgruppen unterstützen. Aus solchen Gruppen – in einem Wohnviertel, in einem Haus, in der Familie oder in der Fabrik – können neue Politiker hervorgehen, die die Allgemeinheit vertreten und nicht mehr Macht über andere anstreben. Wenn sie delegiert werden, werden sie wirkliche Delegierte sein.

SARTRE: Der Begriff des Delegierens scheint mir schlecht gewählt. Denn wenn man jemanden delegiert, der das Denken von 10000 Personen vertreten soll, steht er, allein, anderen gegenüber, die ebenso wie er, allein, 5000 oder 10000 andere Menschen, die sie gewählt haben, vertreten sollen, und dann kommt ein Denken zustande, das nichts mehr zu tun hat mit dem Denken derer, die sie gewählt haben, sondern starr und unbeweglich geworden ist, und darauf errichten sie dann ihr eigenes kleines Denkgebäude, das zu nichts nütze ist. Ich meine, in einer Gesellschaft, die sich als wirkliche Gemeinschaft versteht, müßte der Begriff des Vertretens, des Delegierens verschwinden.

GAVI: Genau das ist das Problem des Vertretens, des Delegierens.

SARTRE: Ja, aber «Vertretung» darf einfach nicht mehr so verstanden werden, wie es heute üblich ist, das heißt, daß Leute von überallher zusammenkommen, ohne genau zu wissen, worum es eigentlich geht. Man muß ein anderes Verständnis der Vertretung entwickeln. Natürlich wird auch weiterhin nur einer von 5000 in die Gremien entsandt werden können, einer, der eine Entscheidung treffen kann, aber er muß dann wirklich diese 5000 Personen repräsentieren, muß ein Mittel finden, die 5000 in seiner Person zu vereinen. Das ist heute nicht der Fall. Die bestehende Form der Abstimmung gilt es abzuschaffen. Man muß neue Regeln finden.

VICTOR: Ich fürchte, hier wird das Gespräch unklar . . . Ich spreche nicht vom Politiker der klassenlosen Gesellschaft, aus dem einfachen Grunde, weil schon der Begriff des Politikers als Charakterisierung . . .

Sartre: ... verschwunden sein wird ...

Victor: Diese Gesellschaft wird verschwunden sein. Das Hauptproblem des revolutionären Politikers scheint mir folgendes zu sein: wie kann er in einer von bestimmten Machtpraktiken beherrschten Klassengesellschaft durch einen persönlichen Bruch deutlich machen, warum es sich lohnt, zu kämpfen, wie kann er das Ziel des Kampfes deutlich machen, eine neue, von ihren traditionellen Bindungen befreite Gesellschaft? Die theoretische Reflexion muß also auf das gerichtet werden, was ich hier die Mischung zwischen traditionellen und neuen Positionen nennen will, die sich überschneiden und ständig zu Brüchen im Verhalten des Revolutionärs und in seinem Verhältnis zu den Menschen, den Kollektiven, denen er sich verbunden fühlt, führen werden. Vorhin sagten wir, daß der Intellektuelle und der Politiker sich gegenwärtig auf eine Verschmelzung zubewegen. Das stimmt, aber das vollzieht sich auf der Basis der Infragestellung des traditionellen Intellektuellen und des traditionellen Politikers. Der traditionelle Intellektuelle ist jemand, der im Grunde über eine abgesonderte Macht verfügt, die Macht einer spezialisierten Minderheit. Der Intellektuelle ist in gewisser Weise ein Machtmensch wie der Politiker, auch wenn die beiden Formen der Macht sich natürlich nicht unbedingt decken. Es scheint mir daher wesentlich, klar zu erkennen, was vom traditionellen Bild des Intellektuellen und von dem des Politikers abfällt und was sich dann in diesem Augenblick herausschält als positive Existenz des Revolutionärs. Insbesondere meine ich, müssen gewisse despotische Existenzformen des Intellektuellen wegfallen – wenn sie nicht einer radikalen Kritik unterzogen werden, kann kein Politiker neuen Stils entstehen. Ich bin überrascht, daß das, was die ideologische Revolution seit fünf Jahren weitergetrieben hat, die beständige Haltung des Infragestellens der intellektuellen abgesonderten Macht einer kleinen Minderheit ist. Wenn wir an das letzte Ereignis denken, an die Vorgänge bei Lip, so besteht eines der Hauptcharakteristika der dortigen Demokratie darin, daß das Arbeiterkollektiv den Gewerkschaftsapparaten etwas entriß, worauf diese einen Exklusivanspruch erhoben: die Analyse des Kräfteverhältnisses auf nationaler Ebene. Die Gemeinschaft der Arbeiter hat diese Sperre durchbrochen und sich dieser Mittel bemächtigt, aber auf eine neue Art: allein die Tatsache zum Beispiel, daß die Arbeiter von Lip in Frankreich umherreisten, hat ihnen Kenntnisse vermittelt, die sie auf traditionelle Weise, etwa in den Gewerkschaftsschulen, nicht erworben hätten. Diese Reisen trugen zur Bildung, zur Information und zur Umwandlung der Arbeiterklasse bei. In einem Gespräch, das wir in *Libération* abdrucken werden, gesteht ein führender Mann der Arbeitgeber, Chotard, das, was ihn an Lip am meisten beunruhigt habe, sei, daß die Arbeiter in ganz Frankreich herumgereist seien. In der Tat, sie haben sich eine Möglichkeit genommen, Kenntnisse zu erwerben, die ihnen bisher verweigert worden war, was ihre Schwäche ausmachte. Die Klasse der Arbeitgeber akzeptiert, daß ein Kampf bis zu einer gewissen Grenze geht. Sobald ein Arbeiterkampf eine nationale Ausweitung erfährt, gerät er in die Hände von Leuten, die sich gegenseitig verstehen, die die gleiche Sprache sprechen, in die Hände der Männer der gewerkschaftlichen und politischen Macht ... Beim Betrachten der Chronik der letzten fünf Jahre der ideologischen Revolution würde man feststellen, daß der große erzielte Fortschritt darin besteht, daß sich eine neue Form der intellektuellen und politischen Existenz durchsetzt. Es steht nicht mehr zur Debatte, daß der Intellektuelle es sich vorbehält, die Synthesen zu vollziehen und dieses Wissen dann ins Proletariat trägt. Diese These ist in der Praxis zerstört worden und müßte jetzt in der ideologischen Revolution bewußt aufgehoben werden. Deswegen ist diese antikapitalistische Revolution, wenn du so willst, zugleich eine antibürokratische Bewegung, wenn man die Bürokratie als den Mechanismus zur Unterbindung des Wortes definiert, den du vorhin aufzuzeigen versuchtest: alle Mechanismen zur Entziehung des Wortes lassen sich provisorisch auch unter dem Begriff Bürokratie einordnen. Jedes Ereignis der ideologischen Revolution ist seit fünf Jahren gleichzeitig antikapitalistisch und antibürokratisch, und das ist das eigentliche Charakteristikum der heutigen Volksrevolution in Frankreich.

Gavi: Wie manche das Bedürfnis haben, zum Psychoanalytiker zu gehen, so hat unsere ganze Gesellschaft es nötig, sich in einer Art Psychoanalyse, auf der Couch, irgend jemandem mitzuteilen. So erklärt sich der Erfolg des Beichtstuhls oder der großen Schauspiele der Selbstkritik ... Eindeutig krankt unsere Gesellschaft schwer daran, daß sie sich nicht artikulieren kann. Vielleicht haben wir im nächsten Jahr Präsidentschaftswahlen – dann wird sich wieder das alte Problem einer Union der Linken erheben. Heute sprechen wir hochtrabend vom Sozialisten, vom Intellektuellen etc., doch dann werden wir alle wieder auf der Erde stehen und uns fragen: Was machen wir am Wahltag? Wir müssen eine ideologische Revolution herbeiführen, eine große Kulturbewegung, und uns gleichzeitig fragen, ob unsere Positionen nicht manchmal zu radikal und dadurch unergiebig und nutzlos sind. Aber auch das andere Extrem, die gemäßigte Haltung, fürchten wir. Denken wir an den Mai 68: unsere Exzesse verursachten Brüche, und auf Grund dieser Brüche hat sich einiges verändert. Und denken wir an *Libération*: wenn wir plötzlich einen Umsturz herbeiführten, vorausgesetzt, wir wären dazu in der Lage, dann würden wir vielleicht viele Leser verlieren, und die Zeitung würde kaputtgehen. Wenn du einer Idee zum Durchbruch verhelfen willst, mußt du der Realität Rechnung tragen. So ist trotz allem auch der

Journalist von *Libération* gezwungen, sich gewisser Techniken zu bedienen, die einem Betrug gleichkommen, denn Schreiben ist immer eine Art Betrug. Die Schlagzeile ist ein Betrug. Die Serialisierung von Problemen ist ein Betrug. Das intellektuelle Gerede, das du oft in *Libération* findest, ist ein Betrug. Doch zurück zu den Wahlen – das ist der Mist! Die Bevölkerung wird gespalten sein. Und wenn wir dann wieder diese viel zu gewaltigen, viel zu intellektuellen Theorien von uns geben, wo es heißt: «Ja, aber das einzig Wichtige ist die Freiheit, deshalb pfeifen wir auf alles andere!» oder wenn wir zur Stimmenthaltung aufrufen – wen erreichen wir damit?

SARTRE: Ich für mein Teil weiß . . . ich werde nicht wählen. Das ist klar . . .

GAVI: Aber diese Haltung ist nicht sehr populär.

SARTRE: Sie wird es werden. Es ist mir völlig gleichgültig, ob Pompidou sieben oder fünf Jahre am Ruder bleibt. Nach ihm wird ein neuer Pompidou kommen. In *Libération* müßte man einmal sagen, daß es Probleme gibt, die keine sind. Was interessiert es die Welt, zu erfahren, ob Monsieur Pompidou 1977 Präsident der Republik sein wird oder nicht? Es ist ihr egal! Er ist ein dicker uninteressanter Mann, der an der Macht ist, der besondere Interessen vertritt, und es steht fest, daß die Präsidentschaftswahlen kein Mittel für uns sein können, um an der Struktur der Gesellschaft etwas zu ändern.

VICTOR: Ich glaube, das von Gavi aufgeworfene Problem ist größer. Es führt letzten Endes zu einer Frage zurück, die uns in all unseren Gesprächen beschäftigt hat: Wie soll die Beziehung zwischen den politischen Positionen der Randgruppen und den Positionen der Mehrheit aussehen? Wie läßt sich die – sagen wir – Subversion mit dem Respekt vor der Tradition, vor dem Erreichten, kombinieren?

GAVI: Nein, nicht mit dem Respekt vor der Tradition! Nein, aber wie kann man möglichst viele Menschen an diesem «Rande» versammeln?

VICTOR: Richtig . . . Wenn ich Respekt vor der Tradition sage, meine ich damit, die Tatsache berücksichtigen, daß es Traditionen gibt . . .

GAVI: Die Realität berücksichtigen . . .

SARTRE: Aber das können wir vorher nicht sagen. Bei jeder besonderen Gelegenheit wird eine Position zu beziehen sein. Ich könnte also nicht sagen, was wir bei den Wahlen für oder gegen Pompidou tun sollen. Ich kann erst sechs oder vier Monate vor der Wahlkampagne etwas dazu sagen. Und was nützt es vorher?

Es ist noch nicht einmal entschieden, ob er sieben oder fünf Jahre bleiben will, da er die Wähler auf später vertröstet hat . . .

VICTOR: Nun, was die Wahlen betrifft, werden wir sehen . . . Das muß man dann nach den Umständen entscheiden. Aber das allgemeine strategische Problem ist: Wie wird eine Minderheitenposition zur Position einer Mehrheit? Bei Lip ...

Gavi: ... du Prediger in der Wüste!

Victor: Wieso?

Gavi: Weil du wie ein Prediger in der Wüste nicht davon loskommst ... Aber schieß los! Nur, im revolutionären Denken wird Lip etwas werden, was den neuen Generationen morgen schon unerträglich sein wird ...

Victor: Ich höre immer häufiger: «Lip, das kotzt mich langsam an.»

Gavi: Da hast du's ja ...

Sartre: Ja ...

Victor: Aber im Augenblick ist es der entscheidende Kampf! Was Lip zu bieten hat, ist meiner Ansicht nach die Lösung eines Problems, das uns 1970, 1971 und 1972 beschäftigte und das uns schließlich getrennt hat ... Wir fragten uns, welche Beziehung zwischen den Randpositionen, zum Beispiel der des Gefangenen, und den Positionen im Zentrum des Systems, zum Beispiel der des Arbeiters, bestehe. Ich neigte damals dazu, hervorzuheben, daß es notwendig sei, sich in den Positionen im Zentrum des Systems zu befinden. Andere legten den Akzent auf die Revolten am Rande, die selbstverständlich nicht des Arbeiterkampfes wegen vernachlässigt werden durften. Es stand nicht zur Debatte, die Revolte in Toul wegen der Vorstellungen, die sich die Arbeiter von Gefangenen machten, zu diskreditieren. Jeder von uns spürte, daß in beiden Positionen etwas Wahres lag, aber wir spürten auch, daß das Problem der Strategie uns beherrschte, ohne daß wir es wirklich beherrschten. Auch Lip brachte nicht die Antwort, jedenfalls keine vollständige Antwort, auf dieses strategische Problem mit all seinen Implikationen, aber doch einen wichtigen Teil der Antwort: Arbeiter werden ganz selbstverständlich Diebe, die schweigende Mehrheit tobt. Lip als Prozeß – das ist dieser Prozeß der Subversion der Mehrheit, und zwar der Mehrheit als Mehrheit. Ich spreche nicht von einer Mehrheit im Sinne einer Addition mehrerer Minderheiten, sondern von der bis dahin schweigenden, zur Aufrechterhaltung des Systems verurteilten Mehrheit. In dem Maße, in dem die Bewegung sich entwickelte, gerieten bestimmte Verhaltensweisen aus den gewohnten Bahnen. Aber die Mehrheit bleibt beständig, und etliche Fallen einer Marginalisierung – im negativen Sinne – sind von Lip vermieden worden. Dabei hat es mehrere Versuche von links gegeben, von seiten des Aktionskomitees, sie für den traditionellen Gauchismus zu gewinnen. So kommt es, daß nach sechs Monaten des Kampfes eine erdrückende Mehrheit beim Votum für die Ablehnung der Gesellschaft, für die Revolution stimmt, womit sie noch über die ursprünglichen Forderungen hinausgeht. Heute kann man hören: «Wir kämpfen weiter, aber nicht mehr nur, um unsere Forderungen durchzusetzen, sondern für etwas anderes. Wofür? Wir wissen es nicht, aber wir werden immer entschlossener dafür kämpfen. Nach sechs Monaten Kampf wissen wir nicht, wie die Gesellschaft aussieht, die wir wollen, aber dafür wissen wir um so besser, welche Gesellschaft wir nicht wollen.» So entfaltet die Gemeinschaft der Belegschaft von Lip eine intellektuell-politische Aktivität, die nicht mehr nur in den Händen einer kleinen Minderheit liegt.

Gavi: Ja, aber du hörst nicht auf, von Lip zu reden. Schön und gut, aber es gibt viele andere Fabriken, die ebenfalls zur Zeit streiken und wo die Dinge anders laufen als bei Lip. Ein Beispiel. Gestern morgen erscheint einer unserer Freunde, der als Fotograf bei Photolib arbeitet, bei der besetzten Firma Larousse – und wird zum Teufel geschickt. Lip ist noch die Ausnahme. Du sagtest, Sartre, alles hänge von den Umständen ab. Nur ein Beispiel: die Zeitung. Wir sind gezwungen, fast jeden Tag gezwungen, «für etwas geradezustehen». Vorhin sprachen wir von einer militanten Vietnamesin im XIV. Arrondissement, die von einem Afrikaner vergewaltigt worden ist. Wir haben uns tatsächlich die Frage gestellt: Was soll die Zeitung darüber berichten? Denn Lip war doch nur möglich, weil es – wir haben es in den früheren Gesprächen festgestellt – zur gleichen Zeit «vernünftige» *und* revolutionäre Gestalten gab wie Piaget und «unvernünftige» *und* revolutionäre Gestalten wie Raguenes. Sollten wir nun also Piaget oder Raguenes sein? Beides gleichzeitig ist unmöglich, und dennoch sind beide nötig. Nehmen wir den Kampf der Frauen. Wenn keine Frauen da sind, die die Forderungen der Frauen bis zum Exzeß radikalisieren, werden sie niemals gehört werden. Und wenn keine Schwarzen da sind, die die Forderungen der Schwarzen bis zum Exzeß radikalisieren, werden die Schwarzen nie gehört werden. Und umgekehrt schrieb ein Mann von Lip in der heutigen Ausgabe – ich zitiere: «Ich war bei der Demonstration der 100000 in Besançon dabei. Da haben Typen gesagt: Arbeiten ist doof oder so. Oder dämlich. Ich verstehe nicht, was so ein Spruchband bei der Demonstration zu suchen hatte.» Was er sagt, denken viele. Übrigens sagten auch die Arbeiterinnen von Cerisay ausdrücklich, daß sie nicht faul seien, und zum Teil aus diesem Grund haben sie eine freie Werkstatt aufgemacht. Auch Monique Piton von Lip hat zu Edgar Faure gesagt: «Wir sind keine Faulpelze!» Dennoch wollen wir auch diesen Wert der Arbeit zerstören, und ich glaube, wir haben recht. Wie soll man also vorgehen? Wenn die Arbeit als Wert nicht radikal in Frage gestellt worden wäre, dann hätte es Lip nicht gegeben, auch wenn die Leute von Lip und die Mädchen von Cerisay das nicht wissen. In dem, was du sagtest, war keine Lösung des Problems der Marginalität enthalten. Wie kann man aus seiner Marginalität herauskommen, ohne Konzessionen zu machen? Für dich gab es diese marginalen und gleichzeitig weniger marginalen Leute, bis der große «Synthetiseur» erschien – du – und die Synthese herbeiführte und die Lehren daraus zog . . .

VICTOR: Was habe ich damit zu tun?

GAVI: . . . Aber in einer besonderen historischen Situation bist du doch – du in deiner Bewegung wie ich bei meiner Zeitung und du, Sartre, in dieser oder jener Situation – gezwungen zu wählen und nicht bei Synthesen stehenzubleiben!

VICTOR: Aber jedes Gespräch, jede Diskussion ist so etwas wie eine Synthese . . .

GAVI: Und in der Zukunft? Was tun?

VICTOR: Es wird selbstverständlich immer Randpositionen geben, die sich von den Positionen der Mehrheit unterscheiden. Aber heute ist es erwiesen, daß eine schweigende, katholische, gaullistische, für Edgar Faure stimmende Arbeitermehrheit, daß diese Mehrheit plötzlich in Wut geraten kann. Und das ist nicht nur ein harmloses Strohfeuer, denn inzwischen sind es sechs Monate, daß sie Revolution machen. Und unsere Revolutionäre, was machen die? Sie stellen sich die gleichen Fragen wie vorher, sie perpetuieren die alten Strukturen.

GAVI: Ja, aber . . . was tun?

VICTOR: Endlich weg mit dem alten Denken und den alten Strukturen! Das ist es, was ich innerhalb der maoistischen Bewegung und in der gesamten revolutionären Bewegung vorschlage. Bei einem Meeting von *Politique Hebdo* hörte ich, wie Krivine von Lip als von etwas Vergangenem sprach: «Jetzt ist es interessant, die Bilanz von Lip zu ziehen.» Im Juni 1968 ist er uns schon einmal so gekommen: Wir müssen aufhören, das ist jetzt die Rückwärtsbewegung, die revolutionäre Ebbe! Und ein paar Tage darauf kam es zu den Ereignissen bei Renault in Flins und dann bei Peugeot in Sochaux. Die externen «Synthetiseure», die Professoren der Revolution, die von draußen über Ebbe und Flut befinden, sind im Juni 1968 zwar symbolisch gestorben, aber wir müssen sie wieder zum Schweigen bringen, denn sie haben natürlich von dem Nachlassen der Initiative der Massen in den letzten fünf Jahren profitiert und mucksen sich wieder. Lip bringt sie erneut zum Schweigen. Lip, die Arbeiter bei Lip, haben sozusagen den letzten Boss, Monsieur Giraud, mit den Gedärmen der Bürokraten aufgehängt.

GAVI: Und du? Was meinst du?

SARTRE: Ich glaube, daß Lip ein Ende finden wird, und es wird ein katastrophales Ende sein . . .

VICTOR: Was willst du damit sagen?

SARTRE: Lip stellt etwas Besonderes dar, das sich nicht einfach irgendwo wiederholen läßt. Und so meine ich, daß Lip ein Ende finden wird . . .

in sechs Monaten vielleicht . . . aber Lip wird ein Ende finden. Es wird ein nützliches Beispiel gewesen sein, denn es hat Wege gewiesen, wie man auch in noch spezielleren Situationen als bei Lip handeln kann. Aber es wird kein realer Gewinn für die Arbeiterklasse sein. Sie wird am Ende leer ausgehen.

Gavi: Sollen wir bei Synthesen stehenbleiben, und wenn nicht, wie können wir auf die Barrikaden gehen, damit es weitere Lips gibt?

Sartre: Wir sind Männer der Synthese, aber nicht nur, das heißt, daß wir, so lange Lip durchhält und fest bleibt, mit Lip marschieren müssen; wir müssen marschieren, bei jedem alltäglichen Vorfall, und dann so reagieren, wie die Arbeiter von Lip reagierten, oder vielleicht diese oder jene Gruppe favorisieren: das ist unser Kampf – wir müssen mit ihnen kämpfen. Wenn also bei Lip Schluß sein wird, weil die Regierung nicht will, daß es sehr lange dauert, müssen wir die Erinnerung wach halten, müssen wir immer wieder mahnend darauf hinweisen, müssen wir auf die verschiedenen Möglichkeiten zur Synthese, die Lip uns gezeigt hat, mit Nachdruck aufmerksam machen. Bist du anderer Meinung?

Victor: Die Leute bei Lip haben diese Frist für die gesamte ideologische Revolution in Frankreich erkämpft. Es ist an uns, dafür zu sorgen, daß diese Zeit genutzt wird. Wofür? Nun, zum Beispiel für die gründliche Umwandlung der gesamten revolutionären Bewegung.

Gavi: Wie stellst du dir das vor?

Victor: Wir müssen wieder zu den Quellen der strategischen Grundbegriffe zurückkehren, wieder lernen, was die Übernahme einer partiellen lokalen Macht und die Operationen, die sie begleiten, bedeuten, der Kampf gegen die Verheimlichungstaktik, die Absonderung, die Fernhaltung von den Entscheidungszentren . . . Wir müssen eine Reihe von Thesen definieren zum Vorgang der Übernahme partieller Macht, die notwendig ist, um die Bewegung auf die Übernahme der zentralen Staatsmacht vorzubereiten. Das ermöglicht es, das taktische Verhältnis zur Union der Linken unter die Lupe zu nehmen. Wenn man eine unabhängige Kraft ist, die sich durch wiederholte Akte der Übernahme von Macht entwickelt, dann kann man, sofern es nötig ist, Beziehungen zur alten Linken herstellen. Man kann, ja man muß auf Grund all der aktiven Elemente der verschiedenen revoltierenden sozialen Schichten eine revolutionäre Bewegung konstituieren – wie zahlreich und wie stark sie waren, hat der Marsch auf Besançon gezeigt. Auch das neue Gleichgewicht zwischen Intellektuellen und Produzenten ist erkennbar geworden. Nicht alles kann in dieser Bewegung erreicht werden. Die Theorie der revolutionären Organisation ist heute eine Theorie der in permanenter Krise befindlichen Organisation. Wir müssen eine Mentalität fördern, die ich die Anti-Macht-Mentalität nennen möchte – sie fürchtet nicht die Infragestellung noch die unter Umständen nötige Auflösung. Die Praxis des Debattierens, das Vorhandensein von Divergenzen – das wird die Einigkeit über den Kern der strategischen Thesen nicht beeinträchtigen. In dieser Hinsicht kommt *Libération* eine sehr wichtige Rolle zu, denn gegenwärtig sind es im Grunde Lip und *Libération*, die einen Abbau der unnötigen Differenzen zwischen den revolutionären Gruppen und Strömungen ermöglichen und eine Mutation hervorrufen, ja in gewisser Weise erzwingen! Sie ist nicht so stark wie . . . zehn Millionen Streikende, nicht so stark wie die russische Revolution von 1917, die die bolschewistische Partei gezwungen hat, Positionen einzunehmen, die sie theoretisch verurteilte. Aber wir müssen uns vorbereiten auf die näherrückenden fürchterlichen Zeiten. Und ich sage «fürchterlich» nicht einfach nur, weil sie womöglich Gewalt bringen werden, sondern weil wir uns in einer beklemmenden Situation befinden werden: entweder Vereinnahmung durch die Union der Linken oder die Existenz einer absolut minoritären Randgruppe. Diese Position zwischen Hammer und Amboß, diese Gefahr, zerschmettert zu werden, müssen wir um jeden Preis vermeiden – und es gibt nur eine Möglichkeit: daß diese Kraft der 100000 sich konstituiert und die gegenwärtigen Formen der extremen Linken überwindet.

(November 1973)

20

«Welche Entscheidung hättest du getroffen?»

Die Arbeiter der mechanischen Werkstatt wollten die Selbstverwaltung proklamieren, und die Genossen von der Kommunistischen Partei entgegneten ihnen: «Nein, dazu ist es noch zu früh ...»

SARTRE: Ich wüßte gern, welcher Art zum gegenwärtigen Zeitpunkt ein Mensch ist, der meint, daß es ohne Revolution nicht geht – wie sieht es in ihm aus? Das ist heute nicht mehr der Revolutionär von 1890 oder von 1918. Er ist anders. Versuchen wir also – nach allem, was wir inzwischen gesehen haben – diesen Typus ein wenig zu definieren; versuchen wir, eine Definition zu finden, die uns, bei einigen Abweichungen, allen dreien akzeptabel erscheint. Einverstanden?

VICTOR: Einverstanden.

SARTRE: Wie also sieht ein Revolutionär im Jahre 1973 aus? Er ist kein Sozialist – insofern, als der Sozialismus nur aus konkreten Gegebenheiten entsteht, wenn der Revolutionär sich hinreichend verändert hat und die äußeren Umstände es erlauben, eine Revolution einzuleiten, die Jahre brauchen wird. Welches sind eurer Meinung nach die Merkmale des Revolutionärs – jene, die sich langsam in ihm heranbilden, diejenigen, die bereits realisiert sind, und diejenigen, die es vorher nicht waren?

VICTOR: Meiner Ansicht nach muß man mit der Beschreibung jener Züge beginnen, die den Bruch mit dem Revolutionär der vorangegangenen Epoche, dem Bolschewiken, markieren: der Mann der gegenwärtigen ideologischen Revolution in der westlichen Welt kann kein Berufs-Revolutionär sein. Diese These wird gewöhnlich auf die simple Vorstellung reduziert, daß es keine permanenten Funktionäre der Revolution geben soll. Das ist der geringere Aspekt des Problems. Der Hintergrund dieser negativen Definition – der Revolutionär darf kein Berufsrevolutionär sein – ist, glaube ich, das Infragestellen eines Separationsmechanismus, der für den bolschewistischen Revolutionär typisch war. Die Intellektuellen sind im Besitz der Wissenschaft, sie treten der bolschewistischen Partei bei und tun sich mit dem Arbeiter zusammen, der seinen Instinkt einbringt. Und was entsteht daraus? Ein Sonderwesen, ein Berufsrevolutionär, der weder Fisch noch Fleisch, weder Intellektueller noch Arbeiter ist. Und in diesem Augenblick eröffnet sich die Möglichkeit einer Sprache, deren Herkunft nicht mehr auszumachen ist. Eine der paradoxen Konsequenzen ist die, daß man immer argwöhnische Betrachtungen über die Herkunft der Mitglieder der Partei anstellen können wird. Im Mechanismus der Prozesse und Geständnisse in Rußland muß die gesellschaftliche Herkunft ein geradezu erschreckendes Gewicht gehabt haben. Ich las einmal von einem Angeklagten, der – ich weiß nicht mehr in welchem Prozeß – sagte: «Ich bin ein Schurke ...» Worauf der Staatsanwalt ihn fragte: «Warum?» Und er antwortete: «Weil ... ich muß es gestehen, Herr Staatsanwalt ... weil mein Vater ein Ladenbesitzer war.»

GAVI: Das war Slánský ...

VICTOR: Slánský? Kann sein. Aber noch andere Konsequenzen ergeben sich aus dieser Theorie. Das Reden des Berufsrevolutionärs läßt sich nicht «situieren», und deshalb ist es im Grunde nicht kontrollierbar; der Berufsrevolutionär wird also wirklich – in einem ursprünglich nicht beabsichtigten Sinne, isoliert, nämlich von den Massen abgeschnitten. Der Mann der westlichen ideologischen Revolution kann nicht ein Berufsrevolutionär sein; er kann nicht zu einer Kaste von Sonderwesen gehören, die ständig als Avantgarde herhalten müssen, bis sie sich im Augenblick einer Massenbewegung als Nachhut wiederfinden. Es ist bezeichnend, daß in dem Augenblick einer starken Massenbeteiligung diejenigen, die an die Isolierung gewöhnt sind, ins Hintertreffen geraten. Im Verhältnis zu den Sowjets hatten die Bolschewiken anfangs eindeutig Positionen im Hintergund inne. Diese Erfahrung haben in einem wesentlich kleineren Maße auch wir gemacht. Wie sonst kommt es, daß militante Genossen, die aus einer Revolte hervorgegangen waren, sich jedoch in jene Sonderstellung begeben hatten, sich ein paar Jahre später entwaffnet einer Revolte gegenübersehen, die notwendigerweise ungewohnte Formen hat? Dann neigen sie natürlich mit beunruhigender Leichtfertigkeit zu konservativen Positionen. Man hat jetzt bei jeder größeren Massenbewegung ein bißchen den – teilweise falschen – Eindruck, daß die echten Maoisten nicht mehr diejenigen sind, die man organisiert hat. Ich fasse zusammen: der Revolutionär kann kein Mann des Apparates, auch nicht des Basisapparates sein. Er muß sich unmittelbar und immer wieder neu dort einfügen, wo wirklich Revolte stattfindet. Was meint ihr dazu?

SARTRE: Was er nicht sein kann ... was er dann sein kann ... anders gesagt, er kann also nicht Revolutionär von Beruf sein, aber was kann er dann sein? Was macht heutzutage einen Revolutionär aus? Es genügt nicht, nur zu sagen, was er nicht sein kann! Also?

VICTOR: Wenn der Revolutionär nicht ein Mann des Apparates, auch nicht des Basisapparates, ist, dann muß er in einem effektiven Revoltemilieu angesiedelt sein. Unter «Revoltemilieu» verstehe ich ein soziales Milieu, das den Übergang schaffen muß vom Zustand der Zersplitterung unter einem determinierten Despotismus zum Zustand der Kollektivität oder, um es in der Sprache der Leute von Lip zu sagen, der Gemeinschaft. Man muß in einem Revoltemilieu Demokratie lernen. Und die kann man nur dort lernen und nirgendwo anders. Wenn die in der revolutionären Organisation zusammengeschlossenen militanten Genossen nicht ständig außerhalb der Gruppe Demokratie lernen, dann wird revolutionäre Organisation als «Drehscheibe» weder wirkliche demokratische Reflexe noch Reflexionen auf sich ziehen. Der zweite Punkt ist der, daß eine determinierte Revolte natürlich nicht genügt, um eine revolutionäre Gesamtposition zu charakterisieren. Im Grunde ist dies das Thema aller unserer Gespräche: die Interferenzen zwischen den Revolten, das, was Mao Tse-tung «die Widersprüche im Volke» nannte, also das, woran man scheitert oder wodurch man überlebt. Ich glaube nicht, daß ein revoltierender Intellektueller in Frankreich eine revolutionäre Position einnehmen kann, wenn er nicht die Revolte der Arbeiter kennenlernt. Ebenso muß auch der militante Arbeiter . . . oder Bauer sich den anderen revoltierenden Milieus gegenüber aufgeschlossen zeigen. Der Revolutionär muß unbedingt die Fähigkeit besitzen, sich zu «deklassieren», ohne daß aus diesem Deklassierungsprozeß ein Prozeß bürokratischer Entfremdung wird. Wenn man nicht integriert und gleichzeitig deklassiert ist, kann man meiner Meinung nach kein revolutionäres Bewußtsein haben. Hält man an seiner Ausgangsposition fest, läuft man Gefahr, nach allen Gesetzen der Arbeitsteilung integriert zu werden. Der dritte Punkt betrifft die Mentalität, die der Revolutionär haben muß, der in einem bestimmten Milieu angesiedelt ist, aber die Überschneidung und Deklassierung bejaht. Man könnte ihn vielleicht als jemanden beschreiben, der sich im wesentlichen darum kümmert, daß die Revolten nicht kollidieren. Der Klassenfeind kann bestimmte Revolten manipulieren, er kann die einen gegen die anderen ausspielen . . . denken wir nur an den Streik im Handel gestern. Der Revolutionär stützt sich immer auf die Revolte und fühlt sich, wenn er sich in einer repressiven Position befindet, unwohl in seiner Haut. Man darf nicht vergessen, daß ebenso wie die Revolte auch die Konterrevolte ansteckend ist.

Eine Freundin (die an dem Gespräch teilnahm): Wenn verschiedene Revolten kollidieren, nach welchen Kriterien soll dann entschieden werden?

Victor: Gut, nehmen wir Chile. Man kann heute davon ausgehen, daß die Revolte zumindest eines Teils der mittleren Klassen, der arbeitenden mittleren Klassen und der intellektuellen mittleren Klassen, daß diese Revolte von der Junta, von der Reaktion, vereinnahmt worden ist.

Gavi: . . . sie ist nicht vereinnahmt worden, sie hat die Junta mit hervorgebracht.

VICTOR: Das meine ich ja. Normalerweise, wenn ich so sagen kann, sollte ja nicht die Reaktion die Revolte vereinnahmen.

GAVI: Also, da bin ich nicht einverstanden . . .

VICTOR: Gut, dann erläutere deinen Standpunkt.

GAVI: Mit vielem, was du sagtest, bin ich durchaus einverstanden. Nur sind die Zwänge, wenn du an die Länder und an den historischen Augenblick denkst, nicht die gleichen. Deine grundsätzlichen Kenntnisse ermöglichen es dir also nicht, zu wissen, welche Entscheidung du zu treffen hast. Denn Entscheidungen müssen getroffen werden. Aber auf welche Kriterien willst du dich stützen, auf den Mao von 1937 oder auf den von 1927 oder auf den Mao von 58? Auf den Lenin des Jahres 1917 oder auf den Lenin von 1921? Du reist in ein sozialistisches oder sogenanntes «sozialistisches» Land. Du hast den Eindruck, eine andere Zeit, einen anderen Raum mit seinen eigenen Rhythmen und Riten zu betreten. Ich war vor nicht sehr langer Zeit in Moskau, zum Beispiel, und las am Flughafen Propagandabroschüren über die Leistungen des sowjetischen Regimes. Ich sagte mir: in Frankreich habe ich immerhin eine partielle, eine externe Kenntnis von dem, was in Moskau, was in der Sowjetunion passiert. Ich weiß natürlich, daß manches absolut nicht in Ordnung ist, daß gewisse Formen von Diktatur bestehen, eine bestimmte Form der Nichtbeteiligung der Bevölkerung an der Macht. Aber ich weiß nichts über den jungen Sowjetrussen, der in der Schule die kommunistischen und sozialistischen Ideen studiert; er liest Lenin, er liest Marx – aber was denkt er wirklich? Ich sagte mir: in Wirklichkeit kann ich gar nicht wissen, was ein sowjetischer Arbeiter denkt. Warum geht man bei der Kritik des sowjetischen Regimes nicht von präzisen Untersuchungen darüber aus, wie es in den Fabriken oder in den Volksschichten der Sowjetunion aussieht?

Eine andere Erschütterung war Chile. Plötzlich war ich ganz verzweifelt. Müssen wir in Frankreich uns nicht die Hände schmutzig machen, wenn wir nicht in einem Stadion landen wollen? Du weißt nicht mehr, wo du bist, du verirrst dich auf den verschlungenen Wegen eines Wissens, das nicht aufhört sich zu vertiefen. Kommen wir auf Chile zurück. Gestern haben ein Dutzend militante Anhänger des Ordre Nouveau in Versailles eine Chile-Kundgebung zu stören versucht. Sie ließen im Hof Knallkörper explodieren . . . Nichts Ernstes, nur, in Chile haben ganz ähnliche Leute dem Sänger Victor Jara die Hände gebrochen und gerufen: «Und nun singe fürs Volk!» Wenn wir Chilenen wären, du und ich, dann wären wir vielleicht jetzt schon tot, und Sartre wahrscheinlich schon seit langem. Kennen wir in Frankreich zur Zeit diese unmittelbare Bedrohung, ermordet zu werden? Nein. Unsere historische Zeit unterscheidet sich von der, die die Chilenen durchgemacht haben und durchmachen. Sie unterscheidet sich auch von der des nach Frankreich eingewanderten Arbeiters. Wir empfinden nicht wie sie und haben nicht die gleichen Forderungen. Du situierst deinen Revolutionär nicht in seinem Land noch in seiner Klasse, noch in seiner Empfindungswelt. Wer ständig zum Beispiel Zwängen oder Bedrohungen preisgegeben ist, die seine unmittelbare Existenz in Frage stellen, möchte so schnell wie möglich ein System zu seinem Schutz errichten und ist bereit, dafür alle möglichen Kompromisse in Betracht zu ziehen. Wer sich dagegen in einer ähnlichen Situation befindet wie wir, wird geduldiger sein und unter Umständen seinen Pessimismus bis zum Selbstmord treiben oder sich weigern, die Errichtung eines wie auch immer gearteten Schutzsystems in Betracht zu ziehen. Das alles ist sehr konfus, aber ich wäre nicht ehrlich, wenn ich so täte, als sähe ich klar. Ich folgere daraus, daß es gegenwärtig zwei extreme Typen von Revolutionären gibt, die manchmal in ein und derselben Person vereint sind. Der erste ist jemand, der die Revolution als eine Veränderung der Macht und der Institutionen sieht, weil er sich in einer unerträglichen Situation befindet oder bald zu befinden droht; er will die sozialen und politischen Verhältnisse ändern, und zwar ohne sich die Zeit zu nehmen, sich um Nuancen zu kümmern, ohne sich den Zusammenhang der Widersprüche klarzumachen. Beispiel: 1973 wäre es in Chile absurd gewesen, in erster Linie für die Befreiung der Frau zu kämpfen. Die Kolonisierten gegenüber den Kolonisatoren, die Arbeiter gegenüber den Arbeitgebern, die Revolutionäre gegenüber der faschistischen Bedrohung – sie alle stellen sich ganz unmittelbar die Frage nach der Macht und wollen darüber verhandeln. Der zweite Typ des Revolutionärs erlebt die Unterdrückung nicht unmittelbar. Er erfährt sie durch Reden, durch Theorien, durch eine militante Praxis, die darin besteht, auf die anderen zuzugehen . . . Wenn er vom Volk spricht, scheint er immer außerhalb zu stehen. Warum ist er nicht unmittelbar den gleichen Zwängen unterworfen? Dieser Revolutionär ist anderen, im übrigen auch belastenden und auch wichtigen Zwängen gegenüber empfindlicher, denen, die die Gedanken, die Gefühle, den Körper regieren. Familienverhältnisse, sexuelle Beziehungen . . . Er ist mehr Idealist, weniger Praktiker. Diese beiden Menschentypen finden sich immer häufiger in ein und derselben Person wieder, wobei die eine oder die andere Tendenz stärker ausgeprägt sein mag. Wie kann man es positiv formulieren? Nehmen wir *Libération*. Theoretisch ist die Zeitung so etwas wie ein privilegierter Ort, und doch wirst du dort alle Widersprüche finden, gegen die du kämpfst. Im äußersten Falle droht der Kampf, droht die Revolte der Genossen von der Zeitung die Zeitung zu beherrschen. Diejenigen, die gleichzeitig an der Front der Produktionsverhältnisse und an der Front der Ideen kämpfen wollen und die im allgemeinen nicht im Produktionsprozeß stehen, werden von so vielen Widersprüchen bedrängt, daß der Augenblick eintreten kann, in dem sie nur noch untereinander und gegeneinander kämpfen, so daß die Zeitung zum Schauplatz eines Klassenkampfes wird. Du kannst Genossen sagen hören: «Bei der Zeitung findet ein Klassenkampf statt.» Und bei der Zeitung spreche man nicht mehr von der Zeitung, von ihrem Inhalt, sondern von den Journalisten . . . Ich erwähne *Libération* nicht, weil ich dort arbeite. Ich glaube, es ist etwas überaus Symbolisches und Bezeichnendes für die unvermeidlichen Widersprüche, in denen sich die «Revolutionäre» der «neuen Linken» gegenwärtig befinden.

SARTRE: Das ist nötig . . .

GAVI: Das ist nötig, aber sehr schwer zu ertragen. Der Beweis ist, daß die Existenz der Zeitung mehrmals durch interne Debatten gefährdet war, während du eine gewaltige Bewegung von Leuten hast, die das nicht miterleben, die die Zeitung unterstützen und die sich – zu Unrecht vielleicht – dieser Probleme nicht bewußt sind . . . Ich glaube daher, wir sollten uns bemühen, eine Bewegung zur Erforschung der gesellschaftlichen Realität zu entwickeln, damit wir sie besser kennenlernen, und gleichzeitig eine Bewegung zur Erforschung des eigenen Ich, um uns selbst besser kennenzulernen und unsere Widersprüche besser zu begreifen. So wäre es bei der Zeitung wichtig, daß jeder hinausgehen und in Kontakt kommen kann mit dem Leben draußen und daß man gleichzeitig innerhalb offene Gesprächsrunden konstituiert, in denen jeder die Fragen, die ihn beschäftigen, die Gründe seines Kampfes oder das, was er sonst will, zur Sprache bringen kann. Es ist kein Zufall, wenn unter den Revolutionären die Christen diejenigen sind, die das ausgeprägteste Demokratieverständnis haben, die Piaget, die Raguenes etc. Sie sind es gewohnt, sich selbst ein wenig zu prüfen.

SARTRE: Das hat Victor übrigens nicht erwähnt: die Notwendigkeit, sich selbst zu beobachten . . .

GAVI: Ja, und das . . .

SARTRE: Er sagte, man muß Bildung besitzen, nicht eine bürgerliche Bildung, aber die Kenntnis der Unterschiede, der Widersprüche. Ist das unentbehrlich für den Revolutionär von heute? Nein?

VICTOR: Ja, ja, einverstanden, das alles ist ja noch ganz allgemein . . .

SARTRE: Es ist allgemein, aber ich sehe es im Augenblick auch ganz allgemein.

VICTOR: Ich möchte gern, daß wir auf die Frage zurückkommen, die unsere Freundin stellte.

DIE FREUNDIN: Wie entscheidet ihr euch, wenn die Revolte der Arbeiter und die der Bauern in einem Widerspruch stehen?

GAVI: Das ist eine der Fragen, die zu Beginn unserer Gespräche auftauchten, die Etappen ...

Victor: Ich versuche, einen Begriff wiederherzustellen, der bei Lenin, von Ausnahmemomenten abgesehen, verdrängt ist: den Begriff der Mehrheit, der mit dem der Demokratie natürlich innig verbunden ist. Vor 1905 sagte Lenin: Vergeuden wir unsere Zeit nicht damit, bei den Bauern Fuß zu fassen. Wir sind die Partei der Arbeiterklasse, wir sind nicht sehr zahlreich, konzentrieren wir uns also auf die Fabriken. Das Resultat ist aller Welt bekannt. Als die Revolution im März 1917 an einem wesentlichen Scheideweg anlangt, ist er genötigt, das Programm der Bauernpartei, der Sozialrevolutionäre, zu übernehmen – zum großen Mißfallen der orthodoxen Marxisten. In den sechs Monaten zwischen Februar 1917 und Oktober 1917 ist es Lenin mit den Mitteln der Partei und auf Grund eines außergewöhnlichen Zusammenspiels der Umstände gelungen, die beiden großen Revolten, die als revolutionäre Flut Rußland überschwemmten, die Revolution der Arbeiter und die Revolution der Bauern, in Einklang zu bringen; er hatte den Soldaten bei der Hand, den Bauern in Uniform. Es gab also einen Punkt, wo die Revolte der Bauern und die Revolte der Arbeiter zusammenflossen. Aber nicht der ganze russische Raum war revolutioniert. Lenin hatte die Idee gehabt – die er allerdings schon Ende 1905 wieder verwarf –, überall im Land kleine Partisanenkriege zu schüren.

Gavi (lachend): Müssen wir wirklich auf das Rußland unter Lenin zurückgreifen?

Victor: Mir scheint es jedenfalls ein gutes Beispiel zu sein, und danach werde ich auf die Intellektuellen und die Arbeiter in Frankreich zu sprechen kommen. Also, in Rußland kam es zum Aufstand und zur Übernahme der Macht auf Grund dieser außergewöhnlichen Fähigkeit, die beiden Revolten zusammenfließen zu lassen. Aber diese Fähigkeit führte nicht zu einem dauerhaften Bemühen um Austausch zwischen den beiden Revolten. Das sollte sich belastend auswirken auf die Zukunft der sowjetischen Macht, als diese etabliert war: sie mußte ständig mit einer neuen Kursabweichung, mit einer Trennung der beiden Revolten rechnen. Es ist ja klar, daß die Reaktion alles versuchte, um die Revolte der Arbeiter in einen Widerspruch zu bringen zur Revolte der Bauern. Es steht fest, daß vieles, was auf der Ebene der politischen Struktur geschah, unter dem Gesichtspunkt dieses faktischen Widerspruches analysiert werden muß. Die Lehre daraus ist, daß man die großen Gelegenheiten ergreifen muß, aber auch nicht zögern darf, die Zeit zu opfern, die nötig ist, um für gesicherte Positionen innerhalb der verschiedenen Revoltemilieus und für gesicherte Wechselbeziehungen zwischen den verschiedenen Revoltemilieus zu sorgen, da diese – und darauf will ich hinaus – die Mehrheit bilden und als Basis einer Volksrevolution anzusehen sind.

Wenn die revolutionäre Bewegung sich nicht auf die Mehrheit einer Bevölkerung stützt, dann können – ohne Wissen sogar der revolutionären zentralen Staatsmacht – bestimmte Effekte eintreten, die die Revolution von ihrem Kurs abzubringen drohen und den Übergang von einer «roten» zu einer «weißen» Ausübung der revolutionären Macht bewirken könnten. Um mit Marx zu sprechen: die proletarische Revolution ist, im Unterschied zu allen anderen Revolutionen, die erste in der Geschichte, die sich auf die Mehrheit stützt. Warum mir dieser Begriff so wesentlich erscheint? Die Macht bürgerlichen Typs ist notwendigerweise eine minoritäre Macht. Die bürgerliche Macht, die eng mit dem Privateigentum einer kleinen Kategorie von Personen verbunden ist, in deren Händen die großen Produktionsmittel der Gesellschaft sind, hat eine Struktur, die nur von einer Minderheit ausgefüllt werden kann. Und schon deswegen kann die Arbeiterklasse niemals die Formen der bürgerlichen Macht übernehmen. Sie bildet ihre Räte, ihre «Sowjets»; sie beteiligt sich nicht an einer Regierung, deren Strukturen die gleichen wären wie die der bürgerlichen Regierung. Sie könnte sich an ihr auch nur in Gestalt einer Reihe von Übertragungen beteiligen: sie würde ihre Macht der Partei übertragen, die ihrerseits an der Regierung beteiligt wäre und im Namen der Arbeiterklasse regieren würde – ein Mechanismus, den man leider nur zu gut kennt. Aber als lebendige Kraft kann die Arbeiterklasse nicht an einer Macht bürgerlichen Typs teilhaben, die ja so zugeschnitten ist, daß nur kleine Minderheiten sie an sich bringen und sie innehaben können. Deshalb ist mir der Begriff der Mehrheit so wichtig; er ist eng verbunden mit der Existenz einer vollständigen Dissymmetrie zwischen der Macht bürgerlichen Typs, der weißen Macht, und der roten Macht; es handelt sich dabei nicht um Mächte, die die gleiche Form haben, aber von zwei verschiedenen Klassen ausgefüllt werden. Sie haben nicht mehr die gleiche Form.

Die Freundin: Es gibt immer einen Widerspruch zwischen der Arbeiterrevolte, die minoritär ist, und der Revolte der Bauern ...

Victor: Mao Tse-tung hat zu den Arbeitern gesagt: Geht hinaus aufs Land und errichtet mit den Bauern befreite Zonen!

Gavi: ... in den unterentwickelten Ländern. Aber in den industrialisierten Ländern ist es möglich, daß Bauern und Arbeiter nicht die Mehrheit der Bevölkerung ausmachen. Und sogar auf Kuba hatten 1958 die mittleren Klassen ein erdrückendes Gewicht.

Victor: Ich verstehe schon, aber eine Mehrheit ist möglich.

Gavi: Dein Beispiel taugt nichts. Der Revolutionär ist immer in der Position einer Minderheit. Nur die KP kann Reden führen wie: Bei Renault werden wir das erst machen, wenn wir 90 Prozent der Leute hinter uns haben ...

VICTOR: Warum meinst du?

GAVI: Die Frage war klar. In einem bestimmten Augenblick gilt es Entscheidungen zu treffen. Das Volk aber ist gespalten.

DIE FREUNDIN: Wenn es zwei Revolten gibt, von denen die eine, die majoritäre, von dieser oder jener gesellschaftlichen Schicht ausgeht und die andere – deiner Meinung nach – mehr im sozialistischen Sinne ist, wie entscheidest du dich dann?

VICTOR: Du versetzt mich da in eine hypothetische Lage . . .

GAVI: Es ist die Lage, die wir in Frankreich haben . . .

VICTOR: Inwiefern?

GAVI: Alle Tage.

VICTOR: Du mußt dich schon genauer ausdrücken . . .

GAVI: Logischerweise müßte die KP doch für freie und kostenlose Abtreibung und Empfängnisverhütung sein. Sie ist es aber nicht, weil die Mehrheit der Franzosen nicht für den völlig freien und kostenlosen Schwangerschaftsabbruch ist.

VICTOR: Ich denke nicht an die schweigende Mehrheit, an die durch Meinungsmanipulation fabrizierte soziologische oder numerische Mehrheit! Lenin hat 1917 den Begriff der realen Mehrheit eingeführt. Zum Beispiel ermittelte er die reale Mehrheit im Land an Hand der Wahlen innerhalb der Sowjets, dem Organ der Arbeiter und Bauern in der direkten Demokratie.

GAVI: Also bist du zu keiner Lösung gelangt . . .

VICTOR: Wieso?

GAVI: Nun, weil du, wenn dein Mehrheitskriterium subjektiv ist, wenn es nicht die Stimmenzahl berücksichtigt, am Ende deine eigene Mehrheit wählen wirst!

VICTOR: Aber nein! Das sowjetische Kriterium war nicht subjektiv! Eine Zeitlang erkannte ich die reale Mehrheit wieder in der sowjetischen Macht gegenüber der weißen Macht, der provisorischen russischen Regierung. Aber die Fundamente dieser Mehrheit waren nicht solide genug. Vielleicht hätte es schon vor 1917 einer neuen Konzeption der Beziehungen zwischen der bolschewistischen Partei und der sozialrevolutionären Partei bedurft! Aber wir wollen hier nicht das russische Beispiel noch weiter ausloten. Es wurde nur als ein besonderer Fall gewählt, in dem sich eine außergewöhnliche reale Mehrheit bildete, die allerdings nicht von Dauer war: sie besaß nicht den nötigen festen Rückhalt. Im Falle China dagegen war es keine augenblickliche reale Mehrheit, wenn ich so sagen darf, sondern eine dauerhafte reale Mehrheit: die Chinesen haben sich die nötige Zeit genommen, um die Mehrheit zu konsolidieren, zunächst in einem begrenzten Gebiet, dann Schritt für Schritt auf dem gesamten chinesischen Territorium. Darin liegt die Stärke der chinesischen Revolution. Und wenn wir zu Frankreich kommen, können wir feststellen, daß es seit fünf Jahren tatsächlich Kollisionen gibt zwischen den beiden hauptsächlichen revolutionären Kräften, zwischen den revolutionären Intellektuellen und den revolutionären Arbeitern. Doch sind wir, wenn man es genau betrachtet, bisher gar nicht so schlecht damit fertig geworden. Du wähltest das Beispiel der Abtreibung. Vor dem Prozeß in Bobigny war es eindeutig nur eine intellektuelle Minderheit von Frauen, die dieses Thema aufgegriffen hatte. Seit Bobigny aber beginnt dieses Thema die Mehrheit der Frauen in den verschiedensten Klassen des Volkes zu interessieren. Aber viel wichtiger ist es, den gestrigen Generalstreik des Handels auszuwerten. Hier ist das Problem tatsächlich weit komplizierter. Die KP sagt: die Revolution – wenngleich sie dieses Wort nicht sonderlich schätzt –, das ist der Zusammenschluß der Opfer der Monopole, also müssen die kleinen und mittleren Unternehmen gewonnen werden. Diese Position der KP ist falsch – es ist eine Position, die die Repression der Revolte bedeutet. Man weiß es doch! Man hat es doch erlebt, von 1917 an bis Chile. Man wird die Fabrikbesetzungen und die Übernahme von Macht durch die Arbeiter nicht auf die wenigen Unternehmen beschränken, die im gemeinsamen Programm dafür vorgesehen sind. Was hat also zu geschehen? An die erste Stelle müssen wir das rücken, was ich den Zusammenschluß der Opfer der Mächte nenne. Die kleinen Einzelhändler und die Handwerker lehnen sich auf gegen die Staatsmaschinerie, gegen die unmenschliche Konzentration. Diese Revolte kann vereinigt werden mit dem Kampf der Arbeiter von Lip gegen die unmenschliche Maschinerie, die gewaltsam Konzentrationen vorantreibt, indem sie die Arbeiter von einer Gegend in die andere deportiert. Also gibt es eine mögliche Basis für die Volksrevolution, für eine Volksmehrheit, sofern es gelingt, die praktischen und theoretischen Grundlagen eines Zusammenschlusses der Opfer der Mächte herauszuarbeiten.

Gavi: Moment . . . Du gehst wahrhaftig davon aus, daß die Leute sich allesamt vernünftig und konsequent, logisch und ihren Interessen gemäß verhalten? Ich denke da wieder an Chile, weil wir es so oft erwähnt haben. Wirklich, es gibt da Dinge, die einen unsicher machen können. Gestern zum Beispiel diskutierte ich mit jemandem. Ich sagte: Allende hätte unerbittlicher sein müssen, er hätte eine Anzahl dieser Wirtschaftsbosse oder der Typen, die den Aufstand organisierten, einfach einsperren sollen. Worauf mein Gesprächspartner erwiderte: «Unmöglich, ausgeschlossen, weil die Justiz (und das stimmt) reaktionär war. Legal hätte Allende diese Leute nicht verhaften können; er hätte Zwang anwenden müssen.» Ich war vor dem Putsch in Chile. Ich weiß effektiv nicht, ob ich die schwerwiegende Entscheidung getroffen hätte, einen Putsch der Armee zu riskieren. Du kannst zögern, eine Entscheidung zu treffen, die mit einiger Wahrscheinlichkeit dazu führt, daß die Armee sich gegen dich wendet und angreift ... Meine chilenischen Genossen, die MIRisten, glaubten, die Konfrontation sei unvermeidlich.

VICTOR: Angeblich dachten von da an alle so?

GAVI: Nicht wirklich ... Aber die MIRisten zum Beispiel haben bewußt auf die – vielleicht verfrühte – Radikalisierung der Situation hingearbeitet. Heute kann man sich fragen, ob es richtig war. Du sagst, man muß versuchen, einen Nenner zu finden, um zum Beispiel die kleinen Einzelhändler und die Arbeiter zusammenzubringen. Das braucht Zeit. Das schafft man nicht in acht Tagen. Wenn MIR auf eine Verstaatlichung aller Unternehmen, auch der kleinen, hinarbeitete und zur Konstituierung einer Volksmacht aufrief, zur Bewaffnung von Volksmilizen, was die absolut nicht revolutionär eingestellte Armee doch nicht hinnehmen konnte und wogegen sie wahrscheinlich sofort eingeschritten wäre, hieß das nicht, eine überstürzte Konfrontation herbeizuführen, bei der man Gefahr lief, zermalmt zu werden? Vor allem, wenn man doch weiß, daß die beiden Hauptkräfte der Linken, die Kommunistische und die Sozialistische Partei, nicht darauf vorbereitet sind? Denn die KP will uns ja nicht nur glauben machen, ein Übergang zum Sozialismus sei ohne bewaffneten Kampf möglich, sondern sie reduziert obendrein in ihrem Bestreben, einen Teil der Christdemokraten zu gewinnen, die Mobilisierung des Volkes auf den Produktionskampf und verläßt sich im übrigen auf die Strukturen des Staates. Die KP benimmt sich so, als wäre die Volksregierung Herr der Situation, als agiere nicht der CIA im Hintergrund und als dürfe die Unidad Popular nicht einer Realität ins Auge sehen, der Radikalisierung der Massen. In gewisser Weise tat MIR so, als existierte die KP nicht, und die KP, als existierte MIR nicht. Beide handelten so, als könnten sie ihre Vormachtstellung nutzen, und darüber entglitt ihnen das Geschehen in Chile gänzlich. MIR und die Linke der Parteien der Unidad Popular versuchten 1972 eine Volksversammlung in Concepción zu konstituieren und berufen sich auf eine doppelte Macht: die Volksmacht neben der Regierungsmacht, während die Bourgeoisie aktiv ihren Aufstand vorbereitet und einen ganzen Morast von verschreckten mittleren Klassen um sich schart. Welche Entscheidung hättest du, wärst du Chilene, getroffen? In dieser Fabrik, in jener Werkstatt ... So wollten zum Beispiel die Arbeiter der mechanischen Werkstatt der Stahlfabrik C.A.P. bei Concepción die Selbstverwaltung proklamieren und die Werkmeister eliminieren. Die Genossen von der Kommunistischen Partei entgegneten ihnen: «Nein, dazu ist es noch zu früh, wenn ihr nicht alle Ingenieure und Techniker gegen die Unidad Popular aufbringen wollt.» Was wäre normaler gewesen als die Ablehnung der Arbeitsteilung bei diesem außerordentlich dynamischen Vorpreschen der Unidad Popular?

Sobald die Massen sich mobilisieren, versuchen sie stets spontan, überall, wo es nur möglich ist, soviel Macht, wie sie nur kriegen können, zu ergreifen. Und was sagen die Kommunisten? «Nein, denn ihr entfremdet euch die mittleren Schichten und vor allem das Kleinbürgertum, die Ingenieure, die leitenden Angestellten, wenn ihr das tut. Es sind schon wenig genug, die die Unidad Popular unterstützen – im Oktober 1972 hat man es ja erlebt.» Nun, rückblickend sage ich heute, daß sie gleichzeitig recht und unrecht hatten. Es ist wirklich sehr, sehr schwierig, diese oder jene Entscheidung zu treffen, wenn es jeden Augenblick zum Zusammenstoß kommen kann und die Kräfteverhältnisse nicht günstig sind . . . Schön, aber jetzt höre ich in Frankreich Leute sagen: «Alles, was Allende und die KP gesagt haben, ist falsch. Die extremen Linken haben stets recht gehabt.» Das ist einfach dumm. Schlimmer noch: kindisch. Es stimmt, die extreme Linke hatte recht, als sie sagte, der Zusammenstoß sei unvermeidlich, aber es stimmt auch, daß sie ihn in gewisser Weise unvermeidlich gemacht oder, genauer, ihn vorschnell herbeigeführt hat, ohne zu bedenken, daß die Gesamtheit der Linkskräfte, wie in Indonesien, von den Putschisten erdrückt werden würde. Und es stimmt auch, daß die KP nicht vorbereitet war und das Land nicht vorbereitet hat auf den Zusammenstoß, obwohl der Imperialismus den chilenischen Weg, ob friedlich oder nicht, gar nicht hinnehmen konnte, und daß die Partei dadurch den Zusammenstoß für das revolutionäre Lager noch verhängnisvoller gemacht hat.

Victor: Die Logik der KP ist folgende: legitimer Zusammenschluß gegen die Monopole, in der Legalität; kein legitimer Zusammenschluß gegen die Monopole ohne Legalität. Aber an dieser Folgerung ist etwas faul: da die Arbeiterklasse sich nur in demokratischer Weise mobilisiert, kann eine reale Mobilisierung der Arbeiterklasse nur im Anschluß an eine Erhebung der Basis erfolgen, und die Erhebung der Basis kann nicht in Grenzen gehalten werden. Du kannst nicht verfügen: «Achtung! Diese Fabrik muß verstaatlicht werden, und die dort nicht!» Man hat es ja in Rußland gesehen, welches Ausmaß die Verstaatlichungen 1917–1918 nach der Initiative der Basis annahmen. Es war genau wie bei den Bauern, die den Grundbesitz konfiszierten. Man hat es in China erlebt, man hat es in Chile, und man wird es in Frankreich erleben. Das ist klar, eindeutig und präzise.

Gavi: «Klar, eindeutig und präzise» ist, daß du eines Prozesses nicht Herr werden kannst . . .

Victor: Genau! Du kannst der Mobilisierung der Arbeiterklasse nicht autoritär eine Grenze setzen.

Gavi: Ja.

Victor: Also kannst du nicht die Liste der zu verstaatlichenden Fabriken in einem gemeinsamen Programm festsetzen und sagen: Ich verspreche euch ... was die kleinen und mittleren Unternehmen angeht, so verspreche ich euch, daß man nicht weiter gehen wird ... So etwas ist unlogisch.

Gavi: Moment! Du sagst, das sei unlogisch. Aber du bist ja nicht gezwungen, alles zu sagen, was du denkst.

Victor: Genau das glaubte die KP in den 50er Jahren, und noch heute kannst du militante Parteigenossen sagen hören: «Unser Programm, das ist doch nur fürs Publikum – wir dürfen die mittleren Klassen nicht erschrecken. Die Flinten haben wir hinter dem Rücken!» Aber so etwas geht nicht. Der Fall Chile zeigt das sehr deutlich. Wenn du an der Regierung bist, sind die Hände dir noch mehr gebunden, als wenn du in der Opposition bist. Allende wagte nicht, die Legalität zu überschreiten. Er hatte Angst, die mittleren Klassen würden denken: Da haben wir's, jetzt entfesselt Allende den Volksputsch! Das gemeinsame Programm würde implizieren, daß keine größere Massenbewegung einen Wahlsieg der Linken herbeiführen kann. Das Vorgehen der Linksparteien bei den Wahlen von 1967 wies eine gewisse oberflächliche Kohärenz auf. Aber im Mai 68 wurde sie auf Null reduziert. Es mußte erst 1973 werden – erst im April 1973 erkannte die KP, daß sie einer außergewöhnlichen gesellschaftlichen Bewegung bedarf, um an die Macht zu kommen. Bis 1973 wurde das Programm der PSU des Jahres 1968, wo es hieß: «Eine gesellschaftliche Bewegung, die in die Wahlen und den Sieg mündet!», von der KP als provokatorisch charakterisiert. Es bedurfte der Wahlniederlage im April 1973 und der großen Kämpfe, die das Monopol der Syndikate in den großen Firmen wie Renault und in der gesamten Metallindustrie umstießen, damit die KP offen zugab, daß sie auf Grund einer außergewöhnlichen gesellschaftlichen Bewegung an die Macht kommen könne. Daher die Andeutungen von Georges Séguy und von Marchais in letzter Zeit. Aber das zeigt die Anfälligkeit der Strategie der Linken: sie brauchen eigentlich, wenn du so willst, eine schweigende Arbeiterklasse, die sich ausschließlich auf dem Wege über ihre kontrollierten Sprecher äußert. Doch um an die Regierung zu kommen, brauchen sie eine gesellschaftliche Bewegung. Einer solchen Bewegung aber kann man nicht auf eine autoritäre Weise Grenzen setzen. Und das ist die schwache Stelle in der Logik der Partei. Andererseits muß man jedoch auch zugeben, daß die mittleren Klassen einen in gewisser Hinsicht zwingen, zumindest eine Zeitlang gewisse Normen zu respektieren.

Betrachten wir den Zusammenhalt der Gauchisten. Wenn sie in Sprechchören rufen: «Bewaffnung des Proletariats!» und wenn sie erklären, es werde zu unvermeidlichen Zusammenstößen kommen, dann haben sie recht und gehen folgerichtig vor. Aber sie werden immer noch von der Theorie «Klasse gegen Klasse» beherrscht, einer Anti-Mehrheits-Theorie, einer Theorie, die sich weigert, proletarische Revolution und Demokratie gleichzusetzen. Doch ohne einen Zusammenschluß der Opfer der Mächte, der die Mehrheit vereint, ziehst du den kürzeren.

(November 1973)

21

Die wiedergefundene Freiheit

> ... was den Menschen gemeinsam gehört, muß eine Revolution freisetzen können – die Freiheit ohne Entfremdung ...

SARTRE: Jetzt wäre es interessant, zu erfahren, wie der von *Libération* beschriebene Revolutionär, an den die Zeitung sich richtet, aussieht. Die Zeitung wird doch gemacht, um den Revolutionären, die in der Mehrzahl noch ohne Prinzipien agieren, bei der Bewußtwerdung zu helfen. Neu hinzugekommen ist mit *Libération*, daß man den Revolutionär definiert als einen Menschen, der sich in näherer oder weniger naher Zukunft in einen Sozialisten verwandeln muß. Seid ihr damit einverstanden?

VICTOR: Ich wüßte gern, wie du ihn siehst, diesen Revolutionär, du selber.

SARTRE: Für mich ist der Revolutionär zunächst einmal jemand, dem es gelingt, sich nach und nach den Sinn dessen, was er tut, bewußt zu machen. Ein Kommunist wird sich dessen nicht bewußt ... Ich habe mit vielen von ihnen Gespräche geführt. Was ihre präzisen Aufgaben angeht, so tun sie alles zum gegebenen Zeitpunkt, und wenn sie erst erledigt sind, ist das alles, was zählt. Sie fragen sich nicht, ob damit die Revolution ein Stück näherrückt. Sie unterwerfen sich den Aktionsprinzipien der Kommunistischen Partei Frankreichs, und das ist alles. Der Revolutionär dagegen spürt, daß die Aktionen, wie unterschiedlich sie auch sind, mit der Basis verbunden sind. Obwohl er weiß, daß sie im Grunde eine einzige Aktion sind, versucht er für den Augenblick nicht, sie zu vereinen. Zum Beispiel ist Lip eine revolutionäre Aktion, die aber nicht mit anderen vergleichbaren Bewegungen verbunden ist. Sie hat nicht versucht, sich – unter verschiedenen Formen – über ganz Frankreich auszudehnen. In dieser Phase sind wir noch nicht; wir sind lediglich in einer Phase, wo Dinge zum Vorschein kommen, die früher nie sichtbar wurden. Die Bewegung bei Lip ist etwas Originales; das soll nicht heißen, daß nicht von Zeit zu Zeit Arbeiter Fabriken in Besitz genommen und versucht hätten, auf eigene Rechnung zurechtzukommen, aber sie haben nie einen solchen Sieg in der öffentlichen Meinung davongetragen wie jetzt, da Hunderttausende sich leidenschaftlich für Lip interessieren. Und es gibt ein neues Faktum – nicht das Auftauchen neuer «Leader», sondern daß jeder einzelne sich erneuert fühlt durch das, was er beigetragen hat.

Das scheint mir das Wichtigste zu sein. Der Revolutionär – das ist etwas, das sich in Bewegung befindet; er hat schon 1930 existiert, und ein anderer existiert jetzt, 1973. Er ist nicht mehr der gleiche. Es gibt keinen Widerspruch zwischen beiden. Es handelt sich um eine fortgesetzte Bewegung, aber die Stufe, wo der Revolutionär von heute angelangt ist, unterscheidet sich von dem, was er am Anfang war. Der Mensch von 1930 hatte Vorurteile, von denen einige 1973 verschwunden sind. Ich meine, daß der Revolutionär die Mitte einnimmt zwischen dem Unterdrückten des Jahres 1930 und dem Sozialisten. Den letzteren können wir nicht kennen; wir kennen nur unser Ziel: die Befreiung der Menschen. Wir haben gewisse Prioritäten des Revolutionärs in etwa definiert. Die erste schien mir die immer radikalere Ablehnung jedes Zwanges zu sein, der dem Individuum von einer Klasse, die nicht die seine ist, auferlegt wird ... Die bürgerliche Klasse unterwirft die Arbeiterklasse bestimmten Normen und einer bestimmten Aktionsweise; sie kümmert sich nicht um die sich daraus ergebende Entwürdigung des Menschen. Aber diese Entwürdigung ist eine der wesentlichen Ursachen der Revolution; die unterdrückte Klasse wird sich, sobald sie des Morgens die Augen öffnet, der Unterdrückung bewußt, der sie von anderswoher unterworfen ist, der Unterdrückung, die sie zerstören will. Die gegenwärtige Situation ist in dem Sinne eine revolutionäre Situation, als niemals in der Geschichte des Bürgertums die Arbeit stärker in Frage gestellt worden ist: Fabrikbesetzungen, Einsperrung von Generaldirektoren durch die Arbeiter, gewalttätige Streiks, Leistungen wie Lip, von den Arbeitern selbst geschaffene Organisationen, Arbeiterkämpfe, die das Bürgertum erschüttern – kurz, wir befinden uns in einer Periode, die keiner anderen gleicht. Ich habe 1936 miterlebt. Damals war es völlig anders.

Victor: War es sehr anders 1936?

Sartre: Es gab etwas, das war auch 1936 schön: die Besetzung der Fabriken durch die Arbeiter. Im Mai erfuhr man Tag für Tag von neuen Fabriken, die besetzt worden waren, und man spürte, daß die Arbeiter selbst eine Methode, gegen die Arbeitgeber zu kämpfen, entdeckt hatten ...

Victor: Was genau war schön an den Besetzungen im Jahre 1936?

Sartre: An den Arbeitsplätzen fand ein Fest statt, ein schönes Fest. Die Frauen kamen, um mit den Arbeitern Brot und Wurst zu essen; die kleinen Läden in der Nachbarschaft, wo die Arbeiter gewöhnlich kauften, gaben gratis Lebensmittel in großer Menge; es gab eine Welle der Begeisterung, die jeden Augenblick spürbar war ...

Victor: Spürbar auch außerhalb der Arbeiterklasse?

Sartre: Ja, das war dann anders, aber Sympathie schwang überall mit ... Fotos erschienen in den Zeitungen, sogar in den bürgerlichen

Blättern. Man sah darauf Arbeiter, die untereinander in den Fabriken tanzten, sich untereinander amüsierten, die Zeitung lasen etc. Es wäre gut, wenn die Maoisten sich einmal die Zeitungen von 1936 ansähen.

Gavi: Vielleicht war die gesellschaftliche Trennung 1936 stärker ausgeprägt. Der Arbeiter lebte in einer gänzlich anderen Welt als der Bürger. Und dann änderten sich die Dinge. Der Kapitalismus entwickelte sich. Frankreich blühte. Oder genauer: die herrschenden Klassen. Es kam zu einer Neuverteilung des Volkseinkommens, die natürlich ungleich und extrem hierarchisiert war (Frankreich gehört zu den entwickelten Ländern, wo das Einkommensgefälle sehr groß ist), oft unter dem Druck von Arbeiterkämpfen. Wie dem auch sei, das Wachstum ermöglicht es der Bourgeoisie, sich zu entfalten, und vor allem begründet und finanziert es eine Art Verkleinbürgerlichung aller Franzosen. Systematisch wird die herrschende Bourgeoisie nunmehr (und in diesem Bereich stößt sie auf kein Hindernis von seiten der Bürokraten der KP) die mittleren Klassen hervorbringen und ein mediatisiertes Frankreich errichten, neutralisiert um ein Kulturmodell herum: den Kleinbürger. So kann man heute von einer neuen Arbeiterklasse sprechen, kann man glauben, daß alle Welt in der Konsumgesellschaft lebt. Manche Bürger, manche Arbeitgeber glauben ehrlich, daß die Arbeiter glücklich sind, und sie sind erstaunt, ja sogar entsetzt, wenn die Arbeiter revoltieren. Daher die größere Aufmerksamkeit, die man den Problemen der Arbeiter widmet. Daher auch die Benutzung ganzer Armeen von Soziologen und Psychologen . . . In den Handelsschulen lernt man: Ja, der Marxismus, der war zutreffend, sogar im 20. Jahrhundert – eine gewisse Periode lang. Den Klassenkampf hat es gegeben, aber jetzt trifft das alles nicht mehr zu. Jedesmal, wenn es eine Explosion oder einen Streik gibt, sind sie ratlos, weil sie es nicht verstehen. Sie haben Angst. Sie sind durchaus bereit, Marcellin Glauben zu schenken, der gleich von einer fünften Kolonne spricht, von ausländischen Agenten . . .

Sartre: Es gibt eine Art Neugier im Bürgertum für die Arbeiterklasse. Das stimmt . . .

Victor: Ich möchte gern, daß du präzisierst, worin das Neue der Situation besteht . . .

Gavi: Ich habe das Gefühl, daß du, Sartre, von 1936 bis 1968 zwar «engagiert» warst, aber außerhalb der Arbeiterklasse, abgeschnitten von der politischen Aktion, dazu verurteilt, den Kampf auf das Unterschreiben von Petitionen oder Manifesten zu beschränken. Ihr Bestreben, ein einziges Kulturmodell zu schaffen, die Franzosen zu verkleinbürgerlichen, kehrt sich heute auch gegen sie: die radikalen Kleinbürger stellen sich auf die Seite der Arbeiter. Die politische Aktion wird möglich. Das Kleinbürgertum hat seine Kampffronten. Die radikalsten Ideen werden immer ansteckender. Die durch diese gesellschaftliche Bewegung hervorgebrachte extreme Linke weist dem Intellektuellen nicht die gleiche Rolle zu wie die KP.

SARTRE: Das stimmt, eben weil die Kommunistische Partei mit all ihren Sklerosen nicht mehr der einzige Herr der Arbeiterklasse ist; es gibt kleine Minderheiten, die die Arbeiterbewegung anders und in einer Weise, die mir näher ist, konzipieren. Jedenfalls ist dies das Zwischenstadium zwischen dem total unterdrückten Menschen und dem, der vielleicht der Unterdrückung entgehen wird, dem sozialistischen Menschen.

VICTOR: Wie kann der Revolutionär dahin gelangen?

SARTRE: Ich glaube, daß er dahin gelangen wird; aber es würde jetzt wohl zu weit führen, alle seine Möglichkeiten exakt zu bestimmen. Man müßte analysieren, wie weit die augenblickliche Situation es erlaubt, eine neue Situation zu schaffen, in der aus dem Revolutionär der Sozialist werden wird. Das ist aber hier nicht meine Absicht.

Ich glaube, wir haben gezeigt, daß wir vom sozialistischen Menschen noch nicht sprechen können. Um ganz genau zu sein – man sieht, daß man nicht einmal sagen kann, er werde auftauchen.

GAVI: Wir sind uns alle einig: irgendwann auf dem Weg zum Sozialismus wird es mit Sicherheit zu einem Zusammenstoß kommen. Glaubst du, daß wir nach dieser Konfrontation, die vermutlich Exekutionen, Denunziationen, Verhaftungen und Schauprozesse mit sich bringt, die freie sozialistische Gesellschaft werden aufbauen können?

SARTRE: Die Revolution wird in dem Augenblick gemacht werden, in dem die Mehrheit sich ihrer Situation gegenüber der sie unterdrückenden Minderheit derart bewußt wird, daß sie ihre Stärke begreift.

GAVI: Und du hältst das für einfach? Vorhin sprachst du von der sozialistischen Gesellschaft, und du erwähntest, die Minderheit habe Rechte, und . . .

SARTRE: . . . In einer gerechten Gesellschaft hat die Minderheit die Rechte, die einer Minderheit . . . Wenn die Bourgeois in dieser neuen Gesellschaft leben wollen, dann haben sie das Recht dazu, sofern sie sich ihr aufrichtig anschließen.

Wir haben, glaube ich, in diesen Gesprächen zu beweisen versucht, daß der Revolutionär sich gegenwärtig konstituiert; er repräsentiert einen Menschen, der die Revolution nicht machen wird, oder vielmehr der sie anfangen, aber nicht machen wird, der sie vorbereitet, der nachdenkt, organisiert; er organisiert in Übereinstimmung mit seiner Entfremdung. Er ist der Mensch, der sich seiner Entfremdung gänzlich bewußt wird und angesichts seiner Entfremdung in der Ferne die Möglichkeit der Existenz einer Gesellschaft sieht, in der die Menschen nicht entfremdet sein würden, und er ist derjenige, der dafür kämpft, daß diese Gesellschaft irgendwann existiert . . . Viele Unterdrückte sind zur Stunde damit beschäftigt, revolutionäre Aktionen zu schaffen, Aktionen, die ihre Unterdrückung mindern: wenn sie dem Chef oder dem Werkmeister den Gehorsam verweigern, nennen sie das ein sozialistisches Programm. Die Idee der Revolution ist geboren, sie ist überall gegenwärtig. Sie nennen sie nicht Revolution, weil das Wort ihnen Angst einflößt. Aber gegenwärtig ist sie überall, und die Leute, die unsere Gespräche irgendwann lesen werden, haben, denke ich, alle auch die Idee der Revolution, nur nennen sie sie nicht so.

VICTOR: Glaubst du nicht, daß das, was du über die Freiheit sagst, Reden einer besonderen Klasse sind, der intellektuellen kleinbürgerlichen Klasse?

SARTRE: Das glaube ich nicht, denn der Begriff der Freiheit impliziert Strukturen, die eine einzelne Klasse nicht zu vermitteln vermag. Er impliziert mehrere, untereinander verbundene Ideen, die das Handeln jeder beliebigen Klasse bestimmen. Der Bourgeois zum Beispiel hält sich für frei. Das Kleinbürgertum hält sich für liberal. Und das Proletariat legt in eine Idee der Revolution die Idee der Freiheit hinein, was in diesem Fall heißt, die Idee eines Gegenstands der noch nicht existierenden Aktion. Handeln aber in Übereinstimmung mit dem, was noch nicht existiert, heißt frei zu sein. Daher glaube ich, daß wir es hier mit einem jener seltenen, aber wichtigen Begriffe zu tun haben, die in allen Klassen existieren und die zwar nicht ganz genau das gleiche sind in jeder Klasse, aber doch gemeinsame Elemente enthalten. Anders ausgedrückt, sogar der Freiheitsbegriff hat gemeinsame Elemente mit dem des revolutionären Arbeiters, und wenn wir uns bemühen, diese verschiedenen Detailunterschiede in den Klassen auszumerzen und die Idee der Freiheit für jeden einzelnen wiederherzustellen, dann werden wir zu etwas viel wichtigerem gelangen, als es die Idee der Klasse ist, nämlich zu etwas, das die durch Entfremdungen kaschierte und verdunkelte menschliche Wirklichkeit ausmacht, das aber allen Menschen gemeinsam ist und das eine Revolution freisetzen können muß: die Freiheit ohne Entfremdung. Das also muß als erstes definiert werden. Ich denke, daß eine – positive oder negative – politische Aktion immer auf die Freiheit zielt. Es ist eine Aktion zur Befreiung von der Entfremdung, und das gilt es zu definieren, das heißt, es gilt diejenigen Elemente zu definieren, die außerhalb der gesellschaftlichen Trennungen liegen und das Individuum ausmachen, ebenso wie die gesellschaftlichen Gruppen. Es ist absurd zu meinen, man könne den Menschen nur nach seiner Klasse definieren. Es gibt etwas anderes; die Entfremdungen verweisen direkt auf die Freiheit, denn man kann eine Freiheit entfremden, man kann nicht einen Menschen entfremden, der nicht frei ist.

VICTOR: Moment, nicht so schnell! Liegt nicht eine Gefahr darin, wenn man mit ein und demselben Begriff, Freiheit, die mit der Revolte verbundene Freiheit und die Freiheit – wenn man dasselbe Wort dafür benutzen will –, die mit der Macht verbunden ist, bezeichnet? Man kann sagen, daß der Bourgeois frei ist und daß die Macht, über die er verfügt, ihm sogar eine ziemlich weite Ausübung seiner Freiheit ermöglicht; und man kann sagen – in einem ganz anderen Sinne –, daß der Arbeiter frei ist, wenn er revoltiert; er errichtet durch seine Revolte auf utopische Weise einen Staat, der noch nicht existiert. Liegt nicht eine schreckliche Gefahr darin, die beiden Inhalte gleichzusetzen: Freiheit durch Revolte und Freiheit durch Macht – beides mit ein und demselben Wort zu bezeichnen?

SARTRE: Sie überschneiden sich nicht, weil der Bürger sich seine Macht-Freiheit vom Adel erkämpft hat . . .

VICTOR: Ja, aber er perpetuiert sie durch die Entfremdung der Arbeiter . . .

SARTRE: Und durch seine eigene Entfremdung, denn wenn du mit einem Bourgeois über diese Probleme sprichst, dann wird er dir seine Selbstentfremdung zeigen; er wird dir nicht einen zu Unrecht freien Menschen zeigen, der deine Argumente im Namen dieser absurden, auf nichts basierenden Freiheit zurückweist, sondern er zeigt dir einen Menschen, der gewissen Prinzipien, gewissen Mächten entfremdet ist und genauso entfremdet ist wie der Arbeiter; darin schließe ich mich der marxistischen Interpretation an, die besagt, daß die Entfremdung des Bürgers eine Entfremdung ist wie die des Arbeiters. Die Entfremdung des Bürgers ist die des Menschen, der um 1793 Freiheit erlangt und der seine Freiheit in eine Macht verwandelt hat, die eine Entfremdung bedeutet. Ein Bourgeois heutzutage, der über andere bestimmt, ist nicht frei; er ist entfremdet. Ein Bourgeois hingegen, der zwischen 1793 und 1795 revoltierte, war in dem Maße frei, in dem er gegen die ihn auf Schritt und Tritt bedrohenden Entfremdungen revoltierte.

GAVI: Was du sagst, ist richtig; aber um auf Victors Einwand zurückzukommen: es gibt tatsächlich mehrere Konzeptionen von Freiheit, und das Wort wird auch in verschiedenem Sinne gebraucht. Es ist eindeutig, daß die Entfremdung allen Menschen gemein ist, unabhängig von den gesellschaftlichen Klassen. Sie drückt sich nur auf verschiedene Weise aus. Für einen Arbeiter ist Entfremdung zweifellos etwas anderes als die Entfremdung eines Bürgers. Der Bürger ist entfremdet, weil er seine Identität nur in Produktionsverhältnissen finden kann, die ihm eine Machtstellung über die beherrschten gesellschaftlichen Klassen garantieren und es ihm gestatten, andere zu entfremden und zu unterdrücken. Es gibt zwei Konzeptionen der Freiheit: einerseits die klassenlose Gesellschaft und andererseits die bürgerliche Konzeption der Freiheit, die eine Art idealistische Definition der Freiheit darstellt: wir sind frei auf Grund einer gesellschaftlichen Hierarchie, in der Menschen Macht über andere Menschen haben müssen. Im Namen dieser falschen Freiheit wird der Bourgeois jeden revolutionären Prozeß ablehnen, der seine Macht in Frage stellt. Er spricht dann von Gewalt . . .

SARTRE: Das ist richtig.

VICTOR: Der Bürger von 1789 ist frei, weil er sich befreit, weil er sich aufgelehnt hat. Das Ergebnis dieser Bewegung ist für eine bestimmte Kategorie von Bürgern die Übernahme von Machtpositionen innerhalb der Gesellschaft. Von da an wird eine bestimmte Kategorie von Bürgern, die sich zu Beginn der Französischen Revolution aufgelehnt hatten, über jene Freiheit verfügen, die Macht über die gesamte Gesellschaft verleiht. Ich stelle noch einmal die Frage: Wie weit kann man sagen, daß es sich bei der «Freiheit durch Revolution» des Jahres 1789 um das gleiche handelt wie bei der «Freiheit durch Macht» der Bourgeoisie, sagen wir vom Thermidor[1] an . . .

SARTRE: Sie hatten nicht mehr die Freiheit der Macht.

VICTOR: Das ist nicht mehr die Freiheit?

SARTRE: Nein, das ist nicht mehr die Freiheit . . .

VICTOR: Aha . . .

SARTRE: Sobald der Bürger politische Macht hat, ist er entfremdet, und jede Kategorie . . .

VICTOR: Er mag in gewisser Weise entfremdet sein, meinetwegen, aber er hat die materiellen, die gesellschaftlichen Freiheitsmittel der Klasse, die er vertritt, oder der Kategorie dieser Klasse. Es ist unbestreitbar, daß unsere Bourgeois, die sich von 1793 an auf dem Gipfel der Macht sehen werden, freier sind als noch im Jahre 1788!

SARTRE: Man kann nicht «freier» sein. Man ist entweder frei, oder man ist nicht frei.

VICTOR: Aber das zu präzisieren bitte ich dich ja. Was hat es denn auf sich mit diesem Begriff, der ein bißchen über den Klassen steht?

SARTRE: Genau das gilt es zu definieren, das zu definieren schlage ich euch vor. In meiner Sicht ist ein Bürger, der einen Teil der Machtmittel übernommen hat, die vor ihm die Adligen besaßen und die er zu assimilieren versucht, nicht frei. Er hat Macht über andere, aber eben dies, Macht über andere zu haben, ist die Definition der Nicht-Freiheit. Wenn du Macht über die anderen hast, reduzierst du sie darauf, nicht frei zu sein, und gleichzeitig reduzierst du dich darauf, nicht frei zu sein.

VICTOR: Man könnte also die Freiheit, die den gegenwärtigen Macht-

1 Elfter Monat des Revolutionskalenders, 19. Juli–18. August (Anm. d. Übers.)

inhabern gegeben ist – Minderheiten, deren Macht auf Unterdrückung beruht –, als Unfreiheit bezeichnen.

SARTRE: Es ist Unfreiheit ...

VICTOR: Der Begriff der Freiheit steht in einem privilegierten Zusammenhang mit dem Begriff der Revolte, nicht mit dem Begriff der Macht, und wenn ein Zusammenhang mit dem Begriff der Macht besteht, dann mit einem gänzlich neuen Begriff der Macht, ohne Beziehung zu dem Begriff der oppressiven Macht der Ausbeuterregimes.

SARTRE: Richtig. Wenn ein Mensch frei ist, so bedeutet das, daß er eine Macht hat, aber diese Macht darf in keiner Weise zur Ausübung von Zwang benutzt werden. In einer Gesellschaft, in der die Mitglieder alle außerstande sind, Zwang auf andere auszuüben, da sie alle gleichermaßen frei sind, werden wir Formen der Macht kennen, die nicht mehr das sein werden, was wir unter politischer, bürgerlicher oder sozialistischer Macht verstehen. In den Institutionen wird es dann nichts mehr geben, was gegen das Individuum gerichtet wäre.

GAVI: Das Vokabular – und das ist kein Zufall – stellt uns Fallen. Es blockiert das Denken. Man dürfte nicht «Freiheit» sagen, sondern müßte ein Verb verwenden ...

SARTRE: Das passiert in der Dialektik ...

GAVI: Freiheit ist immer eine Bewegung, die auf etwas gerichtet ist ... man muß sie immer als eine Befreiungsaktion ansehen, nicht als Zustand. Der Bürger von 1789 revoltierte, um sich zu befreien, gegen die Hierarchie, gegen den Adel, gegen die Monarchie. Es ist eine Bewegung auf die Freiheit hin. Wenn er die Willkür des Ancien Régime, eine Feudalordnung, attackiert, wenn er gegen die Unsicherheit reagiert, indem er sich ein Gesetz schafft, das ihm das Privateigentum garantiert, liegt auch darin Freiheit. Später entwickeln sich nach und nach die Produktionsverhältnisse, und der Bürger wird seinerseits zum Unterdrücker. Das Privateigentum etabliert sich gegen die Freiheit. Die Freiheit gleicht dem Menschen: sie funktioniert dialektisch, durch Antagonismen. Immer wieder Revolte, immer wieder Macht. Durch die Revolte erkämpfst du dir eine Macht, die eine Macht über die anderen, und sehr schnell eine Macht gegen die anderen wird. Die Freiheit, die das Bürgertum dem Adel abgerungen hat, kehrt sich sehr schnell gegen die anderen. Sie ist oppressiv geworden. Und heute ist die Befreiungsbewegung eine Bewegung der Arbeiterklasse. Die mittleren Klassen, das, was man gemeinhin die Bourgeoisie nennt, sind nichts Feststehendes, nichts vom Himmel Gefallenes, sondern Produkte des Systems, des Kapitals. Das Kapital bemüht sich, mittlere Klassen zu schaffen und zu erhalten, die das ewige Bestehen von Pseudo-Werten garantieren, ohne die die bestehende Ordnung keine Rechtfertigung mehr hat und unerträglich wird. Alle diese Werte haben eines gemeinsam: sie dienen angeblich dem Schutz des Individuums. In Wirklichkeit entfremden sie es zutiefst. Nun ist es an uns, die Dinge wieder zurechtzurücken, abzubauen, was sich, einer bestimmten Ordnung zufolge, gegen uns und gegen sie aufgebaut hat, und zumindest einen Teil dieser mittleren Klassen dazu zu bringen, daß sie die Identität, die ihr Fundament ist, verleugnen.

Sartre: Ich bin einverstanden, nur daß diese Befreiungsbewegung, die nur eine Bewegung sein kann, trotz allem ein gewisses, zumindest vages Verständnis dessen voraussetzt, was Befreiung sein könnte; anders ausgedrückt: die Befreiungsbewegung impliziert ein Ziel, das heißt die Abschaffung aller Hemmnisse. Dieser eigentliche Zustand der Freiheit muß also von Anfang an im Blick behalten werden; die Aktion einer Politik oder die des Mannes auf der Straße impliziert notwendigerweise einen Glauben an den Zustand Freiheit. Das hat es nie gegeben, und es ist noch Gegenstand unserer gegenwärtigen Überlegungen. Wenn solche Bewegungen seit den Anfängen der Geschichte bis heute eine faßbare Gemeinsamkeit haben, dann liegt sie in eben dieser Idee der Menschen, sich befreien zu wollen. Nun, diese Bewegung und ihr Ziel bilden die Basis jedes Menschen. Sozialismus ist in Wirklichkeit bisher nur ein erträumter und im übrigen schlecht konzipierter Zustand, in dem der Mensch frei sein wird; und wer den Sozialismus will, sucht – ob er es so oder anders nennt – diesen Zustand der Freiheit. Infolgedessen ist der Revolutionär, von dem wir sprechen, ein Mensch, der Freiheit als die wahrhaftige Realität einer späteren sozialistischen Gesellschaft begreift. Das sozialistische Regime ist nicht ein Regime, in dem jeder tut, was man ihm aufträgt, sondern im Gegenteil das, in dem jeder frei handelt. So wird es zumindest in den Reden der Sozialisten deutlich, und deswegen ist ein Regime wie das sowjetische kein sozialistisches Regime, weil die Freiheit dort geopfert wird; die UdSSR ist die Entfremdung schlechthin. Es gibt dort nirgendwo Freiheit, nicht einmal bei den Führern: es gibt dort keine Freiheit. Außerdem kann man niemals von einer Gesellschaft sprechen, wenn einige frei und andere unfrei sind. Es gibt verschiedene Arten von Unfreiheit; zum Beispiel sind die Bürger, so könnte man sagen, auf eine angenehme Art unfrei, und die Arbeiter sind es auf eine unangenehme Art. Eines ist merkwürdig an der Freiheit: in der Periode der Entfremdung, das heißt in unserer gesamten Geschichte, erscheint sie als eine zugleich innere und ferne Realität. Man fühlt sich gleichzeitig frei und entfremdet, in jeder Beziehung, und man schafft sich die Idee einer Gesellschaft, in der jeder frei wäre – noch in der Art, wie die Gesellschaft sich entwickeln würde – und in der die Freiheit eine Macht jedes einzelnen würde. Das wollte ich nur gern noch sagen.

Gavi: Du solltest Solschenizyn unterstützen. Er ist ein Mensch, der seine Freiheit sucht, indem er den bürokratischen Sozialismus oder den Nicht-Sozialismus in der Sowjetunion kritisiert. Das muß man anerkennen, auch wenn man mit dem, was er sagt, nicht einverstanden ist.

Sartre: Ja, aber wenn man, um die eigene Freiheit zu suchen, die Freiheit der anderen aufs Spiel setzen muß, dann ist man erheblich hinter der Situation zurück. Solschenizyn repräsentiert Vorstellungen des 19. Jahrhunderts. Er hat keine einer neuen Gesellschaft angemessenen Vorstellungen. Er ist schädlich für die Entwicklung. Er beschränkt sich darauf, an einem libertären Standpunkt festzuhalten, er beschränkt sich darauf, davon auszugehen, daß man auch in der UdSSR mit ein wenig Freiheit leben kann, wie er zum Beispiel in der *Krebsstation* zeigt. Aber es kommt gar nicht in Frage, daß er versucht, das bißchen Freiheit, das man in der russischen Gesellschaft findet, weiterzuentwickeln; er zeigt keine Möglichkeit der Aktion, die zu einer politischen Lösung führen würde. Er beschränkt sich auf den Hinweis, daß in einem Lager . . . in einem Haus für Krebskranke – also auf der letzten Stufe der Gefangenschaft des Menschen, der physischen Zerstörung – noch Menschen anzutreffen sind, die sich gut oder schlecht verhalten. Dagegen ist nichts zu sagen, aber es führt nicht viel weiter. Es ist das Verhältnis zum Tode, das bei den Krebskranken eine reale Freiheit erzeugt. Man kann sagen, daß die Menschen dort einer gewissen Entfremdung entkommen, weil sie in ihrem ganzen körperlichen Dasein entfremdet sind. Hier will Solschenizyn die Freiheit finden; in den Widersprüchen der Entfremdungen, die kleine Freiräume offen lassen, wo so etwas wie Freiheit zum Vorschein kommen kann; während der Revolutionär, der seine Freiheit in der Zerstörung der Entfremdungen sucht, nicht in ihren Widersprüchen, sich nicht darauf beschränkt, den Widerspruch als etwas anzusehen, das Freiheit freisetzt, sondern als den Punkt, wo es zu handeln gilt, damit Freiheit entsteht, was etwas ganz anderes ist.

Gavi: Ja, aber nimm in Frankreich einen Arbeiter, zum Beispiel, oder einen Kleinbürger. Ob er Revolutionär oder Demokrat ist, meistens ist er Rassist. Er ist Rassist, weil die Gesellschaft den Rassismus fabriziert, hervorbringt, eine Skala von Werten, gegen die niemand immun ist, auch jene nicht, die sich Revolutionäre nennen. Der Streikende, auch wenn er noch so hart, noch so militant ist, kann seinerseits eine Arbeitgebermentalität entwickeln, wenn es um seine Frau oder ausländische Arbeiter geht. Besteht nicht eine vergleichbare Situation für den Intellektuellen, wie die Sowjetunion ihn hervorgebracht hat? Hat nicht das sowjetische Regime das Denken Solschenizyns hervorgebracht? Er sucht die Freiheit, aber seine Freiheit ist schon entfremdet durch die Gesellschaft, aus der er hervorgegangen ist, und so sieht er sich schließlich veranlaßt, sich der Vergangenheit zuzuwenden, und damit jener Philosophie des 19. Jahrhunderts.

SARTRE: Wenn wir die Opposition lediglich so verstehen, wie wir es hier jetzt tun, dann sieht man, daß es sich um ein Denken handelt, das wesentlich früher entstanden ist und in die vergangenen Jahrhunderte zurückreicht; das ist die Art von Opposition, die die Gesellschaft hervorbringt, gegen die man opponiert. Es ist selbstverständlich, daß das wahre oppositionelle Denken unter wichtigeren Umständen, als es die simple Existenz eines einzelnen wie Solschenizyn ist, entstehen wird. Er hat die Lager kennengelernt und so die sowjetische Ideologie bis zum äußersten erlitten. Und er hat ihr eine Ideologie, die aus dem 19. Jahrhundert stammt, entgegengesetzt. Aber das nützt nichts. Man muß sich Konflikte allgemeinerer Art vorstellen, zum Beispiel Kriege, Besatzung, Niederlagen, damit ein wahrhaft oppositionelles Denken entsteht.

GAVI: Du sagst, jede Macht erzeuge ihre eigene Opposition, und die Aufgabe derer, die für die Freiheit kämpfen wollen, die Aufgabe der freien Menschen oder derer, die du Revolutionäre genannt hast, bestehe darin, einen Bruch zu vollziehen, ihre eigene Opposition innerhalb der Opposition zu schaffen.

SARTRE: So ist es, eine Opposition zu schaffen, die dem Denken gegenüber, gegen das sie opponiert, voraus und nicht dahinter zurückgeblieben ist . . . Es ist klar, die Demokratie steht im Widerspruch zum Royalismus. Der Royalismus gehört dem vergangenen Jahrhundert an, aber es gibt Leute, die Royalisten geblieben sind, weil sie ihre Freiheit jener Art der Entfremdung opfern, die sie für etwas Höheres halten als die Entfremdung, die sie in der Demokratie durchmachen oder durchzumachen glauben. Man darf also nicht glauben, die Widersprüche der historischen Welt seien immer harmlos. Die Widersprüche zum Beispiel zwischen Aristokratie und Demokratie, zwischen Bourgeoisie und Demokratie oder zwischen Elite und Demokratie haben alle noch eine Bedeutung, auch wenn die Kategorie Aristokratie-Demokratie langsam ihre Bedeutung verliert. Diese gegensätzlichen Kategorien ermöglichen es der Geschichte voranzuschreiten, weil dies die Ebene ist, auf der die Menschen aneinandergeraten. Dagegen hat der Widerspruch zwischen Demokratie und Royalismus zum Beispiel keinerlei Bedeutung mehr in der heutigen Gesellschaft: er repräsentiert nichts mehr. Es ist ein toter Widerspruch – außer für die 2000 Königstreuen, die in Paris trommeln, von denen man aber auch erst erfahren müßte, ob sie für das Königtum oder einfach für Recht und Ordnung trommeln, nämlich für die bürgerliche Ordnung, und ob ihnen nicht ein Königtum vorschwebt, das nichts anderes wäre als eine bürgerliche, königliche Macht. Aber das Entscheidende ist, daß man den Fortschritt und Fortgang dieser Geschichte der Freiheit sieht sowie die Tatsache, daß wir endlich – und so will es der

Augenblick – diese Freiheit unmittelbar vor Augen haben, das heißt die Idee einer Gesellschaft, in der die Macht von allen gleichermaßen ausgeübt wird, in der es keine Repräsentanten der Macht, sondern nurmehr freie Menschen geben wird, die Entscheidungen treffen, die jeder andere auch hätte treffen können. In diesem Augenblick haben wir dann eine sozialistische Gesellschaft. Und das ist wirklich das letzte Stadium, wenn Freiheit auf Freiheit trifft – das ist das Stadium der sozialistischen Gesellschaft.

VICTOR: Wir akzeptieren alle, daß der Begriff der Freiheit eng mit der Befreiungsbewegung verbunden ist, mit dem Begriff der Revolte.

SARTRE: Vorübergehend.

VICTOR: Gut, vorübergehend ... Wir geben zu, daß der Begriff der Freiheit mit dem der Revolte verbunden ist. Zweitens kann man die ganze Geschichte der Menschheit, die Geschichte des Klassenkampfes, als eine Bewegung ansehen, der dieser Zustand der Freiheit vorschwebt. Es gibt ein utopisches Freiheitskonzept. Drittens haben wir auch gesehen, daß die mit dem Zustand der Macht der Minderheit verbundene Freiheit de facto eine falsche Freiheit ist ...

SARTRE: Einverstanden ...

VICTOR: In diesen drei Punkten herrscht Einigkeit, aber die Schwierigkeit ist nicht gänzlich beseitigt. Ein Beispiel: *Libération.* Ein Team, ein Redaktionsteam, macht die Zeitung. Dieses Team möchte, daß jeder, der dazugehört, ein Höchstmaß an Mitbestimmung erhält. Das ist nichts Alltägliches, das ist etwas, was man anstrebt. Das Problem liegt nun darin, daß die Freiheit innerhalb des Teams eine Macht darstellt, die in vielen Fällen eine Macht alten Typs, eine oppressive Macht ist, gegenüber den Kollektivitäten, die weit größer sind als das kleine Kollektiv des Redaktionsstabs. Um es ganz klar zu machen: man merkt, daß die Freiheit der gesellschaftlichen Kategorie, der das Redaktionsteam angehört, oft auf Kosten der Freiheit anderer gesellschaftlicher Kategorien, die im Redaktionsstab nicht vertreten sind, ausgeübt wird, zum Beispiel auf Kosten der Freiheit der Arbeiter. Die Freiheit der Kleinbürger geht auf Kosten der Freiheit der Arbeiter. Hier besteht die Gefahr eines Teufelskreises, sowohl in theoretischer als auch in praktischer Hinsicht: im Namen der Freiheit wird die Freiheit einer anderen sozialen Kategorie unterdrückt. In diesem Fall besteht die Trennung in zwei Kategorien nicht zufällig, sondern auf Grund der in der heutigen Gesellschaft üblichen Arbeitsteilung. Ausgehend von diesem Beispiel, stelle ich die Frage noch einmal: ist es nicht gefährlich, mit dem gleichen Wort «Freiheit» den utopischen, mit der Revolte verbundenen Freiheitsbegriff und einen anderen Begriff, der auf die Macht verweist, und zwar auf die in den oppressiven Gesellschaften bestehende Macht, zu bezeichnen?

SARTRE: Ich meine, man darf die beiden Begriffe nicht verwechseln. Es gibt eine libertäre Bewegung, die sich durch eine Revolte manifestiert, sowie das Ziel, das sie anvisiert, die neue Form der Macht. Erst heute können wir eine neue Form der Macht konzipieren, die tatsächlich die Freiheit bedeuten würde.

GAVI: Damit ist das Problem nicht gelöst . . . du unterscheidest zwei Typen von Befreiungsbewegungen . . . die Freiheit durch Macht und die Freiheit durch Revolte. Vorsicht! Der Mensch sucht sich zu befreien und lehnt sich auf; aber in dieser Revolte ist er auch derjenige, der morgen, mit nur ein bißchen mehr Macht in den Händen, unterdrückt. Wir haben es schon gesagt: Jede Gesellschaft bringt ihre eigene Opposition hervor. Und innerhalb der Opposition findest du die herrschenden Ideen der gesamten Gesellschaft wieder. Es gibt keine Oase, keine besondere, außerhalb der Gesellschaft stehende Gruppe . . .

Die Befreiung kann nur zur Freiheit hinführen, wenn die Bewegung unaufhörlich jede Macht, die sich gegen andere Menschen richten kann, in Frage stellt. Sie muß ihre eigene Opposition schaffen. Nehmen wir als Beispiel nochmals den Redaktionsstab von *Libération*: er kann nur Freiheit hervorbringen, wenn er sich bewußt ist, daß er ständig die Macht hat zu unterdrücken. Daher ist es nötig, einen Fremdkörper in die Zeitung einzuführen, der die Redakteure kritisiert und sich selbst in seiner Praxis in Frage stellt; mit anderen Worten: die Leser, die Arbeiter oder die Arbeiterklasse, wie du sagtest.

SARTRE: Genau.

VICTOR: Wenn man den Begriff der Freiheit nicht gleichsetzt mit jener falschen Freiheit, die eine Machtposition verleiht, dann muß man Konsequenzen ziehen. Dann braucht man eine Theorie der Anti-Macht bei *Libération*, mit anderen Worten: eine Theorie der Kontrolle.

SARTRE: Aber diese Gegen-Macht, woher soll sie denn kommen?

VICTOR: Man müßte zum Beispiel eine Charta der Rechte der subversiven Gemeinschaften haben. Sie müßten das Recht zur freien Meinungsäußerung haben, ohne von der Allmacht des Redaktionskomitees kritisiert zu werden.

GAVI: Diese kämpfenden Gemeinschaften oder kämpfenden Kollektivitäten, alle die verschiedenen Organisationen, Bewegungen und Kollektive sind Widersprüchen unterworfen. Auch sie haben ihre Gebote. Auch sie können gewisse Dinge nicht sagen. Wer also wird diese Gegen-Macht kontrollieren? Wer garantiert, daß sie alles sagen wird? Daß nicht auch sie eine Macht wird wie jede andere? Es ist nicht leicht, in einer Gesellschaft, die sich in Bewegung befindet, und zwar in einer Bewegung, deren treibende Kraft sie ist, eine Stimme zu finden, die immerfort in der Lage wäre, Kritik zu üben, die niemals zum Schweigen veranlaßt wäre und zu der Ausflucht greifen müßte: «Nicht hier, nicht jetzt!»

VICTOR: Theoretisch ist das Problem unlösbar, und praktisch seid ihr allmächtig . . .

GAVI: Jede Kollektivität, die sich im Kampf befindet, ist allmächtig.

VICTOR: Mit dem Unterschied, daß ihr keine im Kampf befindliche Kollektivität seid, sondern euch in einer Machtposition befindet . . .

GAVI: Wie jede kämpfende Kollektivität sich in einer Machtposition befindet . . .

VICTOR: Ihr seid oben, ihr gehört zum Überbau.

GAVI: Aber sobald dich eine Kollektivität kontrolliert, ist doch auch sie in einer Überbauposition . . .

VICTOR: Nein.

GAVI: Doch . . .

VICTOR: Warum konnte die Gemeinschaft der Leute von Lip nicht selbst in *Libération* über alles schreiben?

GAVI: Mit einer Charta kannst du das Problem nicht lösen . . .

VICTOR: Es muß ein ständiges Ringen zwischen einer Machtposition und einer Ohnmachtsposition stattfinden; diese Formulierung von Piaget finde ich bemerkenswert: jedesmal, wenn man Macht ergreift, muß ihr eine Gegen-Macht entgegengesetzt werden. So wie du die Dinge darstellst, machst du das Problem absichtlich noch komplizierter – du machst es unlösbar, und das ist der Teufelskreis.

GAVI: Nicht unlösbar, sagen wir lieber, es wird immer unvollkommen bleiben. Aber mit deiner Theorie von der Notwendigkeit des ständigen Ringens bin ich ganz einverstanden . . .

(November 1973 bis 5. März 1974)

Schluß

Ein Dreiecks-Kräfteverhältnis

> Bloß nicht in die Position des Wichtigtuers, des Weggenossen, des Gefangenen des Archipels Gulag geraten . . .

Gavi: Ich habe gerade noch einmal die Niederschrift unserer Gespräche gelesen und merke, daß wir kaum von der Union der Linken, vom «Gemeinsamen Programm» und von den sich daraus ergebenden Fragen gesprochen haben.

Victor: Der Grund dafür, daß wir nicht oder nur so wenig davon gesprochen haben, ist der, daß wir uns vorgenommen hatten, in unseren Gesprächen die neuen Konzepte der Kulturrevolution und des Sozialismus zu erhellen, und hier hat die Union der Linken nichts beizutragen. Die Union der Linken, das ist zunächst einmal die Kommunistische Partei, und die Kommunistische Partei – das ist die kulturelle Konterrevolution. Was den Partner der Kommunisten in der Union der Linken, die Sozialistische Partei betrifft, so fungiert sie als Verwertungsmaschinerie für die Abfälle der kulturellen Revolution. Und du, findest du, daß die KP einen Beitrag zur Kulturrevolution leistet?

Gavi: Nein. Ich glaube, wir sind alle drei der Meinung, daß die Kommunistische Partei und ihre beiden Partner ein bißchen so etwas wie eine kulturelle Konterrevolution darstellen. Eigentlich müßten wir uns bemühen, eine Art Revolution innerhalb der Linken in Gang zu setzen, damit wir, wenn es eines Tages zu einer Übergangsregierung in der einen oder anderen Form kommt, vielleicht nach Wahlen oder im Anschluß an einen außerparlamentarischen Zusammenstoß, nun ja, damit wir uns nicht in einer Minderheitenposition befinden in dem Moment, in dem über den Typus der Gesellschaft, die es zu errichten gilt, und die Art und Weise, wie sie errichtet werden soll, entschieden wird. Im Augenblick haben wir noch einen recht beachtlichen Spielraum; wir sind einem autoritären, aber nicht faschistischen Regime unterworfen, und wir haben nicht den Eindruck, daß die Bourgeoisie in der gegenwärtigen Phase zur Wahrung ihrer Interessen des Faschismus bedarf. Wir können also noch ziemlich mühelos innerhalb der Linken für die Durchsetzung neuer Ideen und neuer Methoden kämpfen, ohne Gefahr zu laufen, die Situation vorzeitig zu radikalisieren und einen Bürgerkrieg heraufzubeschwören, aus dem wir vermutlich nicht als Sieger hervorgingen. Das ist einer der Gründe, warum wir sehr wenig über die Union der Linken gesprochen haben. Trotz allem, sie existiert, und sie zählt. In den kommenden Monaten können Wahlen stattfinden, im Juni, im Oktober, ich weiß nicht, wann. Jeder wird aufgerufen sein zu wählen oder sich der Stimme zu enthalten. Ob sie nun wählen oder sich der Stimme enthalten – im einen wie im anderen Falle ist es ein Akt, zu dem aufgerufen, ein Engagement, das investiert wird. Und da unsere Ideen bisher erst von einer Minderheit geteilt werden, sind diese Wahlen für viele ein politisch bedeutsamer Augenblick. Eine Mehrheit derer, die die Freiheit wollen, werden für die Linke stimmen, und sie werden ihre Stimme abgeben in dem Gefühl, gegen diese Unfreiheit zu kämpfen, die so eindeutig von der Rechten repräsentiert ist. Wirst du, Sartre, die Stimmabgabe verweigern? Oder siehst du noch andere mögliche Positionen? Welches sollte unsere Position gegenüber der Union der Linken sein?

SARTRE: Ich fürchte, wenn wir zum Sieg der Linken beitragen, haben wir eine Regierung, die wir nicht wollen. Unsere Haltung der Rechten gegenüber ist sehr viel einfacher: wir stimmen gegen sie. Der Linken gegenüber wird es jetzt sehr schwierig. Ich persönlich sehe mich nicht für die Linke stimmen.

GAVI: Meinst du nicht auch, daß wir im Falle einer Linksregierung unseren Kampf innerhalb der Linken leichter führen könnten? Wir haben zwei Ziele: so hart wie möglich die Rechte anzugreifen, weil wir den Sozialismus wollen und unser Hauptfeind die Rechte, der Kapitalismus, ist; aber gleichzeitig müssen wir die Rechte der Linken, den Bürokratismus, bekämpfen, und innerhalb der Linken ein revolutionäres Lager etablieren. Kann eine Linksregierung uns nicht helfen in diesem doppelten Kampf? Zum Beispiel, indem sie uns Zugang zum Fernsehen verschafft, indem sie die öffentlichen Freiheiten ausweitet? Oder wird es eher umgekehrt sein?

SARTRE: Es wird umgekehrt sein. Ich sehe nicht die Linksregierungen, die unsere Art zu denken tolerieren können. Ich glaube nicht, daß wir das, was wir hier gesagt haben, dort auch hätten sagen und mit einem Appell an die Linke beschließen können. Nein. Was wir hier zum Ausdruck gebracht haben, ist von der Linken untersagt – sie hat noch nicht die Macht, es zu verbieten . . . doch hätte sie sie, sie würde es kurzerhand verbieten. Ich sehe nicht, warum wir unsere Stimmzettel jenen zukommen lassen sollten, die nichts anderes wollen, als uns fertigzumachen! Da hast du meinen persönlichen Standpunkt. Meiner Ansicht nach werden die Bewegungen, die den Wahlen einen Sinn geben könnten, sich anders entwickeln. Aber die bevorstehenden Wahlen sind ebenso gegen uns wie gegen die Rechte gerichtet. Was habt ihr dazu zu sagen?

VICTOR: Ich glaube, Gavis Frage ist gefährlich. Du kerkerst die Reflexion in die ältesten Schlagwörter der politischen Geschichte Frankreichs ein: ... Union der Linken ... Rechtsblock ... die Wahlen ... Aber das alles ist doch der politische Überbau, gegen den die Kulturrevolution kämpft. Wenn du zum Beispiel sagst, daß man innerhalb der Linken kämpft, entstehen Mißverständnisse. Ich-stehe-nicht-im-gleichen-Lager-wie-Georges-Marchais. Punkt, Schluß. Wir müssen doch damit anfangen, daß wir uns nicht zu Gefangenen eines Vokabulars machen, das ihnen gehört, diesen Parteien! Wie auf internationaler Ebene muß alles neu durchdacht werden – alle Kategorien. Die Welt besteht nicht mehr aus zwei Blöcken wie zu Zeiten des Kalten Krieges. Die Bipolarität ist tot. Und ebenso gibt es in einem Land wie Frankreich nicht «die Rechte» und «die Linke». Wir müssen uns ein Dreieck vorstellen. Da ist das gegenwärtige Regime, Pompidou, ferner das von der Union der Linken gepriesene Staatsregime, und dann gibt es eine dritte Kraft, die der ideologischen Revolution, die neue Linke. Wenn man sagt «neue Linke», ist es gut, daß man sie damit von der «alten Linken» unterscheidet. Daher auch die sehr komplexen, ganz neuen taktischen Fragen. Seit der Befreiung Frankreichs ist es Sartre nicht gelungen, die dritte Kraft zu entdecken, weil sie vor 1968 immer auf seiten der Reaktion war. Jetzt aber hat er sie vor Augen, und er möchte sie nicht wieder aus dem Blick verlieren, denn er möchte nicht in die gute alte Zeit vor 68 zurückkehren, als man sich immer nur als Weggenosse wiederfand, also angekettet – an die Kommunisten. In einem Artikel über Solschenizyn hat Clavel eine in jeder Weise bemerkenswerte Formel gefunden: «Ich bin bereit, den Kommunisten die Hände hinzustrecken, nicht aber die Handgelenke.» Das ist der Ton, in dem man mit Georges Marchais reden muß. Präzisieren wir jetzt. Die dritte Kraft, die Kulturrevolution, versteht sich nicht als Gegenkraft gegen die KP, gegen die PS oder gegen die Union der Linken in dem Sinne, daß sie gegen die militanten Kräfte der KP etc. wäre, aber sie ist auch nicht mehr nur gegen die zentralen Führungsgremien der Kommunistischen Partei, der Sozialistischen Partei, der Syndikate etc. Nein. Die Kulturrevolution ist eine antikapitalistische und antibürokratische Revolution. Und auf ihrem Wege stößt sie auf ein Hindernis: das System von der KP und der Confédération Générale du Travail (CGT). Man braucht ja nur an Lip zu denken oder jetzt an die Ereignisse in den lothringischen Bergwerken: die CGT geht zu den Streikenden, um ihnen zu drohen, etwa in dem Tenor: Euer Streik ist Scheiße, wir werden die Grubenarbeiter mit Stöcken bewaffnen und mit ihnen kommen, um euch das Maul zu stopfen! Die ideologische Revolution, also die Revolution gegen die Bürokratie, prangert diese Mentalität der KP und der CGT schonungslos an. Wenn über diesen Punkt Klarheit herrscht, würde ich jetzt gern zwei Prinzipien definieren, die unser Verhältnis zur Union der Linken betreffen. Erstens darf man das, was uns von der Union der Linken trennt, nicht abschwächen oder verwischen. Wir dürfen also nie das Dreieck vergessen. Bloß nicht in die Position des Wichtigtuers, des Weggenossen, des Gefangenen des Archipels Gulag geraten! Wir müssen immer die entscheidende theoretische Grundlage vor Augen haben: Der Sozialismus sowjetischer Prägung ist kein Sozialismus, er ist eine andere Form der Ausbeutungsverhältnisse, Schluß aus! Also ist dies nicht unser Lager. Und in der Praxis muß man wissen, daß man sich gegebenenfalls auch gegen die Hauptzentrale der Syndikate wenden muß. Und das ist eine der großen Errungenschaften der Arbeiterautonomie in den letzten fünf Jahren: man hat es gelernt, sich der CGT zu widersetzen. Das zweite Prinzip ist, daß man die Kunst des «Komponierens» lernen muß: die Handhabung des Dreiecks-Kräfteverhältnisses. Das bedeutet, daß man sich gegebenenfalls mit der CGT und der KP zusammentut. Du fragtest etwas im Zusammenhang mit den Wahlen. Aber ich meine, es wäre besser, mit der Untersuchung der strategischen Hypothese zu beginnen, die augenblicklich in den Köpfen herumspukt: die Chilenisierung Frankreichs. Es ist leicht gesagt: Chile ist nicht Frankreich, und die Sozialistische Partei Chiles ist nicht die Sozialistische Partei Frankreichs, die chilenische KP ist nicht die französische KP . . . Jeder hat ein bißchen die Befürchtung, daß es wie in Chile gehen könnte; und was da in den Köpfen herumspukt, ist schon eine Realität . . . Untersuchen wir also diese Hypothese. Das Hauptproblem, das sich danach stellt, wenn man eine Linksregierung hat wie in Chile, ist die Glaubwürdigkeit der dritten Kraft. Erste Eventualität: Die ideologische Revolution verfügt in diesem Augenblick über eine Kraft von nationaler Tragweite und hat Handlungsspielraum. Sie kann dann ein wirkliches Werkzeug sein, um das Volk weiterzuführen auf dem Wege zum Sozialismus. Zweite Eventualität: Es ist eine Linksregierung an der Macht, und die Kraft der neuen Linken reicht nicht aus, sie ist nicht genügend in den Massen verwurzelt, vor allen Dingen nicht in den wichtigen Fabriken; sie ist nicht in der Lage, Massenbewegungen in Gang zu setzen und steht unter der Diktatur der CGT, die die Mehrheit hinter sich hat. In diesem Fall, so sagte Sartre gerade, ist man vernichtet, zunächst ideologisch. Stell dir vor, die ORTF wäre in den Händen der Journalisten von *L'Humanité*. Ich weiß nicht, ob du gesehen hast, wie die Journalisten von *L'Humanité* über einen Arbeitskampf schreiben, über ein Ereignis, das ihre Macht in den Fabriken in Frage stellt! Ich erinnere nur daran, wie *L'Humanité* über den Tod Pierre Overneys geschrieben hat oder über die Ereignisse vom Mai 68. Stell dir diese Journalisten bei ORTF vor! Es genügt, wenn man sich die *Prawda* ansieht! Natürlich würde es hier anders sein! Es würde zu einem Gerangel mit der Sozialistischen Partei und innerhalb der Sozialistischen

Partei zu Auseinandersetzungen zwischen der Rechten und der Linken kommen. Aber uns würden sie immer als unverantwortliche, unzurechnungsfähige Abenteurer hinstellen. Die Regierung würde versuchen, einen luftleeren Raum um uns zu schaffen, wie es Chaban-Delmas 1970 getan hat. Natürlich würde sich das auf höherer Ebene abspielen: es gäbe eine theoretische Debatte in den *Cahiers du communisme* über Gauchismus, den schon Lenin anprangerte; Régis Debray würde sich vielleicht zu Worte melden, um zu erklären, daß der Gauchismus der Todfeind sei, wie Erfahrungen in Lateinamerika zeigten. Denen, die weiterhin gegen die Diktatur der Linken rebellierten, würde man eine kühle Dusche bereiten, eine selektive Repression. Ich spreche, vergeßt das nicht, von der Eventualität, wo wir noch nicht die Massen hinter uns haben.

Gavi: Ich persönlich habe keine sehr klaren Vorstellungen. Ich glaube tatsächlich, daß man immer wieder und so fest wie möglich verteidigen muß, was uns von den anderen trennt. Mit anderen Worten, wir müssen weiterhin, in der Theorie wie in unserer Praxis, diese doppelte antikapitalistische und antibürokratische – oder antiautoritäre – Revolution fordern. Das, verbunden mit einer gewissen politischen Flexibilität – im Bewußtsein der bestehenden Kräfteverhältnisse.

Wenn allerdings der Faschismus drohte, würde natürlich die antibürokratische Revolution hinter die Union mit den Antifaschisten zurücktreten. Denn der Faschismus ist die Rückkehr zum Nullpunkt, wie in Chile . . .

Victor: . . . der russische Faschismus ist das nicht . . .

Gavi: Nein, ich glaube nicht. Ich weiß nicht, ob man von russischem Faschismus sprechen muß . . . nun gut . . . Jedenfalls müssen wir in unserer Theorie und in unserer Praxis die Ideen bejahen, die uns trennen und vor allem, die sie von uns trennen. Das Problem ist nicht, zu zeigen, was uns trennt, sondern vor allem, zu zeigen, was *sie* von der Freiheit trennt: es muß uns gelingen, zu zeigen, daß *sie* es sind, die Randpositionen innehaben im Verhältnis zur Idee der Revolution und der Idee des Sozialismus, auch wenn wir in der Minderheit sind.

Greifen wir den Gedanken vom Dreieck noch einmal auf. Die Kommunistische Partei ist nicht einzig und allein Georges Marchais und die Sozialistische Partei nicht François Mitterand. Man muß genau betrachten, was hier die Rechte oder die Linke genannt wird, wie überhaupt das ganze Vokabular, das ja nicht vom Himmel gefallen ist. Gerade wegen ihrer Konzeption des Sozialismus, die für eine Kommunistische Partei die einzig mögliche ist, ist die KP so wenig flexibel; und dennoch werden in ihr, genau wie in der PS, hier und da die Ideen der Kulturrevolution lebendig. Ich bin überzeugt, daß viele von den heute demonstrierenden und rebellierenden Arbeitern, Studenten und Schülern, falls es jetzt

Wahlen gibt, für die PS, die KP stimmen werden. Wir befinden uns in einer Übergangszeit, in einer Epoche, wo die Dinge noch nicht klar genug sind und vor allem wo das, was wir, manchmal unbewußt, repräsentieren, noch nicht glaubwürdig genug scheint, und wo wir noch nicht genügend darüber nachgedacht haben, wie sich ein anderer Weg zum Sozialismus auftun läßt. Wir müssen die auf der Ebene des Apparats vertretenen Ideen immer klar erkennen und dagegen kämpfen, und wir müssen all das unterstützen, was in eine antibürokratische, antikapitalistische Richtung weist. Gehen wir von der Hypothese einer Linksregierung aus: ich bin mir nicht ganz sicher, daß es so kommen würde, wie ihr sagt. Ich denke eher, daß es eine in zwei, noch dazu entgegengesetzte Richtungen drängende dynamische Kraft geben würde. Zunächst einmal säßen wir in der Klemme, weil es natürlich wesentlich leichter ist, zu rebellieren, gegen eine Rechtsregierung und den Kapitalismus zu revoltieren, als gegen eine Linksregierung, die ständig sagen würde, man spiele der Macht in die Hände. Das ist sicher.

VICTOR: Nicht der Macht, sondern der Rechten . . . das wolltest du doch sagen?

GAVI: Der Rechten, natürlich . . .

VICTOR: . . . Verschwörer, Aufwiegler . . .

GAVI: Richtig. Zumal Frankreich ein Land ist, dessen Industrie teilweise verstaatlicht wurde. Man braucht sich nur anzusehen, was im Bergbau los ist. Das zeigt, was unter einer Linksregierung passieren könnte. Es ist klar, daß in dem Moment, da die Linke an der Macht wäre, jede gegen den Staat gerichtete Rebellion als Rebellion gegen die Linksregierung angesehen werden würde, also als eine Verschwörung mit der Rechten . . .

VICTOR: Ja, 1971 bei Renault, da sagte die CGT: «Spontaneität der Arbeiterschaft – das gibt's doch nicht! Das ist ein Komplott.»

GAVI: Richtig, deshalb wird alles viel schwieriger werden, die Streiks, die Kampfbewegungen, die sich gegen die Administration, gegen die Staatsmacht richten, die in Frankreich immerhin beachtlich ist, die Kämpfe in den kleinen und mittleren Unternehmen und in all den Sektoren, die die Linksregierung auf ihre Seite zu bringen versuchen wird, die Protestbewegungen innerhalb der Schule und in den anderen Institutionen, in denen man einen Teil der Linkswähler findet . . .

So wird es kommen, denn sonst würde die Linke ihre Mehrheit verlieren oder sich im Parlament zersplittern . . . Es wird nicht leicht sein, den Sinn dieser Kämpfe einer Bevölkerung zu erklären, die unter dem Einfluß eines ganzen Staatsapparates steht, der alles daransetzen wird, uns als Provokateure oder Idealisten hinzustellen, die für den Augenblick zu viel verlangen und sich lieber gedulden sollten, wenn nicht alles schiefgehen soll. Und man wird einige Jahre abwarten müssen . . . bis das Kräfteverhältnis es erlaubt, daß man tut, was man sich vorgenommen hat. Aber meiner Meinung nach wird sich eine Öffnung im umgekehrten Sinne ergeben. Auch in der traditionellen Linken gibt es Strömungen der Kulturrevolution. Es wird zu einem Zusammenstoß kommen. Die Basis der Sozialistischen Partei ist nicht die gleiche wie die der Kommunistischen Partei. In Chile vertrat die Sozialistische Partei die Interessen der Arbeiterklasse, der Bauern und eines Teils des leicht proletarisierten Kleinbürgertums – das in einem Land, wo die Monopole viel mächtiger waren als in Frankreich und wo die Amerikaner die gesamte Wirtschaft kontrollierten. Und die Kommunistische Partei vertrat in etwa die gleichen Interessen. In Frankreich ist das anders: die PS verteidigt die Interessen der «Notablen», sie verteidigt das Privateigentum.

Victor: In der Sozialistischen Partei gibt es einen intelligenten Bauernausschuß . . .

Gavi: Sicher, natürlich, das liegt alles auf der Linie . . .

Victor: Du meintest es allgemein?

Gavi: Ganz allgemein. Was sie nicht daran hindert, bei bestimmten Problemen eine sehr radikale Position einzunehmen, weil die Sozialistische Partei eine Sammlungspartei ist, die sehr demagogische Parolen in Umlauf setzen kann. Es wird folglich innerhalb einer Linksregierung zu einem Zusammenstoß zwischen der sozialistischen und der kommunistischen Partei kommen. Die sozialistischen «Notablen» haben eine bürgerliche Konzeption der Freiheit. Sie sind gegen eine Führung durch die Arbeiter, sei sie autoritär oder demokratisch. Was wird also passieren? Die Sozialistische Partei und die Radikalen dürfen sich nicht mehr weiter nach rechts öffnen, sonst würde die KP nicht mehr mitspielen, und die Linksregierung würde eine Zentrumsregierung werden, die schon die erste Krise nicht überleben würde. Um ein Gegengewicht zur KP zu bilden, hat die PS also alles Interesse daran, daß die KP von einer linken Fraktion innerhalb der Partei geschwächt wird, und im Gegensatz zur KP hat sie alles Interesse daran, daß die extreme Linke einen gewissen Einfluß erhält, solange dieser Einfluß nicht dominierend wird. Die Sozialisten werden also alles Interesse daran haben, uns im Fernsehen sprechen zu lassen, aber nicht zu viel. Was den Innenminister nicht hindern wird, ob er ein Sozialist oder ein Radikaler ist, jedesmal die Flics zu rufen, wenn wir uns beim Protest zu weit vorwagen. Kurz, unsere Position würde stärker sein, wenn die Wahlen nicht in den kommenden Monaten, sondern in zwei, drei Jahren stattfänden. Bis dahin werden wir besser dastehen, und es wäre sehr schwierig oder sogar unmöglich, uns auszuschalten.

Victor: Ich habe nicht ganz verstanden, wo nun eigentlich der Meinungsunterschied lag.

GAVI: Wenn ihr sagt: eine Linksregierung wird uns stärker unter Druck setzen als eine Rechtsregierung . . .

VICTOR: Du hast einen Teil der Analyse außer acht gelassen . . .

GAVI: Weil ich mit dem antibürokratischen, dem antikulturellen Teil einverstanden war . . .

VICTOR: Nein. Ich sagte doch: Im Falle einer Linksregierung kann es nur eines von beidem geben: entweder wir sind eine Kraft oder wir sind es nicht. Der Widerspruch zwischen einem linken und einem rechten Flügel innerhalb der Linksregierung entwickelt sich, je nachdem, ob die eine oder die andere Eventualität zutrifft, sehr unterschiedlich. Du sprachst von Gegengewichten gegen die KP, die die Sozialistische Partei schaffen würde. Auch ich bin der Meinung, daß die Sozialistische Partei versuchen wird, uns als Gegengewicht gegen die KP zu benutzen. Und da brauchen wir gar nicht im Futur zu sprechen . . . Schon jetzt versucht sie es doch. Im Augenblick benutzt die Sozialistische Partei uns in ihrem Konkurrenzkampf mit der KP an der Überbaufront. Aber an der Front der sozialen Kämpfe spielt die Sozialistische Partei bisher noch gar keine Rolle, und sie verfügt nicht über Mittel der zentralen Staatsmacht. Aber wenn wir von der Hypothese einer Linksregierung ausgehen, dann hätte die Sozialistische Partei die Mittel des Staatsapparats, insbesondere die Polizei, und hätte andere Schlüsselstellungen innerhalb der Administration inne. Das ist ein wesentlicher Unterschied. Im Augenblick stört es uns noch nicht sonderlich, daß die Sozialistische Partei uns als Gegengewicht benutzt.

GAVI: . . . Laß das Trojanische Pferd nur herein . . .

VICTOR: Bis jetzt noch stört es uns nicht, aber im Falle einer Linksregierung ändert sich das Kräfteverhältnis ganz gewaltig: in zahlreichen Behörden des Staates werden sie die entscheidenden Stellungen einnehmen. Und wenn wir dann nicht Rückhalt bei den Massen haben und an den entscheidenden Stellen nicht genügend stark vertreten sind, dann werden wir in die Enge geraten. Es ist immer das gleiche: Die Hauptgefahr ist, daß das Dreiecks-Kräfteverhältnis platzt. Und wie auch immer die dritte Seite ausgeschaltet wird, sei es gewaltsam oder nicht, es ist eine Katastrophe.

SARTRE: Nicht, wenn die dritte Seite die Kommunistische Partei ist (*Gelächter*) . . .

VICTOR: Glaubst du, daß noch eine wesentliche Divergenz besteht?

GAVI: Nein. Die Sozialistische Partei ist eine Art Hydra mit sehr verschiedenen Realitäten: welche Beziehung besteht zwischen Defferre oder Mauroy und einem Grubenarbeiter im Norden oder einem sozialistischen Bauern im Süden? Es gibt Sozialisten, die ebensogut in der UDR aufgehoben wären. Obwohl die Reihen sich lichten, da etliche dieser

Leute jetzt die PS verlassen haben. Es gibt eine ganze Menge Kleinbürger, Professoren, Lehrer, Arbeiter und Bauern, die aus Opposition zum autoritären Kommunismus zur Sozialistischen Partei gekommen sind; häufig übrigens Christen. Ein Teil dieser Basis übrigens schließt sich jetzt dem dritten Punkt des Dreiecks an, den wir vertreten. Und nicht von ungefähr versuchen die Sozialisten auf dieser Ebene mit uns zu rivalisieren, nicht von ungefähr kann *L'Unité*, das Wochenblatt der PS, einen den Landarbeitern wohlgesonnenen Artikel bringen – sie haben alles zu gewinnen, wenn sie, um ihren Einfluß zu erweitern, gewisse Ideen der Kulturrevolution verteidigen. Es ist also kein Zufall, wenn sie die Arbeiterklasse und die Landarbeiter beackern wollen, wenn sie der KP nicht das Monopol und sich von uns nicht überholen lassen wollen. Das ist die dem CERES[1] aufgetragene Funktion. Es ist das Auffangbecken für eine Anzahl von Widerständen, die es in dieser Bourgeoisie gibt, für Proteste, wie man sie an den Universitäten hat, an der Verwaltungshochschule, bei den Richtern, in der Richtergewerkschaft und in den Körperschaften, die alle sich selbst, wenn auch nicht ganz, in Frage stellen, die etwas mehr Freiheit wollen, ohne ihre Privilegien einzubüßen. Welche Position sollen wir einnehmen? Uns selbst treu bleiben, das Spiel, dessen Regeln wir nicht aufgestellt haben, nicht mitspielen, überhaupt nicht spielen, wie sie es gern hätten, Politiker werden wie sie es sind, und nicht Kommunisten bleiben ...

VICTOR: Aha!

GAVI: Wir müssen an dem Dreieck festhalten und Druck ausüben auf die beiden anderen Scheitelpunkte, ohne in die von drei Seiten begrenzte Arena hinabzusteigen. Das ist ein Raum, den wir meiden müssen. Wir dürfen nicht gegen die Union der Linken, gegen die Sozialistische Partei oder gegen die Kommunistische Partei kämpfen. Wir müssen Ideen vertreten und sie in die Praxis umsetzen. Ohne diese oder jene taktische Allianz einzugehen. Ohne wie wild auf die KP loszugehen oder auf die PS, als wären sie die Hauptfeinde. Die Arbeiter halten nichts von Reden, sie wollen Taten sehen. Es ist mir vollkommen gleichgültig, was Marchais 1940 oder 1942 geleistet hat. Seine Ideen müssen angegriffen werden.

VICTOR: Klar, der einzelne ist nicht weiter wichtig.

GAVI: Ich glaube, wenn es Wahlen gibt, können die «Gauchisten» der Linken einige Fragen stellen, indem sie davon ausgehen, daß es gewisse Widersprüche gibt innerhalb dieser Linken, der KP, der PS und der PSU. Sie können sagen: das und das wollen wir, soviel im Augenblick, und wenn ihr an der Regierung seid, wollen wir das noch immer. Wir wollen dafür Garantie, und wir werden immer für diese Freiheiten kämpfen.

1 Centre d'études, de recherches et d'éducation socialistes (Anm. d. Übers.)

Dies ist eine offensive Position, keine defensive. Ihr sagt, ihr seid links – sehr gut. Wenn ihr an der Macht seid, dann muß diese Macht für uns die Möglichkeit bedeuten, daß wir uns äußern, daß wir demokratisch unsere Ideen und unsere Praktiken verteidigen können und daß ihr die Demokratie akzeptiert, in dem, was ihr die Linke nennt. Ich bin daher im gegenwärtigen Augenblick gegen eine Stimmenverweigerung, die nur unter bestimmten Bedingungen Sinn hat. Sie war eine der Basen der Kulturrevolution. Aber diese Position ist jetzt überholt. Es ist eine defensive Position. Warum uns nach der Linken richten, statt die Linke zu veranlassen, sich nach uns zu richten?

Sartre: Indem man wen wählt?

Gavi: Das zu entscheiden, überlassen wir den Militanten.

Victor: Was meinst du dazu?

Sartre: Ich? Ich bin dagegen. Man stimmt am Ende für die KP und die PS. Ich kann nicht sehen, daß die Positionen sich sehr verändert hätten seit der Stimmenverweigerung im letzten Jahr. Man hätte auch früher schon für die Sozialisten oder die Kommunisten stimmen können. Ich sehe keine Veränderung, und ich weiß, daß die Sozialisten und die Kommunisten ihre Versprechen nicht halten werden. Also finde ich deinen Standpunkt zwar nicht verabscheuenswert (*Gelächter*), aber ich finde ihn sehr schädlich, weil man seine Stimmen für einen kleinen Katalog von Zugeständnissen, die sie uns gewähren, gäbe.

Gavi: Ich habe nicht gesagt, daß wir ihnen einen kleinen Katalog von Forderungen präsentieren würden . . .

Sartre: Es liefe darauf hinaus . . .

Gavi: Nein!

Sartre: Ihren Prinzipien nach werden sie aber nur einen kleinen Katalog von Forderungen akzeptieren . . .

Gavi: Ja, aber etwas hat sich geändert. In *France-Soir* stand eine Glosse: «Was ist heute aus dem Gauchismus geworden?» Es folgte eine Liste einer Anzahl von Organisationen, mit Hinweisen darauf, daß sie erheblich abgeschlafft seien. Der Artikel schloß mit der Folgerung – Viansson-Ponté und Thierry Pfister sagen übrigens das gleiche in *Le Monde* –: «Der Gauchismus ist tot.» Völlig falsch. Setzt man Gauchismus in Anführungsstriche, dann ist dieser «Gauchismus» gereift. Sein Einfluß dehnt sich immer mehr aus: wir existieren. Vor ein paar Jahren bezeichnete man mit Gauchismus nur ein paar avantgardistische Gruppen, die oft völlig isoliert waren von den Massen. Das ist nun nicht mehr so. Bei den letzten Präsidentschaftswahlen waren wir noch nicht wirklich vorhanden, während wir heute, im Gegensatz zu dem, was die bürgerliche Presse sagt, eine Massenbewegung sind und eine Kraft überdies, die aus den Kinderschuhen heraus ist, die eine Praxis hat, die sogar . . . die beginnt, ihre Geschichte zu haben, ihre Siege, eine Kraft, mit der man rechnen muß.

Victor: Du begibst dich in Widerspruch zu dir selbst. Du sagtest, unsere Stärke bestehe darin, das politische Spiel nicht mitzuspielen, und nun gehst du in die eigene Falle: das erste, was du für die ideologische Revolution zu konkretisieren versuchst, ist ihre Position im Hinblick auf die Wahlen, und das ist doch genau der Existenzmodus der alten Politik. Ich sage dir nicht, daß es keine Probleme geben wird, aber wenn du bereits jetzt ein Problem daraus machst, dann sitzt du schon in der Falle. Wir wissen nicht, wann es Wahlen geben wird; das ist ein Problem, um das sich Giscard d'Estaing, Georges Marchais, Pompidou und andere kümmern. Darüber kann man immer noch diskutieren. Eine radikale Haltung in der Kritik des Wahlsystems ist immer gut als grundsätzliche Position der ideologischen Revolution. Wenn Wahlen anstehen, wird man weitersehen; wenn sich dann 300000 Metallarbeiter organisieren, ohne Werkmeister, ohne Ingenieure, wie jetzt die Arbeiter in den lothringischen Kohlebergwerken, um das gegenwärtige hierarchische Lohnsystem abzuschaffen, werden sich Möglichkeiten ergeben, die sich bei Wahlen in ruhigen Zeiten nicht ergeben würden. Wenn die Wahlen zu einer Zeit stattfinden, wo es Lip gibt, wo es einen neuen Politiker gibt wie Piaget, dann könnten wir ihn beim ersten Gang der Präsidentschaftswahlen präsentieren, damit er im Fernsehen sprechen kann. Du sitzt bereits in der Falle, wenn du allgemein über die Wahlen sprichst. Allgemein läßt sich nur sagen, daß wir gegen Wahlen sind, die nichts anderes sind als eine Falle des Überbaus für Dummköpfe.

Gavi: Da bin ich gar nicht deiner Meinung. Die Frage der Wahlen ist nicht «konjunkturabhängig». Hier läßt sich nicht improvisieren. Sobald die Masse die Stimmabgabe für wichtig hält, ist sie auch für uns wichtig. Es gibt ja auch nichts Dümmeres als Rassismus, und dennoch existiert er; vom *Parisien Libéré* werden fast eine Million Exemplare verkauft und von *Libération* nur 25000. Das ist ein Problem. Zweitens: die Wahlfrage konditioniert zum Teil das politische Leben. Warum? Weil die Parteien des Gemeinsamen Programms täglich ihr Verhalten von der Nähe des Wahltermins abhängig machen. Wir attackieren die CGT zu oft wegen ihrer Haltung in diesem oder jenem partiellen Konflikt. Streikbrecher, sagen wir manchmal. Das ist idiotisch. Die Militanten der CGT sind alles andere als Schufte, und die Gauchisten sind keine Heiligen. Lassen wir alle moralischen Erwägungen einmal beiseite, und gehen wir den Dingen auf den Grund. Die CGT hat eine Strategie. Sie wendet sie an. Ihrer Meinung nach rechtfertigt der Zweck gewisse Mittel. Bei gewissen Gelegenheiten ist es angebracht, diese Mittel zu kritisieren, aber meist müßte über die gesamte Strategie diskutiert werden und ebenso über die Konzeption vom Sozialismus. In der Arbeiterbewegung gibt es nicht auf der einen Seite die Guten und auf der anderen die Bösen. Es gibt vielmehr gegensätzliche Konzeptionen.

Victor: Aber darüber diskutieren wir doch seit Jahren.

Gavi: Nein, selten. Im allgemeinen schimpfen wir nur ...

Victor: Die Maoisten haben immer erklärt ...

Gavi: ... selten ... selten ...

Victor: Wir sind uns doch einig! Wenn ich über politische Probleme diskutiere, spreche ich von Wahlen ...

Gavi: Ja, aber du mußt den Leuten erklären, warum sie zum gegenwärtigen Zeitpunkt eine Falle für Dummköpfe sind ...

Victor: Das erkläre ich ja auch. Ein Problem werden sie aber erst in der Zeit der Wahlen selbst. Man wird versuchen, es zum gegebenen Zeitpunkt mit den vorhandenen Mitteln unter Berücksichtigung des Kräfteverhältnisses zu lösen. Du bringst zwei Dinge durcheinander: die tägliche politische Diskussion, die allgemeine politische Propaganda – unabhängig von den Wahlen – und die Arbeit in einer eigentlichen Wahlperiode. In der ideologischen Revolution ist unser Problem die Politik; der Überbau, die Parteien, die Wahlen, das herkömmliche Wahlsystem, all das, woran die Leute seit langem gewöhnt sind. Der Inhalt der ideologischen Revolution, der Sozialismus, der sich in den augenblicklichen revolutionären Kämpfen herausbildet, greift, wie wir sagen, den Überbau an; aber die Mehrheit derer, die diese revolutionären Kämpfe führen, erkennt nicht unmittelbar den so klaren Gegensatz zwischen dem Sozialismus, den sie in ihren Kämpfen hervorbringen, und dem gesamten Überbau. Man sagt uns immer wieder: «Ihr macht punktuelle Aktionen, die keinen politischen Bezug, kein politisches Ergebnis haben.» Das ist eine Mahnung, das Spiel mitzuspielen. Und dieser Gedanke störte uns bisher. Auf Grund der, sagen wir, marxistisch-orthodoxen Tradition waren wir teilweise noch von dem Gespenst der bürgerlichen Politik beherrscht. Aber das ist eine Falle. Unsere Kraft, unsere einzige Stärke besteht darin, das Spiel nicht mitzuspielen. Von daher muß man das Problem aufrollen. Wenn du das Problem der neuen Politik mit den Begriffen der alten Politik definierst, dann findest du nicht heraus, bist du in der Sackgasse. Ich schlage vor, daß wir von den praktischen Inhalten der Bewegung der ideologischen Revolution ausgehen; von daher fragen wir uns ständig, welche Form die Beziehung haben soll zwischen der Ablehnung der Politik, des Überbaus einerseits und andererseits der Notwendigkeit, voranzukommen, der Notwendigkeit politischer Aktionen, wobei notgedrungen auf das Kräfteverhältnis, die politische Situation und den Überbau Rücksicht zu nehmen ist. Wenn man uns aber fragt: was ist eure politische Alternative? Dann sagen wir: Das ist Lip.

Man hält uns dann entgegen: das ist nicht befriedigend. Aber in welcher Beziehung nicht befriedigend? Im Hinblick auf das Gemeinsame Programm! Im Hinblick auf den Überbau! Aber wir sagen: Dann muß man den Blick, die Blickrichtung ändern! Natürlich können wir nicht sogleich überzeugen. Unsere Ideen gefallen – das ist Sozialismus in Freiheit. Gewöhnlich läßt sich eine überwältigende Mehrheit dafür gewinnen. Wir würden viel schneller vorwärtskommen, wenn wir nicht etwas unglaublich Schwieriges forderten: es geht darum, eine alte Gewohnheit zu überwinden – ähnlich der Gewohnheit des Gehorsams und der Autorität –, nämlich die politische Gewohnheit. Man war daran gewöhnt, daß ein Programm, eine Strategie, daß die Idee des Sozialismus angeblich Ausgangspunkte und Ziele bestimmten; ich sage ganz bewußt «angeblich», da es in Wirklichkeit so nicht war. Man muß seine Gewohnheiten ändern – das ist die Definition der Kulturrevolution, wie Mao sie gegeben hat: Kampf gegen die alten Gewohnheiten.

Gavi: Heute ist es Mode, die «Grüppchen», besonders die «Gauchisten» anzugreifen. Jede organisierte Gruppe anzugreifen, *weil* sie organisiert ist. Jede Organisation anzugreifen: die KP, die Liga[1], Lutte Ouvrière, Révolution[2] etc. Das ist ein leichtes Spiel, und häufig stammen ja diese Kritiken von Leuten, die eine rechte Mentalität haben, aber eine linke Sprache sprechen, wenn es sich nicht schlicht und einfach um Antikommunismus handelt ... Ich halte es dagegen für wichtig, zu erklären, daß wir nicht gegen die Organisation sind, sondern daß in der gegenwärtigen Etappe jede Organisation klassischen Typs, die sich auf dem gleichen Boden wie die KP ansiedelt und sich als Vorkämpfer der Arbeiterbewegung präsentiert, sich gegen den Strom einer kulturellen Revolution und die von ihr vertretenen Ideen bewegt. In der gegenwärtigen Periode bedarf Frankreich keiner weiteren Organisation; es sollte im Gegenteil der Phantasie freien Lauf lassen, mit allen Risiken, die eine gewisse Spontaneität mit sich bringt. Im Augenblick ist es nicht nötig, daß der «Gauchismus» seine Einheit in einer avantgardistischen Organisation findet, die etwas voluntaristisch den Zusammenhalt für eine gespaltene Bewegung, die ihre Identität sucht, abgeben würde. Diese Einheit kann er finden in gemeinsamen Ideen und einer gemeinsamen Praxis, die noch zu definieren sind. Eine dieser Ideen besteht eben darin, daß man das Problem der Organisation von Grund auf neu überdenkt und in neuen Begriffen darstellt. Wenn der «Gauchismus» zu etwas mehr Reife und einem besseren Selbstverständnis gefunden hat, kann über die Frage gesprochen werden, wie eine Organisation zu schaffen ist,

1 L.C.R.: die trotzkistische Ligue Communiste Révolutionnaire (Anm. d. Übers.)
2 Révolution: linksextremistische Gruppierung (Anm. d. Übers.)

die alle Revolutionäre auf eine neue Weise eint. Von Natur aus sind wir keine Verfechter des Spontaneismus, und wenn wir nicht über alles diskutieren, geht unsere Kritik am Ziel vorbei.

Victor: Jetzt am Ende der Gespräche fragt Philippe Gavi nach dem Begriff der Partei ... (*Gelächter.*)

Gavi: Absolut nicht: ich habe nur gesagt, daß es nötig sei, unsere Vorbehalte den Parteien der «Avantgarde» gegenüber zu begründen, Perspektiven zu eröffnen, nicht nur zu negieren und alle organisierten Genossen zu verdammen. Wir müssen gemeinsam darüber nachdenken, wie eine demokratische Zentralisierung, eine Führung neuen Typs erreicht werden kann. Den Trotzkisten zum Beispiel ist es nicht gelungen. Das heißt aber nicht, daß «wir» gegen sie sind. Im übrigen gehören sie ja zu diesem «wir». Nun, Sartre, kehren wir zurück zu deiner Position der Stimmenthaltung ...

Victor: Wenn Piaget sich bei den Präsidentschaftswahlen bewerben würde ...

Sartre: Und sich dann beim zweiten Wahlgang zurückzieht ... dann ist dies ein Symbolismus, der darauf abzielt ...

Victor: Ah, jetzt bist du für den Symbolismus!

Sartre: Ich stelle nur fest, daß es ein symbolischer Akt wäre, für Piaget zu stimmen ...

Victor: Du wärst dafür, aber ...

Sartre: Ich wäre für ...

Victor: Du wärst für einen symbolischen Akt ...

Gavi: Du gibst also deiner Stimmverweigerung einen anderen Sinn ...

Sartre: Für den Kandidaten stimmen, von dem ich mit Sicherheit weiß, daß er nicht gewählt wird? Ist das etwas sehr anderes, als nicht zu wählen?

Gavi: Ja. Du kannst für einen Kandidaten stimmen, zu dem du Vertrauen hast ... Piaget.

Victor: Damit er im Fernsehen sprechen kann, und im zweiten Wahlgang tritt er zurück. Das ist eine Eulenspiegelei.

Gavi: Ja, aber das ist nicht mehr die Position der Stimmverweigerung ...

Victor: Das ist eine Eulenspiegelei ...

Sartre: Ja, eine Eulenspiegelei, und sie hat die Tragweite einer Eulenspiegelei.

Gavi: Nein, damit bin ich nicht einverstanden! Als du vorhin deine Position der Stimmverweigerung erklärtest, sagtest du nicht: ich wähle nicht, weil ich Marchais oder Mitterand nicht vertraue; du sagtest, daß du damit Position bezögest gegen das, was zum gegenwärtigen Zeitpunkt die Wahlen bedeuten, gegen die Wahl als Wahl, die die Institution verbürgt.

SARTRE Ja ... aber ich weiß nicht, ob ich für Piaget stimmen würde, falls Piaget gewählt werden sollte! (*Gelächter.*) Aber er wird nicht gewählt werden.

VICTOR: Das ist eine List.

SARTRE: Ja.

VICTOR: Steht das dann nicht in Widerspruch zu deiner philosophischen Position in der Frage der Stimmverweigerung?

GAVI: Aber du zögerst ...

SARTRE: Nein. Ich kann meine Stimme auch verkaufen. Ich kann anbieten, daß ich für 20000 Francs meine Stimme ... für irgendwen abgebe ... (*Gelächter*) ... Nein, ich halte an meinem Standpunkt fest, man muß nicht wählen, und ich bleibe dabei, weil die Idee der Wahl in der Konzeption des gegenwärtigen Wahlsystems eine trügerische, eine falsche Idee ist. Ich wollte sehen, ob es bei den möglichen künftigen Wahlen irgend etwas gäbe, das mich umstimmen könnte – aber nein!

GAVI: Siehst du, zu Beginn dieser Gespräche fragten wir dich nach deinem Pessimismus, und ...

SARTRE: Ja, man hatte das Problem meines Pessimismus aufgeworfen. Ich glaube, daß mein Pessimismus Gelegenheit fände, sich auszuwirken, wenn es um die Art und Weise geht, wie man die Revolution machen wird; aber er würde sich vielleicht nur für mich allein auswirken. (*Gelächter.*)

GAVI: Erkläre dich.

SARTRE: Ich werde ihn mir als einen kleinen, besonders köstlichen Nachtisch genehmigen (*Gelächter*), oder ich werde von Zeit zu Zeit sagen: «Sieh mal an, das ist also nicht auf uns zurückgefallen!» (*Gelächter*), aber ich hätte nur Simone de Beauvoir als Gesprächspartner und im übrigen ... Pessimist sein, bedeutet nicht unbedingt, pessimistische Gedanken über die Entwicklung zu haben, es bedeutet vielmehr, sich an ich weiß nicht was zu klammern und nicht, jeden Augenblick zu sagen, alles gehe schief – das ist der oberflächliche Pessimismus ...

VICTOR: Was meinst du mit «ich weiß nicht was»?

SARTRE: Das bedeutet, nicht ganz eins zu sein mit der Bewegung, für die man ist, das bedeutet, nachzudenken ...

VICTOR: Und welcher Unterschied besteht zwischen diesem Pessimismus und der Kritik?

SARTRE: Wenn Kritik bedeutet, Irrtümer aufzudecken und etwas Besseres an ihre Stelle zu setzen und ständig vorwärts zu schreiten, dann ist das nicht Pessimismus. Es ist Pessimismus, wenn man den Irrtum mit dem Gedanken untersucht, daß da irgend etwas ist, was das Vorwärtsschreiten verhindert; selbst wenn es dann aufgedeckt wird, bleibt er darum doch Pessimist und sagt: «Oh, das ist nur Theater, das ist Tünche, womit sie es überdeckt haben, aber es bleibt etwas, das nicht funktioniert.» Im Grunde kann der Pessimismus ein radikaler Irrtum sein. Optimismus ist sicherlich ein radikaler Irrtum, aber Pessimismus kann auch einer sein.

VICTOR: Wenn du sagst «ich bleibe Pessimist», obwohl du doch mit der ideologischen Revolution einverstanden bist . . .

SARTRE: Das ist ein Charakterzug, so wie mancher Hosenträger statt eines Gürtels trägt . . .[1] (*Gelächter.*)

VICTOR: Nichts weiter?

SARTRE: Nicht mehr als das. An und für sich ist es weit mehr, aber wenn sich das so weiterentwickelt, wie wir sagen, dann ich es nicht mehr als ein Charakterzug.

(15. März 1974)

1 Anspielung auf das franz. Sprichwort: Der Pessimist trägt Hosenträger *und* Gürtel. (Anm. d. Übers.)

Von Jean-Paul Sartre erschienen bei Rowohlt und rororo:

«Der Teufel und der liebe Gott» (Drama; 1951), «Das Sein und das Nichts» (1952), «Kean» (Drama; 1954), «Nekrassow» (Drama; 1956), «Kritik der dialektischen Vernunft» (1967), «Gesammelte Dramen» (1969), «Gesammelte Erzählungen» (1970), «Das Imaginäre» (1971); «Das Spiel ist aus» (Drehbuch; rororo Nr. 59), «Die Fliegen» und «Die schmutzigen Hände» (Dramen; rororo Nr. 418), «Zeit der Reife» (Roman; rororo Nr. 454), «Der Aufschub» (Roman; rororo Nr. 503), «Der Pfahl im Fleische» (Roman; rororo Nr. 526), «Die Eingeschlossenen» (Drama; rororo Nr. 551), «Der Ekel» (Roman; rororo Nr. 581), «Bei geschlossenen Türen», «Tote ohne Begräbnis» und «Die ehrbare Dirne» (Dramen; rororo Nr. 788), «Die Wörter» (rororo Nr. 1000), «Porträts und Perspektiven» (rororo Nr. 1443), «Die Mauer» (Erzählungen; rororo Nr. 1569), «Bewußtsein und Selbsterkenntnis» (Essay; rororo Nr. 1649), «Mai '68 und die Folgen» (rororo Nr. 1757 und 1758); «Die Transzendenz des Ego» (Essays; Rowohlt Paperback Bd. 40), «Situationen» (Essays; Rowohlt Paperback Bd. 46); «Kolonialismus und Neokolonialismus» (Essays; Rowohlt Paperback Bd. 68); «Was ist Literatur?» (Essay; rowohlts deutsche enzyklopädie Bd. 65), «Marxismus und Existentialismus» (rowohlts deutsche enzyklopädie Bd. 196); «Der Idiot der Familie. Gustave Flaubert 1821–1857. I: Die Konstitution» (das neue buch Bd. 78).

Zusammen mit Bertrand Russell: «Das Vietnam-Tribunal oder Amerika vor Gericht» (rororo Nr. 1091) und «Das Vietnam-Tribunal oder Die Verurteilung Amerikas» (rororo Nr. 1213).

In der Reihe «rowohlts monographien» erschien als Band 87 eine Darstellung Jean-Paul Sartres in Selbstzeugnissen und Bilddokumenten von Walter Biemel, die eine ausführliche Bibliographie enthält.